中央编译局文库出版工作领导小组（编委会）

主　　任：贾高建
副 主 任：俞可平　魏海生　陈和平　柴方国　杨金海
委　　员：崔友平　沈红文　杨雪冬　季正聚　陈家刚
　　　　　赖海榕　郗卫东　张文成　刘明清

中央编译局文库出版工作领导小组办公室

主　　任：薛晓源
成　　员：徐向梅　苗永姝

中央编译出版社文库编辑中心编辑小组

刘明清　薛晓源　谭　洁　董　巍　贾宇琰
冯　章　曲建文　苗永姝　邓　彤　盛菊艳
李媛媛　薛迎春　董　妍

马克思主义研究资料

第19卷

主　编　杨金海
副主编　冯　雷（常务）薛晓源

科学社会主义研究 I

本卷主编　吕增奎

中央编译出版社

《马克思主义研究资料》顾问委员会

贾高建　俞可平　宋书声　殷叙彝　詹汝琮　张钟朴

李洙泗　冯文光　赵家祥　严书翰　梁树发　郭建宁

《马克思主义研究资料》编辑委员会

主　编：杨金海

副主编：冯　雷（常务）　薛晓源

编　委（按姓名拼音排序）

陈喜贵　冯　章　黄晓武　江　洋　李百玲　李义天

李媛媛　林进平　刘仁胜　刘　英　刘元琪　吕增奎

马　瑞　苗永姝　彭萍萍　盛菊艳　史清竹　武锡申

姚　颖　苑　洁　郑　锦　郑天喆　周艳辉

参加本卷编辑出版工作的有

李媛媛　苗永姝　薛晓源

总　序

呈献给读者的这套《马克思主义研究资料》丛书，旨在服务于我国正在实施的马克思主义理论研究和建设工程，积极吸收和借鉴国外马克思主义研究成果，对改革开放以来中央编译局编译的有关国外学者研究马克思主义的成果，以及少量相关的国内学者的研究成果整理出版，为我国马克思主义研究提供基础性的参考资料。本丛书计划出版37卷，三年内陆续完成编辑和出版工作。

编译国外学者关于马克思主义的研究成果，并对相关问题展开深入探讨，是马克思主义经典著作编译研究的基础性工作。中央编译局作为马克思主义经典著作编译研究的专门机构，历来十分重视这项工作。20世纪50年代以来，特别是改革开放以来，中央编译局的同志们编译了大量国外学者关于马克思主义的研究文献，也发表了不少自己的相关研究成果。这些成果曾经在中央编译局编辑的《马列著作编译资料》、《马列主义研究资料》、《马克思主义与现实》等刊物公开发表，或在内部刊物《马克思恩格斯研究》、《列宁研究》等刊载。这些成果对于推进马克思主义经典著作的编译和研究工作发挥了重要作用，时至今日，一些学者仍然把它们当做研究马克思主义的珍贵资料。

然而，随着近年来中央实施马克思主义理论研究和建设工程的深入推进以及马克思主义学科建设的快速发展，这些研究资料的留存情况已经远远不能适应形势发展的需要了。《马列著作编译资料》和《马列主义研究资料》早已停止出版，很多人难以找到原有资料；《马克思恩格斯研究》等内部刊物刊载的文章没有公开面世，也难以为人们广泛使用；而新编译的文献资料又很零散。因而，希望中央编译局提供马克思主义研究资料的呼声越来越高。

为了继承前辈的事业，适应学界的需要，尽可能全面系统地收集整理中央编译局近几十年来编译的国外学者关于马克思主义的研究成果以及相关的国内学者的研究成果，中央编译局专门成立了《马克思主义研究资料》丛书课题组，并对该项工作提供了基金资助。课题组不仅在局内组织力量进行工作，而且争取到社会力量的支持。经过课题组同仁两年多努力，已经形成一批编辑成果，还将继续补充、完善并陆续推出。这套《马克思主义研究资料》丛书就是这些成果的集中体现。

本丛书力求体现如下四个特点，这也是丛书编辑工作所力求遵循的四条原则：第一，保证文献性。本丛书主要收集改革开放以来中央编译局刊物发表的有关马克思主义理论编译和研究方面的成果，这些刊物包括公开出版的《马列著作编译资料》、《马列主义研究资料》、《马克思主义与现实》、《当代世界与社会主义》、《经济社会体制比较》、《国外理论动态》等，也包括内部刊物《马克思恩格斯研究》、《列宁研究》、《斯大林研究》、《马克思恩格斯列宁斯大林研究》等；少量收集其他杂志发表的中央编译局学者编译或撰写的有关文章；个别收集与中央编译局长期合作的其他学者的相关文章；对所收商榷性文章涉及的其他学者的成果，也作为附文收入，以示对相关学者的尊重，也便于读者在阅读正文时参考。收集整理这些学术成果的目的主要是为学界研究马克思主义提供参考资料,同时帮助人们了解马克思主义研究的历史进程和思想脉络。因此,本丛书所收文献力求保持其历史原貌,包括其中的人名、地名、术语、引文等,都不作改动,以便读者进行文献考证之用,只对个别错漏文字等进行校正,对于文中可能产生歧义的地方,以"本丛书编者注"的方式加以说明。其中读者特别应当留意的是译名、术语的不统一问题,例如关于《马克思恩格斯全集》历史考证版,就有多种表达方式:原文版、国际版和MEGA版,其中,往往又以"老"、"新"、"MEGA^1"、"MEGA^2"、"MEGA1"、"MEGA2"等来区分历史考证版第1版和第2版。第二,突出编译性。本丛书所收文献中,以国外学者的成果为主,包括国外学者关于马克思主义经典作家的著作、思想、生平事业,乃至书信往来、工作生活等方面的研究文献,凡比较有资料价值的,均在收集之列。如上所述,国内学者的相关考证性成果,包括经典著作翻译、版本、传播、重要术语考据等文献,凡具有资料价值的,也一并收入,但这部分内容所占比例较小。第三,力求系统性。上述几十年来形成的这些编译研究资料繁茂芜杂,十分零散,使用起来很不方便,编辑整理就更为困难。为把这些宝贵文献整理面世,使之更好地发挥作用,编辑人员下了很大功夫。在收集整理中,我们力图分门别类,尽可能将同类资料按照一定逻辑顺序编排,使之呈现一定的系统性,以便读者全面掌握有关资料。第四,力争权威性。本丛书力争选编国内外在相关研究领域具有一定权威性的专家学者的具有代表性和影响力的文献。为保证文献的权威性和准确性,我们对文献的引文进行了校订,特别是对有关马克思主义经典著作的引文进行了原版原文核对,并对注释尽可能地作了规范化处理,以便读者更准确地了解引文及其出处。

基于上述考虑，本丛书的编排体系大体分四个部分。第一部分是经典著作研究，包括关于《共产党宣言》、《资本论》等手稿、创作、版本、传播诸方面的研究文献；第二部分是基本理论研究，包括哲学、政治经济学、科学社会主义以及政治学、法学等方面的研究文献；第三部分是版本和传播、编译以及生平事业研究；第四部分是国外马克思主义研究。每一部分包括若干卷。每一卷都有本卷编辑说明，对本卷编辑的思路、内容和有关技术问题作简要交代。各卷内容按照逻辑顺序进行编排，在此基础上再按照时间顺序编排。各卷内容一般要作分类，并加分类标题，以便读者阅读研究。

需要说明的是，由于本丛书是整理编辑已有的文献，而且主要限于整理编辑中央编译局学者编译和研究的部分成果，这就决定了本丛书不可避免地存在一些缺憾。一是这些文献中有的观点不一定正确。选编这些文献并不意味着编者赞同其中的观点，我们的目的仅仅在于为人们研究马克思主义提供参考资料，其中正确的思想成果可以作为我们研究借鉴的思想资源，而错误的观点可以作为我们研究批评的对象。例如，对有关马恩对立论的观点，我们是不赞成的，但为了让研究者了解、研究和批评这种观点，也收入了相关文章。所以，谨请读者在使用这些文献时注意辨别是非。二是这些文献存在质量参差不齐的情况。由于这些文章的作者、译者水平不同，写作时间、背景、针对的问题、产生的影响以及发表的刊物等不同，其质量也就有一定差别。例如，有的概念和译文在今天看来不一定科学、准确，有的文献曾经很有价值而在今天看来最多只有学术史的价值。在选编过程中，我们尽量收入那些分量较重、影响较大的文献，但为了比较全面地反映学术史的原貌并提供尽可能详细的研究参考资料，也收入了一些篇幅较短、影响不大但有一定资料或史料价值的文献。另外，有少量比较重要的文献，由于作者或译者不同意收入，也不得不忍痛割爱。三是这些文献的系统性、规范性不太强。尽管我们努力按照上述编辑原则工作，对这些文献进行了分类整理，力求全面系统地提供给读者相关方面的文献资料，但由于这些资料十分繁杂，彼此之间的关联性不强，有的方面资料较多，有的较少，且发表的刊物、时间等不同，体例也很不统一，整理起来难度极大，加之各位编者的研究角度不同，水平各异，所以，每一卷书的结构、篇章、内容、观点等都不尽相同，其规范程度也不尽一致。对本丛书存在的以上不足或缺憾，谨请读者鉴谅；对其中可能存在的疏漏和错误之处，谨请读者批评指正。

本丛书在编写和出版过程中，得到了各个方面的大力支持。中央编译局对此项工作高度重视，始终给予鼎力支持。国家出版基金将本丛书列入2013年度资助项目。中央编译出版社为本丛书申报国家出版基金项目并最终立项，以及为丛书出版做了大量工作。本丛书所收文献的译者、作者和出版者，凡已联系上的，均给予我们大力支持，同意使用这些文献；对尚未联系上的，我们将尽力联系，也请相关同仁主动联系我们。丛书顾问委员会的专家对丛书的编写工作给予热情指导，编委会成员和课题组同仁为丛书的编写付出了辛勤劳动。在此一并致以衷心的谢意！

《马克思主义研究资料》

编辑委员会

2013年12月10日

编辑说明

本卷是"科学社会主义研究"类的第Ⅰ卷,共收录了31篇文章,分为四个部分。

第一部分的内容主要包括两个方面,一是研究马克思、恩格斯和列宁等经典作家的科学社会主义思想,二是探讨马克思和恩格斯对空想社会主义、"真正的社会主义"、哲学共产主义等其他各种社会主义流派的评价。第二部分的主要内容是一些学者在苏东剧变后对未来共产主义社会的反思,包括未来共产主义社会的基本构想、研究方法和历史前景等问题。第三部分的主要内容是关于当代社会主义流派和一些理论问题的反思,涉及后工业社会主义、当代社会主义现状、"21世纪社会主义"、市场社会主义、社会主义与宗教、社会主义与技术、全球化等问题。第四部分的主要内容是一些学者对当代社会主义运动的看法,包括20世纪社会主义的主要历史教训、当代社会主义运动亟需解决的若干重大理论问题和必须破除的主要束缚等内容。

为保持文献性,本丛书的注释基本保持原貌,不作改动;但对原注释有错误或有遗漏的,我们尽可能查阅了有关文献,作了必要的规范和完善;对有些查找不到的,保留原来的内容和格式。

目 录

马克思和恩格斯所理解的空想社会主义和科学社会主义

　　〔德〕沃尔夫冈·迈泽尔 ……………………………… 1

关于马克思恩格斯著作中资本主义分析和社会主义

　　构想的关系问题

　　〔德〕米歇尔·亨利希 …………………………………… 28

谈谈马克思和恩格斯对社会主义社会的看法

　　〔苏〕Е. Л. 康捷尔 ……………………………………… 41

论恩格斯的著作《社会主义从空想到科学的发展》的产生、

　　意义和影响

　　〔民主德国〕雷·梅尔克尔 ……………………………… 68

马克思恩格斯与哲学共产主义和"真正的社会主义"（摘译）

　　〔苏〕Е. Л. 康捷尔 ……………………………………… 109

恩格斯后期著作中的民主与社会主义

　　〔德〕蕾·默克尔－梅利斯 ……………………………… 151

1

恩格斯：从一种社会主义到另一种社会主义

〔法〕托尼·安德烈阿尼 …………………………… 160

恩格斯论社会主义的各个派别

〔苏〕尼·科尔平斯基 …………………………… 174

关于空想社会主义的开端问题

〔苏〕А.Э.施捷克利 …………………………… 194

关于"苦修苦炼的共产主义"的概念

〔苏〕阿·恩·施捷克利 ………………………… 214

列宁的社会主义构想

〔苏〕格·斯米尔诺夫 …………………………… 248

* * *

俄罗斯学者巴拉耶夫谈马克思关于人类未来的构想 ………… 257

虚无主义的共产主义与辩证的共产主义

〔美〕詹姆斯·劳勒 ……………………………… 266

关于社会主义的过去和未来的争论 ………………………… 276

作为肯定辩证法的社会主义

〔法〕托尼·安德烈阿尼 ………………………… 286

法国学者论共产主义的昨天和明天 ………………………… 293

从历史看社会主义的未来

〔英〕埃里克·霍布斯鲍姆 ……………………… 299

社会主义及其未来
——约翰·罗默访谈录 ·················· 309

* * *

论后工业社会主义
〔英〕阿德里安·里特尔 ·················· 333
描述社会主义：三种声音
〔新西兰〕凯姆西·艾尔－奥杰里 ·················· 364
21世纪社会主义的七个核心命题 ·················· 385
南非共产党主席斯洛沃认为社会主义和宗教在价值观
　上有共同点 ·················· 397
资本主义技术与社会主义技术 ·················· 403
全球化与社会主义 ·················· 410
哈耶克与社会主义
〔美〕布鲁斯·考德威尔 ·················· 416

* * *

社会主义运动亟待解决的若干问题
〔希腊〕迈克利斯·斯勃德拉克斯 ·················· 435
俄罗斯科索拉波夫教授谈成为当今共产主义运动沉重桎梏
　的若干偶像 ·················· 447
社会主义还是新自由主义 ·················· 454

俄国学者 B. A. 梅德维杰夫谈社会主义危机的原因和总结
    教训问题 ··· 462
社会主义的未来要吸取的教训
    〔美〕大卫·M. 科兹 ··· 466
俄国学者对共产主义和后共产主义的比较分析 ···················· 479

马克思和恩格斯所理解的空想社会主义和科学社会主义[*]

〔德〕沃尔夫冈·迈泽尔

对于研究无产阶级的阶级形成和政党建立过程的辩证法以及社会主义从空想到科学的发展的辩证法来说,搞清楚"空想社会主义"和"科学社会主义"这两个概念的内容,以及它们的同义词和旧词新意的内容是十分必要的。这同时也涉及辨别它们的方法论基础的问题,这些概念的内容的逻辑和历史范围的问题,以及对它们进行分类的标准问题。[①]

苏联历史学家早在60年代末就开始加强了对研究马克思主义以前的社会主义的方法论问题的讨论。这场讨论是以M.A.巴尔格和A.I.沃

---

[*] 本文选自《马克思恩格斯研究》1992年总第11期。

[①] 这里应参看恩格斯的下述提示:"一门科学提出的每一种新见解,都包含着这门科学的术语的革命"(《马克思恩格斯全集》第1版第23卷第34页)。——参看W.施勒德尔:《对说明科学社会主义"来源"的理论问题的看法》,载《资产阶级社会和理论革命》1978年科隆版第89—90页。不言而喻,在此不可能涉及"自在"的概念史,正如R.默克尔正确地批判的那样。《论弗·恩格斯的著作〈社会主义从空想到科学的发展〉的形成、意义和影响》,载《马克思恩格斯年鉴》(柏林)第5卷第37页。

洛金在1968年苏联科学院的一次学术讨论会上宣读的论文为开端的。①

此后，在一系列文集、专题论著和学术论文中都讨论了方法论问题和历史编纂学问题。参加讨论的，除了上面提到的人外，主要还有E. M. 普罗希娜、A. E. 施捷克里、V. A. 杜纳耶夫斯基和G. S. 库切连柯。②

从1976年起举行的不来梅"科学史"学术讨论会推动了国际上对马克思主义以前的社会主义开展的讨论。③ 学术讨论会上进一步讨论了过去几年由原民主德国、意大利和联邦德国的学者们提供的研究成果和关于方法论的思考。④ 上述问题所具有的世界意义和现实性在第六届不来梅学术讨论会上表现得特别明显，人们在这届讨论会上对马克思主义以前的社会主义进行了一系列专门的研究，而且持不同的、甚至部分相反的理论观点的学者们也相聚在这里。⑤

近来，人们在对本文开头提到的那个问题所进行的历史研究方面取

---

① 参看《社会思想史》1972年莫斯科版第431—474页。——P. T. 别洛夫：《论社会主义学说的历史阶段》，载《科学共产主义》1973年第4期。——A. I. 沃洛金：《空想和历史。研究民主社会主义的某些问题》1976年莫斯科版。

② 参看F. 芬克和W. 迈泽尔：《苏联出版的论马克思主义以前的社会主义的历史的著作。文献报道》，载1984年《工人运动史论丛》第6期第834—835页。

③ 这些材料发表在H. 哈恩和H. J. 赞德屈勒出版的《社会主义科学史研究》文集中，1978年科伦版。

④ 具体地提到了G. M. 布拉沃、M. 哈恩、J. 赫普纳、L. 克纳茨、A. 迈那尔、H. J. 赞德屈勒、W. 施罗德等人的文章。

⑤ 参看J. 赫普纳和W. 施罗德：《作为理论成就和研究对象的马克思主义以前的社会主义及第六届不来梅"科学史"学术讨论会》，载1984年《德国哲学杂志》第10期第931页。

得了进展。① 但是在对马克思主义以前的社会主义的本质和表现形式、作用和意义所作的判断还仍然带有偏见和错误。与马克思主义以前的哲学和政治经济学相比,马克思主义以前的社会主义这一马克思主义的理论来源之一始终被低估了,这种情况是由于不容忽视的简单化的和错误的墨守成规的刻板说法所造成的。有人认为,马克思主义以前的哲学和政治经济学具有科学性,而"空想"社会主义则是不科学的和(充其量不过是天才的)胡思乱想,"空想"共产主义则是"粗鄙的"、"庸俗的"、"平均主义的"。这从一开始就妨碍人们去作出历史地公正的评价,对阐明马克思主义所完成的质的飞跃的正当关切也不能弥补这一点。马克思和恩格斯从这一理论来源中吸收了哪些具体的东西,在这方面人们始终缺乏研究,这就间接地反映了这种状况。②

马克思主义以前的社会主义作为无产阶级的前身和早期无产阶级的理论和实践运动遭到了许多广泛流行的指责,这些指责都一致地给它加上了宗派主义和煽动暴乱,或政治禁欲主义和改良主义的罪名,因此,这些指责至少妨碍人们去理解它在资产阶级革命过程中,在无产阶级的阶级构成和政党的建立过程中,以及在马克思主义形成过程中所起的作

---

① 在这里应当提到 V. V. 加尔金、J. 格朗荣、M. 洪特、A. R. 约安尼相、J. G. 罗基强斯基、H. J. 鲁克黑贝勒、W. 赛德尔-赫普纳及 H. 茨瓦尔的著作。他们的著作是最近几年来在对早期工人运动的意识、理论形成过程以及对19世纪上半叶马克思主义以前的社会主义的研究方面具有代表性的著作。

② J. 赫普纳称作迫切需要的东西,即对马克思和恩格斯如何批判地吸收马克思主义以前的社会主义进行系统的分析,始终必须予以证实(还可参看 M. 哈恩和 H. J. 赞德屈勒:《资产阶级社会……》第27、185页)。

用。① 从这方面来看，马克思主义以前的社会主义——就一般考察而言——几乎没有人研究过。② 不能单是说，在社会史和理论史上可以陈述的阶段，空想成分会阻碍工人运动的进一步发展，因而它们必须受到批判就万事大吉。

从上述角度来看，在我们编写的科学社会主义史和工人运动史中通常的做法依然是过分缩小了马克思主义以前的社会主义的地位，如果不是把它完全排除在外的话，至少也是部分如此。这已经在"空想社会主义"③ 这个从科学史的角度讲不够充分的概念上打上了烙印。而资产阶级保守派的历史学家、社会改革派历史学家和新左派历史学家所提出的表面上有争议的论点近来倾向于把马克思主义的社会主义和马克思主义以前的社会主义的关系颠倒过来，或者至少是把二者等量齐观。他们在写有关社会主义的概念的历史时试图否认马克思主义的社会主义有科学性，否认它与马克思主义以前的社会主义有质的区别，或者一般把社会

---

① 参看 W. 赛德尔－赫普纳：《论共产主义思潮在二月革命前夜的作用》，载《资产阶级革命周期中人民运动的作用和形式》1976 年柏林版第 134 页。

② 参看 H.J. 赞德屈勒：《无产阶级和科学。论工人阶级的形成是马克思的科学纲领的前提》，载《历史的一个伟大杠杆》；纪念马克思逝世 100 周年：《他的著作的现实意义和影响》1982 年美因河畔法兰克福版第 305—331 页。——M. 哈恩：《推翻资产阶级社会的革命兴趣或"马克思"在马克思主义以前的社会主义中的使命》，载《卡·马克思——哲学、科学、政治》1983 年柏林版，第 42 页及以下各页。

③ 参看 J. 赫普纳和 W. 施罗德：《马克思主义以前的社会主义》第 931 页。

主义主要说成是"空想"①。他们诬蔑马克思和恩格斯，说马克思和恩格斯在一定程度上将他们的学术要求强加给了初期的工人运动，或者说工人运动根本不需要科学社会主义。②而这些观点在已经提到的第六届不来梅学术讨论会上就遭到了实质性反驳，③但是仍然表明，对于马克思主义研究来说有必要从概念史的角度来探讨问题。

在这里，是否意识形态上的框框已令我们在研究原始资料过程中视线模糊不清，或者人们把拟说强加给了历史资料，这些问题姑且不论。但澄清当代人对马克思主义以前的社会主义和马克思主义的社会主义，以及它们之间的相互关系的理解无疑会有助于使我们对这些概念及其内容有必要的了解。马克思主义以前的社会主义和马克思主义的社会主义反映在一般资本主义生产方式的实现和发展过程中，特别是在无产阶级运动的实现和发展过程中，社会发展的不同成熟阶段，并且在此基础上反映理论在社会主义从空想到科学的发展过程中本质上不同的成熟阶段。社会主义从空想到科学的发展过程以德国的早期资产阶级革命和英国的资本原始积累为开端，随着法国大革命和产业革命的爆发而有了关

---

① 以各种不同的说法代表这种观点的有：W. 席德尔：《论1914年以前"科学社会主义"概念的历史》，载《科学社会主义和工人运动》1980年特里尔版。——同一作者的《现代社会主义概念的形成》，载《马克思以前的社会主义》1984年科伦版。——B. 诺尔特：《马克思主义以前的社会主义——"空想社会主义"——"早期社会主义"。概念形成的问题》1984年科论版。——C. D. 克尔尼希：《对作为科学史对象的马克思主义以前的社会主义的研究》1984年科伦版。

② 以这种或那种方式出现在以下著作中：S. 纳阿门：《有"科学社会主义"吗？》1979年汉诺威版。——W. 舍费尔：《无产阶级思想和批判的科学》，载《异化的科学》1979年美因河畔法兰克福版。

③ 参看 J. 赫普纳和 W. 施罗德：《马克思主义以前的社会主义》第931页。

键性的转折。这一看法可以从在马克思和恩格斯那里自然是按历史连贯性分类编排的原始材料中得出。① 由于篇幅的原因在下面只能简略地提一下这个历史的连贯性。

恩格斯指出了马克思的两个伟大发现——唯物主义历史观和通过剩余价值揭穿资本主义生产的秘密——从而为人们从科学历史和科学理论上区分马克思主义以前的社会主义和马克思主义的社会主义（或者用恩格斯使用的术语来说：空想社会主义和科学社会主义）提供了方法论的基础，同时也为人们理解马克思主义的三个组成部分的统一性提供了方法论的基础。当然，运用这个方法论基础的前提是，以原始资料为根据去认识马克思的这些发现的本质和现象，因为这种认识既不能仅仅从序言所阐述的论点中找到，也不能从论述科学社会主义的导论中找到。

相反，给社会主义或共产主义这些概念加上空想或科学这类定语的不是马克思或恩格斯（他们也从未要求别人承认这一点）。他们没有使用过"空想社会主义"和"科学社会主义"的概念来贬低其他流派，而只是当这样的区分在科学史上是合理的、在政治上是必要的时候才接受这些概念。托马斯·莫尔把他设计的一个能在政治和社会平等的基础上实现人道主义理想的社会和国家制度称为"乌托邦"，即"乌有之

---

① 参看恩格斯：《反杜林论》，载《马克思恩格斯全集》第 1 版第 20 卷第 20—21 页。——由于产业革命和法国资产阶级革命，马克思主义以前的社会主义与社会历史发展有了联系（参看 M. 哈恩：《对马克思主义以前的社会主义的有条不紊的研究》1982 年不来梅版。——A. B. 施捷克里：《"空想共产主义创始人"和"共产主义思想的闪现"》，载《社会主义学说史》1982 年莫斯科版）。这种说法是合理的，只要不把社会主义的历史局限于批判的空想的社会主义和共产主义体系，而是把 18 世纪的共产主义理论和 16—17 世纪的社会主义空想理解为这一过程的早期阶段就行。

乡"。他认为，乌托邦不是脱离现实生活的、不可能实现的计划，而是对社会的批判，同时也是对人们的行为有指导作用的预见。① 只有那些反对进行根本的社会变革的人才会为了贬低废除私有制和剥削所作的努力而把空想的东西与不可能的东西等同起来。这样就好理解马基雅弗利的警告了，即最好是"跟随事实的真理走，而不是跟那些人的幻想走"。② 有证据表明，对理想的社会状态的描绘（其中继16世纪的莫尔之后，17世纪的康帕内拉和韦拉斯·德—阿莱的著作是最著名的。）在18世纪引起了把"空想"和"不可能"等同起来的反应，③ 然而在无产阶级对资产阶级天赋权利概念和进步概念重新评价的基础上，在启蒙运动左翼中却已经产生了作为第三等级内部矛盾的反映的"直接共产主义的理论"（摩莱里和马布利）。德国早期资产阶级革命时期的再洗礼派教徒和闵采尔、英国大革命时期的"真正平等派"（"掘土派"）和温斯坦莱、法国大革命时期的平等派运动和巴贝夫都是"作为现代无产阶级的多少发展了的先驱者的那个阶级的独立运动"④。他们考虑的不是乌托邦，而是斗争纲领，这些纲领中规定的共产主义目标虽然在当时的历史条件下还不可能实现，但是肯定是可以实现的。正因如此，他们不仅遭到了说他们是空想的指责，而且还遭到了反动派的残酷迫害和屠杀。

当19世纪初英国产业革命和法国资产阶级革命的结果明显地暴露

---

① 参看托·莫尔：《乌托邦》1982年莱比锡版第131页。
② N.马基雅弗利：《君主论》1976年莱比锡版第64页。
③ 参看W.施罗德：《空想》，载《哲学词典》第2册1975年莱比锡版第1250页。
④ 《马克思恩格斯全集》第1版第20卷第20页。

出，代替许诺的"自由、平等、博爱"的只不过是新的剥削形式和压迫形式而已的时候，"三位伟大的空想主义者"圣西门、傅立叶和欧文对现状进行了无情的批判，并且阐述了他们的社会主义制度作为其他的途径。①

马克思主义以前的社会主义者不仅准备反驳社会主义是空想的指责，而且他们还自认为是一门新的社会科学的创始人。傅立叶创造了"社会科学"② 这个概念，并且要求用批判哲学的办法来克服空想。圣西门也提出了建立一门新的社会科学的要求，并且起草了一个科学纲领。③ 欧文及其支持者把自己看做是"社会科学"的代表，为了达到宣传的目的，他们建立了"科学宫"作为"社会主义的殿堂"。④ 1840年工人共产主义者皮约说他坚信，财产公有一定能够实现，"今天美妙的空想就是明天可爱的现实"。⑤ 卡贝把他的《伊加利亚旅行记》看做是建立财产公有的——人们总是把它"当做空想、当做行不通的、不适用

---

① 参看《马克思恩格斯全集》第1版第20卷第282页。

② 参看J.格朗荣和H.佩尔格：《关于1840年前后空想社会主义和科学社会主义的讨论》1981年慕尼黑版第2卷第328页。

③ 关于马克思主义以前的社会主义中空想和科学的关系，参看A.热迪：《认识的历史转变——认识引起的历史转变。马克思主义以前的社会主义中的科学、社会批判和空想》和H.J.赞德屈勒：《科学构造和社会组织。论法国马克思主义以前的社会主义的科学理论纲领》，载《马克思以前的社会主义》第27页和92页。

④ 参看H.佩尔格：《马克思恩格斯和他们的某些同时代的人在1848年前是如何理解"科学社会主义"、"科学共产主义"和"革命科学"的?》，载《科学社会主义和工人运动》，第10—11页。——J.格朗荣和H.佩尔格：《……讨论》第332—333页。

⑤ 《1840年7月1日第一次共产主义的宴会》，载J.赫普纳和W.赛德尔-赫普纳：《从巴贝夫到布朗基》1975的莱比锡版第2卷第428页。

的、不可能的妄想"而不屑一顾——"一个纲领、一个计划"①。德萨米在涉及他的体系时读到了"公有的科学",他把"普遍财产公有"的学说看做是"论证科学的必然结果",对他来说,检验真理的标准是"人的机体的科学"②。魏特林要求并试图发展科学的理论世界观。③1843年他在法庭上为自己辩护时说:"共产主义不是信仰,而是科学,包罗万象的科学;哲学家们已预言其实现的可能性。共产主义是为了社会的幸福而使一切科学的理论与实践协调一致的科学,是指引一切科学造福于社会,而不是像今天这样造福于某些个人的科学……"④ 1840年蒲鲁东在他的著作《什么是财产?》中最先使用了"科学社会主义"这个概念。德文"科学社会主义"一词首次出现在1844年该书的德译本中。⑤ 德国青年黑格尔派哲学共产主义的第一位代表——莫泽斯·赫斯1843年认为,法国的社会哲学"开始作为科学共产主义深入到人民中去了",他赞赏"黑格尔和傅立叶以严格的科学形式提出的学说",并且还称赞"蒲鲁东的学说是科学的"。⑥

自认为是"德国科学"的代表的真正的社会主义者卡尔·格律恩1845年宣称,圣西门主义包含着"科学社会主义,因为圣西门整个一

---

① E.卡贝:《为什么我是共产主义者?》,载 J.赫普纳和 W.赛德尔-赫普纳:《从巴贝夫到布朗基》1975 年的莱比锡版第 2 卷第 381 页。

② T.德萨米:《公有法典》1842 年巴黎版第 292、261、9 页。

③ 参看 L.克纳茨:《早期德国社会主义中的空想与科学》1984 年美茵河畔法兰克福版第 206 页。

④ W.魏特林:《第二篇辩护词》,载他的《贫苦罪人们的福音》1967 年莱比锡版第 225 页。

⑤ 参看 J.格朗荣和 H.佩尔格:《……讨论》第 329—330 页。

⑥ 莫·赫斯:《哲学著作和社会主义著作》1961 年柏林版第 200、205 页。

生都在探索新科学"。他还同样地评价了蒲鲁东，说他"为了无产阶级的利益而探索社会科学"。但是比起"真正的"社会主义者来，法国人和英国人则是"不科学的"，他们甚至没有把费尔巴哈的哲学作为基础，后者表述了"社会主义的基本思想"；"新哲学应该是实践的科学……应该表现为社会的科学、社会化的科学，联合的科学。"①

在正义者同盟中存在的科学论证社会主义的需要在瑞士、巴黎和伦敦表现出来，魏特林试图迎合这一需要。奥古斯特·贝克尔除了尊崇欧文和卡贝之外还特别尊崇魏特林，他于1844年写道："柏拉图描写过他的共和国，托马斯·莫尔描写过他的共产主义的乌托邦；但是共产主义还从来没有为了人民并由人民来科学地探讨过。人民以前完全陌生的新思想、新概念、新需要已在他们当中产生。"② 海尔曼·艾韦贝克提出了如下要求："科学地探究和加强未来社会组织的理论"。③ 卡尔·沙佩尔建立的共产主义工人教育协会把"讨论会员们提出的科学问题"当做它主要关心的事情。④ 就保存下来的材料来看，这些讨论在1845—1846年是围绕共产主义问题进行的。

即使是同时代的那些否认社会主义的人也承认社会主义是科学的。

---

① 卡·格律恩：《法兰西和比利时的社会运动》1945年达姆施塔特版第82、401页。——同一作者《费尔巴哈和社会主义者》，载《1845德国公民手册》1845年达姆施塔特版第65—66页。

② A.贝克尔：《共产主义者要求什么？》1844年洛桑版，载《瑞士的德国手工业者和工人联合会的形成和组织》1983年蒂宾根版第352页。

③ 《理论和实践》，载《未来刊物》1845—1846年巴黎版第33页。

④ 《伦敦工人教育和互助协会（1845年）》，载《1830—1914年伦敦"共产主义工人教育协会"章程》1979年特里尔版第29页。——参看《伦敦工人共产主义教育协会的讨论》，载《共产主义者同盟文件和资料》第1卷。

1842年罗仑兹·冯·施泰因证明了法国社会主义的"科学性",尽管它"不可能"实现。反之,他在共产主义"这个到处滋生的祸害"中看到的只是"否定"。① 1844年泰奥多尔·厄尔克斯认识到,社会主义"完全是一门社会科学,因为社会主义从哲学上论证并系统地阐述了它的学说"。② 当19世纪40年代具有青年黑格尔派倾向的青年德意志派的领导人在瑞士宣称,同共产主义者相比,他们才是"正确的",即科学的,③ 小资产阶级民主派雅科布·费奈迭1845年在评价费尔巴哈、鲍威尔以及魏特林时却谈到了"这些人的社会科学的彻底性"④。

上面举的这些例子清楚地表明:马克思主义以前的社会主义者,包括工人共产主义者在内,都试图科学地把握在他们眼前发生的、他们作为行为的主体或多或少地在其中起过作用的社会运动。他们从哲学、历史、道德、经济学、生理学等等方面来为他们的目标,即社会主义社会,或共产主义社会进行论证。他们驳斥了别人说他们的主张是空想的责难,提出了推动社会科学的要求,并且认为他们在这方面已经有了重要的、甚至可以说是划时代的发现。他们的要求是以下述认识为依据

---

① L.V.施泰因:《现代法国的社会主义和共产主义》1842年莱比锡版第129、354、356页。

② 泰·厄尔克斯:《社会主义和共产主义运动》1844年莱比锡版第11页。——还可参看H.U.塔默尔:《同时代非社会主义文献中的早期社会主义》,载《马克思以前的社会主义》第131页。

③ 参看J.格朗荣:《寻求科学的乌托邦。论19世纪社会乌托邦主义》,载《日尔曼研究笔记。特刊:论乌托邦。LAGES第三次代表大会文件集》1980年普罗旺斯地区埃克斯版第93页。

④ 雅·费奈迭:《英国》1845年莱比锡版第3部分,载H.施密特加尔:《弗·恩格斯1842—1844年在曼彻斯特》1981年特里尔版第148页。

的，即自然和社会的发展是有规律的，因而社会的改造也应是科学的对象。尽管这个要求和它的实现暂时还不得不互相脱节，但是马克思主义以前的社会主义从它发表的纲领来看已走在通向科学的道路上了。① 它的界限是由社会发展，以及一般科学发展的情况来确定的，但是它的最先进的代表已准备越过这一界限。如果有人问马克思主义以前的社会主义在多大程度上是科学的，那么这在概念的演变上还不能确定。在此，自我理解像外来名称一样都不能作为科学的标准，但是它们应该鼓励按照客观历史标准进行的研究。

1842年，年轻的马克思"甚至在理论上都不承认现有形式的共产主义思想的现实性，因此，就更不会期望在实践上去实现它，甚至不认为这种实现是可能的事情"，那时马克思就已指出，这种共产主义思想"只有在不断的、深入的研究之后才能加以批判"②。1843年，马克思还把人道主义看成是社会主义和共产主义的较高一级的统一，两年后他在《德意志意识形态》中和恩格斯一起对这个观点进行了批判，但是在这里这一观点才露出端倪。③ 1843年，恩格斯对同时代的社会主义和共产主义的态度基本上还是非批判的，并且在赫斯的影响下认为"共产主

---

① 参看G.M.布拉沃：《早期工人运动和科学》，载《工人运动和科学发展》1981年科隆版第68页。——K.拜耶尔茨：《谁是空想社会主义者？论空想、科学和社会主义的关系》，载《不来梅大学学术研究、研究课题》1983年第8期第6页。——H.J.赞德屈勒：《科学的结构》第101—102页。

② 《马克思恩格斯全集》第1版第1卷第133—134页。

③ 参看《马克思恩格斯全集》第1版第1卷第416页，第3卷第550页。

义"是"新黑格尔派哲学的必然产物"①,恩格斯在1845年和马克思一起批判"真正的社会主义者"时对这个看法进行了批判。随着马克思日益接近无产阶级运动的理论与实践和他的唯物主义历史观的形成,他对同时代的社会主义和共产主义的态度也有了转变。1844年夏末,马克思承认"德国工人的这种史无前例光辉灿烂的处女作"的作者魏特林是一位理论家,他的天才著作在理论方面有很多地方却胜过蒲鲁东②。除了恩格斯和赫斯的著作外,魏特林的著作也被列入了马克思在撰写经济学哲学手稿时利用过的"德国人在这门科学方面内容丰富而有独创性的著作"③ 当中。此后不久马克思不仅称赞蒲鲁东的《什么是财产?》一书是"法国无产阶级的科学宣言",因为蒲鲁东尽管是"从国民经济学的观点出发"仍然对资产阶级政治经济学的基础即私有制进行了"第一次带有决定性的、严峻而又科学的考察";而且马克思还称赞工人共产主义者德萨米、盖伊等人和卡贝相比是"比较有科学根据的法国共产主义者",因为他们"像欧文一样,也把唯物主义学说当做现实的人道主义学说和共产主义的逻辑基础"加以发展。④

1845—1846年,马克思和恩格斯在《德意志意识形态》中捍卫了法国和英国的社会主义者和魏特林,驳斥了"真正的社会主义者"泽

---

① 《马克思恩格斯全集》第1版第1卷第591页。参看《马克思恩格斯全集》第1版第3卷第536—537、553页。艾韦贝克在1843年5月致魏特林的一封信中也表明了共产主义"显然是黑格尔派思想体系的必然结果"这一观点(《共产主义者同盟文件和资料》第1卷)。

② 《马克思恩格斯全集》第1版第1卷第483页。

③ 《马克思恩格斯全集》第1版第42卷第46页。

④ 《马克思恩格斯全集》第1版第2卷第39、51、167—168页。

米希、马特伊、格律恩和库尔曼的傲慢指责和愚蠢。与此相关，马克思和恩格斯——有根据可以证明——首次使用了"科学社会主义"这个概念，但并不是用来说明他们自己的理论，而是在谈到圣西门时间接引用格律恩说的话中提到了这个概念——"圣西门据格律恩先生说也为科学社会主义奠定了基础"①——他们指出，格律恩的这个说法甚至落后于施泰因的论点，它连提都没有提圣西门的社会主义是不科学的。对"真正的社会主义者"的这一批判是完全正确的，因为他们不是把社会主义和共产主义理解为无产阶级的现实运动，而是把它们归结为从哲学原则中派生出来的伦理理想。

1847年，恩格斯提出完全相同的论据来驳斥卡尔·海因岑。海因岑以为，"共产主义是一种从一定的理论原则即自己的核心出发并从此进一步作出结论的学说"。与此相反，恩格斯说："共产主义不是学说，而是**运动**。它不是从原则出发，而是从**事实出发**……共产主义的产生是由于大工业以及和大工业相伴而生的一些现象……无产阶级的形成和资本的积累以及由此产生的无产阶级和资产阶级之间的阶级斗争。在共产主义作为理论的时候，那么它就是无产阶级立场在这个斗争中的理论表现，是无产阶级解放的条件的理论概括。"② 在这里我们看到了含蓄地把共产主义视为科学的第一个马克思主义的定义。恩格斯在这里运用历史唯物主义指出，物质条件的发展是共产主义理论的构成因素。因此在社会主义从空想到科学的发展过程中涉及的问题不是从错误到认识的思想史上的进步问题，而是以无产阶级阶级斗争的经验及其理论概括为依

---

① 《马克思恩格斯全集》第1版第3卷第595页。
② 《马克思恩格斯全集》第1版第4卷第311—312页。

据去深入研究客观的阶级对抗及其历史规律性的问题,不仅仅是涉及与改变了的现实关系相符的理论反映的问题。①

在恩格斯发挥这种见解的同时(1847年),马克思在《德法年鉴》和《前进报》的战友卡·路·贝尔奈斯在恩格斯的影响下,就正在形成中的马克思主义写道:"就我所知,这个科学的、严肃的共产主义没有半点病态的兴奋情绪。它主张不带成见地详细研究我们今天的生产关系和消费关系的基础,以及人们的全部日常生活变化的基础,这样就会遇到一些泉源,这些泉源将来有一天必定会使人们发现在我们的国民经济学家及警察教授们所发现的水域之外的其他水域。"② 这段话是否表明贝尔奈斯真正认识到了马克思和恩格斯发现的新东西,还不能断定,但是贝尔奈斯明确地使人注意到了格律思、蒲鲁东、卡贝、魏特林、拉梅耐以及赫斯的弱点。

此后不久,马克思为恩格斯提到的差别使用了两个新概念:"空想共产主义体系"和"批判的共产主义"。③ "批判的"这个定语指的不是别的,而是"科学地评价",因此,马克思所理解的"批判的共产主义"是这样一种共产主义,它从科学的角度评价无产阶级在同资产阶级的阶级斗争中的立场和无产阶级解放的条件。马克思却给共产主义体系

---

① 人们不能不假思索地把后者归结为科学标准(A.迈耶尔:《早期社会主义。1789—1848年社会运动的理论》1977年弗赖堡和慕尼黑版第353—354页)。关于这个问题参看J.赫普纳:《马克思主义以前的社会主义的现实意义和疑难问题》,载《德国哲学杂志》1982年第9期第1098页。

② 《柏林阅览室》1847年1月30日第25号,摘自H.佩尔格:《马克思和恩格斯对……的理解》第13页。

③ 《马克思恩格斯全集》第1版第4卷第354页。

(其学说从理论原则这一核心出发)加上了"空想的"这个定语。他确立了历史变化、社会活动、"历史运动"与政治的和社会的理论之间的联系,马克思以他的唯物主义历史观为根据得出结论说,"资产阶级著作家在资产阶级同封建主义进行斗争的时期提出的原则和理论无非是实际运动在理论上的表现,同时可以精确地看出,这种理论上的表现以其所处实际运动的阶段的不同而反映出空想主义的、教条主义的、学理主义的程度也往往不同。"① 可见马克思使用"空想主义的"、"教条主义的"和"学理主义的"这些定语并不是为了抬高自己的社会主义学说的地位而贬低其他社会主义流派,这些定语是从对一般社会的和政治的理论形成的历史唯物主义理解中产生的,它们也是附加给资产阶级哲学和经济学的。

马克思在《哲学的贫困》中把这个方法运用于社会主义理论和共产主义理论。"正如**经济学家是资产阶级的学术代表一样**,社会主义者和共产主义者是无产者阶级的理论家。在无产阶级尚未发展到……以前,这些理论家不过是一些空想主义者,他们……想出各种各样的体系并且力求探寻一种革新的科学。但是随着历史的演进和无产阶级斗争的日益明显……这个由历史运动产生并且充分自觉地参与历史运动的科学就不再是空论,而是革命的科学了。"② 如果说马克思把处于不发达的社会运动阶段表现为空想主义的、教条主义的、学理主义的科学这种形态的社会主义和处于已发展到足以使无产阶级获得解放的社会运动阶段表现为唯物主义的、批判的、革命的科学这种形态的社会主义区别开来

---

① 《马克思恩格斯全集》第 1 版第 4 卷第 352—353 页。
② 《马克思恩格斯全集》第 1 版第 4 卷第 157—158 页。

的话，那么他不是从作为科学的状态中看出这个特殊差异的。在这个意义上就可以理解马克思对蒲鲁东的理论所作的下述评价了："我们所批判的蒲鲁东先生的观点，是他的'空想的科学'，他企图用这种科学来缓和资本和劳动的矛盾，无产阶级和资产阶级的矛盾。"① 30 年后，当马克思已制定了他的剩余价值理论时，他仍然坚持这种区别和评价，如同坚持这种区别和评价的方法论基础一样，并指出，"科学社会主义"这个概念"也只是为了与空想社会主义相对立时才使用，因为空想社会主义力图把新的呓语和幻想强加于人民，而不把自己的认识领域局限于研究人民自己进行的社会运动"，② 同时马克思还明确地提到了他反对蒲鲁东的那本著作。

马克思和恩格斯在《共产党宣言》第 3 节中按照阶级利益以及由此决定的对历史进步的态度这一标准对社会主义和共产主义的文献进行了分类。他们明确地把反动的、封建的、小资产阶级的和真正的社会主义，保守的、资产阶级的社会主义与"批判的空想的社会主义和共产主义"③ 区别开来。后者在阶级斗争还不发达的时期"主要"代表"工人阶级这一受苦最深的阶级的利益"。圣西门、傅立叶、欧文等人的"本来意义上的社会主义的和共产主义的体系"的批判的核心表明它接近唯物主义批判的、马克思主义的社会主义，相反，空想的外壳又表明它与后者有一定的距离，这个距离最初并不是从理论内部的发展，而是从社会矛盾的发展中产生的。批判的成分"抨击现存社会的全部基础"，并

---

① 《马克思恩格斯全集》第 1 版第 5 卷第 358 页。
② 《马克思恩格斯全集》第 1 版第 18 卷第 700 页。
③ 参看 T. I. 奥哲尔曼：《论对空想社会主义的分类研究的问题》，载《马克思以前的社会主义》第 38 页。

且"因此提供了启发工人意识的极为宝贵的材料"。然而,"关于未来社会的一些积极的结论……还带有完全空想的性质",①但是这也意味着,这些积极的结论随着无产阶级解放的条件的日益成熟而保持着现实的实践意义。

在马克思和恩格斯阐述他们的唯物主义历史观并批判青年黑格尔主义、真正的社会主义及资产阶级国民经济学这个时期,他们想编纂一部用史料编成的社会主义史,也表明他们对马克思主义以前的社会主义的重视。1845年恩格斯向马克思说明了出版摩莱里、傅立叶、欧文、圣西门主义者等人的、"其积极内容到今天仍很有意义的"著作的计划,因为他认为,这能使他们"免得重述前人说过的话"。②马克思在当时也有类似的计划,他还打算把巴贝夫、邦纳罗蒂、德萨米、马布利等人的著作包括进去。③1850年马克思再次提到了这个打算。④由于革命,对科学社会主义的必要性的信念也深入到基层工人运动中了,尽管马克思和恩格斯的科学理解还没有被接受。例如,开姆尼茨工人联合会主席O. 基塞尔豪森1849年写道:"如果用社会这个词来表示所有那些通过人们的社会共同生活,通过人们的相互交往形成的关系的话,那么,社会主义就是关于这些关系的科学。"⑤然而,由于他认为蒲鲁东是"现代社会主义的最坚定的思想家"(尽管不赞成蒲鲁东的政治冷淡主义),

---

① 《马克思恩格斯全集》第1版第4卷第501页。
② 《马克思恩格斯全集》第1版第27卷第28、29页。
③ 参看马克思的笔记本(1844—1847)中的记载,载《马克思恩格斯全集》原文版第1版第1部分第5卷。
④ 参看《马克思恩格斯全集》第1版第27卷第565页。
⑤ 《社会共和党人报》第1年卷(1849年)开姆尼茨版第11册。

他和马克思的分歧是明显的。在德里奇的《德意志民族联盟》中无产阶级力量的代言人F.巴尔策1850年得出了这样的看法，即"只有社会主义的科学……才能使人摆脱贫困"。① 但这句话丝毫没有暗示他在这里指的是马克思主义。甚至在1951年还向自己的战友马克思求教"应如何更多地突出科学共产主义"② 的罗·丹尼尔斯在他的生理学的人类学草稿中写道，人们不会无保留地承认马克思对这个困难问题的理解。《宣言》第3节的单独再版在这个时期是完全必要的，因为它阐明了各种不同的社会主义流派的功绩和界限。③

在马克思发现剩余价值规律并揭露其作用方式之后，人们对马克思主义以前的社会主义的极端重视也丝毫没有改变。而对马克思主义的社会主义的态度，现在可以通过提示马克思的发现明确地表达出来。马克思在1859年写道，"我们见解中有决定意义的论点，在我的1847年出版的为反对蒲鲁东而写的著作'哲学的贫困'中第一次作了**科学的、虽然只是论战性的**表述"，④ 他还提请人们注意他有关"雇佣劳动和资本"的论述。按照恩格斯的观点，在《资本论》第1卷中社会主

---

① 《戈尔玛埃福罗档案馆》。关于茨沃豪的传教士巴尔策从1840年起以及由他引起的1848—1850年骚乱的文件。巴尔策1850年3月13日给滕策尔的信。摘自J.霍尔滕：《1820年至1850年这段时期德里奇笔下的工人阶级形成及自我发现的过程》1985年莱比锡版，卡尔·马克思大学学位论文（手稿）第48页。

② 《马克思恩格斯全集》原文版第3部分第4卷第355页。

③ 参看《社会主义和共产主义的文献》，载《新莱茵报。政治经济评论》1950年5—10月第5—6期第100—110页。

④ 《马克思恩格斯全集》第1版第13卷第10页。按照1880年马克思的评价，《贫困》一书中已含有"处于萌芽状态的东西，经过20年的研究之后，变成了理论，在《资本论》中得到了发挥"。《马克思恩格斯全集》第1版第19卷第248页。

"第一次得到科学的论述"①。在《资本论》出版以前以布雷、汤普逊等人为代表的英国工人共产主义者的文献对于政治经济学批判的对象而言是"不可超越的东西"②。当蒲鲁东在他的《经济矛盾》一书中粗暴地漫骂抨击空想社会主义者和共产主义者时,马克思却把他们看做是"现代社会主义的……力求阐明社会生产的真实历史发展的、批判的、唯物主义的社会主义"的先驱。③ 虽然对恩格斯来说德国科学社会主义是"过去从来没有过的唯一的科学社会主义",但是这并不妨碍他作出如下论断,这个"社会主义永远不会忘记,它是依靠圣西门、傅立叶和欧文这三位思想家而确立起来的。虽然这三位思想家的学说含有十分虚幻和空想的性质,但他们终究是属于一切时代最伟大的智士之列的,他们天才地预示了我们现在已经科学地证明了其正确的无数真理"。④

因此,在马克思和恩格斯看来,马克思主义以前的社会主义——在《宣言》中被归入"批判的空想的"一类的社会主义和工人共产主义的逻辑范围和历史范围内——不是完全的空想,而是包含有空想的成分。这一点马克思是从"对未来社会结构的一整套幻想"中看到的,同时他又指出,"**在唯物主义的批判的社会主义出现**以前,空想主义本身包含着这种社会主义的萌芽"⑤。在马克思看来,马克思主义以前的社会主义的核心是唯物主义的批判的社会主义,它的外壳是空想主义。但是反过来这也意味着,只有达到了唯物主义的批判的、革命的核心这一标

---

① 《马克思恩格斯全集》第 1 版第 16 卷第 412 页。
② 《马克思恩格斯全集》第 1 版第 21 卷第 206 页。
③ 《马克思恩格斯全集》第 1 版第 19 卷第 248 页。
④ 《马克思恩格斯全集》第 1 版第 18 卷第 565—566 页。
⑤ 《马克思恩格斯全集》第 1 版第 34 卷第 281 页。

准的东西才可以看做是马克思主义以前的社会主义。① 如果像"真正的社会主义"那样，在空想主义的外壳下掩盖着的是唯心主义的学理主义的核心，那么要把这样的学说列入马克思主义以前的社会主义至少是成问题的。

恩格斯对空想的理解大体同马克思的观点相似，因为他把从道德原则和权利原则中推论出社会主义，把按人的本性而不是社会关系来提出哲学问题的做法解释为空想的标准。② 恩格斯还突出了空想主义的另外一个方面，他强调，"只有当有人企图'从现存关系出发'，预先规定一种应该借以来解决现存社会中所特有的某种对立的**形式，那才是空想**"。③

马克思和恩格斯从历史唯物主义的观点出发认为马克思主义以前的社会主义中的空想主义成分是不可避免的，因为它们把道德原则或权利原则（例如平等的要求）当做主要的，或唯一的论据，离开阶级斗争，或者用不合适的手段来解决矛盾、对未来抱空论主义的幻想——马克思在1873年写道："第一批社会主义者（傅立叶、欧文、圣西门等人）由于当时的社会关系还没有发展到足以使工人阶级组织成为一个战斗的

---

① 参看 M.哈恩：《方法的考察》第 52 页及以下各页。他强调革命的核心（克服资本主义）是标准。这样的观点也出现在巴尔格、普罗希娜、施捷克里、沃洛金等人的上述著作中，不过他们对社会主义学说和思想史的开端的看法有所不同（参看 F.芬克和 W.迈泽尔：《苏联出版物》）。
② 《马克思恩格斯全集》第 1 版第 20 卷第 162—163 页。
③ 《马克思恩格斯全集》第 1 版第 18 卷第 313—314 页。

阶级，所以他们只好限于幻想未来的**模范社会**"。① 恩格斯几年后对这个问题作了简短的概括："不成熟的理论，是和不成熟的资本主义生产状况、不成熟的阶级状况相适应的。"② 因此，马克思主义以前的社会主义在历史上是合理的，它体现了在社会主义向科学发展过程中与之相适应的原始阶级。但这也就是说，在马克思主义所体现的发展阶段业已达到之后（在这个过程中马克思主义以前的社会主义的批判的、革命的成分已被扬弃），复活空想主义的成分就是一种反动。"既然我们不应该否弃这些社会主义的鼻祖，正如现代化学家不能否弃他们的祖先炼金术一样，那我们就应该努力无论如何不再重犯他们的错误，因为我们犯这些错误是不可饶恕的。"③ 在唯物主义历史观和剩余价值理论已经制定的时代，在无产阶级终于发现巴黎公社是可以使劳动获得经济解放的政治形式的时代，④ 对马克思来说"当然……空想主义……**在这个时代**以后它又出现，就只能是愚蠢的——愚蠢的、无聊的和根本反动的"。⑤ 与此同时，恩格斯在他的《反杜林论》一书中也考虑到了这个事实。他在这部著作中把唯物主义历史观彻底运用于科学社会主义的产生、形

---

① 《马克思恩格斯全集》第 1 版第 18 卷第 336 页。"战斗"的译法可能不准确。在本文中这句话的措词是"组织成为一个政党"（die Konstituierung als politische partei）。——译者注

② 《马克思恩格斯全集》第 1 版第 20 卷第 283 页。

③ 《马克思恩格斯全集》第 1 版第 18 卷第 336 页。

④ 参看《马克思恩格斯全集》第 1 版第 17 卷第 361 页。

⑤ 《马克思恩格斯全集》第 1 版第 34 卷第 281 页。

成，①并把科学社会主义解释为无产阶级运动的理论表现，从而发展了他的历史编纂学的方法论的基础。②

1831年和1834年的里昂工人起义，1838—1842年英国第一次全国工人运动，1844年西里西亚纺织工人起义，都为那个"决定人类历史运动和发展的基本规律"③的发现提供了历史资料。1845年初马克思的唯物主义历史理论已基本形成，"共产主义现在已不再意味着凭空设想一种尽可能完善的社会理想，而是意味着深入理解无产阶级所进行的斗争的性质、条件以及由此产生的一般目的"。④ 还在1859年马克思发现剩余价值规律并在以后几年里在这个基础上科学地阐明现代社会主义之前，即在1847年他就已经科学地预示了解决剩余价值是从哪里来的，是怎样产生的这个问题的办法。根据马克思自己的阐述，1850年前后他发现，"阶级斗争必然要导致无产阶级专政"，并且"这个专政不过是达到**消灭一切阶级和进入**无阶级社会的过渡"。⑤ 马克思从对1848—1849年欧洲革命经验的理论概括中得出的这个看法，与下述要求有着紧密的联系："占有生产资料，使其受联合的工人阶级支配，从而消灭雇佣劳动、资本及其相互间的关系"。⑥ 按照恩格斯的评价，这里"第一次表述了一个使现代化工人社会主义既与形形色色封建、资产阶级、

---

① J.赫普纳（《资产阶级社会》第250页）曾明确指出，卡尔·科尔什继A.迈耶尔之后提出的这一要求（同上，第134页）已经由恩格斯加以运用。

② 参看《马克思恩格斯全集》第1版第20卷第308、19页。

③ 《马克思恩格斯全集》第1版第19卷第372页。

④ 《马克思恩格斯全集》第1版第21卷第248页。

⑤ 《马克思恩格斯全集》第1版第28卷第509页。

⑥ 《马克思恩格斯全集》第1版第7卷第47页。

小资产阶级等等的社会主义截然不同,又与空想的和自发的工人共产主义所提出的模糊的'财产公有'截然不同的原理"。①

因而,马克思和恩格斯一致认为,自1847年以来他们所主张的社会主义是科学的,也就是说,马克思以前的社会主义者的社会科学中包含的"空想主义成分"在阶级斗争的发展和马克思的方法的发展所容许的范围内逐步地被克服了。至于他们在这段时间还没有明确地使用"科学社会主义"这一术语来称呼他们自己的新理论,这一点无关紧要,使用这个术语还不能充分阐明质的差别。这个差别不在于马克思以前的形形色色的哲学家、国民经济学家为自己提出的学术要求和学术地位。马克思和恩格斯自己阐明的他们的科学的新质在于,它是批判的、唯物主义的和革命的;它使他们能够在更进步的社会发展和他们的辩证唯物主义方法的基础上使社会主义摆脱空想主义的、教条主义的和学理主义的成分,也就是说,在理论上反映资本主义生产方式和阶级的现实运动,并由此论证无产阶级的历史使命和共产主义革命的必要性,揭示出社会发展的规律和趋势。但是这也意味着,不事先作出某些怎样或以何种方式解决未来的一切社会矛盾和社会问题的规定,不提出宣布永恒真理的要求。"现代的工人社会主义",即马克思主义,符合这些标准,因此与"空想主义的社会主义"相反,表明自己是"科学的社会主义"。

恩格斯认为,现代的,即辩证的和历史的唯物主义,"它和过去相比,是以科学社会主义为其理论终结的",②但不是就未来而言,不是

---

① 《马克思恩格斯全集》第1版第22卷第594页。
② 《马克思恩格斯全集》第1版第20卷第673页。

就一切时代而言。伯恩施坦担心"科学社会主义这个名称"会"使人得出好像社会主义已经终结的错误假定"。① 从马克思主义的角度来看，伯恩施坦的这种担心不仅是毫无根据的，而且也是他想彻底修正马克思主义的企图的一部分。考茨基在 1892—1893 年，也就是在他成为叛徒之前，就已经以独特的方式对把马克思主义的社会主义与形容词"科学的"联结起来的做法表示怀疑，因为这样做可能会"产生或助长错误的观念"。虽然考茨基承认，"科学的"这个词完全"符合马克思主义的各个方面"，但同时他又认为，"这也许又会包含更多的东西，或者容易被人理解为要求更多的东西"。② 如果考虑到恩格斯的要求，即"社会主义自从成为科学以来，就要求人们把它当做科学看待，就是说，要求人们去研究它"，③ 那么这样的危险就不存在——只要资产阶级的阶级立场不限制人们的求知欲。任何形式的教条主义、矫揉造作的体系和空想主义对马克思主义来说都是格格不入的，正像傲慢和无知对马克思主义以前的社会主义来说是格格不入的一样。如果说他们使用了"空想的"，而大多数场合是"空想主义者的社会主义"这个概念，那么这是为了表明它与科学社会主义的质的差别。马克思和恩格斯很清楚，"空想的"这个定语绝没有充分反映马克思主义以前的社会主义的特点，无论从它在那个时代的运动中的意义来看，还是从它作为理论源泉

---

① 《德国社会民主党代表大会讨论记录。1901 年 9 月 22 日至 28 日在卢卑克举行》1901 年柏林版第 140 页。

② 卡·考茨基：《论〈新时代〉成立 10 周年》，载《新时代》第 11 年卷第 1 期（1892—1893 年）第 1 卷第 4 页。

③ 《马克思恩格斯全集》第 1 版第 18 卷第 567 页。

与科学社会主义的关系来看都是如此。马克思主义以前的社会主义者所发现的、和物质条件相适应的批判的成分绝不是不科学的，它们为无产阶级启蒙运动提供了十分宝贵的材料并且有益地影响了阶级形成过程。马克思主义以前的社会主义从它发表的纲领来看正走在通向科学的道路上，马克思和恩格斯不再需要"从头脑里"创造出这门科学来，因为马克思主义以前的社会主义体现了无产阶级社会科学形成过程中的"初级阶段"。它关于未来社会的天才的预言随着无产阶级获得解放的条件的日益成熟已失去其空想的意义，因而不再主要是一个空想了，并且还在马克思主义中得到了科学论证。

因此，马克思和恩格斯认为有必要给予马克思主义以前的社会主义以历史的公正的评价，列举它的功绩，捍卫它免遭歪曲；他们还同样认为有必要提醒人们注意它的历史局限性，并从无产阶级运动中清除已被抛弃的观点。马克思主义的敌人企图否定马克思主义的新质，恩格斯对此进行了严厉的批判。正像不重视马克思主义以前的社会主义者为社会主义向科学的发展所作的贡献而不加区别地一律给他们打上空想社会主义者的印记是不合理的一样，也不能把他们当中的某个人看做是科学社会主义的奠基人，不管是他自认为有这样的功劳，还是别人出于明显的意识形态动机而把这个功劳加在他的身上都一样。[①] 概念的演变只有与

---

① 参看 J. 赫普纳：《资产阶级社会……》第 251 页。——同一作者《空想的社会主义和共产主义是马克思向共产主义过渡的源泉》，载《哲学—科学—政治》1982 年柏林版第 183 页。——M. 哈恩：《推翻资产阶级社会的革命利益……》第 56—57 页。——J. 罗基强斯基：《关于恩格斯的〈社会主义从空想到科学的发展〉中的若干空想社会主义的问题》，载《马克思恩格斯研究论丛》（柏林）第 8 辑第 271—272 页。——V. V. 加尔金：《科学还是空想？》1981 年莫斯科版第 162 页。

理论和运动的历史联系起来,并且只有当它重视自己的来源时,才能有助于人们弄清它。马克思和恩格斯认为有必要编写一部社会主义的起源史——批判的、有区别的——这项工作尚待完成。① 朝这个方向所进行的努力应予以鼓励。

(原载1985年《德国工人运动史论丛》第6期)

(张为民 译 李俊聪 校)

---

① 参看M.洪特:《出版马克思主义以前的社会主义的著作的设想》,载《马克思以前的社会主义》第162页。

关于马克思恩格斯著作中资本主义分析和社会主义构想的关系问题[*]

〔德〕米歇尔·亨利希[①]

马克思想通过他对资本主义的分析为资产阶级关系的革命作出贡献。正如古典政治经济学是上升时期的资产阶级自我反思和表白的主要代言人一样,政治经济学批判也应该成为无产阶级为自身解放进行斗争的理论武器。

马克思和恩格斯当然不是想从道义上把资本主义评说为不公正的社会关系制度。他们也不是想把社会主义作为以正义的名义来实现的理想状态,与资本主义对立起来。他们称这类观点为"空想社会主义",并用自己的"科学社会主义"同这种"空想社会主义"明确地划清界限。他们不是用道德标准,而是用对资本主义的科学分析来论证社会主义生产方式的必然性。

但是,马克思主义几乎只是以其被庸俗化的变种,即历史决定论或对资本主义所作的道德化批判,获得其政治影响的。社会主义革命没有在发达的资本主义国家获胜,而只是在不怎么发达的国家取得胜利。当

---

[*] 本文选自《马克思恩格斯研究》1993年总第15期。

[①] 米歇尔·亨利希博士是德国自由大学奥托-苏尔研究院工作人员,是《无产阶级》杂志编辑。

然，这些革命只是在下述意义上说是成功的，即革命先锋队（最初）能够确保自己的政权，而这些革命作为社会解放的规划却失败了。但是，并没有把社会主义归结为纯粹为了维护政权的规划，而仅仅是捍卫了社会主义的要求，特别是针对原来是解放的主体的那些人。在这样的情况下，马克思主义不只是被庸俗化了，而且堕落为单纯的表明合法性的意识形态。

现在许多左派日益背离马克思主义，这是对"现实存在的社会主义"崩溃的反应。尽管他们能区别马克思主义的最初设想和"社会主义集团"的现实，他们还是把这一集团的发展理解为马克思主义或多或少的必然结果。他们认为，马克思理论中所制定的要求太高了无法实现。关于革命主体的观念必须放弃，就像放弃关于经济关系完全可以计划的幻想那样。不过，还有完全颠倒的反应，认为糟糕的现实与纯马克思遗产没有任何关系，而应宣传真正的社会主义，宣传"真正的"革命、"正确"的计划经济等等。这种美化同全面否定一样，都无助于马克思主义学说的更新。相反，倒是有必要对马克思的理论进行评论（坚定有力的评论），研究马克思理论的内在稳定性和一贯性及其界限。

这里讨论的问题，即马克思和恩格斯所提示的主要以废除商品生产为基础的社会主义构想和马克思的资本主义分析之间的联系，就是要有助于进行这种评论。我的论点是，马克思和恩格斯在谈到废除商品生产时，同时也是以商品生产的观念为出发点的，而这个观念大大落后于在政治经济学批判中达到的反思水平。如果这个论点合乎实际，那么，马克思和恩格斯所着眼的商品生产的废除，就根本不属于马克思主义的科学部分，倒不如说只标出一块填补得很拙劣的空白。

马克思和恩格斯关于社会主义社会的最详细论述见于《反杜林论》和《哥达纲领批判》两书。① 恩格斯在《反杜林论》里不只是同杜林论战,他还在许多领域中以通俗易懂的形式把"马克思主义的"观点同杜林加以比较,以致《反杜林论》很快被视为马克思主义的最重要的纲要,而且,比马克思的比如说《资本论》传播更广。

在《反杜林论》里,恩格斯试图把资本主义制度下生产力和生产关系之间的矛盾说成是社会主义的客观基础。恩格斯说,资产阶级使中世纪农民和手工业者的小生产革命化了,他们把生产资料"从个人的生产资料变为社会化的,即只能由大批人共同使用的生产资料"②,但是保留了私人占有方式。恩格斯认为,这构成了现代资产阶级社会中生产力和生产关系的矛盾:"生产资料和生产实质上已经变成社会化的了。但是,它们仍然服从于这样一种占有方式。这种占有方式是以个体的私人生产为前提……这个使新的生产方式具有资本主义性质的矛盾,已经包含现代的一切冲突的萌芽。"③

但是,不仅在资本主义制度下,而且在任何一个阶级社会,都有非生产者占有产品或剩余产品的情况。恩格斯所说的"社会化的生产",即只能由大批人共同使用的生产力,在早期的生产方式(如亚细亚生产方式或奴隶社会的生产方式)中业已存在,可见,社会化的生产和私人占有之间的矛盾是很普遍的,不能当做资本主义生产方式的特征。

---

① 因为对我来说问题在于已展开的资本主义分析和社会主义构想的关系,所以这里不可能考虑马克思和恩格斯在《经济学哲学手稿》和《德意志意识形态》里的早期言论。

② 《马克思恩格斯全集》第 1 版第 20 卷第 294 页。

③ 《马克思恩格斯全集》第 1 版第 20 卷第 295 页。

恩格斯把生产力发展的一个特定方面与**占有方式即**所有制形式作了对比。但是，生产方式的资本主义性质在于生产和再生产归属于**价值的增殖**。增殖的强制性是命令，这种命令即使在产品例如由国家占有时也不会更改。因此，不仅改变占有关系而且还要改变生产和再生产的形式规定，生产方式才能失去其资本主义性质。

恩格斯视经济危机是社会化生产和私人占有之间的矛盾的"剧烈爆发"①。恩格斯认为，危机主要是由生产的无政府状态引起的。在马克思那里，对危机的解释虽然出现了互相矛盾的苗头，但他并没有特别指出市场的无政府状态，而是（例如在《资本论》第3卷第15章里）把生产的资本主义性质，即越来越高的阶段上的增殖，强调为商品生产过剩和资本积累过剩的原因。

恩格斯只是消极地把危机理解为资本"无能"的表现，而马克思总是把危机理解为资本主义发展问题的强制性解决，理解为增殖条件的再形成。正是危机使资本主义具有弹性和适应能力。

因为恩格斯把生产力和生产关系的矛盾首先确定在占有方式上，所以他认为，在资本主义制度下已经发生的所有制形式的改变，诸如股份公司或者变私人所有为国家所有，是表明资产阶级也不得不承认生产力的社会性的最初迹象。但是，这种国家所有还不是生产方式和占有方式之间的冲突的解决办法。这种办法只能在于："社会公开地和直接地占有已经发展到除了社会管理不适于任何其他管理的生产力"②。不过，要达到这种情况又要经由国家所有："无产阶级将取得国家政权，并且

---

① 《马克思恩格斯全集》第1版第20卷第301页。
② 《马克思恩格斯全集》第1版第20卷第304页。

首先把生产资料变为国家财产。"①

对恩格斯来说，随着生产资料由社会占有，生产力的社会性和私人占有方式之间的矛盾解决了。当然，"社会"一词现在含有别的意思：如果生产力的社会性一开始是指只有大多数人（但绝对不是整个社会）能够使用新的生产力，那么"社会"一词现在是指作为一个整体的社会。在"社会"一词的第一个含义里，矛盾的解决不在于作为整体的社会占有生产资料，而在于使用生产力的人根据情况以合作社形式占有生产资料，不过这里还丝毫没有说明这些合作社以什么样的方式方法进行全社会的协作。

当然，恩格斯直截了当地把生产资料的社会占有和取消商品生产视为同一。个人耗费的劳动不必首先以其产品交换来证明劳动的社会性，更确切地说，劳动从一开始就应该是"直接的社会劳动"。

"一件产品中所包含的社会劳动量，可以不必首先采用迂回的途径加以确定；日常的经验就直接显示出这件产品平均需要多少数量的社会劳动。社会可以简单地计算出：在一台蒸汽机中，在一百公升的最近收获的小麦中，在一百平方米的一定质量的棉布中，包含着多少工作小时。因此，到那时，由于产品中包含的劳动量社会可以直接地和绝对地知道，它就不会想到还继续用相对的、动摇不定的、不充分的、以前出于无奈而不得不采用的尺度来表现这些劳动量，就是说，用第三种产品，而不是用它们的自然的、相当的、绝对的尺度——时间来表现这些劳动量……因此，在上述前提下，社会也无需给产品规定价值……诚然，就在这种情况下，社会也必须知道，每一种消费品的生产需要多少

---

① 《马克思恩格斯全集》第1版第20卷第305页。

劳动。它必须按照生产资料,其中特别是劳动力,来安排生产计划。各种消费品的效用(它们被相互衡量并和制造它们所必需的劳动量相比较)最后决定这一计划。人们可以非常简单地处理这一切,而不需要著名的'价值'插手其间。"①

恩格斯在这里把"社会"理解为自觉活动的主体。社会"知道",社会作出"计划"和"决定"。但是,恩格斯没有探讨社会这个主体应该如何组织。因此,他也回避讨论各生产者集团之间、生产者和消费者之间等等的利益差别。他同样也很少提应该如何完成"这个"社会向各个社会成员提出的计划这个问题。随着阶级(必须加上:至今存在的阶级)的消失,国家也会自行消亡,而且对人的统治将由对物的管理所代替②——这样的幻想忽略了正是从对物的管理中重新产生出统治关系。

但是,对这里讨论的资本主义分析和社会主义构想之间的关系来说,比这些政治问题的逐渐消失更具决定意义的,是恩格斯废除商品生产的观念所依据的一些未加只字说明的前提。恩格斯的出发点是:社会主义制度下社会知道各种物品生产的劳动耗费,因此,这个劳动量不必再用价值来表现。他认为,货币用作价值尺度,纯属"权宜之计"。于是,恩格斯不言自明地从下述观念出发:**具体劳动的耗费量在交换前已经确定产品的价值量**。这样,每件商品在进入市场时已具有它的完全确定了的价值,而在市场上这种价值只不过再以一定货币量实现罢了。如果从一开始就知道和计划好劳动耗费,那么,市场这种中介显然是多

---

① 《马克思恩格斯全集》第 1 版第 20 卷第 334 页。
② 《马克思恩格斯全集》第 1 版第 20 卷第 306 页。

余的。

马克思在《哥达纲领批判》里也持同恩格斯在《反杜林论》里类似的观点。① 马克思在《资本论》里就用"自由人联合体"② 来描述一个直接的社会结合的抽象模式。当然，在《资本论》里，还有一些不同类型的社会结合的例子，它们是用来说明，劳动产品的价值形式只是一种特殊的历史形式。

但是，现在的主要问题是：对这种直接的社会结合是怎样考虑的，应该如何计划生产和分配产品。除了应该计划生产之外，我们对第一点一无所知。而在《资本论》里"仅仅为了同商品生产进行对比"③ 所设想的一种与个人工作效率成比例地进行的分配，在这里成了共产主义社会的原则，而这个共产主义社会"不是在它自身基础上已经发展了的，恰好相反，是刚刚从资本主义社会中产生出来的"。④

每一个生产者应该（在扣除扩大生产、社会保险基金以及诸如此类的东西之后）领回的，恰恰是他给予社会的东西：

"他所给予社会的，就是他个人的劳动量……他从社会方面领得一张证书，证明他提供了多少劳动（扣除他为社会基金而进行的劳动），而他凭这张证书从社会储存中领得和他所提供的劳动量相当的一份消费

---

① "在一个集体的、以共同占有生产资料为基础的社会里，生产者并不交换自己的产品；耗费在产品生产上的劳动，在这里也不表现为这些产品的价值，不表现为它们所具有的某种物的属性，因为这时和资本主义社会相反，个人的劳动不再经过迂回曲折的道路，而是直接地作为总劳动的构成部分存在着。"（《马克思恩格斯全集》第 1 版第 19 卷第 20 页）

② 《马克思恩格斯全集》第 1 版第 23 卷第 95 页。

③ 《马克思恩格斯全集》第 1 版第 23 卷第 95 页。

④ 《马克思恩格斯全集》第 1 版第 19 卷第 21 页。

资料。他以一种形式给予社会的劳动量,又以另一种形式全部领回来。"①

马克思的出发点也不仅仅是,耗费在各种物品生产上的劳动量是已知的,而且这种劳动量也是可以直接比较的。马克思甚至明确地举出类似商品交换的情况:

"显然,这里通行的就是调节商品交换……的同一原则……即一种形式的一定量的劳动可以和另一种形式的同量劳动相交换。"②

可见,在社会主义制度下不应废除商品交换的等价物,而只应该废除起中介作用的主管部门——市场。但是,这就意味着马克思在这里如同恩格斯在《反杜林论》里一样把市场视为这样一种设施:它只是事后实现各个商品在交换前已确定的价值。

如果说马克思和恩格斯谈过废除商品生产,那他们也是以商品生产的某种作用方式为前提的。他们假定,商品的价值量在交换前已经由耗费在商品生产上的劳动确定。然后,这种于交换前确定的价值在市场上变为货币。变为货币,这是一种纯粹事后的、可以说技术上的行为。因此,恩格斯也把货币称之为"权宜之计",而这种权宜之计将会成为多余的。

各个商品的价值在它们于交换过程中与货币发生关系之前就已确定——这个观点可以引证马克思《资本论》里的许多说法作为依据。特别是第一章头两个小节可以说有这个意思。

当然,在马克思那里还可以发现第二个论据系列。例如说,价值形

---

① 《马克思恩格斯全集》第 1 版第 19 卷第 21 页。
② 《马克思恩格斯全集》第 1 版第 19 卷第 21 页。

式分析的目的在于证明：商品的价值对象性只存在于它们在交换时借助货币所具有的关系中。马克思关于一般价值形式这样写道："因此，只有这种形式才真正使商品作为价值互相发生关系。"① 这第二个论据系列很明显地表现在1871—1872年撰写的、现在第一次发表于《马克思恩格斯全集》历史考证版的一段文字里。在这段文字中，马克思为《资本论》第2版修改了第1版第1章。他在那里关于商品的价值对象性这样写道：

"商品也只有作为社会关系才具有这种社会对象性。"② 还有："因此，一件劳动产品，孤立起来看并不是价值，就像它不是商品一样。只有当它同其他劳动产品结合在一起时，它才是价值……"③

此外，商品的"价值实体"即抽象的人类劳动不可当做准基质，而应该当做一种特定社会关系的对象性反映。因此，像马克思在一处④建议的那样，也不可根据生理学意义上的劳动耗费来谈论抽象的人类劳动，而应根据不同的个人劳动在交换中被彼此的等同来谈论抽象的人类

---

① 《马克思恩格斯全集》第1版第23卷第82页。在《政治经济学批判》（1859年）里已经在类似的意义上谈到社会劳动时间，即为了成为有价值的，个人劳动必须变为社会劳动时间："社会劳动时间可以说只是潜伏在这些商品中，只是在它们的交换过程中才显露出来……因此，一般社会劳动不是现成的前提，而是变成的结果。"（《马克思恩格斯全集》第1版第13卷第34页）
② 《马克思恩格斯全集》历史考证版第2部分第6卷第30、31页。
③ 《马克思恩格斯全集》历史考证版第2部分第6卷第30、31页。
④ 参看《马克思恩格斯全集》第1版第23卷第60页。

劳动。① 如果说个别商品没有被赋予价值实体，那么价值量也不是个别商品特有的，而是生产者的社会关系的表现，② 这种关系是在交换中通过商品与货币的关系建立起来的。

关于商品价值是在交换前已经确定还是在交换中才确定的问题，不只是涉及马克思的准确的解释。如已提到的那样，马克思在这个问题上也是不明确的。他的价值论摇摆于价值是实体和实物的观点（这种观点是建立在古典政治经济学的理论上的）和"货币"价值论③之间，对于后者来说，在交换中产生的商品与货币的关系恰恰是价值论的重要因素。④ 更确切地说，这涉及市场的中介效率问题。

个人耗费的劳动必须首先证明自己是社会劳动的组成部分，必须是"社会必要的"。事实上所耗费的劳动是必要的，因为一方面这关系到

---

① 这一点马克思在关于商品拜物教这一节里已明确肯定："完全不同的劳动所以能够相等，只是因为它们的实际差别已被抽去，它们已被化成它们作为人类劳动力的耗费，作为抽象的人类劳动所具有的共同性质。"（《马克思恩格斯全集》第1版第23卷第90页）此外，在上面提到的1871—1872年的手稿里他在这一处作了补充（并收入《资本论》法文版）："不同的具体的私人劳动要化成相同的人类劳动的抽象，只有通过交换，这种交换事实上使不同的劳动产品彼此等同。"（《马克思恩格斯全集》历史考证版第2部分第6卷第41页）

② 关于这一点，还可参看《马克思恩格斯全集》第1版第23卷第120页以及《马克思恩格斯全集》历史考证版第2部分第6卷第38页。

③ 我使用这个概念根据是汉斯-乔治·巴克豪斯：《关于更新马克思价值论的材料》，载《社会。马克思理论论丛》1074年美因河畔法兰克福版第1期。

④ 对这些问题的详细讨论，参看米歇尔·亨利希：《价值科学。谈谈马克思政治经济学批判在科学革命和古典传统之间的矛盾心理》汉堡版。

生产的工艺条件，另一方面关系到有支付能力的社会需要。① 只有至少是在平均的生产条件下生产，只有所生产的产品事实上为满足有支付能力的需要也是必需的，这时所耗费的劳动时间才是"必要的"。在市场交换过程中，二者同时被确定。一件产品获得的价格说明，物化在这件产品中的个人劳动时间在何种程度上被认为是社会的劳动时间。这个信息同时是对生产者的一种（肯定或否定的）认可，因为它决定生产者在社会总产品中的应得部分。

但是，在资本主义市场经济中，在交换过程前既不知道工艺水平，也不知道有支付能力的需要的范围。的确它们也是不可知的，因为资本所固有的生产相对剩余价值的趋向正是由生产力的持续不断的变革产生的。但是，生产力的这种变革不仅持续不断地改变工艺水平，而且也改变有支付能力的需要。要知道，这种需要不只由或多或少稳定的个人消费构成，它主要是由企业的生产性消费决定的。而这种消费的构成又取决于生产方式。当然，不只是社会需要取决于工艺水平。最有收益的工艺是什么样的情况，这又取决于必要的初级产品和生产资料的价值，从而取决于对这些初级产品和生产资料的有支付能力的需要。

可见，在市场上不仅能事后弄清，而且也能确定什么是社会必要劳动。只有在交换中，即在商品对货币的诸方面关系中，才显示出工艺水平和有支付能力的需要。因此，货币不只是权宜之计，而且是中介，通过这个中介，个人所耗费的劳动变为得到社会承认的劳动。

---

① 马克思关于"社会必要劳动时间"这个著名的定义（《马克思恩格斯全集》第 1 版第 23 卷第 52 页）里强调了第一点，而关于第二点，他只是分别在几个地方作了提示。（例如，《马克思恩格斯全集》第 1 版第 23 卷第 125 页和第 25 卷第 716 页）

如果假定价值在交换前已经确定，那么货币和市场的这种中介作用就被忽略了，这样中介显然是多余的。个人劳动显然已经是社会劳动，只是它还没有被认可为这样的劳动。说商品价值在交换前已确定，这就假定，工艺的平均水平和社会需要在交换前也已完全确定。

当然，马克思和恩格斯也不可能完全忽略对分工的经济来说必要的中介过程和比较过程。例如，恩格斯想衡量各种消费品的效用和生产它们所必需的劳动量[①]，又例如，马克思谈到生产者以一种形式给予社会的劳动与他以另一种形式从社会方面领得的劳动一样多。[②] 在这两种场合都涉及质上不同的具体劳动的比较。但是，在货币价值论范围内已经很明确：各种单个的具体劳动不可直接比较，它们作为抽象劳动的等同性是一种社会属性，它不全然是现存的，而是首先必须把它确立起来。在以商品生产为基础的生产方式里，这种等同性是在市场上通过货币确立起来的。在不以商品生产为基础的生产方式里，应该如何确立个人劳动的等同性，对此马克思和恩格斯没有再谈下去。他们认为，既然"社会""知道"生产各个物品所必需的具体劳动量，那么这个问题已经解决了。这种完善的认识和必须在极短时间内把这种认识加工为全社会的生产计划，这几乎是不能实现的。撇开这一点不谈，这个理想的计划又会因生产力的每次提高而落空。随着生产力的提高，对生产相应物品所必需的其他物品的量发生变化，劳动耗费和效用的比例——恩格斯想根据这个比例来制订计划——也发生变化。

---

① 参看《马克思恩格斯全集》第1版第20卷第334页。
② 参看《马克思恩格斯全集》第1版第19卷第21页。

从货币价值论的认识出发,虽然可以不马上排除完善的社会计划的可能性,但十分清楚的是:必须在极短时间内完成的使之协调和适应的工作,将是大得惊人的。相反,如果以非货币价值论为出发点,那么,根据简单化的市场观念,关于这种协调的问题也就不存在了。

(原载《马克思主义的更新》杂志1991年第7期)

(胡慧琴 译)

谈谈马克思和恩格斯对社会主义社会的看法[*]

〔苏〕E. Л. 康捷尔

在改革时期,关于社会主义社会的现代概念成了一个特别尖锐的问题。因此,人们对马克思和恩格斯的观点表现出越来越大的兴趣。他们关于社会主义的表述,Г. А. 巴加图里亚、R. 德鲁贝克、R. 麦科尔的著作已作了分析。[①] Г. Л. 斯米尔诺夫、Л. Н. 费多谢耶夫、Л. Ф. 尤金等人的著作也多少涉及这些观点。[②] 然而,许多问题至今尚未进行过研究。

---

[*] 本文选自《马克思恩格斯研究》1991 年总第 7 期。

[①] Г. А. 巴加图里亚:《未来的轮廓。恩格斯论共产主义社会》1972 年莫斯科版。R. 德鲁贝尔、R. 麦科尔:《马克思恩格斯论社会主义社会和共产主义社会》1981 年柏林版。

[②] Л. Н. 费多谢耶夫:《社会主义向共产主义过渡条件下的生产关系的发展》,载《共产党人》1958 年第 9 期;同一位作者的《共产主义和哲学》1962 年莫斯科版;Л. 尤金:《从社会主义走向共产主义(论文集)》1962 年莫斯科版;Г. 斯米尔诺夫:《共产主义社会关系的形成》1962 年莫斯科版。Ф. 布尔拉茨基:《共产主义和国家》1963 年莫斯科版。

本文将探讨这一问题的当前已成为苏联社会学家注意中心的一些方面。① 这里着重论述的将是恩格斯的观点。但是恩格斯的观点同马克思的观点是分不开的，因此，本文也将大量援引马克思的著作。

首先要回答的一个问题是：马克思和恩格斯是否像某些研究人员所认为的那样曾经向自己提出了制定社会主义的模式，即社会主义的具体构想的任务。② 依我所见，他们从来没有这样做。与空想主义者不同，马克思和恩格斯根本就没打算勾画一幅未来社会的最终蓝图。在《共产党宣言》中他们批判了一些空想主义者，因为这些人竭力按照臆想的方案组建社会，幻想实现乌托邦社会。③ 恩格斯在给英国社会主义者爱·皮斯的一封信中说，他和马克思对未来非资本主义社会的看法都是从历史事实和过程中得出的确切结论，"脱离这些事实和过程，就没有任何

---

① 参看 A. C. 齐普科：《斯大林主义的根源》，载《科学与生活》1988 年第 11—12 期、1989 年第 1—2 期；O. 拉齐斯：《热月当成雾月。关于一个修正的往事》，载《知识》1999 年第 5 期；И. 克里亚姆金：《再谈斯大林主义的根源》，载《政治教育》1989 年第 9 期；H. 西蒙尼娅：《斯大林主义同社会主义的对立》，载《哲学问题》1989 年第 7 期，以及其他著作。上述齐普科的连载文章由于各方面原因使我对它持批评态度。他试图把斯大林的社会主义模式同马克思和恩格斯提出的共产主义社会形态的观念混为一谈，把斯大林说成是坚持社会主义观念的马克思主义者，说什么持这种社会主义观念对当时的马克思主义者来说是正常的，对此我不能表示同意。同时，作者否认了这样的事实，斯大林背离了列宁的社会主义观念。在这里，我没有必要认真讨论上面提到的齐普科的文章，因为 Г. 斯米尔诺夫、O. 拉齐斯、И. 克里亚姆金、H. 西蒙尼娅等人的文章已对它作了批判。

② 参看 B. 基谢列夫：《苏联有过多少种社会主义模式》，载《别无选择，改革的命运。回想过去。展望未来》1988 年莫斯科版。

③ 《马克思恩格斯全集》第 1 版第 4 卷第 499—502 页；第 3 卷第 30—40 页。

理论价值和实际价值。"①

1881年,卡·考茨基把自己写的《人口增殖对社会进步的影响》一书寄给恩格斯,请他提出批评意见,尤其是有关未来社会如何对付人口过剩的威胁的问题,恩格斯回信说,在未来的社会,人们自己会决定应该采取什么措施。"我不认为自己有向他们提出这方面的建议和劝导的使命。那些人无论如何也不会比我和您笨。"② 另一位德国社会民主主义者康·施米特告诉恩格斯,他打算从理论上研究向共产主义社会的过渡阶段的问题,当时恩格斯建议不要匆忙行事。他在1891年7月1日写道:"……这是目前存在的所有问题中最难解决的一个,因为情况在不断地变化。例如,随着每一个新托拉斯的出现,情况都要有所改变,每隔十年,进攻的目标也会全然不同。"③ 在《论住宅问题》这部著作中,在回答米尔柏格关于恩格斯实际上并没有解决住宅问题的责难时,恩格斯写道:"但是,我的确丝毫没有想到要解决所谓住宅问题,正如我并不想从事解决那更为重要的食物问题的细节一样。如果我能指出我们现代社会的生产足以使社会一切成员都吃得饱,而且有足够的房屋使现在就有可能给劳动群众以宽敞和合乎卫生的住所,那么我就已经很满意了。至于凭空推想未来的社会将怎样调整食品和住宅的分配——这就是直接陷入空想。"④ 1893年5月1日在同法国《费加罗报》记者的一次谈话中,恩格斯对此说得尤为明确:"我们不打算把什么最终规律强加给人类。关于未来社会组织方面的详细情况的预定看法吗?您在

---

① 《马克思恩格斯全集》第1版第36卷第420页。
② 《马克思恩格斯全集》第1版第35卷第146页。
③ 《马克思恩格斯全集》第1版第38卷第123页。
④ 《马克思恩格斯全集》第1版第18卷第319页。

我们这里连它们的影子也找不到。"①

因此，某些作者总是想把马克思和恩格斯关于未来社会的最一般的理论原理看做是具体的规划，我们认为，这种奢望是没有根据的。

在研究马克思和恩格斯关于共产主义社会形态及其社会主义阶段的观点是如何发展的这一问题时，决不能否认这样一个重要问题：在这个过程中有两个截然不同的阶段。在第一个阶段（1844—1848年），尽管空想共产主义受到了科学的批判，但是沙·傅立叶和罗·欧文的某些观点对未来无阶级社会概念的形成，毕竟还是颇有影响，尤其是对恩格斯。最明显的例子就是恩格斯《共产主义原理》。② 在经马克思最终定稿的《共产党宣言》中，可以看出对傅立叶和欧文的个别建议已经有所批判。③ 在这个时期马克思和恩格斯的经济学理论尚未充分发展，同时缺乏历史经验，因此他们不能对未来社会提出较成熟的科学构想，也不能指出未来社会的形成道路。在40年代，他们对英国和法国资本主义发展的成熟程度估计过高，于是他们便认为在这些国家里社会主义革命胜利的物质条件业已成熟。历史经验证实这种看法是错误的，1895年，恩格斯在马克思的《1845—1850年法兰西阶级斗争》一书的导言中已经谈到了这一点。④

在40年代，马克思和恩格斯的共同点是：他们在自己的著作中特别是在《共产主义原理》和《共产党宣言》中主张把工业、运输、信

---

① 《马克思恩格斯全集》第1版第22卷第628—629页。
② 参看《马克思恩格斯全集》第1版第4卷第367—368页。
③ 参看《马克思恩格斯全集》第1版第4卷第489—491、499—502页。
④ 参看《马克思恩格斯全集》第1版第22卷第597页。

贷和国家银行最大限度地集中在国家的手中。① 当时许多欧洲国家尚未战胜半封建的关系、经济和政治的割据，在这种历史条件下，马克思和恩格斯认为，把一切经济和政治力量最大限度地集中在国家手中对无产阶级是有利的。只有在这样的条件下，他们才认为，无产阶级能够在本国和本民族范围内起领导作用。② 至于民主自治的问题，无产阶级利用民主自治的问题，马克思主义的创始人还没有提出。他们认为，当无产阶级取得政治上的统治时，将建立严格集中的、革命的雅各宾专政式政府。在60—80年代，恩格斯在解决集中与自治相互关系的问题，无产阶级政党必须争取自治的问题时才作了某些纠正。当然，在40—50年代，马克思主义创始人的未来社会的构想多少过分地带有国家的和集中的性质。③

1867年，《资本论》的出版，标志着马克思主义科学的发展和未来无阶级社会这一科学概念的形成开始进入新阶段。如果说在40年代和50年代，新的无阶级社会的出现多半被认为是无产阶级和它的共产主义政党自觉革命活动的结果，那么在第二个阶段，马克思和恩格斯主要注意的却是分析共产主义制度在资本主义制度内部形成的经济条件。如果说在40年代的一些著作中，公有制主要是作为国家所有制出现，那么马克思在《资本论》第3卷中已注意到合作所有制，他写道："工人自己的合作工厂，是在旧形式内对旧形式打开的第一个缺口……但是，资本和劳动之间的对立在这种工厂内已经被扬弃，虽然起初只是在下述

---

① 参看《马克思恩格斯全集》第1版第4卷第367—368、489—491页。
② 参看《马克思恩格斯全集》第1版第4卷第391—392页，第7卷第296—298页。
③ 参看《马克思恩格斯全集》第1版第7卷第297—298页。

形式上被扬弃,即工人作为联合体是他们自己的资本家,也就是说,他们利用生产资料来使他们自己的劳动增殖。这种工厂表明,在物质生产力和与之相适应的社会生产形式的一定的发展阶段上,一种新的生产方式怎样会自然而然地从一种生产方式中发展并形成起来。"① 由于考虑到股份生产和工人合作社发展的经验,马克思做出了关于从资本主义向社会主义社会过渡途径的新的科学结论,这种途径是在19世纪最后30年新的历史条件下形成的。

在马克思和恩格斯的《资本论》、《剩余价值理论》、《哥达纲领批判》、《论住宅问题》、《反杜林论》等著作中,在他们的大量往来书信中,描绘出了未来无阶级社会的最一般的轮廓,仔细研究了它的可能的成熟阶段,指明了它的形成道路。这些观点所依据的是马克思所制定的经济学理论。他们非常明确地提出了自治的意义的问题,认为自治是未来社会主义社会成熟过程中的一个必不可少的环节。当然,他们在40—50年代初所提出的那些关于共产主义社会形态的最早的论点,至今仍未失去其科学意义。相反地,关于如何克服人剥削人现象的思想,关于消灭对抗的阶级和民族纠纷的思想,关于消灭造成各民族间兄弟相残的战争的社会根源的思想——所有这些思想使人们对马克思和恩格斯所规划的未来社会的最一般的轮廓有了明晰的了解。

马克思和恩格斯坚决反对把他们的一些理论性的结论绝对化,强调指出这些结论只限于一定的时间和地域的范围。在第一国际海牙代表大会(1872年)临近结束时,马克思出席了阿姆斯特丹的一次工人会议,他说:"……我们从来没有断言,为了达到这一目的(对社会进行社会

---

① 参看《马克思恩格斯全集》第1版第25卷第497—498页。

改造——笔者注），到处都应该采取同样的手段。我们知道，必须考虑到各国的制度、风俗和传统，我们也不否认，有些国家，像美国，英国——如果我对你们的制度有更好的了解，也许还可以加上荷兰——工人可能用和平手段达到自己的目的。"对于欧洲大陆上大多数国家来说，马克思认为，暴力应当成为社会革命的杠杆，"为了最终地建立劳动的统治，总有一天正是必须采取暴力"。①

现在我们来具体地考察一下马克思主义经典作家对社会主义社会即共产主义社会形态的第一阶段的基本特点有哪些看法。在《哥达纲领批判》中，马克思在批判拉萨尔关于向每个社会成员提供"不折不扣的劳动所得"的要求时，阐述了这个问题。这说明为什么他没有涉及发展社会主义社会的其他一些非常重要的问题。马克思不是具体地、历史地，针对某一个国家或某一类国家，而是从抽象理论角度提出共产主义第一阶段的问题。② 这样提出问题是完全有理由的，因为当时还没有经验材料来制定具体的模式。于是应当得出结论：马克思不能阐释组建社会主义社会的各个方面。他排除了可能有资本主义的包围、还可能有世界市场及其对建设社会主义的国家的影响的问题，他也排除了商品货币关系的存在、价值规律的作用、国家的存在。

为了更清楚地说明这个已被提出的理论问题，我们还是把共产主义第一阶段这个概念同马克思和恩格斯对从资本主义向共产主义过渡时期的一些观点对比一下。最充分阐述这些观点的是《共产主义原理》③ 和

---

① 《马克思恩格斯全集》第1版第18卷第179页。
② 参看《马克思恩格斯全集》第1版第19卷第15—24页，第23卷第11—12页。
③ 参看《马克思恩格斯全集》第1版第4卷第367—368页。

《共产党宣言》。① 马克思和恩格斯指出，工人革命的第一步就是把无产阶级变为统治阶级，赢得民主。他们写道："无产阶级将利用自己的政治统治，一步一步地夺取资产阶级的全部资本，把一切生产工具集中在国家即组织成为统治阶级的无产阶级手里，并且尽可能快地增加生产力的总量。"② 我认为，这段话已经清楚地说明，过渡时期是一个相当长的过程。本来就需要"一步一步地"实现上述的过渡措施。这就是说，除了社会主义的生产，还将长期存在着资本主义的生产和小商品生产。在60—80年代，他们认为，社会主义的生产将不具有国家的形式，而且具有合作社的形式。这个问题在《法兰西内战》和马克思的《米·巴枯宁〈国家制度与无政府状态〉一书摘要》中说得十分清楚。③ 恩格斯在1886年1月20—23日给奥·倍倍尔的一封信中写道："至于在向完全的共产主义经济过渡时，我们必须大规模地采用合作生产作为中间环节，这一点马克思和我从来没有怀疑过。但事情必须这样来处理，使社会（即首先是国家）保持对生产资料的所有权，这样合作社的特殊利益就不可能压过全社会的整个利益。"④

可以想象，马克思和恩格斯似乎认为合作社所有制将是全国性的社会主义所有制的一种形式而已。但是这种看法是错误的。的确，马克思主义创始人是坚决拥护土地国有化的。但是其他的生产资料将属于合作社。加入合作社的小农和中农的土地也将归合作社所有，而不是归国家

---

① 参看《马克思恩格斯全集》第1版第4卷第489—491页。

② 参看《马克思恩格斯全集》第1版第4卷第498页。

③ 参看《马克思恩格斯全集》第1版第17卷第361—363、367页，第18卷第699、700页，第19卷第298页。

④ 《马克思恩格斯全集》第1版第36卷第416—417页。

所有。在《法兰西内战》中，马克思对巴黎公社的这种措施非常称赞，说它把那些主人已逃遁的作坊和工厂交给了工人同志。他认为这种措施是公社的社会主义倾向。马克思写道："如果合作制生产不是作为一句空话或一种骗局，如果它要排除资本主义制度，如果联合起来的合作社按照总的计划组织全国生产，从而控制全国生产，制止资本主义生产下不可避免的经常的无政府状态和周期的痉挛现象，那么，请问诸位先生，这不就是共产主义，'可能的'共产主义吗？"①

可见，马克思认为，在社会主义制度下，除了全国性的社会主义所有制，合作社的社会主义所有制和小商品私有制（个体的小农民经济、家庭手工业者、小业主）还应该继续起作用。但是，如果存在着这些不同的所有制经济形式，那么，它们的交往方式将必然是市场交易的关系，因而，在这个阶段还将存在着价值和货币体系。

恩格斯对社会主义社会即共产主义社会的第一个阶段这一概念的制定有什么贡献呢？众所周知，对于马克思在《哥达纲领批判》中有关论点，恩格斯从来没有谈到过。因为马克思的这些论点对他来说已经非常熟悉了，而且他又从来不表示不同意他的论点，所以应该说，他是同意这些论点的。

恩格斯说过，应该把社会主义社会看做是一个不断发展的社会，在其中，生产的发展必然会引起分配方式的重大改变。他特别嘲笑那些年轻的德国马克思主义者。这些人组织了一次讨论会，讨论社会主义社会中的产品分配，讨论是否将按照劳动的数量或者别的方式进行产品分配。尽管对这个问题的讨论采取了严格唯物主义的态度，但是"谁也没

---

① 参看《马克思恩格斯全集》第1版第17卷第362页。

有想到，分配方式本质上毕竟要取决于可分配的产品的数量，而这个数量当然随着生产和社会组织的进步而改变，从而分配方式也应当改变。"恩格斯指责了那些参加讨论会的人，说在他们……看来，"'社会主义社会'并不是不断改变、不断进步的东西，而是稳定的、一成不变的东西，所以它应当也有个一成不变的分配方式。但是，合理的辩论只能是：（1）设法发现将来由此开始的分配方式，（2）尽力找出进一步的发展将循此进行的总方向。"①

值得注意的是，恩格斯在这里没有援引马克思在《哥达纲领批判》中的那条原理，即应该从按劳分配开始，以便在共产主义的高级阶段能过渡到按需分配。但也许恩格斯的思路也是循这个方向发展的。重要的是，社会主义社会在向成熟的共产主义社会发展过程中将经过一系列阶段。这个论点，恩格斯在1890年8月给奥·伯尼克的信中有所发挥。他写道："我认为，所谓'社会主义社会'不是一种一成不变的东西，而应当和任何其他社会制度一样，把它看成是经常变化和改革的社会。"② 恩格斯认为，社会主义社会不同于资本主义社会，关键在于前者在公有制的基础上组织生产。从这封信中可以看出，恩格斯主张逐渐实现社会主义的社会改造，在改造过程中应该避免任何过火行为，如果各个劳动者阶层（例如雇农）贸然采取过火行为，那么罪责在统治阶级，因为是统治阶级迫使他们这样粗野。③ 这一点令人信服地说明，恩格斯的理论原理根本不同于那种用强迫命令方法，不顾国家的经济落后性，极力在最短的期限内实现社会主义改革的斯大林的"社

---

① 《马克思恩格斯全集》第1版第37卷第432页。
② 《马克思恩格斯全集》第1版第37卷第443页。
③ 参看《马克思恩格斯全集》第1版第37卷第443—444页。

会主义模式"。

恩格斯在给伯尼克的这封信中还提到了导致社会主义改造的其他一些措施,尤其是建立昔日的雇农的合作社,无产阶级国家把从大地主手中没收的土地租给他们。[①]

从70年代开始,恩格斯不止一次地提出农民合作化的问题。1894年,他写了《法德农民问题》。在这部著作中全面制定了无产阶级政党对农民问题的政策和策略。恩格斯代表一些社会主义者宣布:"而我们则坚决站在小农方面,我们将竭力设法使他们的命运较为过得去一些,如果他们下决心的话,就使他们易于过渡到合作社,如果他们还不能下决心,那就甚至给他们一些时间,让他们在自己的小块土地上考虑考虑这个问题。我们所以要这样做,不仅是因为我们认为自食其力的小农可能来补充我们的队伍,而且也是为了党的直接利益……我们无需等到……最后一个小手工业者和最后一个小农都变成资本主义大生产的牺牲品的时候,才来实现这个变革。"[②]

可见,恩格斯认为小农并不是一个应该尽快无产阶级化的"最后的资本家阶级"。他和马克思都认为小农是工人阶级的最亲近的盟友。恩格斯认为,让小农转入社会主义合作制的轨道是一个很长的过程,无产阶级国家对此必须有耐性,并予以友好的关注。这种态度完全不同于农民全面合作化和消灭富农阶级的斯大林方法。

对中农的政策,恩格斯也有所论述。他指出,中农在利益和观点上,与小农并没有什么本质差别,在资本主义条件下,随时有因竞争而

---

① 参看《马克思恩格斯全集》第1版第37卷第443—444页。
② 《马克思恩格斯全集》第1版第22卷第582—583页。

破产的危险。"对于这种衰落我们根本没有办法阻止,这里我们也只能建议把各个农户联合为合作社,以便在这种合作社内越来越多地消除对雇佣劳动的剥削,并把这些合作社逐渐变成全国大生产合作社的拥有同等权利和义务的组成部分。"① 恩格斯主张对大农也实行这种政策。他认为采用剥夺没收的手段是多余的,他写道:"大概我们在这里也将拒绝实行强力的剥夺,不过我们可以指望,经济发展将使这些顽固脑袋也学到乖的。"②

恩格斯规定的无产阶级国家对经营资本主义企业的大土地所有者的政策则完全不同。无产阶级国家应该剥夺大土地所有者,就像剥夺工厂主一样:"这一剥夺是否要用赎买来实行,这大半不是取决于我们,而是取决于我们取得政权时的情况,尤其是取决于大土地占有者老爷们自己的行为。"③ 只要情况允许,马克思和恩格斯认为赎买这些企业并不是不能容忍的。正像恩格斯所说的,马克思常常说:"假如我们能用赎买摆脱这整个匪帮,那对于我们是最便宜不过的事情了。"④

谈到恩格斯的著作《法德农民问题》,我不准备为其中提到的每个论点辩护。和马克思一样,恩格斯也认为小生产被大的资本主义吸收是不可避免的,因此,小农和小手工业者的破产是不可避免的。这个思想在这部著作中论证得很有说服力。但是恩格斯和马克思一样,都错误地规定了这个过程的速度。他们认为这个吸收过程在最近的几年内就会发生。所以恩格斯才明确地指示社会主义政党不应该把关于必须保护小农

---

① 《马克思恩格斯全集》第1版第22卷第585页。
② 《马克思恩格斯全集》第1版第22卷第585页。
③ 《马克思恩格斯全集》第1版第22卷第585页。
④ 《马克思恩格斯全集》第1版第22卷第585页。

及其小所有制的原理写进自己的纲领，因为这项任务是工人政党力不胜任的，将是难以实现的诺言，是欺骗。① 但是，生活证明，尽管冲击小生产的过程在不断地进行，发达资本主义国家的小农的比重已急剧缩减，但是它仍然还作为社会生活的一个因素存在。

1850年，马克思和恩格斯在中央委员会3月告共产主义者同盟书中坚持这样一个思想，即在革命时期必须要求把没收下来的封建地产变为国家财产，把它交给联合起来的农村无产阶级集体使用。② 他们反对把这些地产交给农民作为他们自由支配的财产，认为上述措施将巩固私有制，更难以使农业向社会生产过渡。③ 恩格斯直到生命终结始终采取这种立场。某些西欧的马克思主义者认为马克思和恩格斯的这个论点具有教条的性质。

还想谈一个问题：马克思和恩格斯是不是"国家的拥护者"，他们是不是都想把全部生产集中到国家手里，把全部公民变成为国家工作的工人和职员。对马克思和恩格斯的这个责难，当年首先是由米·亚·巴枯宁提出来的。他在《国家制度和无政府状态》一书（1873年）中写道："我们已经表示深深厌恶拉萨尔和马克思的理论，因为这种理论建议工人建立人民国家（народное государство），即使不是把这看做最终的理想，至少也是最近的主要目的。按他们的解释，'人民国家'不是别的，而是'上升为统治阶层的'无产阶级。如果无产阶级将成为统治阶层，它将统治谁呢？就是说，将来还有另一个无产阶级要服从这个新的统治，新的国家（государство）。"他接着说："例如，大家都知道，

---

① 参看《马克思恩格斯全集》第1版第22卷第573—586、579—583页。
② 《马克思恩格斯全集》第1版第7卷第296—297页。
③ 《马克思恩格斯全集》第1版第7卷第296—298页。

крестьянская чернь，贱农是不被马克思主义者赏识的，而且是文化程度最低的，他们大概要受城市工厂无产阶级的管理。"①

马克思在对该书所做的摘要中回答了这种责难，他写道，只要其他阶级特别是资本家阶级还存在，这些阶级就会对抗已掌握政权的无产阶级，无产阶级就必须采用暴力措施，采用政府的措施来消除对抗，来改造以前的经济条件。凡是在农民还占据多数的国家中，那里的无产阶级国家就应该采取措施，这样才能改善农民的地位，把他们吸引到革命方面来。为了使无产阶级能有获胜的机会。无产阶级就应当为农民做很多事情，"至少要像法国资产阶级在自己革命时为当时法国农民所做的事情那样多"。②

我们认为，巴枯宁的责难是毫无根据的。不妨看一看恩格斯在1875年3月18—20日给倍倍尔的那封信。这封信中有这样一段话："应当抛弃这一切关于国家的废话，特别是在巴黎公社以后，巴黎公社已经不是原来意义上的国家。无政府主义者用'人民国家'这一个名词把我们挖苦得很够了，虽然马克思驳斥蒲鲁东的著作和后来的《共产党宣言》都已经直接指出，随着社会主义社会制度的建立，国家就会自行解体和消失。"③马克思在《哥达纲领批判》中对这种要求也做了类似的批判。④

我们还知道，马克思和恩格斯多么尖锐地批判了拉萨尔关于利用国家帮助在工人和手工业者中组织生产协作社（合作社）这一纲领性的

---

① 《马克思恩格斯全集》第1版第18卷第694页。
② 《马克思恩格斯全集》第1版第18卷第695页。
③ 《马克思恩格斯全集》第1版第19卷第7页。
④ 《马克思恩格斯全集》第1版第19卷第29—32页。

论点。① 他们认为，德国工人越是尽快地摆脱依赖国家照顾的奴隶习惯，就越有利于革命的无产阶级运动。马克思和恩格斯谴责任何玩弄所谓"国家社会主义"的把戏，鼓吹这个思想的是洛贝尔图斯及其拥护者。② 马克思和恩格斯根本不主张把整个社会主义所有制都集中到国家的手里。这方面的证明就是马克思的《法兰西内战》③、恩格斯的《法德农民问题》④ 以及他1886年1月20—23日给倍倍尔的信。⑤

恩格斯和马克思一样，经常强调指出，随着向社会主义的过渡，国家就开始消亡。他们认为，没有民主，社会主义是不可能实现的。早在40年代，恩格斯在《共产主义原理》中在回答无产阶级革命的进程将是怎样的这一问题时，写道："首先无产阶级革命将建立民主制度，从而直接或间接地建立无产阶级的政治统治。"⑥ 他又指出，"假如无产阶级不能立即利用民主来实行直接侵犯私有制和保证无产阶级生存的各种措施，那么，这种民主对于无产阶级就会毫无用处。"⑦《共产党宣言》大致也用同样的话论证了取得民主的必要性。⑧

在40年代，马克思和恩格斯很少谈到社会主义制度下的自治问题。但是在《共产党宣言》中有一个论点，它反映了他们在70—90年代所

---

① 《马克思恩格斯全集》第1版第19卷第29—30页。

② 参看《马克思恩格斯全集》第1版第36卷第90—92、111—113页，第38卷第511—512页。

③ 参看《马克思恩格斯全集》第1版第17卷第361—363页。

④ 参看《马克思恩格斯全集》第1版第22卷第580，582页。

⑤ 《马克思恩格斯全集》第1版第36卷第416—417页。

⑥ 《马克思恩格斯全集》第1版第4卷第367页。

⑦ 《马克思恩格斯全集》第1版第4卷第367页。

⑧ 《马克思恩格斯全集》第1版第4卷第490—491页。

表述的对社会主义自治的观点:"代替那存在着阶级和阶级对立的资产阶级旧社会的,将是这样一个联合体,在那里,每个人的自由发展是一切人的自由发展的条件。"①

马克思和恩格斯一样,认为工人自治的范例是工人合作化制度,他把这一制度称作"共和的、带来繁荣的、自由平等的生产者联合的制度。"② 马克思的著作《法兰西内战》是制定关于工人阶级利用人民自治制度作为革命地改造资产阶级社会的工具的思想的一个重要的阶段。"只要公社制度在巴黎和各个次要的中心确立起来,旧的中央集权政府就得也在外省让位给生产者的自治机关……公社应该成为甚至最小村落的政治形式……民族的统一不是应该破坏,相反地应该借助于公社制度组织起来。"③ 根据以上援引的这段话,可以看出,马克思和恩格斯并不像某些作者有时所说的那样主张超集中。同时,马克思主义创始人也知道,在工业社会时代,自治应该同经济力量的集中、同为全社会服务的大工业生产的巩固和谐地结合起来。

恩格斯也坚持社会主义自治的思想。1886年2月他在给荷兰社会主义者多·纽文胡斯的一封信中提到他的国家还没有真正的专制制度,还保留着"残存的地方自治和省的自治",他写道:"这对发展民族性格,以及对今后的发展,有很大的好;只要稍许起一些变化,劳动〔人民〕就能够在这里建立起自由的自治,而这种自治在变革生产方式时应当是我们的最好武器。"④ 毫无疑问,恩格斯指的是社会主义的自治。

---

① 《马克思恩格斯全集》第1版第4卷第491页。
② 参看《马克思恩格斯全集》第1版第16卷第12、219页。
③ 《马克思恩格斯全集》第1版第17卷第359页。
④ 《马克思恩格斯全集》第1版第36卷第425页。

这还不是恩格斯关于这个问题的唯一的一处谈话。

恩格斯在批判德国社会民主党的爱尔福特纲领草案时，建议该党的领导人在纲领中写上这样一句话："省、专区和市镇通过由普选权选出的官吏实行完全的自治。取消由国家任命的一切地方的和省的政权机关。"① 列宁多次引用这句话，主张把它写入布尔什维克党的纲领。② 马克思和恩格斯所陈述的只是劳动者自治的原则性论点，这些论点在列宁一些著作中得到了进一步的发展。

发展和巩固社会主义民主和人民的社会主义自治，总是与彻底消除社会主义社会劳动者同社会生活的经济、社会、政治领域的管理相异化的各种异化形式密不可分。在《1844 年经济学哲学手稿》、《神圣家族》、《德意志意识形态》等著作中，马克思主义创始人指出，只有随着社会主义革命的胜利、资产阶级私有制的消灭、对抗性阶级的消失，劳动者才能不再同生产和社会生活的一切领域的管理（这是资产阶级社会所特有的）相异化。③

马克思主义创始人认为，无产阶级国家的基本任务之一就是，消除人民同生产管理以及社会政治活动的其他领域的管理相异化的现象。恩格斯写道，无产阶级将建立"这样一种制度，使社会的每一成员不仅有可能参加生产，而且有可能参加社会财富的分配和管理……"④ 劳动者开始自觉地规划并管理自己的社会生产。恩格斯在《社会主义从空想到

---

① 《马克思恩格斯全集》第 1 版第 2 卷第 276—277 页。
② 《列宁全集》第 2 版第 31 卷第 69—70 页。
③ 参看《马克思恩格斯全集》第 3 卷第 36—40、78—80、83—87、515—516 页；第 25 卷第 294 页；第 26 卷（Ⅱ）第 336—338 页。
④ 《马克思恩格斯全集》第 1 版第 19 卷第 123—124 页。

科学的发展》中写道:"一直统治着历史的客观的异己力量,现在处于人们自己的控制之下了。"①

恩格斯非常注意工人阶级政府将要实行的政策。在这方面,恩格斯著作《论住宅问题》具有特殊的意义。其中专门谈到了这个政府对解决住宅问题、小农的合作化、建立以最新科学技术成就组织大农业生产的政策。同时,恩格斯也探讨了一个重大的理论问题,即消灭城乡对立的方法问题。

恩格斯曾同德国社会主义者阿·米尔柏格展开争辩,因为后者认为,想要消灭城乡对立,消灭这个自然的、历史上产生的对立只不过是空想。问题不是在于消灭这种对立,而是应该"发现可以使这种对立成为无害甚至有利的那些政治形式和社会形式。这样才有可能达成和平协议,达到各种利益的逐渐均衡。"②

恩格斯指出,如果采取这种立场,那么可以得出结论:只要宣布资本家与雇佣工人间的对立是"自然的",是"历史上产生的",③ 消灭它也就是空想的了。恩格斯认为,消灭城乡对立日益成为工业生产和农业生产的实际要求。"李比希在他论农业化学的著作中比任何人都更坚决地要求这样做,他在这些著作中第一个要求总是要人们把取自土地的东西还给土地,并证明城市特别是大城市的存在阻碍了这一点的实现。"④恩格斯指出,像伦敦、柏林这样一些城市秽气冲天,这些大城市的居民面临受毒害的危险。他坚决反对过分扩大都市,这样做会给城市居民的

---

① 《马克思恩格斯全集》第 1 版第 19 卷第 245 页。
② 《马克思恩格斯全集》第 1 版第 18 卷第 312 页。
③ 《马克思恩格斯全集》第 1 版第 18 卷第 312—313 页。
④ 《马克思恩格斯全集》第 1 版第 18 卷第 313 页。

健康带来巨大损害。为了更明确地表述自己的思想,恩格斯写道:"现代的大城市只有通过消灭资本主义生产方式才能消除,而只要消灭资本主义生产方式这件事一开始,那问题就不是给每个工人一所归他所有的小屋子,而完全是另一回事了。"①

我们说恩格斯是最早提出生态问题的人之一,这绝非言过其实。只要回想一下他在1844—1845年写的那本《英国工人阶级状况》一书就够了。这些问题他在《论住宅问题》中也有所阐述。恩格斯认为要解决这些问题,就要对社会进行社会主义改造,就要消灭城乡对立。他写道:"只有使人口尽可能地平均分布于全国,只有使工业生产和农业生产发生密切的内部联系,并使交通工具随着由此产生的需要扩充起来——当然是以废除资本主义生产方式为前提——才能使农村人口从他们数千年来几乎一成不变地栖息在里面的那种孤立和愚昧的状态中挣脱出来。"②

至于农业合作化问题,恩格斯在《论住宅问题》中也是很注意的。但是,他在这里所谈的不是工人合作化,而是农业合作化,主要的着眼点是,如何把农民的耕作同能大大提高农业生产力的现代高度发展的技术结合起来。他指出,德国现存的大土地所有制将"给我们提供一个良好的基础来由组合工作者经营大规模的农业。只有在这种巨大规模下,才能应用一切现代辅助工具、机器等等,从而使小农明显地看到基于组合原则的大规模经济的优越性。在这方面走在其他一切社会主义者前面的丹麦社会主义者,早已认清这一点了"③。

---

① 《马克思恩格斯全集》第1版第18卷第272页。
② 《马克思恩格斯全集》第1版第18卷第313页。
③ 《马克思恩格斯全集》第1版第18卷第318页。

马克思和恩格斯强调指出，农民加入合作社应当是"觉得有利可图"，也就是说，由于他们的经济利益，而不是由于国家的强迫命令。农民的经济利益，实惠，正是这种东西决定合作运动的发展。这就是马克思和恩格斯的基本思想。

恩格斯在描绘未来的社会主义改造进程时，从来也没有教条地规定这些改造的这种或那种形式，不管这是指强制剥夺资产阶级的财产，还是逐渐一部分一部分地赎买它。他在同米尔柏格辩论时写道："一般说来，问题并不在于无产阶级取得了政权之后，是否简单用暴力夺取生产工具、原料和生活资料，或是立刻为此付出报酬，或是分期付款逐渐地赎买这些财产。企图预先回答和针对一切可能场合来回答这个问题，那就是制造空想，这种事情我情愿让别人去做。"①

断言恩格斯完全没有看到在一定的时期内保留非社会主义国家的可能性，这也是不对的。关于这一点，他在刚开始从理论上制定共产主义观点的1845年以及在1882年，都曾作过论述。② 恩格斯说，只要欧洲和北美进行社会主义改造，那么"就会产生巨大的力量和做出极好的榜样，使各个半文明国家自动地跟着我们走，单是经济上的需要就会促成这一点……不过有一点是肯定的：胜利了的无产阶级不能强迫任何异族人民接受任何替他们造福的办法，否则就会断送自己的胜利"③。但是，恩格斯认为欧洲和美国的社会主义改造是一个差不多同时发生的过程，在自己的理论分析中根本没有考虑社会主义国家与资本主义国家长期共存的可能性。这无疑是他的失误。他还认为，当资本主义国家的生产力

---

① 《马克思恩格斯全集》第 1 版第 18 卷第 315—316 页。
② 《马克思恩格斯全集》第 1 版第 2 卷第 609—610 页。
③ 《马克思恩格斯全集》第 1 版第 35 卷第 353 页。

发展到高度水平时，社会主义革命就会胜利。恩格斯欣喜地谈到80年代发生的"电工技术革命"，认为这是消灭城乡对立的强大的杠杆，将加速生产力的发展，使得资产阶级也难以控制。①

恩格斯认为，只要生产力高度发展了，统治阶级继续发挥作用的任何借口都将不复存在。他指出，这个阶级的继续存在将"日益成为阻碍工业生产力发展的越来越大的障碍，同时也成为阻碍科学和艺术发展，特别是阻碍文明交际方式发展的越来越大的障碍。"②

恩格斯认为，在城市特别是在农村，社会主义生产将使人们有可能广泛采用最新的技术和各种现代辅助手段，采用最新的科学成就。③ 恩格斯尖锐地抨击杜林在自己的关于社会的社会主义改造的计划中虚无主义地对待世界文化遗产，以庸俗实证主义的态度对待自然科学和社会科学的教学问题和文化艺术问题。恩格斯还坚决地指出杜林惯于采用的同宗教作斗争的那种庸俗的普鲁士方法，杜林以为，在社会主义制度下，下一道命令就可以完全禁止宗教。恩格斯认为，宗教的命运和社会意识的其他形式的命运一样，都最后取决于新的共产主义生产关系的发展。④

恩格斯非常清楚，工人阶级不把文化人士即知识分子的代表人物吸引到社会主义革命方面来，就不能建立新的社会。他在1890年8月给奥·伯尼克的信中指出："当然，我们还缺乏技术员、农艺师、工程师、化学家、建筑师等等，但是在万不得已时我们也能像资本家所做的那样

---

① 《马克思恩格斯全集》第1版第35卷第445页。
② 《马克思恩格斯全集》第1版第18卷第246页。
③ 《马克思恩格斯全集》第1版第19卷第242—244页。
④ 《马克思恩格斯全集》第1版第20卷第341—343页。

收买这些人来为自己服务,如果再对几个叛徒——他们中间一定会有叛徒的——给以应有的惩罚以儆效尤,那么他们就会觉得,就是为自己的利害着想,也不能再盗窃我们的东西了。"① 恩格斯在给奥·倍倍尔的信中也谈过这个问题。②

恩格斯对社会主义者中的年轻知识分子尤为重视。1893 年在给国际社会主义者大学生代表大会的信中,他写道:应该从他们的行列中"产生出这样一种脑力劳动无产阶级,他们负有使命同自己从事体力劳动的工人兄弟在一个队伍里肩并肩地在即将来临的革命中发挥巨大作用……而工人阶级的解放,除此之外还需要医生、工程师、化学家、农艺师及其他专门人材,因为问题在于不仅掌管政治机器,而且要掌管全部社会生产,而在这里需要的决不是响亮的词句,而是丰富的知识"③。

新的情况要求我们重新阅读马克思主义经典作家的著作,根据新的社会现实,仔细检验著名的论断和旧的理论概念。

1899 年,列宁就做出创造性地对待马克思主义理论——它的基本原理是 100 年前提出的榜样。他坚决反对修正主义者爱·伯恩施坦及其俄国同伙,并宣布:"我们完全以马克思的理论为依据。"但同时他又写道:"我们决不把马克思的理论看做某种一成不变的和神圣不可侵犯的东西,恰恰相反,我们深信:它只是给一种科学奠定了基础,社会党人如果不愿落后于实际生活,就应当在各方面把这门科学推向前进。"④

---

① 《马克思恩格斯全集》第 1 版第 37 卷第 444 页。
② 参看《马克思恩格斯全集》第 1 版第 38 卷第 187、210—212 页。
③ 《马克思恩格斯全集》第 1 版第 22 卷第 487 页。
④ 参看《列宁全集》第 2 版第 4 卷第 160、161 页。

众所周知，马克思和恩格斯关于工人阶级的绝对贫困化和相对贫困化的日益增进是发达资本主义国家社会主义革命取得胜利的先决条件的论点，已经成为一个并不反映现存实际关系的教条。新的历史情况要求我们必须重新提出这些国家向社会主义社会制度过渡的途径和方法的问题。马克思主义经典作家关于无产阶级结构和改革作用的观点需要作重大的更正。如果看一看发达资本主义国家现代工人阶级状况的实际情景，那么可以看到，它早已不像马克思和恩格斯著作中所描绘的那样了。在苏联许多社会学家当中普遍传播的似乎资本主义阵地日益不断缩小的论点已经过时。只要看一看现代资本主义世界，就完全可以确信这种观念是不正确的。马克思和恩格斯长期认为，计划原则只是社会主义生产所特有的。而在70年代，恩格斯在《反杜林论》中却不得不承认，在一些托拉斯中，自由竞争变为垄断，无计划的资本主义生产向未来的社会主义社会的计划生产投降。计划原则开始占优势，当然，最初是对资本家有利。① 恩格斯多少有点夸大了计划的自觉原则的意义，轻视在社会主义制度下还根本无法克服的自发的经济过程的作用。当前的经验证明：实行计划的国家机构永远不能完全掌握全部多种形式的现代社会主义的生产和实现对它的完美无缺的、自觉的调节。

在分析社会主义社会的某些基本规律时，马克思和恩格斯着重研究的是社会主义社会的高级发展阶段，而不是我们这里存在的初期阶段。按照他们的看法，在社会主义社会中价值规律已不再起作用，商品货币关系也完全消失。恩格斯在《反杜林论》中捍卫了这样的观点。但是在我国，由于历史上形成的社会关系，必须发展经济核算的社会主义以

---

① 《马克思恩格斯全集》第1版第19卷第239页。

及它本身所固有的商品货币关系。列宁在1921—1922年就阐述了它的基本理论原理。当然，马克思和恩格斯关于社会主义的上述原理需要作某些更正。

把恩格斯的《反杜林论》看做是马克思主义知识的百科全书是毋庸置辩的。它阐释并发展了辩证唯物主义世界观、马克思主义政治经济学和科学共产主义的重要原理。它也深刻而有力地批判了杜林的那些折衷主义的、形而上学的、不成熟的社会主义观念。但是，如果看一下，恩格斯同杜林关于社会主义社会问题的直接辩论，那么应该承认，他们在这场辩论中讲的不是一回事。杜林谈的是在周围还存在非社会主义国家，还继续存在商品货币关系，甚至公社之间还存在竞争，而且国家还存在的条件下建立社会主义。而恩格斯分析的是社会主义社会发展的另一个阶段即高级阶段，直接接近完美共产主义，商品货币关系已不存在，价值规律已不起作用，国家也许已经消亡的阶段。而社会怎样达到如此高度发展阶段？从恩格斯那里我们没有找到答案。乍一看，人们似乎觉得杜林的"模式"同恩格斯从深刻分析资本主义大生产的矛盾中得出的那些较抽象的概念比较起来，更接近我们的历史经验。恩格斯的总的结论是正确的，但是他认为，社会主义革命只是在资本主义把生产力最大限度地发展以后，最后使自己再也没有进步的可能时，才会开始，而且他还认为这种革命将在各个发达的资本主义国家大致同时地发生。这种看法限制了恩格斯对社会主义社会轮廓的分析。

恩格斯在《反杜林论》中证明，不消灭旧的分工，甚至领导者与被领导者之间、各个不同阶级之间的分工，社会主义便不可能胜利。但是他们关于在社会主义制度下这个社会的劳动者将不再终身固定从事某项职业（搬运工、鞋匠等等）的看法暂时还没有在现代高技术生产的实践中得到证实。

　　苏联和其他社会主义国家建设新社会的实践，要求进一步研究社会主义的理论，要求用另一种态度对待马克思主义的某些原理。任何一门科学都需要这样做，马克思主义也不能例外。但同时也必须注意到另一个过程，在这个过程中马克思主义理论的个别问题在30—50年代，在对斯大林个人崇拜时期，在一定程度上变了形。举一个典型的例子。在那段时期，有一个不容怀疑的教条，那就是：在资本主义制度内部成熟的只是社会主义的前提，而不是未来社会主义革命，即对社会的社会主义改造的因素。这个教条的首创者是斯大林，他实际上不接受马克思列宁主义关于从资本主义向共产主义过渡的自然历史性质的观点。他武断地说，无产阶级革命是"在没有或者几乎没有社会主义制度的现成的形式的条件下"开始的。后来斯大林连"几乎"这个词也去掉了。① 在1954年出版的一本政治经济学教科书中，他谈到在无产阶级革命以前完全不存在社会主义基础的任何现成的形式或因素。② 如果说"前提"这个术语是指先决条件，那么"因素"这个术语，马克思和恩格斯还经常提到在资本主义制度内部成熟的"社会主义革命的因素"、"社会主义的因素"。

　　在《1857—1858年经济学手稿》中，马克思在谈到资本主义时写道："如果我们在现在这样的社会中没有发现隐蔽地存在着无阶级社会所必需的物质生产条件和与之相适应的交往关系，那么一切炸毁的尝试

---

　　① Н.西蒙尼娅：《斯大林主义同社会主义的对立》，载《哲学问题》1989年第7期。

　　② Н.西蒙尼娅：《斯大林主义同社会主义的对立》，载《哲学问题》1989年第7期。

都是唐·吉诃德的荒唐行为。"① 在《法兰西内战》中，马克思写道：工人阶级不是要实现什么理想，"而是要解放那些在旧的正在崩溃的资产阶级社会里孕育着的新社会因素"。② 在《资本论》第1卷第24章结尾处写道：资本主义生产本身引起了自身的否定，"它本身已经创造出一种新的经济制度的因素，它同时给社会劳动生产力和一切个体生产者的全面发展以极大的推动。"③ 与马克思的其他著作比较一下，可以看出，马克思所说的"新社会因素"是指现代大工业和革命的工人阶级。马克思在50年代就认为大工业是新社会的现实基础。恩格斯也持有类似的观点。

马克思把上述《资本论》中的那些话写进了他给《祖国纪事》编辑部的一封信中，拜仁对尼·康·米海洛夫斯基提出了批评。他指责米海洛夫斯基一定要"把我关于西欧资本主义起源的历史概述彻底变成一般发展道路的历史哲学理论，一切民族，不管他们所处的历史环境如何，都注定要走这条道路——以便最后都达到在保证社会劳动生产力极高度发展的同时又保证人类最全面的发展的这样一种经济形态。"④ 马克思坚决反对把抽象的历史哲学理论当成一把万能钥匙来代替具体的科学分析。

马克思主义的这个论断今天具有特殊的实际意义，今天的经济条件和历史条件同马克思和恩格斯的时代相比，已经有了本质的变化。新的情况要求我们用新的方法看问题。但是马克思列宁主义理论的基本原理

---

① 《马克思恩格斯全集》第1版第46卷（上）第106页。
② 《马克思恩格斯全集》第1版第17卷第363页。
③ 《马克思恩格斯全集》第1版第19卷第130页。
④ 《马克思恩格斯全集》第1版第19卷第130页。

应该仍然是科学地分析新的历史情况的基础。社会这个概念需要创造性的发展。①

列宁在1917年1月30日给伊涅萨·阿尔曼德的一封信中写道:"我又把恩格斯的附有1887年序言的《论住宅问题》看了一遍。您知道吗?妙极了,我还在'热恋着'马克思和恩格斯。任何对他们的恶言非难,我都不能漠然置之。不,这是真正的人!应当向他们学习。我们不应该离开这个立场。"②列宁的这段话在今天特别重要。在各个社会主义国家和全世界目前形成的新的历史情况,要求我们以新的创造性的态度对待马克思主义经典作家的理论遗产,坚决谴责把目前已失去理论意义的个别原理教条化的任何企图。但是,创造性地对待革命的科学,不应该成为虚无主义地对待马克思主义基本原则、对待马克思和恩格斯的创作和活动的借口。

(原载《恩格斯和他的时代:纪念恩格斯诞辰170周年》
1990年莫斯科版)

(李锁贵 译 孙魁 校)

---

① 1989年7月14、16、17日《真理报》发表的《论社会主义的现代观念》一组文章,是研究社会主义社会观念的一个例子。

② 《列宁全集》第2版第47卷第534页。

论恩格斯的著作《社会主义从空想到科学的发展》的产生、意义和影响*

〔民主德国〕雷·梅尔克尔①

弗·恩格斯的著作《社会主义从空想到科学的发展》第一次于1880年3月至5月发表在法国杂志《社会主义评论》第三至五期上。在这里这篇著作用的标题是《Le Socailsme utopique et 1e Socialisme scientifique》——《空想社会主义和科学社会主义》。

两年以后,恩格斯已经能够断定,"这个东西""在许多优秀的法国人的头脑中引起了真正的革命"②。这一短篇著作的影响的确是巨大的:它成了科学共产主义创始人所写的著作中仅次于《共产党宣言》的一部流传最广泛的著作。

这是什么原因呢?是由于读者非常乐意接受社会主义的宣传著作

---

* 本文选自《马列主义研究资料》1984年第3辑。

原题注:这篇文章是根据作者1980年10月14日在"纪念弗·恩格斯的著作《社会主义从空想到科学的发展》发表一百周年"学术讨论会(马克思恩格斯研究科学委员会第二十五次会议)上所作的报告写成的。报告中包括了卡尔海茵茨·盖耶尔、莫尼卡·施坦克和卡尔-埃里希·福尔格拉夫的研究成果。

① 雷纳特·梅尔克尔博士是德意志民主共和国统一社会党中央委员会马克思列宁主义研究院的女科学研究人员。——译者注

② 《马克思恩格斯全集》第1版第35卷第343页。

吗？还是像资产阶级历史学家沃·席德尔想让人们相信的那样，是由于"'科学'和'社会主义'的概念的组合"①呢？这一短篇著作所以取得伟大的成就，具有决定意义的是它的理论内容。恩格斯指出了科学社会主义的本质究竟是什么，他证明，社会主义怎样变成了科学，它同空想社会主义有什么区别。从而他就为工人运动提供了一个批判分析以社会主义自诩的同时代的各种不同的资产阶级和小资产阶级的观点的方针。

但是，这是一个不仅牵涉到法国工人的问题，而且这也不仅在19世纪80年代具有现实意义。是空想社会主义还是科学社会主义，这过去是，现在仍然是在工人运动为争取理论上的明确性而进行的斗争中经常成为争论核心点的一个问题。

本世纪80年代初，国际阶级争论是在同19世纪后30多年的工人运动的斗争条件有显著区别的条件下进行的。"今天在地球上正在进行着深刻的革命变化和关于人类的生活问题的激烈争论的过程。"②

我们正处在以伟大的十月社会主义革命为开端的世界规模的从资本主义向社会主义过渡的时代。工人阶级在争取实现其世界历史性的使命的斗争中，在自己的马克思列宁主义政党的领导下，在一批国家中夺取了政权，建立了无产阶级专政并且着手创造新的社会。"苏联和整个社会主义大家庭的强大、进一步有利于社会主义的世界力量对比的变化，

---

① 沃尔夫冈·席德尔：《关于1914年以前"科学社会主义"概念的历史》，见《科学社会主义和工人运动。概念的历史和杜林接受的情况》，特利尔卡尔·马克思故居著作集第24辑，1980年特利尔版第21页。

② 《德国统一社会党第十次代表大会会议记录》第1卷1981年柏林版第33页。

对国际发展的基本趋势产生着决定性的影响。"①

帝国主义在 70 年代越来越陷于历史的守势。国际垄断资产阶级的反动集团用典型的帝国主义的方法寻找摆脱其体系的深刻危机的出路：对内实行反动政策，对外加紧侵略。"可以越来越清楚地看到，帝国主义及其危机、侵略性和以利润为目的的政策，威胁着人类的和平和进步。"② 今天，帝国主义用战争和毁灭威胁着人类的肉体的继续生存本身。

在意识形态领域，帝国主义的总危机的加深反映在它客观上不可能提出一种能够构成它的政策的坚实的理论基础的严密的社会观。正如恩格斯在他的这部著作中所指出的，资产阶级的思想家在这个阶级的上升时期曾经是作为全人类的代理人出现的，而且有一段时间也能够代表全社会的利益。今天，资产阶级思想家已经把他们自己的思想遗产彻底抛弃了，他们把帝国主义的危机解释为全人类的危机，把帝国主义的没有前途硬说成是普遍的没前途。一方面是悲观主义和非理性主义的抬头，另一方面是假乐观主义的抉择直至复活空想主义，这是现代资产阶级意识形态危机的明显表现。尤其是最近十年来，到空想中去寻找避难所的趋向有所加强。他们要用有时是仔细加以粉饰的"具体的空想"来诱使人们不去注意自己的制度的弊病并且证实对未来的希望。

资产阶级意识形态没有能力高瞻远瞩地深入思考社会发展的基本问题并且对这些问题作出回答，这种现象是同对社会主义的恶毒咒骂一起

---

① 《德国统一社会党第十次代表大会会议记录》第 1 卷 1981 年柏林版第 33 页。

② 《德国统一社会党第十次代表大会会议记录》第 1 卷 1981 年柏林版第 36 页。

出现的。反共主义和反苏主义在临近 80 年代的时期采取了极其尖锐的形式。同时，除此以外，人们还歪曲社会主义的思想基础，并且指责马克思和恩格斯所创立的科学社会主义，说什么科学社会主义按其本质来说是空想主义，以此来攻击现实的社会主义。社会主义是科学还是空想——这不是经院式的争论，在今天也是意识形态领域中阶级争论的基本问题。什么是科学社会主义，它同空想社会主义有什么区别？为什么只有同马克思的名字相联系的社会主义才是科学社会主义？为什么只有科学社会主义能够为工人阶级指出斗争的目的和方向，此外还能够像全人类指出今后进步的前途？为了在每一个国家建立社会主义，工人阶级必须做些什么？

对于这些直到今天还激动着工人和一切进步力量的问题，弗里德里希·恩格斯在《社会主义从空想到科学的发展》一文中都已经作了回答。从这里可以说明这部直到今天仍然保留其意义的著作在当时的影响，同时也可以说明它的生命力。这部著作反映了整个马克思主义的生命力，而马克思主义被列宁根据帝国主义时代的要求创造性地加以运用并进一步加以发展，并且为各国共产党和工人党——其中也包括德国统一社会党——的经验所进一步加以丰富。"马克思、恩格斯和列宁的学说尽管一再被其敌人说成是过时的，但是却成了当代最强大的精神力量。"①

---

① 《德国统一社会党第十次代表大会会议记录》第 1 卷 1981 年柏林版第 135 页。

这部著作的产生

恩格斯的这部著作恰好产生在随着巴黎公社的诞生国际工人运动的发展开始了一个新阶段的时期。在这个从自由竞争的资本主义向帝国主义过渡的具有世界历史意义的时代,各个工业发达国家的生产力的急剧发展和与此相联系的无产阶级的集中,构成了无产阶级形成过程的崭新阶段的客观基础。国际工人运动获得了群众性质。在欧洲的许多国家和美国,都建立了工人政党。这些工人政党面临着更加明确地阐述自己斗争的目的并且在新时代的相对和平的条件下确定实现这种目的的道路的任务。这就要求掌握和创造性地运用工人阶级的科学理论即马克思主义,而马克思主义的各个组成部分这时基本上已经制定出来了。

面对这种客观任务的提出,恩格斯早在1874年就已经强调指出了理论工作的意义,当时他号召德国社会民主党的领袖们要认识到"越来越多地摆脱那些属于旧世界观的传统词句的影响,而时时刻刻地注意到:社会主义自从成为科学以来,就要求人们把它当做科学对待,就是说,要求人们去研究它"①。

由于随着工人运动向横广方面发展,在理论方面对阶级斗争领导的要求提高了,当时强调这一点就显得尤其紧迫。在德国社会民主党中,在哥达合并代表大会以后,各种不同的资产阶级和小资产阶级理论的出现,促进了放弃彻底的意识形态的争论,首先是同拉萨尔主义的争论。马克思十分担忧地注视着"一帮不成熟的大学生和过分聪明的博士"

---

① 《马克思恩格斯全集》第1版第18卷第567页。

的活动,"这些人想使社会主义有一个'更高的、理想的'转变"。① 恩格斯以作为先知和有时是那些假社会主义者的颇有影响的代言人的欧根·杜林的出现作为理由,在他的著作《欧根·杜林先生在科学中实行的变革》中从原则上捍卫了工人阶级的科学的世界观,除此以外,像他所说的,以连贯的形式对"辩证方法和共产主义世界观"②作系统的阐述。从而,他就满足了由于工人运动和马克思主义本身的发展而逐渐成熟的要求。

在这种历史和理论史的背景下产生了《社会主义从空想到科学的发展》。这部短篇著作由《反杜林论》的三章所组成,但是,它决不是恩格斯这部重要著作的节录。由于撰写的目的、材料的选择和整理方式以及对正文所作的重要补充,这一著作同时具有特殊的性质。恩格斯撇开了同杜林的具体论战,把适于使群众了解科学社会主义的基础和本质特征的部分编成一本宣传性小册子。

在这里,恩格斯考虑到了个别国家的工人运动的具体情况。这明显地表现在对本书各个版本所写的序言中以及对各种不同语言的文本所加的各种不同的标题上。这部著作的非常巨大的影响反映了《反杜林论》的基本思想的传播,也证明了这部著作在工人运动和马克思主义思想史上所起的作用,对于这种作用,马克思主义书刊直到现在都还没有充分地加以考虑。关于《反杜林论》和《社会主义从空想到科学的发展》之间的联系和区别的问题需要进一步研究。在这里还有一点也值得重视,就是恩格斯在《反杜林论》的后来几版中加进了对这本小册子所

---

① 《马克思恩格斯全集》第 1 版第 34 卷第 281 页。
② 《马克思恩格斯全集》第 1 版第 20 卷第 11 页。

作的补充。

这本小册子是作为为年青的法国工人党而写的马克思主义的宣传性著作产生的。各种历史的、经济的和社会政治的原因使得党的形成过程在法国变得很困难。① 由于为资本主义发展的特点所决定，这里小资产阶级的传统根深蒂固。各种学派的空想社会主义思想，首先是蒲鲁东的思想表现得特别顽强，并且不断被花样翻新地再生产出来。除了改良主义的思潮以外，还流传着形形色色的无政府主义和宗派主义。

在巴黎公社战士遭屠杀以后过了八年，工人运动又大大加强，以致1878年秋天在马赛召开的工人代表大会能够宣告工人党的成立。在这里，蒲鲁东主义的统治地位被打破了。马克思主义的力量即集体主义派赢得了多数，不过这种力量内部也不一致。除了围绕茹尔·盖得和保尔·拉法格而形成的革命派以外，还有一个改良主义派，这一派不久就在保尔·布鲁斯和《社会主义评论》杂志编辑贝努瓦·马隆的领导下形成为可能主义，并且在三年以后就造成了党的分裂。

因此，运动仍然和以前一样四分五裂，法国工人党成立以后的情况也仍然很复杂。诚然，曾经占据统治地位的是明显的社会主义的传统意识，而这种传统意识也衰落了，这对于社会主义史是有很大好处的。但是，斗争缺少具有科学根基的理论基础的情况却越来越突出。茹尔·盖得在1879年12月初给拉法格的一封信中对法国工人阶级的思想状况作

---

① 参看尤塔·宰德尔：《1876年至1889年德国社会民主党和法国工人党之间的政治关系和理论合作》哲学学位论文（B），1979年莱比锡版第26—29页，3.B.切尔努哈：《马克思恩格斯和1880年法国工人党纲领》，载《马克思主义和国际工人运动史论丛》1963年莫斯科版第444—491页；克劳德·威拉德：《法国社会主义运动（1893—1905年）。盖得派》1965年巴黎版第11—26页。

了如下的评价:"我们的工人阶级只有很小一部分——而且也是肤浅地——具有集体主义和共产主义的思想。他们才开始——如此而已——注意到这种解决办法的必要性。"① 在这种条件下,围绕盖得和《平等报》而形成的进步的马克思主义力量目标明确地致力于掌握和宣传科学社会主义的工作,这是具有特殊意义的。

马克思和恩格斯当时同法国党的马克思主义派的领袖们有直接的联系,他们用多种方式支持意识形态纯洁化的过程:通过信件、报刊文章,首先是通过他们的帮助制定党的纲领,马克思还为这一纲领起草了理论性的导言部分。《空想社会主义和科学社会主义》这一著作也适应了要求有一条明确的理论指导路线的需要。

关于这一著作直接产生的情况,直到现在很少为人所知。恩格斯本人在1882年德文第一版序言和1892年英文版导言中告诉我们,他应保尔·拉法格的请求把《欧根·杜林先生在科学中实行的变革》一书中的三章汇集在一起,由拉法格翻译成法文出版。②

在现在正在进行的准备把恩格斯的这篇著作收入《马克思恩格斯全集》国际版新版的过程中,发现了一系列能够更清楚地说明这本小册子的产生经过的事实。促使恩格斯写这篇著作的直接推动力,可能来自《社会主义评论》杂志的编辑贝努瓦·马隆。他在1879年12月给保尔·拉法格的那些信件中联系他为这家杂志提供的计划阐述了如何能够使法国社会主义者了解欧洲特别是德国的社会主义思想财富的考虑。在这里,他还提出了一种想法,即在第一期上就发表一篇也能作为小册子

---

① 《茹尔·盖得致保尔·拉法格(1879年12月6日)》(脚注中提到的信,原件存苏联马列主义研究院中央党务档案馆,下同)。

② 参看《马克思恩格斯全集》第1版第19卷第345页和第22卷第337页。

出版的写得通俗易懂的关于马克思的研究文章或评论。当时，他起初想到的是关于《资本论》的提要或者加上《哲学的贫困》的概要。为此，他询问拉法格是否知道有谁能够分析恩格斯的主要著作，并且除了《政治经济学批判大纲》和《英国工人阶级状况》以外还提出了《反杜林论》。① 这些考虑可能是促使拉法格去找恩格斯，请他亲自承担这样一项工作的原因。

恩格斯的手稿至今没有找到，可能没有流传下来。拉法格从事这篇手稿的翻译显然是在1月。同月底，盖得写信给拉法格，请拉法格把恩格斯著作的译文寄给他②，而马隆也告诉拉法格，他在等着关于恩格斯的文章③。后来，在1880年2月11日，他证实已经收到了文稿。④ 恩格斯积极参加完成这部著作的翻译工作。正如他后来写道，翻译工作是在"他的大力帮助"下完成的，因为拉法格"无论如何也不想向他自己的妻子学习德文"。⑤

3月20日，《社会主义评论》杂志刊登了恩格斯这部著作的第一部分。在此以前三天，马隆就提议把这一著作作为小册子出版，印2000册。⑥ 到5月底——即在这部著作的最后一部分于5月5日在《社会主义评论》杂志上发表以后很短时间——这个打算就已经实现了。马克思为单行本写了序言。两种文本的比较说明它们之间有一系列的出入：除

---

① 参看《贝努瓦·马隆致保尔·拉法格（1879年12月11日和31日）》。
② 参看《茹尔·盖得致保尔·拉法格（1880年1月27日）》。
③ 参看《贝努瓦·马隆致保尔·拉法格（1880年1月30日）》。
④ 参看《贝努瓦·马隆致保尔·拉法格（1880年2月10—11日）》。
⑤ 《马克思恩格斯全集》第1版第35卷第394页。
⑥ 参看《贝努瓦·马隆致保尔·拉法格（1880年3月17日）》。

了更正印刷错误以外，在校样中也有语法上和标点符号上的改动以及文体上的修饰——正如在马克思列宁主义研究院所存的第4号笔记本中的一份校样证明的——这些改动和修饰是拉法格所作的。

但是，最重要的差别在于，恩格斯为单行本写了一个他自己的结论，在这个结论中他对第三节的以前的思想进程作了总结。他以经典的言简意赅的笔法用一页半的篇幅概述了自中世纪以来生产的社会性质形成的世界历史性的过程，从而也概述了共产主义胜利的规律性。他指出，在资本主义生产方式中社会性生产和私人占有之间的基本矛盾如何由于它自身的发展而导致瓦解，即导致无产阶级革命，而由无产阶级革命所创立的社会具有哪些特征。

这对于这一段话的表现力是很有特色的，以致马隆在1880年6月5日《社会主义评论》杂志第七期上就引用这段话来论证法国工人党必然具有无产阶级性质。① 可见，恩格斯的这部著作在出版后过了几天就起了支援为争取建立一个站在阶级斗争立场上的革命的无产阶级政党的斗争的作用了。

从空想到科学

马克思在他为这部著作的法文版单行本所写的导言中把恩格斯的这部著作称为"可以说是科学社会主义的入门"②。资产阶级历史学家席德尔在1980年初问世的一家出版物中把这个地方对"科学社会主义"

---

① 参看贝努瓦·马隆：《社会主义者的联合。答〈社会运动评论〉政治社社长公民利穆赞》，载《社会主义评论》杂志（巴黎）1880年第7期第346—397页。

② 《马克思恩格斯全集》第1版第19卷第263页。

这个概念的使用解释为"对于滥用法语的行为的让步"①。他考察了马克思使用这个概念的情况,并且根据爱·伯恩施坦的看法断言,马克思根本不把他的学说理解为科学社会主义,而是理解为批判的社会主义。②只有恩格斯"造成了"这种把"'科学社会主义'这一概念作为马克思主义体系的概念贯彻到底"的情况。③从而,席德尔就阐述了旧命题的一种新说法,认为恩格斯是马克思学说的"简单化者",因为他由于在工人运动中利用"科学信念"而使马克思学说遭到破坏。除此以外,席德尔还利用概念的历史来使人们怀疑整个马克思主义的科学性质。

对概念历史的探讨毫无疑问可能提供关于思想发展的启示。但是,应该考虑到,语言名称通常跟不上概念内容的发展,而特定的术语的形成又反映着理论的成熟程度。因此,概念的历史只有同思想的历史联系起来才是有说服力的。概念的历史"本身"会为任意的解释大开方便之门。正如恩格斯在他的著作中所详细证明的,由马克思和他所创立的社会主义按其内容来说具有科学的性质,不管他们两个人是否和何时把它作为这样的社会主义来阐述。

否定马克思主义的科学性质就是资产阶级意识形态的目的,而今天又成为向马克思列宁主义进攻的重要组成部分。而且有人声称什么科学社会主义是空想。这种把社会主义由科学"变成"空想的观点以各种不同的说法表现出来。于是,形形色色的不同流派的资产阶级思想家们

---

① 沃尔夫冈·席德尔:《关于1914年以前"科学社会主义"概念的历史》,见《科学社会主义和工人运动》第19页。
② 参看《科学社会主义和工人运动》第20、24页。
③ 《科学社会主义和工人运动》第21页。

断言，马克思主义是空想，因为它的预言在实践中没有得到证实。例如，弗雷希特海姆写道："马克思和恩格斯原来所企求和向往的东西，他们所追求、希望和期待的东西，无论如何没有实现。"① 对马克思作心理学化的歪曲的代表之一金茨利把马克思的预言说成杜撰出来的东西，并且怀疑历史唯物主义的科学性。他"论证"这一点说，人是"过于非理性的存在物"，"以致不能科学地估计自己的未来"。② 因此，他根本否认有任何科学的历史理论的可能性。而所谓批判理性主义的代表人物归根到底也得出了同样的结论。他们否认客观规律在社会中的作用，从而也就否认科学地预见社会发展的可能性。从这种立场出发，他们把马克思主义看做是空想的东西，并且把马克思看做是假先知。③

其他一些思想家的特点也在于，他们把马克思变成先知，把马克思主义说成是空想，因为他们把马克思主义说成是一种救世学说，是一种代宗教。④

但是，这样一来，他们也就认为工人阶级的科学的世界观具有空想的性质，因为他们在某种程度上把这种世界观解释成空想社会主义的直接继续。这种论点的根源可以追溯到19世纪。例如，科拉科夫斯基断

---

① 奥西普·K.弗雷希特海姆：《从马克思到科拉科夫斯基，是社会主义还是在野蛮状态中毁灭？》1978年科伦－美茵河畔法兰克福版第12页。

② 阿尔诺德·金茨利：《要求更勇敢地走向空想》，见《工人运动。成人教育，新闻。纪念瓦尔特·法比安诞辰七十五周年》1977年科伦－美茵河畔法兰克福版第85页。

③ 参看卡尔·R.波普尔：《假先知们。黑格尔、马克思及其一伙。开放的社会及其敌人》1973年伯尔尼－慕尼黑版第2卷第104页。

④ 参看尤利乌斯·I.勒文施坦：《马克思反对马克思主义》1978年杜宾根版第37页。

言，马克思和恩格斯对空想主义者的指责本来是没有道理的；在马克思那里被称为科学社会主义的一切东西，在空想主义者那里都已经存在——尽管是零散地存在着。① 加罗蒂宣称，马克思从空想主义者那里继承了预先推定的方法（以规划的形式），正像他从黑格尔那里继承了否定的否定的辩证法一样。②

恩格斯恰恰在他的著作《社会主义从空想到科学的发展》中准确地证明了，科学社会主义在多大程度上是以伟大的空想主义者们的思想为基础，它同空想社会主义有什么质的区别。在这里，恩格斯遵循的是马克思和他认为能说明马克思主义同它的理论来源的关系的一般特点的观点。他的这篇著作是在理论史研究和意识形态批判中运用马克思主义方法的典范。

恩格斯对先驱者们的成就作了彻底历史唯物主义的评价，他不是根据自己的主观想象，而是根据他们在当时能够认识的东西去衡量这些成就。当像杜林那样的小资产阶级思想家们把伟大的空想主义者们的思想当做幻想加以抛弃的时候，恩格斯却作出了有区别的评价。

从马克思和恩格斯开始从事政论活动时起，对空想社会主义和共产主义的这种立场贯穿着他们的全部著作。在巴黎公社以后，他们又重新研究了空想主义者的遗产。他们两个人在接受社会主义先驱者的思想财富方面起初是各不相同的，正是在这个问题上，他们彼此相互影响。他们的评价越来越对这些思想财富持区别对待的态度，但是始终强调两个

---

① 参看列斯策克·科拉科夫斯基：《马克思主义——空想和反空想》1974年斯图加特—西柏林—科伦—美茵兹版第9页。

② 参看罗日·加罗蒂：《抉择。资本主义和共产主义彼岸的一个新的社会模式》1973年维也纳—慕尼黑—苏黎世版第111页。

方面：一方面，他们承认有可以加以利用的思想，另一方面，他们又同教条主义地构造体系的做法批判地划清界限。

应该认为，恩格斯在给这一著作的法文本和德文本加上不同的标题时，也考虑到了这两个方面。① 法文本的标题是《空想社会主义和科学社会主义》，而德文本的标题，大家知道，叫做《社会主义从空想到科学的发展》。1892年，恩格斯为由他校订的英译本采用了法文本的标题。为什么采用这些不同的标题，这一点毫无疑问还需要作进一步的研究，其中包括对马克思为法文本、恩格斯为德文本和英文本所写的序进行研究。对于促使德国社会民主党接受空想社会主义的当时各国的社会主义书籍和报刊进行分析，肯定会有助于进一步阐明这个问题。

恩格斯在法国工人面前把空想社会主义和科学社会主义对立起来，这说明恩格斯认为，必须阐明这两者的原则对立。在马克思写的法文版导言中那段有意安排在这里的对科学社会主义史的概述，也是为这一点服务的。

德文本的标题强调指出了伟大的空想主义者和科学社会主义之间的连续性。不过，恩格斯大概未必——像席德尔所认为的那样——把《社会主义从空想到科学的发展》看做是"暗示性的标题"②，似乎这样一来仅仅这个标题本身就能保证这一著作获得广泛的影响。毋宁说，恩格斯大概是想让德国读者知道科学社会主义的理论来源。正如他在德文本

---

① 参看约阿希姆·赫普纳：《恩格斯的〈反杜林论〉和德国社会主义工人党中赞同空想社会主义的情况》，载《〈反杜林论〉一百周年》1978年柏林版第174—175页。

② 沃尔夫冈·席德尔：《关于1914年以前"科学社会主义"概念的历史》，见《科学社会主义和工人运动》第21页。

初版序言中谈到德国古典哲学时所写的，"德国资产阶级的教师们"已经把这种理论来源"淹没在一种无聊的折衷主义的泥沼里"。① 而且他还接着说："［……］我们德国社会主义者却以我们不仅继承了圣西门、傅立叶和欧文，而且继承了康德、费希特和黑格尔而感到骄傲。"②

在接受空想社会主义的过程中，马克思和恩格斯越来越明确地认识到，空想主义者的不成熟的思想是由社会关系客观地决定的。同时，圣西门、傅立叶和欧文的功绩和"天才的思想萌芽"③ 得到了越来越高的评价。在这方面，恩格斯的这本小册子是科学共产主义创始人的创作的顶点。

但是，这本小册子也反映出，对空想社会主义的态度是马克思主义本身成熟程度的表现。随着马克思和恩格斯正面地制定他们自己的学说，随着他们自己创立能够为工人运动在斗争中指出其目的和方向的科学基础的理论，他们对空想主义的立场就变得更加不同了。其至在这方面，恩格斯的这篇著作也是一个顶点，它表现了这样一种立场，这种立场完全不同于空想社会主义的直接继续，并且——在接受和改造许多有益的思想的同时——在质上超过了整个空想社会主义。

正如法文本和其他几种文本在标题上所表明的那样，空想社会主义和科学社会主义是恩格斯这篇著作的对象。阐述科学社会主义的基础和本质特点，是为在工人运动中贯彻实行马克思主义服务的，其目的是反对当时形形色色的空想主义的社会主义观念，而比较仔细的考察表明，这些社会主义观念的拥护者就是当代各种资产阶级和小资产阶级的社会

---

① 《马克思恩格斯全集》第 1 版第 19 卷第 347 页。
② 《马克思恩格斯全集》第 1 版第 19 卷第 347 页。
③ 《马克思恩格斯全集》第 1 版第 19 卷第 210 页。

主义概念的鼻祖。恩格斯在考察马克思主义以前的空想社会主义时展示了科学社会主义的新的理论品质，而杜林之类的思想家们却特别轻视空想社会主义。这里用得着马克思早在 1877 年就说过的一段话："当然，在唯物主义的批判的社会主义出现以前，空想主义本身包含着这种社会主义的萌芽，可是现在，在这个时代以后它又出现，就只能是愚蠢的——愚蠢的、无聊的和根本反动的。"①

但是，恩格斯的这篇著作不仅从同那些成为资本主义制度的辩护士的小资产阶级空想主义者划清界限的角度来看具有现实意义。在那些摆脱了殖民主义桎梏、为社会主义方向开辟了道路的国家里，社会主义理想具有巨大的吸引力。在这里提出了各种社会主义观念，这些观念不仅从科学社会主义中，而且也从各种不同的世界观来源中汲取东西。对于这些国家的社会变革来说，恩格斯关于道路怎样从——同不成熟的经济和社会关系相适应的——空想社会主义通向科学社会主义的论述，可以成为指导和帮助。

恩格斯只用三十五页的篇幅阐述的东西，是对三百多年来人们所获得的认识的总结。同时，他作出了一系列新的评价和结论。从而，他就在自己的著作中第一次对工人阶级的科学理论的基础和基本思想作了有意识地以向群众普及为目的的系统阐述。

那么在恩格斯看来，由马克思和他所创立的社会主义的科学性质表现在哪里呢？这里有三个观点值得注意。

第一，空想社会主义者不被看做是一定阶级的代表，而被看做是人类利益的维护者。关于这一点，恩格斯明确地提出，社会主义只有从工

---

① 《马克思恩格斯全集》第 1 版第 34 卷第 281 页。

人阶级的阶级立场出发并且作为为了工人阶级的学说才能科学地创立。在这个意义上说，他把科学社会主义称为无产阶级运动的理论表现。①早在1847年，恩格斯就提出了科学社会主义的这个基本原理，当时他在为制定第一个无产阶级政党的纲领而斗争时把共产主义表述为"无产阶级立场在这个［反对资产阶级的］斗争中的理论表现，是无产阶级解放的条件的理论概括"。②

无产阶级作为一个不占有生产资料的阶级的新的历史品质产生了一个结果，就是它不会发生受阶级限制的认识局限性。正是这些认识局限性使马克思主义以前的一切思想家受到了限制，使整个晚期资产阶级意识形态最终遭到破产，而由于没有这些认识局限性，就决定了无产阶级作为历史上第一个、也是唯一的一个阶级负有历史使命能够提出关于社会发展的科学理论的问题，并且能够对这个问题作出回答。只是随着现代工业无产阶级的产生，才有可能制定科学社会主义。

随着无产阶级在它反对资产阶级的斗争中形成为一个阶级，这一点就日益成为必要。因为，随着无产阶级在阶级斗争中公开同资产阶级相对立，可以看得很清楚，无产阶级不仅由于自己的社会经济条件，而且由于由此而产生的认识论前提，能够成为社会发展的科学理论的承担者。这说明，唯一能够在社会实践中实现社会主义的社会力量已经成长起来。

因此，很明显，像空想社会主义者曾经设想的那样，通过诉诸理性和正义立即解放全人类，是根本不可能的。只有无产阶级能够用它的革

---

① 《马克思恩格斯全集》第1版第19卷第297页。
② 《马克思恩格斯全集》第1版第4卷第312页。

命行动同时把它自己和其他劳动人民永远从剥削和压迫中解放出来,并且开辟一条使人类个人获得彻底和全面发展的道路。无产阶级是历史上能够做到这一点的第一个也是唯一的一个阶级。因此,正如恩格斯在他的著作中所指出的,新的社会只能是无产阶级在其革命政党的领导下与其他劳动人民结成联盟进行阶级斗争的结果。列宁用下述的话表达了这一思想:"只是当马克思的科学社会主义把改变现状的渴望和一定阶级的斗争联系起来的时候,社会主义的幻想才变成了千百万人争取社会主义的斗争。离开阶级斗争,社会主义就是空话或者幼稚的幻想。"①

甚至在今天,也有一些小资产阶级的空想观念,它们否认工人阶级在通向社会主义的历史发展过程中的决定作用,把虚假的不分阶级的普遍的人类解放写在它们的旗帜上。马克思和恩格斯以前的空想社会主义者对资本主义进行了尖锐的批判,在很大程度上有利于启发无产阶级的觉悟,而我们当代的小资产阶级空想主义者却成了资本主义制度的辩护士,并且把批判现实的社会主义作为他们的主要任务。因此,他们远远倒退到批判的空想社会主义者以前的水平上去了,用马克思的话来说就是变成"愚蠢的、无聊的和根本反动的"了。

第二,空想社会主义者以资产阶级的自然法理论为依据,从抽象的道德和法律观念出发,从应该在自然界和人类理性中加以确立的一成不变的规律出发,推论出新的社会。甚至在今天,也有一些观点,认为社会主义应该从抽象的人的基本价值如自由、平等或正义中推论出来。这种观点的代表不仅否定一百多年以前所达到的认识水平,而且否定六十多年来现实社会主义发展的实际结果。恩格斯在他的这篇著作中已经强

---

① 《列宁选集》第 2 版第 1 卷第 642 页。

调指出，同马克思的名字相联系的社会主义不是从追求永恒的真理和正义出发，而是从实际的历史过程出发的。

有两个想法构成了他关于这个问题的考虑的基石："为了使社会主义变为科学，就必须首先把它置于现实的基础之上。"① 其次是：社会主义成了一门有马克思的两个伟大发现即唯物主义历史观和"通过剩余价值揭破资本主义生产的秘密"② 的科学。因此，把社会主义置于现实的基础之上，就是科学地理解整个社会发展，特别是当时最进步的资本主义生产方式。制定唯物主义历史观和剩余价值理论，首先是马克思的功绩，当然恩格斯对此也作出了决定性的贡献。

资产阶级的思想家们在马克思和恩格斯以前已经提出了关于人类进步的规律性和动力的问题，并且在当时可能达到的认识水平所能允许的范围内对这个问题作出了回答。例如，资产阶级经济学家们在马克思以前已经揭示了资本主义生产方式的本质联系和发展趋势。但是，在马克思和恩格斯以前，谁也未能制定唯物主义的关于历史发展的总观念。

恩格斯在他这篇著作中指出，只要实现社会主义的客观条件还没有发展到一定的程度，社会主义就必然仍然是一种空想。对于这种使对社会主义的科学论证成为可能、但是也成为必然的客观前提，他作了如下的说明："无产阶级和资产阶级间的阶级斗争一方面随着大工业的发展，另一方面随着资产阶级新近取得的政治统治的发展，在欧洲最发达的国家的历史中升到了首要地位。"③

同时，他重视马克思的巨大的科学成就，把唯物主义历史观和揭示

---

① 《马克思恩格斯全集》第1版第19卷第218页。
② 《马克思恩格斯全集》第1版第19卷第227页。
③ 《马克思恩格斯全集》第1版第19卷第225页。

剩余价值的产生评价为两个发现,他认为这两个发现具有达尔文的成就对自然科学的那种同样重要的意义。恩格斯在几个地方重复谈到的关于两个发现的思想①,是马克思主义已经达到了成熟程度的表现,这两个发现使人们能够反映马克思主义本身的思想史的发展以及它的特殊的科学的性质。

第三,恩格斯明确地指出,科学社会主义具有崭新的世界观的基础即辩证唯物主义,辩证唯物主义赋予了工人阶级的理论以内在的逻辑和完整性,而其他任何历史理论都是不可能具有这种特点的。

恩格斯考察德国古典哲学为对社会主义进行科学论证在理论准备方面所取得的成就时,认为恢复辩证法是德国古典哲学的最伟大的功绩。马克思和恩格斯本人在发展马克思主义理论的时候,把辩证法作为唯物主义辩证法加以运用,并对它作了进一步的研究。辩证法在马克思的《资本论》中得到了到那时为止的最广泛的运用。恩格斯对自然科学的新认识作了哲学上的概括,又丰富了辩证法。在《反杜林论》一书中,他把自然界的辩证发展也纳入马克思主义的世界观,从而他也能够更加深刻地论证人类社会的合乎规律的发展。1882年,恩格斯在《社会主义从空想到科学的发展》德文版序言中作了总结性的评价:"唯物主义历史观及其在现代的无产阶级和资产阶级之间的阶级斗争上的特别应用,只有借助于辩证法才有可能。"② 列宁在同民粹派进行论战时特别援引了恩格斯著作中的辩证方法的定义和对辩证方法的阐述。③

---

① 《马克思恩格斯全集》第1版第19卷第121—125、372、374—375页。
② 《马克思恩格斯全集》第1版第19卷第346—347页。
③ 参看《列宁全集》第2版第1卷第145页。

辩证法由于同唯物主义相结合，就使人们有可能把人类的历史作为一个发展过程来加以考察和分析。只有通过这种结合，作为工人阶级的科学理论的哲学基础的那种新的世界观才产生出来。这种结合使这种理论具有了内在的完整性，后来列宁把这种内在完整性称为马克思主义三个组成部分的统一。

早在马克思和恩格斯以前，就有一些历史理论，它们部分地达到了高度的完整性。例如，空想社会主义者们就想出了一整套的制度，而新的社会就应该按照这些制度组织起来。但是，这一切观念——即使它们像黑格尔的观念那样包括了自然界、社会和思维的发展，并且是辩证地发生的——按其本质来说仍然是唯心主义的。甚至费尔巴哈，虽然他——正如恩格斯后来所说的——"直截了当地使唯物主义重新登上王座"①，在历史考察的领域内也仍然是一个唯心主义者。只有马克思和恩格斯才能够把唯物主义运用于历史的发展。于是，他们创立了真正的历史科学。

把辩证唯物主义运用于历史，就是把历史理解为一个由物质生产所决定的过程。这就包括认为经济关系在人类历史的发展中是最终起决定作用的关系。恩格斯在他的著作《论住宅问题》中就已经把科学社会主义的产生——跟蒲鲁东不同——作了如下的概述："……我们描述经济关系，描述这些关系如何存在和如何发展，并且严格地从经济学上来证明这些关系的发展同时就是社会革命各种因素的发展：一方面是被本身的生活条件必然引向社会革命的那个阶级即无产阶级的发展，另一方面是生产力的发展，生产力发展到超出资本主义社会范围时就必然要把

---

① 《马克思恩格斯选集》第 1 版第 4 卷第 218 页。

它爆破，同时这些生产力又提供了为了社会进步本身而一举永远消灭阶级差别的可能性。"①

从而，科学社会主义就证明资本主义要合乎规律地被社会主义所代替。这同时也就是科学社会主义不同于其他一切非科学的社会主义观点的特点。

恩格斯关于只有马克思主义才是科学社会主义的论证的内在完整性和逻辑合理性，也为在1882年德文版中获得了最终形式的他的这篇著作的结构所证实。

恩格斯在第一节一开头就申明，现代社会主义就其内容来说植根于"物质的经济的事实中"，其中他还指出了资本家和雇佣工人之间的对立以及统治于生产中的无政府状态。而就其理论形式来说，"它必须首先从已有的思想材料出发"②。通过对内容和形式的辩证法的这种阐述，恩格斯就确定了理论发展的一般规律性，后面他本人无论在考察空想社会主义还是论证科学社会主义时都注意到了这些规律性。

接着，他首先论及了法国启蒙运动的理论成就，认为这些成就是作为第一节中心内容的空想社会主义的基础。在这里，恩格斯把对这些观点的阐述同对16和17世纪以及18和19世纪之交的社会关系的描述紧密结合起来，并且指出这些社会关系如何决定了当时理论的进步和界限。最后，恩格斯提出了刚才已经提到的那个论断："为了使社会主义变为科学，就必须首先把它置于现实的基础之上。"这个命题包含着客观的历史任务，并且向读者提出了应该如何解决这个任务的问题。

---

① 《马克思恩格斯选集》第1版第2卷第535页。
② 《马克思恩格斯全集》第1版第19卷第205页。

在第二节的开头，恩格斯揭示了科学社会主义的另一个理论来源即德国古典哲学，并且特别重视辩证法。然后，他再次转而描述社会关系——19世纪30年代无产阶级最初几次独立的起义。他把无产阶级的这几次阶级搏斗看做是制定唯物主义历史观和以此为根据的剩余价值的发现的基础。恩格斯得出结论说，由于马克思的这两个伟大发现，"社会主义已经变成了科学，现在的问题首先是对这门科学的一切细节和联系作进一步的探讨"①。从而就对第一节末尾提出的问题作出了回答，同时又提出了另一个任务，而恩格斯在第三节就指出了这个任务的解决办法。

第三节一开头，他就对唯物主义历史观作了简要的概述，并且运用唯物主义历史观去说明资本主义生产方式的产生和发展，最后提出一个论断，现代社会主义是生产力和这种生产力的资产阶级利用形式之间的冲突在工人阶级的头脑中的思想反映②。在第一节开头提出的命题，即现代社会主义就其内容来说是物质的经济的事实和矛盾的观念的反映，就借助于马克思的第一个发现即唯物主义历史观而得到了证明。

然后，恩格斯又通过运用马克思主义的经济理论，深入地阐明了这个命题，并且分析了资本主义矛盾的形成。与此相联系，他对资本主义生产的基本矛盾及其两种表现形式作了经典的表述。基本矛盾的这两种表现形式同第一节一开头提出的两个事实——资本家和雇佣工人之间的阶级对立以及生产中的无政府状态——是相同的。恩格斯认为，现代社会主义就其内容来说是以这两个事实为基础的。

---

① 《马克思恩格斯全集》第1版第19卷第227页。
② 参看《马克思恩格斯全集》第1版第19卷第229页。

根据资本主义矛盾的发展趋势，恩格斯证明了客观历史过程如何合乎规律地导致由无产阶级推翻资本主义并建立新的社会。他认为，这个思路是十分重要的，因此他在这本小册子的末尾再一次对它作了概括。这样一来，制定科学社会主义就导致论证无产阶级历史使命的合乎规律性。这是恩格斯这篇著作的高潮：著作的最后规定了作为"无产阶级运动的理论表现"的科学社会主义的任务①。从而，贯串着《社会主义从空想到科学的发展》这篇著作的内在逻辑，就证明了科学社会主义的内在完整性和新的理论品质。

在恩格斯看来，使科学社会主义具有不同于空想社会主义的特点的上述三个观点清楚地说明，科学社会主义是一种国际性的学说。正如恩格斯通过揭示资产阶级和无产阶级之间的阶级对立所证明的，科学社会主义的国际性质是从社会经济条件和无产阶级反对共同敌人的阶级斗争的国际性质中客观地产生出来的。对于社会主义是历史过程的客观结果这一事实的科学论证，是以对国际范围的历史发展所作的理论概括为依据的。同样地，科学社会主义就其理论来源来说也是一种国际性的学说。1883年恩格斯在这篇著作德文第三版序言的一个脚注中明确地指出了这一点。② 最后，科学社会主义在其关于在工人阶级的革命斗争中由新社会合乎规律地取代资本主义的政治结论中，也说明了这一学说的普遍适用的性质。

对于这种普遍适用性不应该从僵死教条的意义上去理解。科学社会主义的本质特征同时也决定了它的创造性，这些本质特征是它的生命力

---

① 《马克思恩格斯全集》第1版第19卷第247页。
② 参看《马克思恩格斯全集》第1版第19卷第346—347页。

的基础。作为无限关心历史进步的工人阶级的利益的表现并且以考察具体历史发展为根据的科学社会主义，比其他任何理论都更有能力对新的趋于成熟的问题作出回答。

正是在以进行空前规模的社会变革为特征的我们这个时代，科学社会主义证明自己是在精神上解决当代问题的可靠指针。马克思和恩格斯所创立的工人阶级的科学理论被列宁创造地加以运用并进一步加以发展，又由于各国共产党的经验而得到丰富，因此它能够认识世界革命过程的深度和历史规模，而且也能够认识这一过程的复杂性和矛盾性。"马克思、恩格斯和列宁的学说，是唯一能够使人们认识并自觉地建设过去、现在和未来的科学。"① 依靠马克思列宁主义，我们就能够科学地论证，社会主义是直到现在为止的人类发展的合乎规律的结果。

从科学到现实

社会主义作为科学不仅意味着在基本原理方面具有新的理论上的品质。正如马克思早在1845年在他的《关于费尔巴哈的提纲》中批判地研究迄今为止的各种历史观时所要求的，社会主义包括在实践上改变世界。②

在马克思和恩格斯以前，也有这样的思想家，他们以创造新的更加美好的世界作为目标，并且认为能够把自己的思想变为现实。但是，甚至其中最有天才的人也未能解决这个任务。

---

① 《德国统一社会党第十次代表大会会议记录》第187页。
② 参看《马克思恩格斯选集》第1版第1卷第19页。

空想社会主义者也是如此。正如恩格斯在他这篇著作中所指出的，他们想"从头脑中"制造出还隐藏在不成熟的资本主义生产状况和不成熟的阶级关系状况中的解决社会任务的办法。"于是就需要发明一套新的更完善的社会制度，并且通过宣传，可能时通过典型示范把它从外面强加于社会。"① 因此，社会主义就只是由它的精神上的创立者的天才和创立者的宣传所取得的成就所决定，成为一种"输入"的事业。所以，正如恩格斯所说的，这种体系"是一开始就注定要成为空想的"。②

跟空想社会主义不同，科学社会主义是从考察实际社会关系出发的，在这个基础上，它能够成为改变现实的准绳。这种思想把科学社会主义同其他一切历史观在质上区别开来，它像一根红线贯串着《社会主义从空想到科学的发展》。

恩格斯的整篇著作都说明，社会主义决不是无法实现的幻想。由于马克思揭示了社会发展的一般的客观规律和资本主义社会形态的特殊运动规律，他就能够确定资本主义的历史地位并且揭露出资本主义的历史暂时性。因此，社会主义是历史的客观规律性，这种客观规律性在工人阶级的斗争中及其革命政党的领导下必定会在现实中得到实现。所以，恩格斯在他的这篇著作的末尾在一定程度上确实表述了这篇著作的精华，而这一精华同时也就是马克思和恩格斯全部理论创作和政治活动的精华："完成这一解放世界的事业，是现代无产阶级的历史使命。考察这一事业的历史条件以及这一事业的性质本身，从而使负有使命完成这

---

① 《马克思恩格斯全集》第 1 版第 19 卷第 210 页。
② 《马克思恩格斯全集》第 1 版第 19 卷第 210 页。

一事业的今天受压迫的阶级认识到自己行动的条件和性质,这就是无产阶级运动的理论表现即科学社会主义的任务。"①

当恩格斯把科学社会主义看做是革命地改造现实的基础时,他在他的这篇著作中谈到了两个方面:指出了资本主义为新社会所代替的规律性,概述了新社会的本质特征。列宁在谈到马克思关于未来的论断时写的一段话在这里也适用,列宁写道:"马克思丝毫没有陷入空想主义,他没有虚构和幻想'新'社会。相反,他把**从旧社会**诞生新社会的过程、从前者进到后者的过渡形式,作为一个自然历史过程来研究。"②

当恩格斯在他这篇著作中指出资本主义要为新社会所代替的规律性时,他的研究包括了19世纪最后30多年在资本主义社会及其经济生活中所发生的过程。在这里,他自己创造性地运用了马克思主义。

恩格斯分析了股份公司、最初的垄断形式以及正在形成的国家财产。在这里,他概括了在从自由竞争的资本主义向垄断资本主义过渡的时期资本主义生产方式的特定的发展趋势。在以后几年他还继续从事这个工作。1891年他在这一著作的德文第四版中又第一次考虑到了托拉斯。他在进行这一分析时是创造性地以马克思关于资本主义积累的历史趋势的学说为出发点的。

在这一著作的第三节中,恩格斯把资本主义评价为历史上必然的并且根据它自己的规律性的发展在客观上正在过时的生产方式,在这种生产方式中,向社会主义过渡的物质条件正在产生和成熟起来。在这里,他根据唯物主义辩证法的观点,把对生产的新的社会化形式和同这些形

---

① 《马克思恩格斯全集》第1版第19卷第247页。
② 《列宁选集》第2版第3卷第211—212页。

式相适应的资本主义所有制形式的趋势的研究，跟对资本主义矛盾的分析结合起来。在《自然辩证法》和《反杜林论》中得到了反映的他对辩证法的深入研究，使他能够更加深刻地考察这个问题。

恩格斯证明，资本主义生产方式的基本矛盾即社会性生产和资本主义占有之间的矛盾怎样随着资本主义生产方式的发展而发展，并且合乎规律地日益尖锐化。在这里，他抓住了马克思的认识——首先是《资本论》第三卷中的论点，并进一步加以发展。他对基本矛盾本身作了表述，并且通过消化新的历史材料说明了基本矛盾的表现形式，而且他对这一切的阐述都是言简意赅，可以同《共产党宣言》的文字相媲美。把恩格斯的这一成就纳入马克思主义的理论史的发展中去，同时也是未来的《马克思恩格斯全集》国际版新版的研究任务。

无论恩格斯是从多么抽象的角度来考察基本矛盾，但是他不断指出，这种基本矛盾只有通过消灭生产资料的资本主义私人所有制才能解决。正因为如此现代的资产阶级意识形态竭力诽谤说恩格斯对基本矛盾的表述是不科学的，硬说这是"用科学性加以装饰的千年王国说"[①]，等等。或者就断言，基本矛盾来源于生产商品的劳动的二重性，因而它是一切商品生产的矛盾，所以也是社会主义商品生产的矛盾。[②]

在考察基本矛盾的合乎规律的尖锐化时，恩格斯分析了资本主义所有制的形式变化。正如他在《社会主义从空想到科学的发展》中所指

---

① 赫尔穆特·施米特：《序言》，载《批判的理性主义和社会民主党》1975年版第 XIII 页。

② 参看海因茨-迪特尔·基茨坦纳尔：《"逻辑的"和"历史的"。论马克思和恩格斯的科学体系（恩格斯1859年写的〈政治经济学批判〉评论）的区别》，载《德国工人运动史国际科学通讯》第 1 期 1977 年西柏林版第 46—47 页。

出的,这种形式变化只不过是要求适应生产的日益增长的社会化的必然性的表现。这种形式变化使生产力获得某种新的发展的天地,但是只是局部地和暂时地解决矛盾。要求承认生产力的社会本性的这种日益增长的必然性,"迫使资本家阶级本身在资本关系内部可能的限度内愈来愈把生产力当做社会生产力看待"①。

恩格斯同《资本论》的论述完全一致,指出了生产的社会化过程是怎样在资本主义的各个发展阶段实现的,而与此相联系,资本主义所有制就采取各种不同的表现形式。他密切注意这个过程,直到作为资本主义所有制的最高和最后一种形式的国家所有制的形成。

由于恩格斯把资本主义经济的某些部分的国有化作为由于资本主义基本矛盾的尖锐化而产生的客观的、合乎规律的过程来论述,他就继续了他和马克思多年来对竞争、垄断、国家的关系所进行的分析。早在1857—1858年的《政治经济学批判大纲》中,马克思就以一般形式指出,资本在再生产过程的一定的发展阶段,"当资本开始感到并且意识到自身成为发展的限制时",就会在这样一些形式中寻找避难所,"这些形式虽然看来使资本的统治完成,同时由于束缚自由竞争却预告了资本的解体和以资本为基础的生产方式的解体"②。恩格斯根据对在资本主义开始发展到了垄断阶段的时期的国家所有制的分析,深入考察了这个过程。从而,他就为列宁对作为资本主义的最高阶段和最后阶段的帝国主义的分析奠定了具有决定意义的界碑。

正如恩格斯所指出的,"资本主义社会的正式代表——国家终究不

---

① 《马克思恩格斯全集》第1版第19卷第238页。
② 《马克思恩格斯全集》第1版第46卷下册第160页。

得不承担起对生产的领导"①。他指出，只有在生产力本身发展到不适于由股份公司来管理的情况下，这种情况"才意味着经济上的进步，才意味着在由社会本身占有一切生产力方面达到了一个新的准备阶段"②。

这些论述是针对资产阶级经济学家的，他们否认资本主义的经济矛盾，硬说国家干预再生产过程的必然性是一种虚构。这些论述同样也是针对所谓的国家社会主义者的，他们不了解经济的规律性，径直把国有化——例如，俾斯麦的国有化——当做社会主义的步骤来颂扬。

恩格斯的思想直到今天仍然具有现实意义，因为有一种观点认为，结构改革可能导致资本主义的自我解体过程并产生新社会的因素，而且还有一种改良主义的希望，以为通过使阶级国家民主化可能达到经济的社会化。这些观点都是虚幻的，它们实际上是为维护资本主义制度效劳的。国家所有制，国家的调节方式和克服危机的方案可能对资本主义的经济规律有限制的作用。但是，只要资本主义的生产资料所有制还存在，这些方案就不可能消灭这些规律。而国家在资本主义所有制关系的条件下仍然是资产阶级的权力工具。

正如恩格斯已经指出的，国家所有制既不会使资本主义的所有制关系革命化，也不会消灭剥削。完全相反！资产阶级国家，"理想的总资本家"，用恩格斯的话来说，通过把生产力据为己有，就成为"真正的总资本家"③。它将成为调节资本主义的再生产过程和剥削过程的第一流的经济权力因素。

后来，恩格斯写道："困难恰恰在于，只要政权在有产阶级手中，

---

① 《马克思恩格斯全集》第1版第19卷第239页。
② 《马克思恩格斯全集》第1版第19卷第239页。
③ 《马克思恩格斯全集》第1版第19卷第240页。

那么任何国有化都不是消灭剥削，而只是改变其形式"。①

同庸俗经济学的说法和冒牌社会主义的解释相反，恩格斯对国家所有制作了不同的评价。一方面他把国家所有制称为明显的资本主义所有制，另一方面他又强调指出，国家所有制是把资本重新转归生产者所有——当然不是归单个的生产者所有，而是归联合起来的生产者所有的交叉点。

恩格斯认为，国家所有制以及股份公司都是资本主义的无计划生产向社会主义社会的有计划生产的历史上合乎规律的投降。他写道："生产力的国家所有不是冲突的解决，但是它包含着解决冲突的形式上的手段，解决冲突的线索。"②

这种冲突的解决办法只能在于，使所有制关系同生产力的社会性质相一致。这一点应该怎样进行呢？恩格斯作了言简意赅的表达："无产阶级将取得国家政权，并且首先把生产资料变为国家财产。"③

在《共产党宣言》中，马克思和恩格斯就对无产阶级政治统治的任务作了概述："一步一步地夺取资产阶级的全部资本，把一切生产工具集中在国家［……］手里，并且尽可能快地增加生产力的总量"④。恩格斯通过分析资本主义的最新表现特别是国家所有制，使这些思想进一步深化了，并且指出工人阶级的政治统治和对生产资料的公共所有制在辩证联系中是怎样从资本主义生产方式的发展趋势中直接产生出来的。

---

① 《马克思恩格斯全集》第 1 版第 38 卷第 58 页。
② 《马克思恩格斯全集》第 1 版第 19 卷第 240 页。
③ 《马克思恩格斯全集》第 1 版第 19 卷第 242 页。
④ 《马克思恩格斯选集》第 1 版第 1 卷第 272 页。

这种彻底历史唯物主义的证据也包含着现实社会主义几十年来的发展所证实的东西：工人阶级的政权和生产资料的公共所有制，同时也是为了能够建立社会主义社会所不可缺少的前提。在这里，党的政策的一个核心问题是全面加强社会主义国家的力量。德国统一社会党的经验也证明："在马克思列宁主义政党领导下的社会主义国家的力量、它的权威和发挥职能的能力，是顺利前进的基础和前提。这现在是并且将来仍然是社会主义革命的基本问题。"①

恩格斯从他的分析中推论出资本主义社会在历史上的过时性，同时也推论出它为新的共产主义社会的重要的本质特征在物质上作了准备。今天，因为社会主义作为一种社会抉择产生越来越大的吸引力，这些思想尤其具有重要意义。

同《反杜林论》相反，在《社会主义从空想到科学的发展》中恩格斯把他的注意力几乎完全放在基本的经济方面，正如他在1886年写的一封信中强调指出的，他在这里"无论是政治的还是非经济的社会问题"都根本没有触及。② 这一点在下述事实上也明显地表现出来，即恩格斯在这一小册子的末尾作总结时如何从分析资本主义矛盾推论出无产阶级革命的必然性。

于是，他提出，在资本主义内部有一种可能性正在成熟，就是通过社会生产不仅保证一切社会成员有富足的和一天比一天充裕的物质生活，而且保证他们的体力和智力获得充分的自由的发展和运用的可能性。因此，共产主义社会的本质特征并不是什么随便能够"强加"于

---

① 《德国统一社会党第十次代表大会会议记录》第120页。
② 《马克思恩格斯全集》第1版第36卷第420页。

社会的东西，而是从生产力的发展水平和资本主义生产的社会化程度中客观地产生出来的。但是，把可能性变为现实是同一个决定性的条件相联系的，即"把脱离资产阶级掌握的社会化生产资料变为公共财产"①。

建立公共所有制早在马克思和恩格斯以前就是共产主义思想中的一个中心观念。但是，由社会占有全部生产资料，正如恩格斯所断定的那样，"只有在实现它的实际条件已经具备的时候才能成为可能，才能成为历史的必然性"②。发现这个条件是马克思和恩格斯的功绩。

他们在《共产党宣言》中称为"运动的基本问题"③的所有制问题，在马克思主义发展的进程中从各个不同的方面被具体化了。恩格斯在《社会主义从空想到科学的发展》中所作的论述，在这个理论史的过程中占据什么样的地位，还需要具体地加以研究。在这里值得重视的是，恩格斯阐述了关于哪些种类的生产资料应该社会化以及这个过程要经历哪些阶段的见解。

当恩格斯说明资本主义社会和共产主义社会之间的本质区别时，他把所有制关系放在中心地位，这决不是偶然的。这反映了马克思主义认为所有制关系对于当时的社会形态具有根本的意义。

正如历史的发展所表明的，现实的社会主义的建设是在完全具体的历史条件和民族条件下进行的，这些条件会以这种或那种方式使这种建设具有特殊的特征。尽管现实的社会主义有多种多样的形式，但是现实的社会主义的发展却用正面的以及反面的经验证明，早已由马克思和恩格斯加以表述的关于所有制关系具有中心意义的认识是普遍适用的。

---

① 《马克思恩格斯全集》第 1 版第 19 卷第 247 页。
② 《马克思恩格斯全集》第 1 版第 19 卷第 243 页。
③ 《马克思恩格斯选集》第 1 版第 1 卷第 285 页。

当恩格斯在《社会主义从空想到科学的发展》中把所有制关系放在中心地位的时候,这不是像"马克思学家"(特别是社会改良主义派的)所一再断言的那样,把复杂的社会发展过程简单化。有人硬说恩格斯认为,随着公有制的建立,新社会的其他一切本质特征就可以说会自动地出现,这种说法同样是没有根据的。相反,如果证明一切社会关系最终都是由所有制关系决定的,那倒是符合科学共产主义创始人的彻底的历史唯物主义的立场的。但是,他们丝毫没有幻想,以为一旦存在公有制,一切任务就会自动地解决。他们认为,这只不过是在包括社会生活一切领域的漫长而复杂的变革过程中的第一个步骤——虽然是重要的和不可避免的步骤。正是恩格斯的这本小册子在这方面作出了重大的贡献,指出废除资本主义所有制并且把最重要的生产资料转归公共所有过去是,现在还是革命的工人运动的主要要求。

所有制问题在关于资本主义制度和社会主义制度的争论中也起着中心的作用。这反映在资产阶级经济学家们的形形色色的、部分地是彼此矛盾的观念中。[①] 其中有些人声称,关于生产资料所有制的问题对于经济制度的性质来说变得没有意义了。他们论证这一点说,在现代的资本主义中,所有者的权力已经由于资本占有权和资本职能的分离而被打破了,取代这种权力的是经理和技术治国论者的统治。后者同样适用于社会主义,由此据说就产生了两种制度的"聚合点"。

资产阶级经济学家和拥护关于"社会主义市场经济"和"集团所有制"的理论的右倾修正主义代表们,也宣称公共所有制特别是国家所

---

① 参看赫伯特·迈斯纳编:《没有前途的资产阶级经济学》1976年柏林版第584—606页。

有制是没有意义的,但是实际上他们的目的正是要利用向公共所有制进攻的办法,通过要求取消国家的集中领导和计划化来消灭社会主义。

其他一些资产阶级经济学家承认,所有制关系的性质对经济关系的性质产生影响。根据这种可以说是"截然不同的理论的"观点,私有制是"自由和普遍福利"的基础,相反,公共所有制必然要产生不自由和专制。所以,社会主义要对弊病负责,这些弊病的根源据说是生产资料的公共所有制,他们用这种方式提出了必然要"改变"生产资料公共所有制的论据。口头上承认公共所有制的"左的"流派在这种愿望——向现实的社会主义进攻——上也是同资产阶级派别相一致的。

机械地考察社会的联系和过程,是同马克思和恩格斯根本格格不入的。他们也把新的无阶级的社会的发展了解为一个多层次的复杂的过程,并且证明,只有在公共所有制的基础上,社会的自觉的、有计划的和和谐的发展才可能为了全体劳动人民并且在他们的参加下完成。

恩格斯在他这篇著作中指出,公共所有制使得对社会生活的一切领域进行全社会的、建立在科学基础上的管理和计划化成为可能和必然。"……按照全社会和每个成员的需要对生产进行的社会的有计划的调节"① ——恩格斯用这句话总结了新的生产方式和无政府状态的追求利润的资本主义经济之间的本质区别。

马克思和恩格斯早就强调指出了在新社会中生产的计划性的必要性和意义,并且在《资本论》中又把生产的计划性作为随着大工业的产生而达到了社会化程度的生产的客观要求来详细地加以论证。根据这一点,恩格斯把共产主义称为人们在历史上第一次自觉地和有计划创造他

---

① 《马克思恩格斯全集》第 1 版第 19 卷第 241 页。

们的全部自然的和社会的生活条件的社会。

被资产阶级经济学家颂扬为符合人的本性或者甚至是人类自由的最高成就的、被宣布为"自由的市场经济"的资本主义竞争，基本上就是恩格斯在《自然辩证法》的导言中称之为"动物界的正常状态"的东西。恩格斯接着说："只有一种能够有计划地生产和分配的自觉的社会生产组织，才能在社会关系方面把人从其余的动物中提升出来，正像一般生产曾经在物种关系方面把人从其余的动物中提升出来一样。"①

恩格斯在《反杜林论》中就描绘了人类脱离动物界并"从必然王国进入自然王国的飞跃"的图景②，他又把这幅图景放到《社会主义从空想到科学的发展》中去。恩格斯写道："一直统治着历史的客观的异己的力量，现在处于人们自己的控制之下了。只是从这时起，人们才完全自觉地自己创造自己的历史；只是从这时起，由人们使之起作用的社会原因才在主要的方面和日益增长的程度上达到他们所预期的结果。"③

人们很容易把这个图景同马克思在《资本论》第三卷中一段著名的话加以比较，马克思在那段话中就这个问题给自由下了定义，认为自由就是社会化的人合理地调节他们和自然之间的物质变换，把它置于他们的共同控制之下。马克思接着说："但是，不管怎样，这个领域始终是一个必然王国。在这个必然王国的彼岸，作为目的本身的人类能力的发展，真正的自由王国，就开始了。但是，这个自由王国只有建立在必然王国的基础上，才能繁荣起来。"④

---

① 《马克思恩格斯全集》第1版第20卷第375页。
② 《马克思恩格斯全集》第1版第20卷第308页。
③ 《马克思恩格斯全集》第1版第19卷第245页。
④ 《马克思恩格斯全集》第1版第25卷第925页。

资产阶级的"马克思学家们"把恩格斯的思想同马克思的思想加以对比,企图由此引申出他们两人之间的矛盾。但是,比较仔细的考察表明,他们两人都是从一致的观点出发的,即都认为人们将成为他们自己的生存条件的统治者。同时,他们又从不同的角度出发考察了这个问题。恩格斯注意的是一般意义即另一种意义上的社会发展的统治,而马克思分析了生产过程的发展趋势的后果,因而对问题的理解更加具体,而且强调指出人类自由发展的物质前提。

在恩格斯看来,新社会的创立决不是短时间可以完成的变革这种意义上的飞跃。相反,他是用这个概念来说明在生产资料公共所有制基础上产生的社会关系的崭新的质。对他说来,毫无疑问,这里涉及的是一个长期的复杂的过程,这一过程首先对群众的觉悟提出在质上新的要求。

恩格斯本人在其晚年恰恰强调指出,应该把马克思主义理解为行动的指南,为了解决未来世代的任务要求创造性地运用马克思主义。他把实现这一崇高的要求看做是每一个国家的革命政党的第一位的义务。为各国革命政党的成长作出贡献,是不久前届满出版一百周年的恩格斯的这本小册子的愿望。

关于这部著作的影响的历史

恩格斯在《社会主义从空想到科学的发展》中令人信服地证明了科学社会主义的理论基础以及它的以革命地改变现实为目的的政治结论,而这部著作的影响生动地反映了科学社会主义的生命力。

这本小册子伴随着革命的工人运动的一切斗争阶段。它曾经是除了

《共产党宣言》以外科学共产主义创始人的传播最广的著作,这一事实并没有为大家很好了解。它在短时间内就得到了甚至连作者本人都没有预料到的广泛传播。在用法文首次发表后恩格斯用两年时间完成了德文本,紧接着第二年这个德文本接连出了三版,共计一万册。法文版本,后来首先是德文版本成了多种译本的基础。1884年2月,保尔·拉法格写信给恩格斯说:"不管您自己怎样看,这本小册子对于法国社会主义思想的形成起了决定性的影响。证明其重要性的,就是已经有了多种译本。"①

波兰文译本在1881年即在法文版出版后一年就开始发表了。1892年,恩格斯在这部著作的英文版导言中不无骄傲地说,他的这部著作已以十种语言传播,除了法文和德文本以外,他还列举了波兰文、西班牙文、意大利文、俄文、丹麦文、荷兰文和罗马尼亚文等版本。② 恩格斯当时还不可能知道,1883年就出版了这部著作的塞尔维亚克罗地亚文译本,1891年又出版了保加利亚文译本。后者是根据恩格斯特别重视的维拉·查苏利奇的俄译本转译的。1891年12月,恩格斯的这部著作又开始用乌克兰文发表。他本人在1894年还亲眼看到了阿尔巴尼亚文译本。根据到现在为止的调查,恩格斯这部著作在他生前就已经用十四种文字全文或摘要发表了,总计出版了五十七版。③

这部短篇著作翻译和传播的历史以特殊的方式反映了革命工人运动

---

① 《恩格斯与保尔·拉法格、劳拉·拉法格通信集》第1卷1979年人民出版社版第250页。
② 参看《马克思恩格斯全集》第1版第22卷第337—338页。
③ 参看《马克思恩格斯著作的生前版本和发表情况。书目索引》第2册1977年莫斯科版第228—237页。

的充满斗争的道路和马克思主义的胜利征程。根据对莫斯科马克思列宁主义研究院所藏资料的最新考察，恩格斯这本小册子到1917年为止被译成二十种文字，到1945年为止被译成三十种文字。现在，它至少被译成了七十种文字，在全世界的所有地方都得到了传播。

在苏联境内，到1970年为止，恩格斯这部著作用苏联各族人民的各种语言出版了近一百种版本，这一事实反映了在建设社会主义的过程中对经典作家的理论遗产的利用。

莫斯科的"进步出版社"在用其他各种文字出版恩格斯的这本小册子方面作出了巨大的贡献。到1979年为止，这家出版社用十八种文字出版了这本小册子。除了西班牙文、英文和法文版以外，"进步出版社"还出版了阿拉伯文、孟加拉文、印地文、泰米尔文、古吉拉特文、马拉蒂文和斯瓦希利文版。首先是在70年代后半期出版的这些版本证明，马克思主义深入到了地球上最遥远的地区。

在德国，《社会主义从空想到科学的发展》始终属于马克思和恩格斯的流传最广的著作之列。从19世纪末到1945年，总共出版了十七版。自从德国人民从希特勒法西斯主义下获得解放以后，马克思、恩格斯和列宁的思想在德国大地上也成为社会改革的基础，从而科学社会主义也重新证实自己的生命力，这一点也在恩格斯这部短篇著作的传播中得到了反映。

1945年以后，《社会主义从空想到科学的发展》属于第一批马克思主义出版物。从1945年到1949年共出了八版，其中1946年就单独出了五版。在德意志民主共和国成立以来的三十年间，恩格斯这部著作出了二十七版。1980年，在这部著作出版一百周年之际，"狄茨出版社"出版了另外三种版本，其中包括单行本第二十一版，一个袖珍版和一个原著文字的版本。这样一来，连在选集、全集上发表的情况计算在内，从1945年以来，《社会主义从空想到科学的发展》的发行量达到了约两百万册。这反映了这部著作的意义，它作为论证社会主义将合乎规律地取得胜利的革命的群众宣传的典范和在反对资产阶级意识形态的斗争中的武器，在一百多年中证实了自己的生命力。

今天，世界共产主义运动进行斗争的条件在许多方面都跟19世纪最后三十多年的情况不同了。它具有了不同的规模，面临着不同的任务，同时也获得了更多的政治经验。

一百年以前，当《社会主义从空想到科学的发展》出版的时候，工人运动在十个国家中具有了有组织的形式。而今天在世界上已经有九十多个共产党和工人党。

当马克思和恩格斯把社会主义从空想转变为科学的时候，他们在人类的思想史上作出了独一无二的理论成就。列宁把工人阶级的科学理论的所有组成部分都普遍适用地进一步加以发展以后，在他的领导下由伟大的十月社会主义革命所开始的社会主义向历史现实的转变就意味着具有崭新历史规模的社会变革。把与此相联系的复杂过程加以总结并概要地说明进一步发展的方向，是各国马克思列宁主义政党的任务。从而对它们的理论活动的要求也提高了。"一个马克思列宁主义政党如果不适应地注意洞察一切事变，概括新的生活现象，创造性地进一步发展马克思列宁主义理论，那就不可能起到自己的作用。"① 从而，社会科学家在本国范围内以及在国际合作中所担负的责任也加重了。

---

① 《苏共第二十六次代表大会》1981年柏林版第106页。

但是，正像一座房子只能在它的地基上继续扩建一样，马克思列宁主义的发展也只能在经典作家们所创立的基础上进行，只能在马克思和恩格斯通过证明社会主义是工人阶级斗争的合乎规律的结果而奠定了基石的那个基础上进行。恩格斯的这部著作也将为回答在本世纪80年代将使工人阶级和一切进步力量激动的那些问题作出贡献。

（原载《马克思恩格斯年鉴》1982年柏林版第5卷）

（屏羽 译）

马克思恩格斯与哲学共产主义和"真正的社会主义"（摘译）*

〔苏〕E. Л. 康捷尔

现在，关于"真正的社会主义"历史，一些极其重大的问题仍未得到充分阐述，或者甚至完全没有得到阐述，尚有待研究者进行研究。这方面的问题是：哲学共产主义和"真正的社会主义"之间的区别；这两个流派存在的历史范围；马克思恩格斯对哲学共产主义的态度；列宁对"真正的社会主义"的实质的分析；马克思和恩格斯批判"真正的社会主义"的基本阶段。

哲学共产主义与"真正的社会主义"的区别

头一个问题就是哲学共产主义和"真正的社会主义"之间的区别问题。一些资产阶级研究者大约把1841年作为"真正的社会主义"的历史的始点。他们这样做的时候，通常都不指出哲学共产主义和"真正的社会主义"的区别。而这种区别是必须指出的。

---

* 本文选自《马列著作编译资料》1981年第18辑。

原题注：标题与文内的小标题是译者加的，原文的标题是《马克思恩格斯反对德国"真正的社会主义"斗争史略》。——译者注区分出哲学共产主义和"真正的社会主义",这有什么根据呢?这种区分是杜撰出来的吗?首先必须指出,这两个流派存在的历史范围是不同的。马克思恩格斯是40年代德国社会主义运动的同时代人和参加者,他们处处说"真正的社会主义"出现的日期是从1844年开始。①确实,在赫斯、格律恩、贝尔奈斯1842年发表的著作中尚未出现"真正的社会主义"所具有的极其重要的特征。

当时这类著作所特有的特征可以使它们归到作为"真正的社会主义"的准备阶段的哲学共产主义。这不是说所有哲学共产主义者一定成为"真正的社会主义者"。哲学共产主义作为一个流派具有极大的不确定性和两面性。一些哲学共产主义者能够抛弃这一流派的否定方面,站到马克思恩格斯的革命共产主义立场上来,而大部分哲学共产主义者则成了"真正的社会主义"的拥护者。

黑格尔派的分化和费尔巴哈对宗教的批判,是哲学共产主义出现的起点。费尔巴哈起而批判宗教,对德国知识界的激进分子产生了极大的影响。关于这一影响的程度,马克思恩格斯都讲到过。"这部书的解放作用,只有亲身体验过的人才能想象得到。那时大家都很兴奋:我们一时都成为费尔巴哈派了。"② 40年代德国知识界大部分激进的代表人物都深受费尔巴哈的影响。他们不仅接受了费尔巴哈哲学的正确方面,即他对黑格尔唯心主义所作的唯物主义批判,而且也接受了他的缺点和弱点。

从1842年开始,费尔巴哈的学生(赫斯等人)最初试图把费尔巴

---

① 《马克思恩格斯选集》第1版第4卷第218页和《马克思恩格斯全集》第1版第2卷第655页。

② 《马克思恩格斯选集》第1版第4卷第218页。

哈的哲学同空想社会主义的观点结合起来。他们常常不是直接地,而是经过第二手第三手,经过施泰因等编纂的书了解这些空想社会主义观点的。把费尔巴哈主义同英法空想社会主义的个别原理结合起来,产生了所谓的哲学共产主义,他们当时在德国国内外出版的期刊上大力宣传这种哲学共产主义。

哲学共产主义的来源和实质,是这方面的研究者面临的最困难的问题之一。但是,这一流派的同时代人和参加者提出的证明,正在使我们弄清以前的研究者尚未发现的许多新情况。现在已经可以肯定,最初,"哲学共产主义"的含义,当时在德国就是指它的拥护者不同于手工业工人共产主义者,不同于魏特林及其门徒,他们是从哲学走上共产主义的,他们把自己的共产主义观点看做是逻辑的结论,是整个德国哲学发展的结果。只要看看恩格斯1843—1844年在英国欧文主义者的刊物《新道德世界》上发表的通讯,就会不由地得出这一结论。

恩格斯在1843年10—11月发表的《大陆上社会改革运动的进展》一文中对魏特林流派作了评述之后写道:"德国还有一个捍卫共产主义的党。既然前面谈的那个党纯粹是人民的党,那它无疑很快就会把整个德国工人阶级团结起来。而我现在所要谈的党是哲学的党,其起源和英法共产主义者没有什么关系的党,从半个世纪来德国引以自豪的哲学中产生出来的党。"[①] 他又写道:"虽然各邦政府想尽办法要扼杀哲学共产主义,可是它在德国可以说已经永远确立下来了……德国人要不抛弃使本民族感到骄傲的那些伟大的哲学家,就得接受共产主义。"[②] 恩格斯

---

① 《马克思恩格斯全集》第1版第1卷第588页。
② 《马克思恩格斯全集》第1版第1卷第591页。

在整篇文章中不断强调这样一个思想：德国哲学经过长时间的徘徊以后，终于走向共产主义，德国人通过哲学的道路成了共产主义者。他在1843—1844年把他自己和马克思、莫泽斯·赫斯、格·海尔维格算作这一流派的活动家。但是，甚至在这一最初时期，如果把马克思恩格斯的观点同赫斯及其志同道合者的观点混同起来，那也是极大的错误。赫斯及其志同道合者在自己的著作中最充分地表现出哲学共产主义的特点。尽管马克思恩格斯同赫斯及其志同道合者在社会主义宣传的一系列问题上有某些相近之处，但在1843—1844年，由于他们的观点形成的条件和他们的原则迥异的性质，他们之间已经有一道分水岭了。

在这一时期并直至1845年初，恩格斯把所有从黑格尔主义走向共产主义的人一概叫做哲学共产主义者。恩格斯说青年黑格尔派是在1842年秋开始向共产主义过渡的。①

莫泽斯·赫斯是这一流派的创始人和首领之一，他在1844年5月写的《德国的社会主义运动》一文中，也有与此大致相同的提法。他的这一著作的基本思想是：社会主义在德国的传播，一方面是得自在法国的德国手工业工人的推动，他们当时为了传播社会主义思想在法国建立了一些团体；另一方面是得自德国哲学的推动，德国哲学当时开始在实质上走向人道主义。"换句话说，社会主义由于无产阶级实践上的需要而来自国外，并由于科学在理论上的需要而产生于国内。"② 赫斯在这篇文章中考察了德国哲学从康德到黑格尔和青年黑格尔派的发展之后，力图证明社会主义思想正是在德国哲学的这种发展过程中获得哲学

---

① 《马克思恩格斯全集》第1版第1卷第590页。
② 卡尔·格律恩编：《新轶文集》1845年达姆斯塔德德文版第191页。

论证。赫斯在指出了青年黑格尔派初期对社会主义采取有些疏远的态度之后,接着强调说,正是费尔巴哈以自己的哲学促进了德国哲学终于转向共产主义。反动派的迫害也促进了这一点,因为迫害促使青年黑格尔派继续往前走:他们成了无神论者、政治上的激进派,然后是社会主义者。他说道:"哲学同社会主义结合已经不再是善良的愿望和单个人的行动;这一结合得到党的维护,而党是强大有力的,足以把自己的事业变成人类的事业,足以实现它预先规定的东西。"① 值得注意的是,赫斯所说的党指的是《莱茵报》、《德法年鉴》。②

在哲学共产主义的代表人物当中,赫斯占有比较显著的地位,他的著作,特别是他的《行动的哲学》(1842年)、对罗·施泰因的书的书评《社会主义和共产主义》(1842年) 和《德国的社会主义运动》(1844年) 等著作,好像是哲学共产主义观点之集大成。因此,要分析哲学共产主义观点,宜首先分析赫斯的这些文章。

哲学共产主义对于许多德国社会主义者来说是走向形成"真正的社会主义"这一反动流派的准备阶段。但如果仅根据这一理由,在评价哲学共产主义时得出结论说它是反动的,那是不正确的。这种态度显然是反历史主义的。在哲学共产主义中,除了有反动观点的萌芽之外,同时也有进步思想。另一方面,最初具有进步性质的一些思想,经过无休止的重复咀嚼之后丧失了自己的进步特征,并获得"真正的社会主义"整体所固有的反动趋向。马克思以赫斯为例证明这一点:"赫斯的东西虽然已经带有非常模糊的和神秘主义的性质,但是最初——在《二十一

---

① 卡尔·格律恩编:《新轶文集》1845年达姆斯塔德德文版第220页。
② 卡尔·格律恩编:《新轶文集》1845年达姆斯塔德德文版第219—221页。

印张》上——得到了一定程度的承认，它只是由于有人在它已经陈旧了的时候还在《德国公民手册》、《新轶文集》和《莱茵年鉴》上不断地加以重复，因而才变成了枯燥的和反动的东西，而在格律恩先生那里则变成了十足的无稽之谈。"①

在研究哲学共产主义的特点时可以明显看出它从进步向反动过渡的轨迹。哲学共产主义者认为自己的共产主义观点是德国哲学全部过去发展的结果和结论。赫斯屡次强调这一看法，恩格斯在1843—1844年也同意这一看法。马克思恩格斯甚至在马克思主义已经成为全面发展了的学说出现时也还坚持这一看法。恩格斯1874年写道："如果不是先有德国哲学，特别是黑格尔哲学，那么德国科学社会主义，即过去从来没有过的唯一的科学社会主义，就决不可能创立。"② 他在《反杜林论》、《社会主义从空想到科学的发展》和《路德维希·费尔巴哈和德国古典哲学的终结》中也强调过这一思想："德国工人运动是德国古典哲学的继承者。"③ 可见，共产主义和古典哲学之间的联系的观点本身是进步的。但在哲学共产主义者当中，这种思想很快就失去了进步意义，因为赫斯及其拥护者开始唯心主义地解释这一思想，把共产主义不是看做从客观物质世界的发展中，从社会的发展中，从无产阶级阶级斗争中得出的结论，而是看做抽象的哲学观念的汇集，只是从哲学中得出的纯粹逻辑的结论。赫斯在《德国的社会主义运动》一文中写道："完善了的德国哲学即费尔巴哈的哲学对社会主义的关系，是理论上的人道主义对实

---

① 《马克思恩格斯全集》第1版第3卷第580页。
② 《马克思恩格斯全集》第1版第18卷第565页。
③ 《马克思恩格斯选集》第1版第4卷第254页。

践上的人道主义的关系。"① 而马克思恩格斯在《德意志意识形态》中断然批判费尔巴哈（及其学生——"真正的社会主义者"）借助于"社会的人"这一定义宣称自己是共产主义者，把实际上用来表达一定革命政党的代表人物的"共产主义者"一词变成一种空洞的哲学范畴。② 他们证明了：共产主义不是哲学观念的汇集，而是革命阶级——无产阶级的物质的实际的运动。

黑格尔和费尔巴哈是马克思主义的直接的哲学先驱，他们的体系是科学共产主义的理论来源之一。然而，马克思恩格斯摆脱了黑格尔和费尔巴哈，竭力以唯物主义观点来解释和批判地改造他们体系中包含的进步成分。马克思对黑格尔的法哲学进行批判性研究，得出了极其重要的历史唯物主义原理："对市民社会的解剖应该到政治经济学中去寻求。"③ 而哲学共产主义者力图把黑格尔和费尔巴哈的观点同自己的社会主义观点结合起来时，实质上继续停留在唯心主义立场上，从黑格尔和费尔巴哈的体系中汲取最弱的、唯心主义的东西。例如，赫斯在《行动的哲学》中把费尔巴哈的个别的、甚至多半是伦理的观点同来自费希特和黑格尔哲学体系的唯心主义原理，甚至同来自鲍威尔兄弟的自我意识的主观哲学的唯心主义原理结合起来。④

赫斯在他评罗·施泰因的《现代法国的社会主义和共产主义》一书的文章《社会主义和共产主义》中，仿效海涅论述德国哲学史的文

---

① 卡尔·格律恩编：《新轶文集》1845年达姆斯塔德德文版第206页。
② 《马克思恩格斯全集》第1版第3卷第47页。
③ 《马克思恩格斯选集》第1版第2卷第82页。
④ 莫·赫斯：《行动的哲学》，见《来自瑞士的二十一印张》1843年德文版第309—331页。

章，力图探索德国哲学和法国社会主义的并行发展，以期证明它们两者导致一致的结论。赫斯写道："傅立叶和黑格尔把法国的精神和德国的精神奉为绝对的观点。"① 他继续写道：绝对自由的个人和人人绝对平等，两者并不矛盾，而是同一原则，全部生活的绝对统一的原则的相辅相成的要素。在整篇文章中，赫斯都利用了黑格尔和费尔巴哈的哲学的抽象范畴，实际上是为这两个体系所俘虏。他在这篇文章和这一时期的其他文章中，广泛利用了黑格尔，特别是费尔巴哈的范畴，如"异化"、"类的实质"、"真正的人"、"人的本质"等，却并没有赋予这些概念任何具体的内容，而只把这些范畴同借自法国社会主义者的个别原理结合起来。

哲学共产主义者正确指出了法国空想社会主义者对社会发展所抱的片面观点和他们固有的教条主义和反历史主义，指出了平均共产主义的狭隘眼光，但同时却否定了空想社会主义最宝贵的东西——对现存社会及其政治经济制度进行的辛辣机智的批判。其实，哲学共产主义者比空想社会主义者要远逊一筹，因为哲学共产主义者只对人类要求公有的愿望发些一般的抽象的哲学议论，只说些抽象原则决定社会发展这类唯心主义的空谈，除此之外，拿不出任何东西来与法国空想社会主义者的观点抗衡。许多法国空想社会主义者看到社会主义和共产主义思想的发展与资产阶级社会劳动阶级普遍贫困之间的直接联系，若明若暗地意识到共产主义首先表达的是无产阶级的利益；甚至罗伦兹·施泰因这样保守的学者都明白这一点，并力图在《现代法国的社会主义和共产主义》

---

① 莫·赫斯：《行动的哲学》，见《来自瑞士的二十一印张》1843年德文版第79—80页。

一书中指出这一点，而哲学共产主义者却用共产主义似乎是人类更高的精神动机的产物这种唯心主义空话去反对这些正确原理。例如，赫斯在《社会主义和共产主义》一文中批评罗·施泰因把社会主义思想的发展同社会物质需要，同无产阶级利益联系起来，认为施泰因犯了一个大错：只从纯粹外在的物质享受欲中引出"平等要求"，"认为共产主义只是无产阶级要求获得与有产阶级均等的享受。但共产主义的主要优点之一恰恰是：在共产主义中，享受与劳动之间的对立将消失。只是在生产的旧制度下享受才与劳动分离。公有制度是哲学伦理学的实际实现，这种哲学伦理学认为自由的活动是真正的和唯一的享受，即所谓的最高幸福……施泰因知道的共产主义仅仅是它最初的最粗陋的形式"。① 接着，赫斯结合着对巴贝夫及其拥护者的粗陋平均共产主义思想的批判，对施泰因进行批判。

赫斯在1844年写的《德国的社会主义运动》一文中又发挥了这种唯心主义观点："认为社会主义只是由无产阶级产生的，只是无产阶级的胃的需求引起的，这种看法是错误的（这种错误是不能上升到人性的利己主义局限性的产物，并由反动分子以及具体说施泰因广为宣传）……但是，如果在谈到法国时，认为我们时代以及一切时代最伟大的思想——社会主义思想是来源于这种看法是错误的，那么，在谈到德国时如果也有类似的看法就更加错误了……法国无产阶级只有先在理论上克服任何无人性的时候，才能在实践上消灭金钱贵族；而德国的精神贵族只有在它本身在实践上克服永恒的无人性的时候，才能消灭平民的

---

① 莫·赫斯：《社会主义和共产主义》，见《来自瑞士的二十一印张》1843年德文版第83—84页。

存在……在法国，人道主义的代表是无产阶级，而在德国，人道主义的代表是精神贵族。"① 赫斯在《二十一印张》、《新轶文集》、《德国公民手册》、《莱茵年鉴》里不断变着花样反复咀嚼这些话，而卡尔·格律恩以及其他"真正的社会主义者"后来又从赫斯那里抄袭了这些话，于是，这些话成了"真正的社会主义"的基本原理。因此，马克思曾说格律恩的东抄西摘的作品，"比施泰因的著作低劣得多，施泰因起码还试图叙述社会主义文献和法国社会的现实发展的联系。"② 马克思的这番话也可以用来说赫斯。

马克思在自己的共产主义观点形成的早期阶段，是重视赫斯的刊登在《二十一印张》文集里的《行动的哲学》和《社会主义和共产主义》这两篇著作的。在《1844年经济学哲学手稿》的序言中，马克思把赫斯的这两篇文章，同恩格斯的《政治经济学批判大纲》一起看做是德国人的"内容丰富而有独创性的著作。"马克思重视赫斯的这两篇文章，显然是因为赫斯在文章里面最初试图把费尔巴哈哲学的一些唯物主义原理运用来分析社会现象，试图把唯物主义思想同法国社会主义的一些原理结合起来。例如，在《行动的哲学》中，赫斯把费尔巴哈的基督教的本质是人与自身的不和谐这一重要原理作为自己的分析的基础。他写道：精神的二重性贯穿着全部以往历史，并且在基督的宗教和君主制的管理形式中达到了自己的顶峰。是消除这种二重性的时候了。德国哲学早已在自己面前提出了这一任务。但现在它应当成为行动的哲学。为此，人类应当改变自己活动的性质。人类在整个历史过程中忍受的咒

---

① 卡尔·格律恩编：《新轶文集》1845年达姆斯塔德德文版第220—206页。
② 《马克思恩格斯全集》第1版第3卷第581页。

骂在于，它的活动不为自我目的所承认。必须改变人与财产之间的关系，使财产成为人自由活动的反映和产品。应当克服作为以往全部历史的特征的劳动与享受相分离。①

如果把赫斯的观点同马克思《1844年经济学哲学手稿》相应的地方对比一下，就可以看出，赫斯还只是刚刚形成的观点，在马克思那里已经有了无法相比地更深刻更富有成果的发展形式了。②

如果把赫斯在《社会主义和共产主义》中对粗陋平均共产主义的批判③，同马克思在《1844年经济学哲学手稿》中的批判④对比一下，也可以这样说。但同时也必须强调指出，马克思和赫斯对粗陋平均共产主义的批判实质上是从根本不同的立场出发的。马克思从唯物主义和革命无产阶级的立场出发，赫斯则从抽象的唯心主义的立场出发，马克思批判平均共产主义，把它看做是这一运动最初的粗陋形式，是为了维护革命无产阶级更高的形式和新的科学的纲领；因而他竭力提高无产阶级现有的共产主义。而赫斯批判法国无产者和威廉·魏特林的平均共产主义，为的是要它离开无产阶级运动，转而只诉诸"有教养的阶级"，只诉诸"精神贵族"，即只诉诸脱离人民的知识分子的哲学共产主义。马克思在《1844年经济学哲学手稿》中明显地站在辩证唯物主义立场上，而赫斯甚至在自己的两篇最好的著作中却离开唯物主义而转到康德、费希特的主观唯心主义和鲍威尔兄弟的自我意识理论一边。在对自由和必然之间的关系的理解方面，赫斯甚至同黑格尔比较也倒退了。他实际上

---

① 《来自瑞士的二十一印张》1843年德文版第309—331页。
② 《马克思恩格斯全集》第1版第42卷第89—100页。
③ 《来自瑞士的二十一印张》1843年德文版第84—85页。
④ 《马克思恩格斯全集》第1版第42卷第117—119页。

回到了康德和费希特的公式。他把意识、哲学、社会主义思想的发展同阶级斗争和无产阶级的形成截然分开,并用针对资产者的利己主义进行的没完没了的道德说教,偷换了对资产阶级社会和阶级斗争的规律性的唯物主义分析。在这里,赫斯显然深受费尔巴哈哲学最弱的方面即唯心主义伦理学因素的影响。因此,甚至在自己最好的著作中,赫斯的哲学共产主义特有的立场,也与马克思在自己的革命共产主义观点形成时期的立场大相径庭。

除赫斯外,还有谁加入哲学共产主义这一流派呢?要回答这个问题,必须看看40年代头五年的德国民主刊物。

我们先看看1844年的《威塞尔汽船》杂志,这一杂志是在奥托·吕宁的积极参与下出版的,他后来是"真正的社会主义"著名代表人物之一。1844年初,杂志刊登的多半是从资产阶级立场出发写的材料。但在第九期上刊登了一篇叫做《新时代》的文章,文章开门见山提出了许多问题,并以哲学共产主义的精神加以解答。作者在谈论英法争取最好生活形式的斗争时说:"在英国是宪章主义者,在法国是共产主义者,他们的数目在激增着。在这两个国家,他们在不同程度上达到了自己的目的。共产主义者只要拒绝秘密结社,从而能够建立公开合法的协会即政党,很快就会更加引人注目。每一个有其时代根源的党最终是会胜利的。斗争只应通过合法的途径进行。"① 文章的署名是字母L,这使我们有理由认为作者就是奥托·吕宁。文章没有超出哲学共产主义范围。文章除了提出社会主义原理外,还提出一些消灭一切特权、民主建国、出版和集会自由和消灭封建关系等资产阶级民主主义要求。使作者

---

① 《威塞尔汽船》1844年第9期第34页。

的思想进程超出"真正的社会主义"思想境界的东西,主要是作者承认政治斗争和民主改革的必要性。

1844年5月22日,杂志刊登了一篇报道卡尔·格律恩从哲学共产主义立场出发作的《论真正的教育》的演讲,并表示完全同意讲演所持的观点。① 之后又刊登了若干短评赞扬吕宁。② 该杂志以后的材料表明,它已从哲学共产主义转向"真正的社会主义"了。

1843年的《曼海姆晚报》的哲学共产主义思想表现得比较明确。该晚报一度由卡尔·格律恩编辑,后来贝尔奈斯接替了他。该报的编辑赞同赫斯的《社会主义和共产主义》和《行动的哲学》两文:"赫斯在这些文章中表达了正确宝贵的思想,这些思想是会发生作用的。"③ 该报坚决反对迫害德国共产主义者④,并就布伦奇里在瑞士指控魏特林及其拥护者一事对共产主义者表示同情。⑤

从1843年底起,该报开始刊登贝尔奈斯发自巴黎的一组通讯。贝尔奈斯在这些通讯中猛烈谴责法国大资产阶级违背自己的诺言,"它建立的不是**平等而是**垄断;资产阶级完全同生来的贵族混合了;它和生来的贵族一样顽固偏执,一样力图统治。自由和自由的感情只存在于贫苦和被压迫的人们当中,而贫苦的和被压迫的人在法国只能是神甫和无产

---

① 《威塞尔汽船》1844年第9期第150—151页。
② 《威塞尔汽船》1844年第9期第152—156页。
③ 《曼海姆晚报》1843年7月27日第174号第1页。
④ 《曼海姆晚报》1843年9月14日第215号。
⑤ 《曼海姆晚报》1843年10月1日和15日第230和242号。

者。"① 贝尔奈斯以这样的精神一篇篇地写下去。② 他号召无产阶级和下层僧侣联合起来共同反对资产阶级的统治。不能不指出，他号召无产阶级与僧侣结盟，性质是反动的。他这样激烈地反对法国资产阶级，却一字不提德国资产阶级。在德国内部问题上，该报基本上维护资产阶级民主主义要求。

在该报刊登的来自洛桑的通讯中，哲学共产主义的术语和概念本身已经广泛使用。其中一篇通讯的作者激烈反对瑞士的资产阶级民主制度，把瑞士的共和制说成是资产阶级私人利益的保险组织。作者反对瑞士和北美资产者当中盛行的利己主义和宗派主义的门户之见。③ 这样，在这些短评中发挥了一些后来属于"真正的社会主义"思想范围的观点。

哲学共产主义思想在《特利尔日报》上也有反映。卡尔·格律恩在该报起领导作用，他后来是"真正的社会主义"理论家之一。在这一机关报中，哲学共产主义比在其他地方更早地获得一种反动性质，并且成了"真正的社会主义"纲领形成的理论基础。1843 年秋以前，格律恩是站在青年黑格尔派和资产阶级民主派立场上的。但从 1843 年 10 月起，他开始同意哲学共产主义的观点。他在 1843 年 10 月 16 日发自巴黎的一篇通讯中，在谈到卢格、弗雷贝尔、海尔维格和赫斯等拟合作在巴黎出版一家新的杂志时写道："卢格博士又离开了巴黎，他很快就会回来创办一份维护更崇高的民族社会主义思想的杂志。这一计划方案是与一个叫做魏特林及其同伙的粗陋的物质的共产主义相抗衡的最好方

---

① 《曼海姆晚报》1843 年 11 月 22 日第 274 号第 1079 页。
② 《曼海姆晚报》1843 年 11 月 22 日第 274 号第 1099 页。
③ 《曼海姆晚报》1843 年 11 月 23 日第 275 号第 1102 页。

案，它定会大受欢迎。"① 激烈攻击平均共产主义是所有哲学共产主义的拥护者的一大特征，该报在以后的各号中都进行了这种攻击。1843年10月13日刊登的《来自莱茵两岸》的通讯在这方面尤其突出。②

随后，格律恩和其他撰稿人开始同意赫斯在《行动的哲学》和《社会主义和共产主义》中发挥的哲学共产主义思想。格律恩向哲学共产主义过渡的证据，就是他1844年4月24日作的讲演《论真正的教育》。③ 在这里，哲学共产主义的思想是以散文的形式表现出来的。观点如下：自由的教育在于自由的个人的全部崇高力量得到表现；为了自由的个人的发展，必须有自由的公有社会；因此，可以以全部历史的准确性说，至今只有在古希腊才有过真正的教育；即便是在古希腊，这种教育也只具有相对的性质，从那以后，世界历史积累了许多学识，但真正的教育直至今日尚不存在。法国哲学家摧毁了中世纪，摧毁了与人的健全理智相违背的一切。革命在实践中，在"什么是第三等级？"这个简单问题中表达了这种新的理论。整个法国异口同声地回答说：就是市民等级！实际上，从这个时候起，新时期的真正历史，中世纪的实际崩溃开始了。法国在实际上实现的东西，德国是在思想上实行：康德好比是国民议会的活动家，费希特好比是国民公会的活动家。从六月革命期间的新的政治发动开始，比政治热情深刻许多的运动开始了。德国出现了一批勇敢的批评家，他们在摧毁着政治、宗教和社会领域中的全部旧传统，他们在破坏着一切旧教育。世界进入了崭新时期——社会主义时期。现在的问题是：什么是第四等级？人类回答说：是无产阶级。

---

① 《特利尔日报》1843年10月9日第285号。
② 《特利尔日报》1843年10月13日第279号。
③ 《特利尔日报》1844年6月11日第163号。

然而，格律恩所了解的无产阶级并不是实际存在的无产阶级。他解释道："无产阶级不仅是那些被这样称呼的人，在现代文明之下，我们全都是无产阶级，因为我们全都依赖金钱——这个现代事实上的上帝！"其次，在这篇讲演中，格律恩采取反对政治的态度。据他说，政治已经破产，既不能使社会免受贫困和罪行，也不能使妇女获得应有地位。他以真正圣西门主义精神反复咀嚼妇女在资产阶级社会中处于奴隶地位的尽人皆知的话，又以一个改宗哲学共产主义的人的全部热情反对社会上盛行的利己主义。"利己主义的毁灭是新思想的胜利。利己主义应当连根铲除。"① 他谈到新社会时写道：在新社会中，精神劳动和物质劳动都应当是有组织的，人人都应能享受自己的劳动成果。社会以及世界的一切，都要有组织有秩序。在这个调整好的社会中，真正的教育才会自行确立。②

自格律恩的小册子《论真正的教育》出版后，《特利尔日报》接连不断地宣传这位主要撰稿人的"新的"观点③。在此之前该报赞美阿·卢格、布·鲍威尔等青年黑格尔分子，现在则开始直截了当地指出德国激进派阵营发生分裂。它开始批判以鲍威尔兄弟为代表的"纯批评家"，颂扬费尔巴哈的人本主义的批判，颂扬费尔巴哈维护对人的爱，不仅把对人的爱看做是自己哲学的理论原则，而且看做是社会统一、协作的实践原则。值得指出的是，报纸编辑部模模糊糊地提出了自己的流派——哲学共产主义的实质；它力图把马克思说成是这一流派的首领。

---

① 卡·格律恩：《论真正的教育》1844年德文版第27页。
② 卡·格律恩：《论真正的教育》1844年德文版第24—25页。
③ 《特利尔日报》1844年6月11日和13日第163和165号。

它写道:"卡尔·马克思是科学发展的新因素。"① 但是,对 1844 年 6 月和 7 月《特利尔日报》的材料的分析表明:我们已经看到它从简单的哲学共产主义向资产阶级"真正的社会主义"最反动的特点过渡了。

在巴黎的德文报纸《前进报》1844 年下半年发表的许多材料中,特别是赫斯在这家报纸上发表的《问答》中,也可以看到哲学共产主义的影响。②

所以,哲学共产主义的观点不只是表现在莫·赫斯的一些著作里面,虽然他的观点在这一流派的形成方面也起了决定性作用。哲学共产主义观点广泛地表现在 40 年代初的一部分德国激进报刊以及后来成为"真正的社会主义者"的一些激进的知识分子(吕宁、贝尔奈斯、格律恩)的著作中。站在这一流派源头上的是路德维希·费尔巴哈。

哲学共产主义对于许多德国社会主义者来说是走向革命无产阶级的共产主义的过渡阶段,对于其他德国社会主义者来说则是走向"真正的社会主义"的准备阶段。

现在我们试对哲学共产主义的特征扼要地综述如下:

一、对于哲学共产主义者来说,共产主义只是哲学发展的逻辑结论。他们否认共产主义首先是社会经济发展的结果,是无产阶级革命实践的总结,因而不认真研究政治经济学、社会主义思想史和无产阶级的阶级斗争史,津津乐道于唯心主义的哲学词句。

二、哲学共产主义的特点是费尔巴哈主义和青年黑格尔主义同空想社会主义的结合,利用黑格尔和费尔巴哈的范畴来对社会制度进行批

---

① 《特利尔日报》1844 年 6 月 13 日第 165 号第 1 页。
② 《前进报》1844 年 12 月 21 日和 28 日第 202 和 204 号。

判。但哲学共产主义者力图运用黑格尔和费尔巴哈哲学特有的一系列概念（类的生活、类的人、异化、人的二重性）来分析社会生活，暴露出他们对社会发展具体进程、经济关系和规律的无知。

三、哲学共产主义者抄袭了费尔巴哈哲学（以及黑格尔哲学）最弱的、唯心主义的和与革命辩证法格格不入的东西。他们尤其突出的特点是费尔巴哈所特有的对抽象的人的迷信，用唯心主义的伦理说教和对资产阶级利己主义的道德上的谴责等等偷换了革命斗争的辩证法。

四、对于哲学共产主义者来说，共产主义不是革命无产阶级的世界观，而是一切阶级，首先是有教养阶级、"精神贵族"、知识分子的意识形态。他们无限度地强调德国有产者、有教养阶级的无私同英国资产阶级的自私相对立。

五、哲学共产主义经常强调英法空想社会主义体系的片面性，认为自己所维护的费尔巴哈主义与空想社会主义个别原理的折衷结合形式是更高的共产主义体系。他们从费尔巴哈那里借用了"人本主义"一词来称呼自己。他们特别激烈反对法国和德国革命无产者的平均共产主义。实际上，尽管某些哲学共产主义者在自己的著作中有一些正确的观点，但他们毫无疑问低于大多数英法空想社会主义者，尤其低于无产阶级平均共产主义者。

六、哲学共产主义者与"真正的社会主义者"不同，他们不否认政治活动必要性，不拒绝争取民主的革命斗争。

哲学共产主义的许多特征也是"真正的社会主义"的特征，但"真正的社会主义"又有一些新的特征。从1848年下半年起，"真正的社会主义"的特征是拒绝政治斗争，拒绝争取民主的斗争，只承认和平手段，迷信爱，认为爱是把资产阶级社会改造成社会主义社会的手段。

如果说哲学共产主义还不是某一社会阶级或阶层的社会利益的什么确定的意识形态的表现（不算人数不多的知识分子集团的模糊观点的话），那么，"真正的社会主义"一开始就是德国小市民利益的意识形态的反映。

所以，"真正的社会主义"在1844年底和1845年初特别强烈地表现出来的反动倾向，在1842—1844年上半年还没有表现出来，因而不应把哲学共产主义与之混同。哲学共产主义在一系列实质问题上都不同于"真正的社会主义"，虽然许多哲学共产主义的代表人物后来成为"真正的社会主义"的著名思想家。

马克思恩格斯与哲学共产主义的关系

在谈论"真正的社会主义"之前，必须先弄清楚：马克思恩格斯与哲学共产主义有什么关系？

1842—1844年马克思恩格斯曾在一些刊物上同哲学共产主义代表人物合作过。但他们是不是哲学共产主义代表人物呢？决不是。首先是因为他们从来不是像可以对赫斯或格律恩说的那样是完全的费尔巴哈分子。他们的一些早期著作有费尔巴哈哲学某些弱点的影响，但这些影响是暂时的、微不足道的。他们在1843—1844年成为共产主义者的同时，就站在唯物主义立场上去认识社会发展，而不像哲学共产主义者那样不能摆脱唯心主义伦理学观点。

在其他更重要的问题上，马克思恩格斯与哲学共产主义者之间横着一条分水岭。恩格斯指出过："现代社会主义，就其内容来说，首先是对统治于现代社会中的有产者和无产者之间、资本家和雇佣工人之间的阶级对立和统治于生产中的无政府状态这两个方面进行考察的结果。"①共产主义世界观的形成，在马克思那里是认真研究法英阶级斗争、阶级斗争历史，以及深入掌握和批判克服资产阶级政治经济学同时进行的。应当说，恩格斯的情况也是如此。而赫斯和格律恩的共产主义却没有超出黑格尔和费尔巴哈的哲学抽象范围，没有超出英法空想社会主义的一般立场范围。

恩格斯说："现代社会主义和任何新的学说一样，它必须首先从已有的思想材料出发，虽然它的根源深藏在物质的经济的事实中。"② 哲学共产主义通常仍然是先前思想材料的俘虏，因为他们没有找到经济和政治发展的物质根源。

马克思主义是全部以往科学思想的批判总结。这已成公理。但问题还有另外一面。马克思恩格斯的理论是作为他们同时代的民主运动和工人运动的经验总结，作为这一运动提出的根本问题的答案而产生的。他们同时代的工人运动的经验，是他们革命共产主义世界观形成的基本的决定的因素之一。

可见，马克思恩格斯从一开始从事共产主义活动起，就越来越表现为无产阶级革命者。而哲学共产主义者则是一批这样的激进知识分子，他们看不到无产阶级的世界历史作用，对当时的无产阶级共产主义运动采取轻视态度。因此，把马克思恩格斯说成是哲学共产主义者是站不住脚的。

马克思恩格斯有没有受到哲学共产主义的个别思想的影响呢？他们

---

① 《马克思恩格斯选集》第1版第3卷第404页。
② 《马克思恩格斯选集》第1版第3卷第404页。

与哲学共产主义者有没有某些共同点呢？当然，根本谈不上赫斯和格律恩对他们有什么影响。赫斯和格律恩在自己最早的著作中亲口说马克思是德国整个社会主义运动的领袖。可见，这里只可以说马克思恩格斯和哲学共产主义者是否受到什么共同的哲学来源的影响。为了回答这个问题，我们来看看马克思主义创始人自己的声明和他们最早的一些共产主义著作。

恩格斯1845年9月发表了第一篇批判"真正的社会主义者"的文章，指出德国社会主义著作的一系列严重缺点，而这些缺点也是哲学共产主义者所特有的。他写道："我自己的作品也不例外。"① 马克思在为《政治经济学批判》写的序言中谈到他和恩格斯为了反对德国哲学思想体系的见解而决定共同钻研自己的见解时补充说道："实际上是把我们从前的哲学信仰清算一下。"② 恩格斯在《路德维希·费尔巴哈》中谈到费尔巴哈在1843—1844年对他和马克思的影响时，强调说这种影响的痕迹可以明显地从《神圣家族》一书中看出。③ 恩格斯在这篇文章中指出，"超出费尔巴哈而进一步发展费尔巴哈观点的工作，是由马克思于1845年在《神圣家族》中开始的。"④《神圣家族》不仅证明费尔巴哈对马克思有很大影响，而且证明这种影响已开始得到克服，证明崭新的革命共产主义世界观的创立。恩格斯1892年在为《英国工人阶级状况》一书写的序言中写道：这本书只是现代科学共产主义的胚胎发展的一个阶段。正如人的胚胎在其发展的最初阶段还要再现出我们的祖先鱼

---

① 《马克思恩格斯全集》第1版第2卷第655页。
② 《马克思恩格斯选集》第1版第2卷第84页。
③ 《马克思恩格斯选集》第1版第4卷第218页。
④ 《马克思恩格斯选集》第1版第4卷第237页。

类的鳃弧一样，在这本书中，"到处都可以发现现代社会主义从它的祖先之一即德国古典哲学起源的痕迹。"①

从这些意见中可以清楚看出，对马克思恩格斯早期著作发生的这些影响的实质在于：黑格尔哲学，主要是费尔巴哈哲学的个别因素的影响尚未克服，这一情况在早期（1843—1844年）使马克思恩格斯同哲学共产主义相接近。这种影响在马克思身上少一些，在恩格斯身上则多一些。如果我们看了他们本人的著作，可以十分清楚地看出来。

资产阶级史学家通常援引马克思的《论犹太人问题》和《〈黑格尔法哲学批判〉导言》这两篇著作来谈论什么马克思的所谓"真正的社会主义"。我们已经指出过这种说法是荒谬的。无疑，在这两篇著作中，尤其是在《导言》中，马克思在很大程度上利用费尔巴哈的术语和某些哲学结构。例如，马克思在文章中采用费尔巴哈在《关于哲学改革的临时纲要》中关于心脏与头脑（心——法国原则，头——德国原则）之间的矛盾、关于头脑与心脏的统一，即建立法德原则的必要性原理。但是这一结构在马克思那里充满全新的内容，这些内容不仅与"真正的社会主义者"的观点相矛盾，而且与哲学共产主义者的观点相矛盾。马克思在这一著作中说工业和政治世界的关系是现代的主要问题，这就是说，他正在向历史唯物主义的基本思想接近。马克思在这里第一次宣布无产阶级的世界历史作用，向无产阶级指出掌握革命理论的必要性。这样，科学共产主义整个进一步形成的大纲在这里已经拟定了。实际上马克思在《德意志意识形态》中已经指出过这一点。他说道："由于费尔巴哈揭露了宗教世界是世俗世界的幻想（世俗世界在费尔巴哈那里仍

---

① 《马克思恩格斯选集》第1版第4卷第276页。

然不过是些词句),在德国理论面前就自然而然产生了一个费尔巴哈所没有回答的问题:人们是怎样把这些幻想'塞进自己的头脑'的?这个问题甚至为德国理论家开辟了通向唯物主义世界观的道路,这种世界观没有前提是绝对不行的,它根据经验去研究现实的物质前提,因而最先是真正批判的世界观。这一道路已在《德法年鉴》中,即在《〈黑格尔法哲学批判〉导言》和《论犹太人问题》这两篇文章中指出了。但当时由于这一切还是用哲学词句来表达的,所以那里所见到的一些习惯用的哲学术语,如'人的本质'、'类'等等,给了德国理论家们以可乘之机去不正确地理解真实的思想过程并以为这里的一切都不过是他们的穿旧了的理论外衣的翻新"。① 马克思针对青年黑格尔派以及一定程度上也针对"真正的社会主义者"而说的这一番话,一针见血地驳斥了那些竭力把马克思恩格斯同"真正的社会主义者"混同起来的资产阶级史学家。

费尔巴哈对马克思的影响多半表现在《1844年经济学哲学手稿》中,而在较小程度上表现在《神圣家族》中。在上述手稿的序言中,对费尔巴哈的崇拜表现得特别充分。例如,马克思在那里说道:"德国人对国民经济学的实证的批判,全靠费尔巴哈的发现……只是从费尔巴哈才开始了实证的人道主义的和自然主义的批判",费尔巴哈的著作"包含着真正理论革命"。②

在手稿中,马克思力图运用费尔巴哈哲学的最重要的概念,例如"异化"、"类生活"、"人——类存在物"、"完成了的自然主义"、"完

---

① 《马克思恩格斯全集》第1版第3卷第261—262页。
② 《马克思恩格斯全集》第1版第42卷第46页。

成了的人道主义"等费尔巴哈特有的概念来分析社会关系,特别是经济关系。无疑,马克思在许多场合用全新的内容充实这些哲学术语,表明一系列历史唯物主义思想已经在他那里形成。但把整个事情归纳为术语却是不正确的。在这一手稿中,在许多场合,费尔巴哈哲学的某些弱点的影响尚未克服,例如马克思说道:"人的类本质——无论是自然界,还是人的精神的、类的能力——变成人的异己的本质,变成维持他的个人生存的手段。"① 马克思下的这个定义说明,他在这里不仅是利用术语,而且利用费尔巴哈的一些概念。当马克思写到在男女关系中可以看出人在何种程度上成为对本身来说是类存在物,写到"男女之间的关系是人和人之间最自然的关系"② 时,也可以这样说。在手稿的其他一个地方批判粗陋平均共产主义时,马克思用自己新的共产主义的世界观与之抗衡,并认为共产主义"作为完成了的自然主义,等于人道主义,而作为完成了的人道主义,等于自然主义,它是人和自然界之间、人和人之间的矛盾的真正解决,是存在和本质、对象化和自我确证、自由和必然、个体和类之间的斗争的真正解决。"③

同时,在这一手稿中,马克思已经在很大程度上克服了费尔巴哈主义的影响了。这特别表现在马克思具体分析社会经济的时候。当马克思在这一著作的最后部分力图确定黑格尔辩证法中的合理因素的时候,他同费尔巴哈就有严重分歧了。

在马克思的另一著作中也还有费尔巴哈的影响,虽然马克思在这里已经超出了费尔巴哈哲学的框框。这一著作就是《神圣家族》。在这里

---

① 《马克思恩格斯全集》第1版第42卷第97页。
② 《马克思恩格斯全集》第1版第42卷第119页。
③ 《马克思恩格斯全集》第1版第42卷第120页。

仍然可以感觉到对费尔巴哈的崇拜，而新的世界观——人道主义——被马克思看做是费尔巴哈哲学同共产主义思想的结合，而共产主义思想又被确定为这一哲学的实际结论。① 马克思在1867年4月24日给恩格斯的信中也谈到过受费尔巴哈哲学的影响："在这里我又看到了《神圣家族》……我愉快而惊异地发现，对于这本书我们是问心无愧的，虽然对费尔巴哈的迷信现在给人造成一种非常滑稽的印象。"② 从整体上说，《神圣家族》标志着崭新的世界观的出现，辩证唯物主义和历史唯物主义最重要的原理已得到表达，包含有差不多已经形成的无产阶级具有世界历史作用的观点。

费尔巴哈哲学和哲学共产主义某些观点对恩格斯的影响则多得多。恩格斯在1843年5月至6月写的《伦敦来信》中说德国与英国相反，"运动的发起人不仅是有教养的人，甚至还是有学问的人"。③

恩格斯在另一篇文章《共产主义在德国的迅速进展》中强调说："到目前为止我们的力量仍然靠中等阶级，——这一事实或许会使英国读者大为吃惊，假使他们不明了德国的中等阶级远没有英国中等阶级那么自私、偏颇和愚笨（这只是因为他们不那么富有）的话。"④ 诚然，恩格斯立即补充道："但是我们希望很快就在工人阶级中找到支柱，显然不论何时何地工人阶级都应当是社会主义政党所依靠的堡垒和力量。"⑤ 德国社会主义运动主要代表是有教养的阶级这一看法使恩格斯

---

① 《马克思恩格斯全集》第1版第2卷第7、117—120、160页。
② 《马克思恩格斯全集》第1版第31卷第293页。
③ 《马克思恩格斯全集》第1版第1卷第561页。
④ 《马克思恩格斯全集》第1版第2卷第589页。
⑤ 《马克思恩格斯全集》第1版第2卷第589页。

同哲学共产主义者相接近,而这一看法恩格斯在 1843—1844 年写的文章中屡次阐述过。①

还有另外一点使恩格斯同哲学共产主义者相接近,这就是恩格斯屡次,特别是在《大陆上社会改革运动的进展》一文中强调说,德国哲学已经走到了共产主义,共产主义是青年黑格尔派哲学,特别是费尔巴哈哲学的必然产物。② 甚至在 1845 年初,恩格斯还深情地重复费尔巴哈说过的话:共产主义只不过是他的原则得出的结论和他的原则的实际应用。③

恩格斯在 1843—1844 年写的一系列著作,特别是《政治经济学批判大纲》、《英国状况。评托马斯·卡莱尔的〈过去和现在〉》、《英国状况。十八世纪》中,仍然广泛使用费尔巴哈的哲学术语,有时还有一些概念:"历史上类的发展"、"人和自然的统一"、"人只须要了解自己本身……真正依照人的方式,根据自己本性的需要,来安排世界,这样的话,他就会猜中现代的谜了"。④

这种影响在《在爱北斐特的演说》和较小程度上在《英国工人阶级状况》一书中也有表现,恩格斯本人在 1892 年为这本书的德文第二版写的序言中也指出过这一点。他专门谈到这本书的一些缺点时,说他当时过分强调这样的一个论点:斗争的最终目的在于连同资本家在内的整个社会的解放,而没有强调共产主义是一种单纯的工人阶级的党派性

---

① 《马克思恩格斯全集》第 1 版第 1 卷第 588、591—592 页。
② 《马克思恩格斯全集》第 1 版第 1 卷第 591 页。
③ 《马克思恩格斯全集》第 1 版第 2 卷第 594—595 页。
④ 《马克思恩格斯全集》第 1 版第 1 卷第 651 页。

学说。① 实质上《在爱北斐特的演说》也有这种论点。正如恩格斯公正地指出的,这种论点"在抽象的意义上是正确的,然而在实践中在大多数情况下不仅是无益的,甚至还要更坏。"② "现在也还有这样一些人,他们从不偏不倚的高高在上的观点向工人鼓吹一种凌驾于一切阶级对立和阶级斗争之上的社会主义,这些人如果不是还需要多多学习的新手,就是工人的最凶恶的敌人,披着羊皮的豺狼。"③ 正如恩格斯所说的,在制定唯物史观方面,主要的功劳属于马克思。④ 因此,恩格斯1845年4月到布鲁塞尔会见当时基本上已经形成自己的历史唯物主义理论的马克思,这对恩格斯克服过去的德国哲学和空想社会主义的某些影响,具有巨大意义。

"真正的社会主义"

确定哲学共产主义向"真正的社会主义"过渡的日期,是这方面的研究的重要问题之一。要解决这个问题,首先要听听马克思恩格斯本人的意见,他们是反对"真正的社会主义"斗争的直接参与者。恩格斯指出:"真正的社会主义"是"从1844年起在德国的'有教养的'人们中间像瘟疫一样传播开来的。"⑤ 他在1885年6月15日写给约·菲·贝克尔的信中说:"小市民社会主义在德国是从1844年开始的,在

---

① 《马克思恩格斯选集》第1版第4卷第276页。
② 《马克思恩格斯选集》第1版第4卷第276页。
③ 《马克思恩格斯选集》第1版第4卷第277页。
④ 《马克思恩格斯选集》第1版第4卷第232、237页。
⑤ 《马克思恩格斯选集》第1版第4卷第218页。

《共产党宣言》中已经受到了批判。"① 恩格斯在《傅立叶论商业》一文中也指出"真正的社会主义"出现的日期是1844年,② 而这篇文章写于1845年底,这就是说直接写于"真正的社会主义"形成为流派的时期。

那么,1844年在德国生活中有什么客观事件可以成为"真正的社会主义"开始出现的日期呢?看了1844年出版的哲学共产主义刊物,尤其是《特利尔日报》,以及"真正的社会主义者"本人的著作,就会毫不怀疑:西里西亚织工起义是"真正的社会主义"开始出现的日期。西里西亚起义震动了德国社会的所有阶层,提出了一系列德国政治和社会的发展问题,对这些问题的回答,准确地确定了"真正的社会主义"作为小资产阶级流派的社会阶级性质。

我们先看看《特利尔日报》。这是"真正的社会主义"主要报刊之一。它1844年6月19日刊登了民主派政论家贝特齐希写的一篇关于西里西亚起义的通讯。文章基调是要说明工厂主和资本家对起义并无责任。他认为爆发起义的原因是外部条件不好,并千方百计抹杀资本家与工人阶级间的尖锐对立。他攻击的矛头主要指向粗陋共产主义,认为它的理论点燃了工人仇恨厂主的烈火:"对于被压迫的工人来说,粗陋共产主义成了宗教,他们决心像殉教圣徒一样为之兴高采烈地献出生命。在彼得斯瓦尔道的工人当中流传的歌,完全浸透了共产主义的观点,他们的不幸进军的目的,他们自己说只不过是要把别人也变成'穷人'。粗陋共产主义就是这样以自己的全部否定力量表现自己,因为它竭力追

---

① 《马克思恩格斯全集》第1版第36卷第325页。
② 《马克思恩格斯全集》第1版第2卷第654页。

求的只不过是如此这般地把大家'拉平'而已。"① 作者又争辩说,共产主义理想是社会崩溃的产物,只有否定的结果,决不能奠定新的社会制度。该报6月20日发表的一篇通讯则说什么"西里西亚工人行为过火"、"道德败坏"。作者声称:精神利益同物质利益密切相关,如果给人民开辟一条通向能得到起码的物质保障的道路,人民就也会产生对教育的需求,从而产生对道德的需求。可是作者最后求助于举办慈善事业。②

6月23日该报刊登了一篇可能是格律恩的关于共产主义的文章。文章再次把批判的矛头指向粗陋共产主义的破坏作用和平均主义倾向,并专门攻击魏特林的共产主义。作者认为这类共产主义只有在严重贫困使人只想取得生存资料而把一切高尚情操丢到脑后时才会获得广泛传播,从而特别明显地表现出自己的"真正的社会主义者"的特点。作者反对资产阶级利己主义和粗陋共产主义这两种"极端",主张"劳动的组织应能保证牺牲精神和私人利益、需求和劳动这些对立的统一。"③作者提出的解决社会问题的措施,完全暴露出自己的小资产阶级庸人的立场:他提出"限制个人的利己主义",提出恢复行会制度的优点,而又不说这些优点有何不足之处。

在整个1844年下半年,《特利尔日报》一再刊登的这类性质的文章,实际上已经规定了该报作为"真正的社会主义"机关报的新方针。格律恩的许多文章,例如他1845年底写的《政治和社会主义》,已经表明西里西亚起义对于他转向"真正的社会主义"起了巨大作用。"在

---

① 《特利尔日报》1844年6月19日第171号。
② 《特利尔日报》1844年6月20日第172号。
③ 《特利尔日报》1844年6月23日第175号,1844年6月24日第176号。

1840年和今天之间有西里西亚和整个学说。我们得知，我们拥有无产阶级，懂得战斗和死亡的无产阶级。"① 在这篇文章中，格律恩猛烈攻击自由派争取宪法的斗争。"在普鲁士谁要求宪法？自由派。谁是这种自由派？是些在自己家里当老爷的人和一些这样的作家，他们或者本人拥有房子，或者眼界超不出可敬的房产主和工厂主所希望的东西……人民希望要宪法吗？做梦也没希望过……如果西里西亚的无产阶级有觉悟，如果现有的权利与这种觉悟相适应，它就应当递上反对宪法的请愿书。但无产阶级既没有这种觉悟，也没有这种权利，因此我们以他们的名义行动。我们抗议。"②

赫斯对西里西亚起义的评价和对改造社会的斗争道路的看法与此类似。他在自己纲领性文章《论我们社会中的贫困及其消除的办法》中直接对西里西亚起义表示了意见，他一方面竭力吓唬资产阶级，把西里西亚工人的起义描绘成"可怕的场面"、"无政府的骚动"，猛烈攻击"粗暴的专制主义的共产主义"，另一方面呼吁组织"教育和劳动"、"为仁爱和人性"而行动。③ 实际上这只不过是要为工人举办慈善事业而已。这样，在西里西亚起义的影响下，在赫斯、格律恩及其追随者那里，在哲学共产主义者原有的东西上面又出现了某些新思想，从而确定了"真正的社会主义"的出现。

"真正的社会主义者"积极参加了资产阶级自由反对派吵吵闹闹地掀起的建立"工人阶级生活改善协会"的运动。封建政府党竭力利用工人的不满，资助兴办慈善事业以讨好工人，利用工人向自由资产阶级

---

① 《莱茵年鉴》1845年第1卷第99页。
② 《莱茵年鉴》1845年第1卷第98、100页。
③ 《德国公民手册》1845年达姆斯塔德德文版第22—48页。

施加压力；而资产阶级则为了利用工人反对政府，以牟取若干政治让步而竭力扮演工人阶级朋友的角色，参与举办上述协会，甚至使用"组织劳动"这类模糊不清的"社会主义"词句等等。而"真正的社会主义者"赫斯和格律恩却拿这些词句当真，急忙把这些社会主义虚幻的朋友列入自己的拥护者之中。这在赫斯1844年7月3日给马克思的信里表现得特别明显。"新的社会主义者到处都在出现，特别重要的是，哲学的党颇得人心。不久前我向您描述过的社会主义在德国传播的情况，您现在可以从德国的报刊上看到，我并没有夸大。西里西亚的骚动也促进了这一情况的发生。在很短的时间内，整个有教养的德国就会成为社会主义的，我指的是共产主义的。《特利尔日报》在维护自己正统的傅立叶主义时，也开始维护我们的方针。但这家报纸没有什么编辑部。因此，不应该说是它本身，而应该说是它的通讯员们。格律恩变得越来越好，他在德国报刊上宣传我们的方针方面有很大功劳……现在，所有以前的哲学上的激进派都好像成了社会主义的激进派。"①

科伦的格·荣克（他的观点接近于"真正的社会主义者"）也有这类反应。他1844年6月26日给马克思写信说道："到处都越来越同情暴动的织工。如果什么地方有人诽谤、臭骂这一起义，那么这样的人多半是死心塌地的政府官员，而根本不是资本家，不是资产者……您现在可以看到，《科伦日报》比任何时候的《莱茵报》有更多的共产主义。该报甚至发起为西里西亚织工认捐。"②

在革命前的德国，反对派的情绪在增长，他们有时还用些"社会主

---

① 见苏共中央马克思列宁主义研究院档案。
② 见苏共中央马克思列宁主义研究院档案。

义的"色彩打扮一下。在这种情况下，一部分资产阶级的和小资产阶级的知识分子靠拢"真正的社会主义者"是不奇怪的。恩格斯曾说过"真正的社会主义"是商人和文人向社会主义献媚的一种企图。"但正是在德国，这是一些最危险的人物，所以马克思和我从1845年起就不断地同他们进行斗争。"①

同时应当指出，在"工人阶级生活改善协会"内部，特别是在制定协会章程时，资产阶级自由派分子（康普豪森等）与小资产阶级民主派代表人物和力求把这些协会组织得较为民主的激进知识分子之间，很快就开展了斗争。"真正的社会主义"积极参与这一左翼的活动，开始提出一系列的社会要求，这些要求明白无误地表明了这一流派的小资产阶级性质。例如，格·荣克1844年11月10日在科伦协会成立大会上发言，激烈反对用"工人阶级生活改善协会"的名称，认为这一名称是"不正确的、侮辱人的和不实际的"，之所以不正确，是因为协会的组织者本人都是劳动者（显然，他把科伦商会的代表康普豪森、资本家鲁道夫·施拉姆以及其他资产者和资产阶级知识分子都算作劳动者了）；之所以侮辱人，是因为这个名称假定有两个阶级——施庇护的阶级和受庇护的阶级，似乎要使贫富之间的壁垒永存（但改变了名称，情况就会有什么改变吗？）；之所以不实际，是因为只有通过所有的阶级无一例外地共同进行创造性活动，只有通过相互援助和建立完全的政治平等，社会问题才能得到解决。②

---

① 《马克思恩格斯全集》第1版第36卷第332页。
② C.B.卡恩：《西里西亚织工的两次起义》1948年俄文版第226、384—385页，又见《莱茵年鉴》1845年第1卷第228页。

显然这是小资产阶级的立场，虽然格·荣克像其他一些"真正的社会主义者"一样，自称是马克思的友人和战友。但这些社会主义者在上述协会中同自由派论战时维护比较民主的立场，这也是毋庸置疑的；这不仅反映出自由派反对派和民主派反对派之间的分裂的加剧，而且也反映出资产阶级和小资产阶级间经济矛盾的增长。

这样，在西里西亚起义之后，"真正的社会主义"作为小资产阶级流派的社会立场就更加清楚地确定下来了。到这个时候，"真正的社会主义"观点的体系完全形成了。"真正的社会主义"除了具有哲学共产主义的那些已经开始获得讨厌的反动的性质的基本特征之外，又具有某些新的特征。它具有什么新的特征呢？

一、不要政治活动，不要进行争取民主自由的斗争。不承认政治活动的必要性是多数"真正的社会主义"的特征，当时德国正处于民主革命的前夜，这种特征也就使这一流派具有反动的性质。格律恩及其许多支持者都著文否定争取宪法自由和报刊自由的必要性，把争取社会改造的斗争同政治活动对立起来。实际上许多"真正的社会主义者"不得不违背自己的理论而从事政治活动，加入民主主义一翼。吕宁领导的一群"真正的社会主义者"在理论上不拒绝政治活动，但他们大力宣传的英雄人物却是法国小资产阶级社会主义者和改良派民主主义者路易·勃朗。

二、批评自由派，但不是从无产阶级的立场出发，而是从反动的庸人的立场出发。马克思恩格斯曾引用过"真正的社会主义者"泽米希向无产阶级所说的话："不要支持它的意图和斗争……让它单独去斗争吧。它的一切打算……都只是为了自己的利益。然而首先是永远不要参加政治革命，因为这种革命常常是心怀不满的少数人发动的，他们贪图权力，企图推翻现存政权，把它掌握在自己手里！"① 恩格斯对此公正地指出，泽米希具有领受萨克森王国政府的感谢的合法权利。另一个"真正的社会主义者"吕宁则问资产阶级这样的一个问题：政治自由是否与幸福要求相适应。他写道："我也向你们这些殷实的资产者呼吁，向你们这些大都自诩是自由派的有产者呼吁；我不是向你们当中知道你们的整个自由主义不会给人民带来利益，而只会确立你们自由的统治的人呼吁，而是向你们当中仍真诚地相信人民似乎可以靠政治改革获得幸福的人呼吁。请你们毫无仇恨和成见地好好想想我的话；我坚信，随着时间的推移，你们当中的一些人将会在我们的旗帜下受到欢迎。"②

三、爱和博爱。自私、利己和孤独应为爱和博爱所取代。③ 哲学共产主义者，特别是赫斯，已经用爱与利己主义抗衡。但这在当时还不是像在"真正的社会主义者"那里那样，成了流派的一个基本原则。现在，在"真正的社会主义者"那里，爱成了改造资产阶级社会的一个基本手段。例如赫斯写道："彼此相爱，在心灵中寻求一致吧，这样，你们就会在自己的心中拥有一种长久以来徒然地到自身之外，到上帝那里寻找的幸福感。在现实中组织起来，团结起来吧，这样，你们就会在自己的行动和创造中拥有一切长久以来徒然地到自身之外，到金钱之中寻找的力量。但是，只要你们不努力发展自己的本性，只要你们竭力追

---

① 《马克思恩格斯全集》第1版第3卷第661页。
② 吕宁：《政治和社会主义》，见《人民手册》1845年德文版第2卷第3—4页。
③ 吕宁：《政治和社会主义》，见《人民手册》1845年德文版第2卷第27—28页。

求的不是人的实质而是超人的和非人的实质,你们就会一直是超人和非人。"① 这是一种新的宗教,马克思恩格斯批判过的那种爱的宗教。这种对爱的颂扬,我们不仅在赫斯和格律恩的著作中可以看到,而且在亨·克利盖的文章中可以看到。

四、拒绝坚决的革命斗争,代之以和睦和博爱的多情善感的伦理说教,并且向有产阶级宣传这种说教。他们不能坚持一贯的党派立场。他们敌视共产主义内部的任何争论,处处采取无原则的调和主义态度。

五、把模糊不清的世界主义同独特的民族主义奇特地结合起来,马克思恩格斯在《德意志意识形态》中就曾尖锐地批判过这一点。赫斯和格律恩等人一方面断言民族、民族性是已经克服了的东西,是偏见;另一方面又声明似乎德国人从未追求过自私的民族利益,德国人超然站在民族利益之上,能够为全人类利益服务等等。正如马克思在《德意志意识形态》中强调,这些词句实际上掩盖着当时德国民族发展的落后性。

六、"真正的社会主义者"还有同俄国民粹派一样的特征:设想某一国家可以避免某一社会经济发展阶段。吕宁说道:"我们的外部条件虽然不好,但我们在精神方面同法国处于同一水平。在法国由于理论上尚未完成而实际上只带来不成熟果实的东西,在德国由于我们的参与而最终在理论上得到完成了。因此,我们省却了要走漫长的实际的道路。"② 格律恩则断言,德国不应重复法国的历史;德国拥有科学和哲学,据说可以使德国避免法国的错误。不应走迂回曲折的道路,其他国家的经验可以使人避免走这种道路。③

---

① 《德国公民手册》1845年达姆斯塔德德文版第38—39页。
② 卡尔·格律恩编:《新轶文集》1845年达姆斯塔德德文版第82—83页。
③ 《莱茵年鉴》1845年第1卷德文版第136页。

虽然"真正的社会主义"最初出现的日期是1844年下半年（在西里西亚起义之后），但这一流派的完全形成是在1845—1846年，是在它拥有诸如《社会明镜》、《德国公民手册》、《特利尔日报》、《莱茵年鉴》、《威斯特伐利亚汽船报》、《新轶文集》等许多报刊和文集的时候。这一流派内部并不一致，它分裂成集合在某一报刊周围的许多个小集团。但所有这些小集团都有着共同的特征，规定着整个流派的统一的性质。

在研究"真正的社会主义"史和它的代表人物的活动时，会发现一个乍一看十分奇怪的现象。"真正的社会主义"许多著名人物违背自己反对政治活动的"理论"，积极参与革命前德国的整个反对派的运动。在1848—1849年德国革命期间，差不多所有著名的"真正的社会主义者"都完全抛弃了自己的理论而成了德国小资产阶级民主运动的领袖。格律恩在普鲁士国民议会中属于极左派；克利盖是民主派中央委员会成员，吕宁、雷姆佩尔、泽米希领导地方上的民主派。为了理解这一事实，应当看看列宁对这一流派所作的某些评述。

列宁写道："1844年德国外省的社会生活，正与20世纪初期1905年革命前俄国社会生活相似。大家争先恐后地参加政治运动，大家充满了反对政府的愤恨情绪……普遍的反对情绪表现在大家都以共产主义者自居……在德国，当时人人都是共产主义者，唯有无产阶级除外。当时共产主义是大家，特别是资产阶级表示的反对情绪的一种方式……当时共产主义的主要宣传者，是同我国民粹派、'社会革命党人'、'人民社会主义者'等等相仿佛的人物，也就是说，实际上是一些善意的资产者,至少有些痛恨政府的人。"① 恩格斯1890年指出:1848年的革命风暴使"这一流派的代表人物再也没有兴趣拿社会主义来投机了"。② 马克思恩格斯指出:克利盖的华丽词句无非是用以粉饰资产阶级民主主义的要求,例如土地国有化和平分土地的要求而已。③ 列宁经常把德国"真正的社会主义者"同俄国民粹派和社会革命党人相提并论,而民粹派和社会革命党人的特征正是用市侩社会主义掩饰资产阶级民主改革。"克利盖在1846年鼓吹美国的平分土地,马克思嘲笑过这种冒充社会主义的社会革命党人的偏见和市侩的理论。"④ "'真正的社会主义者'有点像和平主义的拉甫罗夫分子,他们是半文化工作者、非革命者、是奇谈怪论和抽象说教的英雄。"⑤ 列宁谈论19世纪40年代马克思以前的空想社会主义流派时写道:"当时占统治地位的,是那些基本上与我国民粹派相似的社会主义派别:它们不懂历史运动的唯物基础,不会指出资本主义社会中每个阶级的作用和意义,而用各种貌似社会主义的什么'人民'、'正义'、'权利'等辞句来掩盖各种民主改革的资产阶级实质。"⑥

普列汉诺夫也不止一次地把俄国的民粹派叫做俄国的"真正的社会主义者"。他在1895年2月20日给恩格斯的信中写道:"我国的真正的

---

① 《列宁全集》第1版第19卷第559—560页。
② 《马克思恩格斯选集》第1版第1卷第280页。
③ 《马克思恩格斯选集》第1版第1卷第91—94页。
④ 《列宁全集》第1版第13卷第254页。
⑤ 《列宁全集》第1版第10卷第437页。
⑥ 《列宁全集》第1版第18卷第581页。

社会主义者是相当反动的人"①，他在另一封写给恩格斯的信中谈到《共产党宣言》关于德国真正的社会主义一节包含有对某一民粹派著作的"最好的批判"。② 而恩格斯在回信中对此并无异议。

"真正的社会主义"和民粹主义虽有某种相似之处，但不能因此抹杀两者之间的重大差别。它们分处两个时代，它们的哲学来源和社会政治纲领都不相同。但它们的主要差别在于，民粹派是农民民主意向的表达者，"真正的社会主义者"是德国小市民的思想家，而德国小市民的特性是意志薄弱、庸俗狭隘、动摇不定和胆小怯懦。但比较它们之间的某种相似之处，可以说明"真正的社会主义"本身内部出现的矛盾的原因，可以说明它在革命前德国的整个反对派运动中的地位，可以说明马克思恩格斯还在1848年革命前就对这类思想家进行的坚决的批判。

马克思恩格斯反对"真正的社会主义"的斗争阶段

"真正的社会主义"并不是一下子形成为统一的完整的流派。马克思恩格斯本人的观点在1844—1847年也还处在形成过程中。马克思主义创始人反对"真正的社会主义"的斗争因此经历过某些阶段。第一阶段从1845年7月起至1846年底。第二阶段是1847年。过去通常把斗争的开始日期定为1845年底，事实上应该是从1845年夏开始。从格律恩1845年9月1日致赫斯的信可以看出，马克思恩格斯在1845年夏给赫斯的信中就激烈批判格律恩的主张，把格律恩叫做竭力靠哲学上的

---

① 《普列汉诺夫遗著》1940年俄文版第8卷第270页。
② 《普列汉诺夫遗著》1940年俄文版第8卷第275页。

投机来给自己挣些"小钱"的"工厂主"和"生意人",指出格律恩在巴黎以正义者同盟盟员身份进行的宣传活动是有害的。① 从正义者同盟巴黎区部领导人艾韦贝克1845年8月31日给马克思的信,以及赫斯1845年9月1日给格律恩的信可以明显看出,马克思要求艾韦贝克在巴黎德国工人中反对格律恩的有害于共产主义的宣传。②

记载着马克思恩格斯反对"真正的社会主义"斗争的第一阶段的著作是:恩格斯的《傅立叶论商业》和《在伦敦举行的各族人民庆祝大会》,马克思恩格斯的《反克利盖通告》和《德意志意识形态》。这第一阶段斗争的特点是尚把"真正的社会主义"作为德国统一的共产主义运动的组成部分加以批判。马克思在1846年12月28日给安年科夫的信中说道:"至于我们自己的党……德国共产党内有相当大的一部分党员由于我反对他们的空想和浮夸而生我的气。"③

恩格斯在上述两篇文章中,对"真正的社会主义"的批判尚不激烈,批判的内容无非是:在德国,一批投机分子开始把共产主义弄得庸俗起来;他们力图用空谈哲理和轻视前辈的办法来掩饰自己的落后无知,把法国社会主义思想同法国具体历史条件割裂起来,把这些思想译成黑格尔的逻辑和费尔巴哈的哲学语言,并把这种新的大智大睿捧为"真正的德国的理论";他们不是直接地,而是经过第三手了解英法社会主义学说,从中不是取得最好的东西——对现存社会的批评,而是取得最坏的东西——空想的规划。"因此,德国的'绝对的社会主义'真是可怜得怕人。稍微谈谈现在大家都乐于挂在嘴上的'人性',稍微谈

---

① 见苏共中央马克思列宁主义研究院档案。
② 见苏共中央马克思列宁主义研究院档案。
③ 《马克思恩格斯全集》第1版第27卷第488页。

谈这种人性或者宁可说是兽性的'实现',按照蒲鲁东那样……稍微谈一下财产,稍微为无产阶级悲叹几声,稍微谈一下劳动组织,多少组织几个改善下层阶级人民状况的可怜团体,而实际上对于政治经济学和现实的社会状况却茫然无知,这种'社会主义'整个就归结为这几点。而这种社会主义,由于自己在理论领域中没有党性,由于自己的'思想绝对平静'而丧失了最后一滴血、最后一点精神力量。可是人们却想用这些空话使德国革命,去推动无产阶级并促使群众去思考和行动!"①恩格斯在这里主要是责难"真正的社会主义者"没有革命性和党性,用温情脉脉的伦理说教代替革命斗争和党派斗争。对"真正的社会主义"的这种批判也包含有对它的直接先驱——哲学共产主义的批判。1846年由于马克思恩格斯建立无产阶级共产主义政党的一些最初措施得到实现,他们反对"真正的社会主义"的斗争加强了。在1846年3月30日的布鲁塞尔共产主义通讯委员会会议上同魏特林决裂时,马克思恩格斯就提出必须开展反对"市侩共产主义",即"哲学共产主义"的斗争。②《反克利盖通告》也贯穿了这一精神,谴责"真正的社会主义者"克利盖损害共产主义政党的声誉,谴责他把共产主义归结为爱,把共产主义变为新的宗教,谴责他给资产阶级民主主义土地改革运动披上争取共产主义斗争的外衣。③

《反克利盖通告》和《德意志意识形态》实际上标志着马克思恩格斯开始同"真正的社会主义者"决裂。《德意志意识形态》强调"真正

---

① 《马克思恩格斯全集》第1版第2卷第658—659页。
② 魏特林致赫斯(1846年3月13日),见苏共中央马克思列宁主义研究院档案。
③ 《马克思恩格斯选集》第1版第1卷第86—102页。

的社会主义者"把怯懦软弱、毫无骨气引进德国年轻的共产主义运动，给运动造成很大的损害；他们不是诉诸无产阶级，而是诉诸具有善意幻想的小资产者及其思想家，诉诸哲学和哲学学徒；力图在共产主义和占统治地位的观念之间建立妥协。马克思恩格斯强调，从真正的共产主义政党建立之日起，"真正的社会主义者"就不得不在共产主义运动之外，在小资产者和潦倒堕落的知识分子当中寻找支持者。《德意志意识形态》标志着马克思恩格斯反对"真正社会主义"斗争的第一阶段的结束。

由于马克思恩格斯坚决同"真正的社会主义"进行斗争，这一流派的最进步的分子在这一阶段就转到革命共产主义的立场上来，如魏德迈、德朗克、沃尔弗、弗莱里格拉特、沙佩尔、莫尔、鲍威尔、艾韦贝克以及伦敦和巴黎等地的许多正义者同盟盟员。魏德迈在1846年8月19日给马克思的信中，对马克思反对"真正的社会主义"的斗争表示了声援。[1] 甚至"真正的社会主义"思想家赫斯也承认马克思恩格斯的批判是公正的。他在1846年7月18日给马克思的信中说道："我完全同意你对共产主义著作界的看法"，"现在必须论证共产主义的追求的历史前提和经济前提，否则不能铲除所谓的'社会主义者'，不能铲除一切花朵的敌人"。[2] 赫斯虽然很快加入了共产主义者同盟，晚年又加入社会民主党，但他始终不能克服小资产阶级唯心主义伦理观点。

从1847年起开始斗争的第二阶段。在这一阶段，马克思恩格斯把"真正的社会主义"看做是处于德国共产主义运动之外的一个流派。他

---

[1] 见苏共中央马克思列宁主义研究院档案。
[2] 见苏共中央马克思列宁主义研究院档案。

们在《〈莱茵观察家〉的共产主义》、《德国的制宪问题》、《诗歌散文中的德国社会主义》中把"真正的社会主义"描述为客观上反动的一个流派,认为它已变成专制主义用以反对自由资产阶级的得意工具。他们号召共产主义者同"真正社会主义者"划清界限,不替这些人的"反动行为和欲望"承担责任。①

马克思恩格斯在《共产党宣言》中总结了自己以前对"真正的社会主义"的批判,并对它作出最终的判决。他们把它评定为代表德国小市民的反动利益的小资产阶级流派。② 1848年革命风暴把这一流派吹得烟消云散。在革命期间,这一流派思想家完全抛弃了自己的理论,忘记了自己的"社会主义",完全加入了民主主义资产阶级行列。

(原载《马克思主义的形成和发展史论丛》1959年莫斯科版)
(胡文建 译)

---

① 《马克思恩格斯全集》第1版第4卷第48页。
② 《马克思恩格斯选集》第1版第1卷第279页。

恩格斯后期著作中的民主与社会主义*

〔德〕蕾·默克尔－梅利斯

恩格斯诞辰175周年和逝世100周年是这次纪念活动的起因。25年前，即1970年11月，作者在莫斯科和喀山的一次巡回报告谈的是"关于恩格斯的社会主义观点及其在德意志民主共和国的实现"。报告认为，在德意志民主共和国民主已在宪法中被确定下来，人们对1968年的宪法草案所开展的广泛讨论反映出民主已付诸行动。15年后——1985年——在当时的德国统一社会党中央委员会马列主义研究院马恩室，为恩格斯纪念日安排了一次题为"恩格斯与社会主义"的演讲。演讲论及了各种问题；而民主的问题并不是人们强调的重点。这是从我本人的亲身经历中随意举出的两个例子，它们反映出有代表性的东西：在"现实的社会主义"道路上，我们日益忽视民主。因此，我们应该承认，过去对马克思和恩格斯著作的整理利用首先是为政治目的服务的。然而同时必须肯定：在这一工作中也出现了具有永久意义的学术成果。

那么，应该如何去理解马克思和恩格斯呢？答案只能是：只有结合

---

* 本文选自《马克思恩格斯列宁斯大林研究》1997年第4辑。

他们所处的历史和思想史背景去理解。而这并不意味着他们没有作出过任何对当前有用的论述。

正是因为这样，在关于社会主义思想史的讨论中，民主问题引起了人们的特殊兴趣。乌拉·普莱纳最近在一篇文章中分析认为，民主问题是马克思诠释者卡尔·考茨基的主要不足之处。① 考茨基还曾经向恩格斯求教过。我们如能追根溯源并对马克思和恩格斯本人的观点作进一步的研究，也许会有助于我们更好地理解考茨基和其他晚些时候的马克思诠释者的观点。下面的论述可以说是这次讨论的内容梗概。

如果我们的研究是从恩格斯所处的历史和思想史背景出发的，那么首先必须看到：19世纪工人运动高涨，这一运动争取实现一种保障个人的彻底解放和发展的社会，这种社会便是《共产党宣言》中人致描绘的"联合体，在那里，每个人的自由发展是一切人的自由发展的条件"。② 实现这一点是19世纪工人运动的历史使命。恩格斯对工人阶级的支持决定了他看问题的角度；他的角度因而就是社会主义的角度。

那么从这个角度出发，他所认为的民主与社会主义的关系是怎样的呢？这里我们不能要求连贯地进行理论史的阐释，下面只能选出几个例子来概述这个问题的两个方面：向社会主义过渡阶段的民主和社会主义时期的民主。民主运动与社会主义运动的关系是一个独立的题目，这里不作研究。

首先应该明确的是，两者的关系在一定的历史经验影响下是变化的。下面思考的对象是1871年巴黎公社之后的时期。就向社会主义过

---

① 乌拉·普莱纳：《马克思诠释者考茨基的主要不足：民主问题》，载德国《工人运动史论丛》杂志1995年第2期。

② 《马克思恩格斯选集》第2版第1卷第294页。

渡阶段的民主这一看法而言，有三个要点：

第一，布朗基派公社流亡者自称为共产主义者，因为他们打算跳过中间站直接达到目的，1874年恩格斯在分析他们的纲领时着重指出："德国共产主义者所以是共产主义者，是因为他们通过一切不是由他们而是由历史发展进程造成的中间站和妥协，始终清楚地瞄准和追求最后目的：消灭阶级和建立不再有土地私有制和生产资料私有制的社会制度。"①

承认必要的中间站和妥协，是由巴黎公社失败所证实的结论。恩格斯的论述是对1848年的设想的进一步发展，因此，支持民主斗争的工人阶级必须保持他们在这一斗争中的独立性，因为他们的真正目的是继续进行斗争。同时，这段论述包含着一个新的观点：与1848年以及其他时期不同，公社失败后在资产阶级国家范围内出现了要开展更长期的斗争的必要性。马克思和恩格斯认为最有可能开展这一斗争的是德国，因为欧洲工人运动的重心已经转移到德国。在这里，在反社会党人法的条件下只剩下普选权和帝国国会的讲坛。利用这些民主机构并且同时不失去社会主义的目标，这是德国社会民主党必须承担的复杂的历史任务。

然而，这些条件决定性地影响了德国社会民主党居于领导地位的代表人物对民主的理解，在以后的一段时间里也是如此，这些条件还可能使得社会民主党的政治集中到以普选权为基础的议会制的政治形式上。这里要说社会民主党被削弱并指责它忽略了经济学领域，那对德国社会

---

① 《马克思恩格斯选集》第2版第3卷第248—249页。

民主党人所作出的功绩来说是不太公平的。① 社会民主党的议员也利用了他们在帝国议会中的活动来实施社会改革立法领域中的重大措施,从而帮助改善工人的社会状况。②

第二,恩格斯认为,民主共和国是向工人阶级提供最好的斗争条件的国家形式,但这不是他们的真正目的。在1883年8月27日写给爱德华·伯恩施坦的信中,他明确指出,资产阶级和无产阶级之间的斗争只有在资产阶级共和国里才能进行到底。因此,在德国"革命的第一个直接结果,按其形式来说,同样只能是而且一定是一个资产阶级共和国"③。不过,恩格斯仅仅把这个资产阶级共和国看做是一到两年的短暂过渡阶段。而他同时又警告人们,不要把革命想象成一夜之间就能解决的事情。

恩格斯在1884年3月24日写给伯恩施坦的信中也强调了民主的形式对于无产阶级掌握政权的必要性。但是他认为这一形式只是一种手段。如果有人要把民主看成目的,那他就必然要依靠农民和小资产者。他把民主共和国描述为"资产阶级统治的彻底的形式",同时也是"资产阶级统治的最后形式:资产阶级统治将在这种形式下走向灭亡"。④ 这里显示出恩格斯的短视,这种短视也表明恩格斯低估了资产阶级社会

---

① 参看乌拉·普莱纳:《马克思诠释者考茨基的主要不足:民主问题》,载德国《工人运动史论丛》杂志1995年第2期第35页。

② 甚至俾斯麦也承认了这一点。1884年11月26日,他在帝国国会中声明:"如果没有社会民主党,如果不是有一大批人害怕它,我们迄今在社会改革中已取得的适度进步,也就不会存在。"(《关于帝国国会协商的速记报告。第Ⅵ立法团任期。1884—1885年第Ⅰ次会议》1885年柏林版第1卷第25页)

③ 《马克思恩格斯全集》第1版第36卷第56页。

④ 《马克思恩格斯全集》第1版第36卷第131页。

中正在形成的民主一体化力量。

恩格斯在他1884年12月11—12日写给奥古斯特·倍倍尔的信中阐述了另一个观点：资产阶级民主在革命中也可以作为运动的右翼起作用。倍倍尔发表意见认为，资产阶级极端主义在德国已经消亡。基于阶级对立已经明显形成，在德国根本不可能有一个资产阶级——极端主义的中间站，小资产阶级的法国也许会有这样的中间站。① 恩格斯反对他的意见。"纯粹民主派"在德国所起的作用比起它在工业发展较早的国家中所起的作用要差得多。联系1848—1849年法兰克福国民议会的经验，他指出，民主派在革命关头在一定程度上可能作为反动势力的聚集地，"作为整个资产阶级经济甚至封建经济的最后一个救生锚，在短时间内暂时起作用"②。

第三，德国社会民主党在选举中不断扩大的成果第一次表明，在议会制道路上获得多数具有实际的可能性。德国社会主义工人党的选票数量以令人吃惊的方式增长着。③ 特别是在1890年以后，恩格斯在这个问题上表现出以下路线：在批判1891年的爱尔福特纲领草案时，他强调，工人阶级只有在民主共和国这种形式下才能取得统治，他把民主共和国

---

① 参看1884年11月24日奥古斯特·倍倍尔致弗里德里希·恩格斯的信，见维尔纳·布卢门贝格编：《奥古斯特·倍倍尔与弗里德里希·恩格斯的通信》1965年伦敦、海牙、巴黎版第198—199页。

② 《马克思恩格斯全集》第1版第36卷第252页。

③ 实行反社会党人法后，选票从1878年的437158张下降到1881年的311961张。此后，1884年社会主义工人党获得549990张选票，1887年763128张，1890年1427298张，1893年1786738张。(《1867年至1907年的帝国国会选举。由弗里茨·施佩希特和保尔·施瓦贝修订的增补版补遗》1908年柏林版第318—319页)

称为"无产阶级专政的特殊形式"①。这似乎进一步降低了对民主共和国的设想；界限被混淆了。

恩格斯在以后几年中多次表示，他期望通过社会民主党在选举中的胜利很快接管政权。1891年他这样认为，这个时间能够像数学那样准确地计算出来了。②根据1893年帝国国会的选举情况，他认为这个时间是五到十年，即临近世纪末；③根据成功的选举过程，他认为，如果党今后像现在这样继续发展，它在1900—1910年间将拥有多数④。这期间他写信给保尔·拉法格，吸取了1848—1849年革命中的一种观念："……在德国，资产阶级政党如此破产，以致我们可以从君主制直接过渡到社会共和国。"⑤

恩格斯在90年代讨论通往社会主义的和平道路的可能性时强调，这并不意味着放弃革命权。他在爱尔福特纲领批判中写道："可以设想，在人民代议机关把一切权力集中在自己手里、只要取得大多数人民的支持就能够按照宪法随意办事的国家里，旧社会可能和平地长入新社会。"⑥在这里他提到法国和美国那样的民主共和国，英国那样的君主国。在具有半专制政治制度的德意志帝国，必须用暴力炸毁旧壳。当1895年恩格斯在为马克思的《法兰西阶级斗争》写的导言中分析变化了的无产阶级斗争的条件时，根据德国社会民主党持续不断、显然不可

---

① 《马克思恩格斯全集》第1版第22卷第274页。
② 参看《马克思恩格斯全集》第1版第22卷第290页。
③ 《马克思恩格斯全集》第1版第22卷第629、630页。
④ 《马克思恩格斯全集》第1版第22卷第636页。
⑤ 《马克思恩格斯全集》第1版第39卷第88页。
⑥ 《马克思恩格斯全集》第1版第22卷第273页。

阻挡的发展，断言统治集团害怕工人阶级的合法行动更甚于害怕工人阶级的不合法行动："世界历史的讽刺把一切都颠倒了过来。我们是'革命者'、'颠覆者'，但是我们用合法手段却比用不合法手段和用颠覆的办法获得的成就要多得多。"① 在这里他也强调说："不言而喻，我们的外国同志们没有放弃自己的革命权。须知革命权总是唯一的真正'历史权利'……"②

恩格斯所理解的社会主义时期的民主是什么？探讨这个问题需要两点说明。其一：恩格斯当时没有面临社会主义时期政治多元化意义上的民主如何运作的问题。当时没有任何关于在无产阶级接管政权之后应该怎样对待资产阶级政党的思考。他和马克思一样，严格拒绝对社会主义的未来作任何进一步的发挥。相反，他们有过较快地调和阶级对立的想法。

其二，他没有把"民主"这个术语用于社会主义社会的职能体制。民主对他而言是资产阶级社会的一个范畴。因此，他将"消除整个国家因而也消除民主"③ 称作是社会民主党在政治上的最终目的。这并不排除他曾高度评价资产阶级民主的成就。④ 他认为，社会主义社会是生产者自己决定并安排自己的生活。他通过列举法国、荷兰和美国的历史经验使这一思想具体化了。

1871年的巴黎公社在其短暂的存在期间第一次显示出发展直接民主形式的可能性和必要性。恩格斯在他为马克思的《法兰西内战》写

---

① 《马克思恩格斯选集》第2版第4卷第524页。
② 《马克思恩格斯选集》第2版第4卷第522页。
③ 《马克思恩格斯全集》第1版第22卷第490页。
④ 参看《马克思恩格斯选集》第2版第4卷第711页。

的导言中分析巴黎公社的活动时指出,工人阶级成为资产阶级民主的代言人:他们规定实行共和派资产阶级由于怯懦才不敢实行的、然而却是工人自由行动所必需的那些改革。① 但他首先强调了公社新的积极方面,即对资产阶级使用暴力同人民自治相结合。恩格斯在1875年3月18—28日写给奥古斯特·倍倍尔的信中批判了哥达纲领草案,在分析"自由的人民国家"时使用了"公团"② 这个概念。在爱尔福特纲领批判中他谈到,从1792年到1798年法国的每个省、每个市镇,都有"美国式的完全的自治权",他接着写道:"这是我们也应该有的"。③ 就这一纲领他详细阐释:"'省、专区和市镇通过由普选权选出的官吏实行完全的自治。取消由国家任命的一切地方的和省的政权机关。'"④

荷兰在16—18世纪没有经历过君主专制政体并因而保存了地方自治与省的自治的残余,恩格斯以荷兰为例指出,这里一有些变化,"劳动人民就能够在这里建立起自由的自治,而这种自治在变革生产方式时应当是我们的最好武器"⑤。这个民主概念超越了资产阶级民主。显然,恩格斯始终在思考,对资产阶级使用暴力怎样才能与人民自治相协调的问题。在当时不可能较深入地探讨一个工人国家的未来自治问题。

不过我们必须证明恩格斯深远的预见——这同样是一个新的观点——因为他指出了无产阶级国家自主化的危险。他是这样阐述的:为了防止国家及其机关由社会公仆变为社会主人,公社采取了两个可靠的

---

① 《马克思恩格斯选集》第2版第3卷第8页。
② 《马克思恩格斯全集》第1版第34卷第123页。
③ 《马克思恩格斯全集》第1版第22卷第276页。
④ 《马克思恩格斯全集》第1版第22卷第276—277页。
⑤ 《马克思恩格斯全集》第1版第36卷第425页。

办法：公务员通过选举产生，有述职义务，可予以撤换，他们的薪金与所有其他工人的一样，最高薪金为6000法郎。①

如果将恩格斯在巴黎公社之后有关民主与社会主义的观点概括一下，便出现了下列思想：通向建立社会主义——"联合体"意义上的一种新的社会制度——的道路需经过充分发扬和利用民主。对于以社会主义为目标的社会改造来说，劳动人民的自治是重要组成部分。社会改造的成果取决于参加者的范围和态度。那么让我们再次引用恩格斯本人的话："凡是要把社会组织完全加以改造的地方，群众自己就一定要参加进去，自己就一定要弄明白这为的是什么……"②

（原载德国《工人运动史论丛》杂志1996年第2期）

（张红 译）

---

① 参看《马克思恩格斯选集》第2版第3卷第12—13页。
② 《马克思恩格斯选集》第2版第4卷第521页。

恩格斯：从一种社会主义到另一种社会主义[*]

〔法〕托尼·安德烈阿尼

托尼·安德烈阿尼是国际马克思大会社会主义学科主席。著有《社会主义是未来》、《十字路口的市场社会主义》等书。本文是他向本次研讨会提交的论文。他在该文中指出，马恩的社会主义思想包含了建立市场社会主义的各种要素。但是长期以来，人们往往把这些要素隔裂开来或是忽略了它们的某些修正和应用前提。他认为，只有从整体上把握马恩关于社会主义的论述，才能建立起适用于过渡时期的市场社会主义模式。

在社会主义的思想史上，我们可以概括出三种重要的社会主义的表现形式，在最一般的意义上来讲，也就是社会主义的三种"模式"。

第一种模式立足于合作之上。工人成立了合作工厂并成为这些工厂的管理者；他们用互利的服务形式提供公共服务，根据不同的工业部门成立不同的联盟，并把这些联盟的代表派到国会，代表他们的利益。市场和竞争继续存在，但是价格不再是资本主义市场上包含了老板的利润

---

[*] 本文选自《国外理论动态》2005年第10期。

的价格了，竞争也得到了控制。蒲鲁东是这种社会主义模式主要的理论家。这种模式后来产生出了无数的变体。

第二种模式是计划模式。生产资料为社会所有，生产部门不再交换它们的产品，而是根据计划共同承担生产任务。市场消失了，它被一种本质上是行政性的集中的组织所取代。这种模式的社会主义在苏维埃制度中历史地得到了实现，今天它仍激发着一些社会主义理论模式的产生。

第三种模式是存在着市场的国家社会主义。在这种模式中，生产资料由国有企业来配置，国有企业创造利润，但是用一种不同于资本主义的方式进行分配。市场和竞争在一个大的范围内存在着，国家或多或少地倾向于自由民主政治。路易·勃朗是这种社会主义模式的创始人之一。在一些西方国家，这种模式部分地是通过建立一个公共部门来实现的。今天，一些理论家也把这种模式称为"市场社会主义"。

然而，在传统的马克思主义看来，只有第二种模式才是真正马克思主义的，这也是共产主义和修正主义的区别（就像后来所说的，也是共产主义和社会民主主义的区别）。

我的论文要说明的是，事实上，马克思和恩格斯对这三种模式的社会主义都是支持的，认为它们在构建共产主义的过程中适合于不同的阶段：在第一阶段，无产阶级掌权后（过渡时期），他们倾向于采用一种与第三种模式相近的市场社会主义；只是在第二阶段（社会主义阶段），他们才提倡一种集中的计划的模式，要求取消市场。但是就是在第二阶段本身，他们开始逐渐远离计划的国家社会主义模式。

《共产党宣言》的规划：一种国家市场社会主义

假如我们仔细考察的话，就会发现这个规划是和一个过渡时期相吻合的，这一时期由半是社会主义的、半是资本主义的混合经济构成。事实上，随着"民主的胜利"，资本主义所有制并没有被取消，而是逐渐地被社会主义国家所有制取代。最初，社会主义国家所有制只是控制了信贷部门，把它委托给国家银行，国家银行也从这种排他性的垄断中获益；社会主义国家所有制也控制了所有的交通工具和一定数量的工厂。那么，这种从资本主义所有制向公有制的进步是怎样发生的呢？它为什么会发生呢？

关于这些问题，我们必须阅读恩格斯的著作《共产主义原理》。这篇文章在三个方面展开了论述：无产阶级国家剥夺了一定的资本家的企业；它也动用了其他手段，尤其是累进税、高额遗产税、取消旁系亲属（兄弟、侄甥等）继承权、强制公债等来限制私有制；用这些手段获得的资金，可以用来购买或创建新的企业。正是用这种方法，社会主义逐步得到了发展。

这样做的经济原因是：正像《共产党宣言》中所描述的，向社会主义的过渡必须在"资本主义生产的条件"下进行，换句话说，只有在生产力的社会化已经达到相当高的程度的地方（不是在农业或手工业的条件下）才会发生，只有在国家对这种社会化给予了强有力的支持的情况下，才会得到发展。从以上这些我们可以得出结论，社会主义的转型不仅仅是一个政治权力关系的问题，即使政治权力的转换是其必要条件，这是蒲鲁东所没能看清楚的，这种转型也是两种制度在经济领域的较量。在《共产主义原理》中,在谈到废除私有制的第二种措施时,恩格斯是这样说的:"一部分用国家工业竞争的办法,一部分直接用纸币赎买的办法,逐步剥夺土地所有者、工厂主、铁路所有者和船主的财产。"① 在这一过渡阶段,市场存在着,但是并不完备。事实上,劳动力市场部分地被取消了,因为在国有部门、工人之间不存在价格竞争,还存在的工厂主也不得不因此支付同国家一样高的工资。此外,更重要的是,由于无产阶级政府要为所有人创造工作机会,失业的压力也不存在了。就国有企业的工人来说,他们不再是雇佣工人,因为他们通过他们在政治上的代表,已经成为了国有企业的共同的主人,他们不再为他人创造剩余价值。市场方面的这些限制因素是直接跟资本主义相对的,一种新的计划开始出现了。

共产主义规划:一种计划的社会主义

市场社会主义只是一种向计划社会主义(第一阶段或共产主义社会的低级阶段)的过渡。马克思在《哥达纲领批判》里提到过这一点,《反杜林论》里一个著名的段落也论述了这一点。毫无疑问,社会主义是要取消市场的,要用一种有意识的、计划的组织取代它。下面这段话经常被提及,我们都很熟悉,但我还是要再引用一次:"社会一旦占有生产资料并且以直接社会化的形式把它们应用于生产,每一个人的劳动,无论其特殊的有用性质是如何的不同,从一开始就直接成为社会劳动。那时,一个产品中所包含的社会劳动量,可以不必首先采用迂回的

---

① 《马克思恩格斯选集》第 2 版第 1 卷第 240 页。

途径加以确定；日常的经验就直接显示出这个产品平均需要多少数量的社会劳动。……各种消费品的效用（它们被相互衡量并和制造它们所必需的劳动量相比较）最后决定这一计划。人们可以非常简单地处理这一切，而不需要著名的'价值'插手其间。"① 因此，竞争、价格和市场一起消失了：价值直接以劳动量来衡量，这导致了商品拜物教的终结。

这里有两点必须记住：这种计划方案只有当社会占有了全部的生产资料、当生产直接社会化，也就是说生产在大规模、高效率的水平上进行之后才能实现。因此，目标是有意识地取得对经济运行的控制，替代控制市场生产的盲目力量。

方案的调整：回到一种联合的社会主义

计划的社会主义产生了一些难题，马克思，尤其是恩格斯不得不面对这些难题，这使他们作出了一些所谓的"调整"，这些调整是极为重要的。

第一个问题是工人在计划的开展过程中的有效参与和他们在生产部门中的有效管理。恩格斯很清楚这个问题："共同经营生产不能由现在这种人来进行"。② 由于这个原因，计划的社会主义就有被推迟到遥远未来的可能，即当劳动分工完全消失时。同样是在《共产主义原理》中，恩格斯写道："教育将使年轻人能够很快熟悉整个生产系统，将使他们能够根据社会需要或者他们自己的爱好，轮流从一个生产部门

---

① 《马克思恩格斯选集》第2版第3卷第660—661页。
② 《马克思恩格斯选集》第2版第1卷第242页。

转到另一个生产部门。"① 这看上去完全是乌托邦。我们怎么可以设想一个工人是如此的"多才多艺",以至于可以根据自己的爱好随心所欲地调换工作?马克思和恩格斯一直没有放弃这个乌托邦式的想法。一个稍稍切近的想法是工人可以具备管理生产部门的足够的知识,可以具备计划、管理国民经济的足够知识,(生产和管理之间的)劳动分工的削弱将是一个革命性的变化。

第二个问题是生产部门的相对的自主性。马克思和恩格斯从来没有直接论述过这个问题,但是很多迹象表明他们知道这一问题的必要性,这可以解释他们在合作问题上的思想的转变,我们可以从《国际工人协会成立宣言》(1864)和《法兰西内战》(1871)中清楚地看到:在把这一思想当成中下层阶级中存在的思想加以反对之后,马克思和恩格斯现在成了这一思想坚定的拥护者。但是他们又坚持了多久呢?

首先,毫无疑问是在过渡时期。马克思在《资本论》第三卷中是这样论述的:"工人自己的合作工厂,是在旧形式内对旧形式打开的第一个缺口,虽然它在自己的实际组织中,当然到处都再生产出并且必然会再生产出现存制度的一切缺点。但是,资本和劳动之间的对立在这种工厂内已经被扬弃。"② 因此马克思在某种程度上倾向于蒲鲁东所坚持的观点。在关于信用问题的论述中,他甚至借用了蒲鲁东关于金融的观点:"信用制度是资本主义的私人企业逐渐转化为资本主义的股份公司的主要基础,同样,它又是按或大或小的国家规模逐渐扩大合作企业的手段。"③ 从这一时刻起,无产阶级国家不仅仅建立国有企业,它们也

---

① 《马克思恩格斯选集》第2版第1卷第243页。
② 《马克思恩格斯全集》第2版第46卷第499页。
③ 《马克思恩格斯全集》第2版第46卷第499页。

促进合作工厂的发展,为它们的发展创造一个良好的环境,尤其是在信贷方面。

当所有的资本家都被剥夺了(可能是在有所补偿的条件下),或在竞争中被打败了,合作工厂在所有的经济领域取得了决定性的胜利之后,将会发生什么呢?这些合作工厂将被公有制企业取代,从而成为社会化生产(列宁把它看做一种大的卡特尔)中的一个简单的生产部门吗?《法兰西内战》中的一段话并不完全指向这一方向:"如果合作制生产不是一个幌子或一个骗局,如果它要去取代资本主义制度,如果联合起来的合作社按照共同的计划调节全国生产,从而控制全国生产,结束无时不在的无政府状态和周期性的动荡这样一些资本主义生产难以逃脱的劫难,那么,请问诸位先生,这不是共产主义、'可能的'共产主义,又是什么呢?"① 简言之,社会主义(不是作为一个过渡阶段,而是作为共产主义社会的低级阶段)应当是合作加计划。工人将在两个层面上成为生产资料的所有者:合作的层面和计划的层面,这两个层面也对应着两种不同的民主制。

另一方面,假如从政治层面加以考虑的话,我们就会发现,认为马克思和恩格斯支持一种分权的模式是完全站得住脚的。恩格斯一方面立足于马克思对巴黎公社的政治制度所作出的分析和肯定性的判断,另一方面又和政治上的集权化保持距离,后者应当是经济上的直接计划的必然结果。1885 年他第一次修正了他和马克思关于法兰西第一帝国是专制王权的集权的延伸的观点。事实上,在雅各宾专政时期,公社、街区和部门本身就从一种高度的行政性的自治中获益,即使是在一体的和不

---

① 《马克思恩格斯选集》第 2 版第 3 卷第 59—60 页。

可分割的共和国中也是一样。在雾月十八日之后,正是拿破仑取消了地方的自由,代之以长官的命令。几年之后,恩格斯在《〈法兰西内战〉1891年单行本导言》中走得更远,他在评论克列孟梭的竞选纲领时说,公社制度就是"无产阶级专政",这也是他在批判爱尔福特纲领时要表达的意思。就那种"一体的不可分割的"共和国框架而言,这种立场支持政治上的去中心化,这证明和加强了马克思和恩格斯关于未来社会的经济组织的演变的观点。

对于过渡阶段的评论

上面提到的过渡社会具有以下几大特征。

1. 存在几种所有制形式。在那些生产力只是得到很小的发展、社会化程度很低的地方,社会主义不能存在。但是即使是在股份公司那样"社会化"的形式中,资本主义本身也没有被取消。社会主义部门必须和它竞争,必须用各种经济武器来战胜它。当现代工业薄弱或几乎没有发展时,问题就更为复杂了。因为这个时候建立一个社会化的部门或从资本主义借鉴一切可以借鉴的东西就更为困难了,这种借鉴是通过一定数量的转型来完成的,而转型不仅涉及社会关系,也涉及生产的组织。

2. 即使大规模地引入社会主义成分也是不够的。正是从过渡时期开始,有必要对由劳动力市场引发的资本主义市场的某些方面进行限制。有必要建立严格的劳动法,建立我们今天所说的集体的社会保障制度。事实上,这就是西方国家在阶级斗争的压力下,尤其是在"二战"后,所发生的一切,它们可以被看成"社会主义的因素"。但是和马克思、恩格斯所设想的相比,也就是说,和一种取消工人之间的竞争的自发行动相比,这仍然是微不足道的。并且,众所周知,这种限制劳动力市场的措施现在正在受到新自由主义政策的破坏。为了社会主义有朝一日取得胜利,我们认为,这样的一种社会方案应当用一种进步的、坚决的方式实施,因为它对于社会主义和资本主义之间的竞争来说是极为关键的。

3. 社会主义成分应当分阶段实施,但是它应该迅速到达一个关键性的门槛,否则它将赶不上资本主义。在这一方面,"混合经济"从来没有在西方国家中达到过这一关键性的门槛。在这个跨国公司的时代,这一问题尤为关键:假如不具备同等规模的企业的话,我们很难设想一个社会主义国家如何来挫败如此强大的公司,构成这些公司的资本来源于世界各地的投资者。这里出现了一个相当大的难题,这是马克思和恩格斯所没有想到的,因为他们始终是在一个民族经济的框架内思考问题的,即使他们预料到了立足于世界市场的公司的到来:假如一个国家不借助私人资本就无法为自己的企业提供足够的资金,更进一步说,假如为了动用各种必需的手段,它需要和它的资本主义竞争对手结成联盟,那么社会主义成分就会屈服于私人资本的逻辑,听从私人资本的命令。

4. 社会主义成分将由国有企业构成吗?这和在西方国家所发生的很相似,但是在西方国家这种趋势正在减弱(大多数的国有企业已经被私有化了,政府最多只占有一部分股票),在今天的中国这种趋势仍然继续着,一些市场社会主义模式也提倡这种趋势。马克思和恩格斯没有否认这种趋势,但是他们选择了另一个方向:社会主义成分应当由工人管理的大的合作工厂构成,它们处于无产阶级政府的控制之下,后者通过国有银行保证其信用。

关于这一方面有许多问题需要注意。今天各种社会主义的理论模式都在寻找正确的解决方案。在我看来，它们都意味着一种真正的制度上的创新，这些创新的基础可以在某些形式的"联合"金融中找到。同时，最清楚的道路仍然是公有企业，但是这些公有企业在某些条件下把自己和资本主义企业完全区分开来了，特别是，在和所有者（国家、其他国有企业和地方集体）的关系中，这些企业拥有真正的自主管理权，它们会在运作中采用各种手段来实现内部民主（雇员拥有一定的主导权和决策权），这使它们与《法兰西内战》中"合作社"的目标越来越接近。

5. 没有任何社会主义不伴随着计划，也就是说，不伴随着至少是对经济进行的有意识的控制，不伴随着与政治上的重要的集体决策相对应的措施。这也是社会民主制总是遭遇失败的地方，即使是在凯恩斯主义的黄金时期，同时也是因为政治上的软弱、技术统治论的态度和对市场运作机制的过度的信任。这种计划不应当是强制性的，而应当是激励性的。我稍后再回来谈这一点。显然，在一个开放的经济体中实施计划尤为困难。因此，有必要对开放进行控制。

关于社会主义、共产主义初级阶段的评论

马克思和恩格斯从来没有怀疑过，在过渡阶段的后期，随着对市场的限制的加强，市场最终会被消灭。这也是布尔什维克所坚持的道路，尽管他们在过渡阶段的具体含义的问题上产生了很大的分歧（在"战时共产主义"之后，新经济政策又回到了这样一个阶段），他们都赞同这个最终的目标，20世纪30年代，斯大林决定用集权的集体主义大跃

进式地实现这一目标。

我们今天可以认为,这种集体主义是一种历史的错误,因为生产力的状况完全是不利的。但是我们必须超越这一点:这种集中的计划的社会主义不是一种历史的误区吗?那么,我们该如何来思考这种被看成是共产主义事业的地平线的计划模式呢?

1. 集中的计划模式在技术上并非是不可能的,然而,它还是注定要失败。为什么呢?

苏联的设计者们排除万难,试图使经济运行起来,而计算机领域的科技进步表明即使是最复杂的计算在现实中也是可能的。但是正如一些自由主义者、尤其是凯恩斯所强调的,强制性的计划遇到了第一个难题:不确定性(这一概念在经典的马克思主义理论中是缺席的)。即使借助最复杂的预测工具,我们也很难预见口味和技术的变化(以及它们对周围环境产生的影响)。尽管实际上计划在实行过程中总是不断作出修改,经济也只是在广义上取得了进步,并且大部分缺少技术(和组织)创新。一个原因是,尽管权力部门希望促进技术创新,但计划的制订者对此不感兴趣,因为这会打乱他的计划,企业的管理者对此也不感兴趣,因为他们只是想没有任何风险地完成他们的义务。

此外,从单个的工人到整个的劳动集体,集中的强制性的计划(假如它是集中的它就只能是强制性的)取消了主体的责任。最终,使工人不知道为什么工作?为谁工作?他们不明白"他们的行为的最终目标"(更不要提他们的利益了)。

这至少是放弃集中的计划模式的两大原因。但是这是否意味着马克思主义的整个事业就和这种要求消灭市场的计划的社会主义模式分道扬镳了呢?

2. 实际上,要是我们仔细考察的话,就会发现这种模式并不是马克思主义的模式,因为它包含了一个交换的维度。《哥达纲领批判》提出了用一定数量的合格的劳动交换产品的想法,也就是说,个人提供了一定数量的劳动之后,就能从"社会商品的库存中"获得一定的产品。但这绝不是"配给券",因为个人可以自由地选择他想要的产品。因此,这里存在的事实上是一种社会的供给和需求,不是一种市场交换,因为产品不是带有价格的商品。至于不同生产部门之间的关系,我们完全有理由相信它们之间也是一种交换关系。我们记得,它们不是来自同一个工厂,而是来自不同的"合作社"。但是,在价格缺席的情况下,唯一理性的方式是对交换双方的劳动量进行比较,除非它们诉诸管理价格,这一点书中并没有提到。计划并不是在这一层面介入的,而是自上而下,决定了"社会必要"劳动量。显然,假如需求不能事先精确地进行预测的话,一些产品就会生产得过多,而另外一些产品则会生产得太少。对计划部门来说,这些会成为一种信号,使他们对他们的计划作出调整。对于工人来说,不管他们的劳动是否有效,他们都会得到同样的报酬。詹姆斯·劳勒是这样来阐述修正过的马克思主义的模式的:将出现一种"共产主义的市场",这种市场只具有有限的几种市场的功能,货币和价格将不再出现,出现的只是"凭证",表明工人付出了多少数量的社会劳动。然而,我们可能会怀疑这样一种社会主义是否可能至少存在两点原因。首先,在一个复杂和充满活力的经济体中,劳动价值系统处于永恒的变动之中,以致无法作出衡量(对每一个产品来说,所使用的生产资料中的劳动价值处于不断的变动之中)。此外,我们也无法想象一个社会主义的经济体脱离了信贷如何运作,像马克思想象的那样,即使他可能也看到了银行发行货币的作用(银行对未来的生产作出了预测)。并且,假如信贷产生了利益,那么劳动价值的整个系统就被扭曲了。我们就很难发现还有什么其他的办法可以激励工人节约使用生产资料,选择合理的投资方式。

结　论

马克思和恩格斯为社会主义过渡阶段提出了一种市场社会主义的模式,这种社会主义模式既带有国家市场社会主义的特征,也带有联合模式的特征。在他们提出这种理论之后,漫长的历史经验既证明了这种理论模式的优点,同时也显示了实现这一任务所遇到的种种困难。不管怎样,我们可以把握这种社会主义模式的几个一般的方向。

1. 根据生产力社会化程度的不同会出现若干不同的所有制形式。

2. 公有制将在我们今天所说的公共服务部门推行,这将使工人可以施展他们的才能,尤其是他们的管理才能(这里我们再一次看到了马克思关于降低劳动分工之间的差异的论题)和政治才能,使他们能充分行使他们的"公民权"(这和马克思、恩格斯接受的共和观念也是吻合的)。

3. 在其他部门,公有制应当成为一种向"合作社"过渡的方式,不管怎样,它应当使工人参与到管理中来。

4. 应当存在集体性的决策,它们制订计划,但是这种计划不应当是强制性的,而应当是指导性的和激励性的。

所有这些都导向一种经济上的民主,最终,它使社会主义和资本主义完全区别开来。

但是我们应当结合马克思、恩格斯后来作出的修正,尤其是恩格斯的修正以及历史教训来重新思考他们关于社会主义是共产主义的第一阶段的概念。今天这个概念经常被认为完全是一种乌托邦。在现实中，假如劳动之间的差别确实无法彻底消除，假如"按劳分配"的原则不能严格地实施，假如个人利益不能服从于一般利益，那么一个消灭了阶级差别的社会看上去就永远遥不可及。无疑，把社会主义看成是一个由各种矛盾共同塑造的社会更为合理。社会主义的目标将是激活这些矛盾，使它们相互作用，共同走向人类进步。同样，集中的计划模式应当抛弃，代之以用间接的经济杠杆——供求关系推动经济发展，货币和信贷仍然在经济中扮演着一定的角色，但是是在一个预期的由可计算的劳动时间和可反映的集体的使用价值（尤其是考虑到技术变革和环境成本）构成的框架内发挥作用。因此，"成熟"的社会主义仍然是一种必要的乌托邦。因为，如果说资本主义使所有人都产生了安康的梦想的话，它也造成了社会分裂和地球的破坏，后者在长远来看是无法弥补的。

（黄晓武 译）

恩格斯论社会主义的各个派别[*]

〔苏〕尼·科尔平斯基

恩格斯的著作向我们提供了关于社会主义思想的发展、关于社会主义思想的根本趋向（他英明地断定这个趋向是"社会主义从空想到科学的发展"）、关于发展过程中的一些派生现象以及可能引导人们离开正路的各种小道和歧途的完整的概念。同时恩格斯也考察了这种或那种形式的社会主义主要是小资产阶级社会主义对社会运动，首先是对工人运动的影响问题。

马克思和恩格斯在《共产党宣言》中对社会主义思想的各个派别进行了基本的分类，类似的划分也包括在恩格斯后来的许多著作中。

这种划分所依据的标准是：

——对人类社会历史发展的观点；

——对社会主义的物质基础的观点；

——对工人运动的态度。

正是在回答这些问题的时候，社会主义思想的这种或那种派别明显地暴露了自己的阶级实质。

---

[*] 本文选自《马克思恩格斯研究》1992年总第9期。

* * *

恩格斯认为批判的空想的社会主义的代表人物（傅立叶、圣西门）和共产主义的代表人物（欧文）是科学共产主义的直接先驱，是"现代第一批空想社会主义者"①，是整个现代社会主义的鼻祖。

《共产党宣言》确定了批判的空想的社会主义产生的历史条件。它是"在无产阶级同资产阶级之间的斗争尚未发展的最初时期出现的"②。

这个论点被恩格斯全面展开了。他写道，本世纪初，当这些社会思想体系产生的时候，资本主义的生产方式以及阶级的区分都是很不发展的，无产阶级本身才刚刚作为新阶级的胚胎从被压迫的和受苦的群众中分离出来。③新的生产方式在当时"还是正常的、适当的、在当时条件下唯一可能的生产方式"。④

伟大的空想家（"社会主义的鼻祖"）的思想体系好像超越了自己时代的需要，因为生产方式还远没有发挥完自己的潜力，它正处在向上发展的阶段。但是"它在那时已经产生了惊人的社会恶果"⑤。恩格斯发挥《共产党宣言》的这个论点时还指出了社会主义体系产生的原因。他写道："现代社会主义，就其内容来说，首先是对统治于现代社会中的有产者和无产者之间、资本家和雇佣工人之间的阶级对立和统治于生产中的无政府状态这两个方面进行考察的结果。但是，就其理论形式来

---

① 《马克思恩格斯全集》第 1 版第 18 卷第 272 页。
② 《马克思恩格斯全集》第 1 版第 4 卷第 500 页。
③ 《马克思恩格斯全集》第 1 版第 20 卷第 283 页。
④ 《马克思恩格斯全集》第 1 版第 19 卷第 214 页。
⑤ 《马克思恩格斯全集》第 1 版第 19 卷第 214 页。

说，它起初表现为18世纪法国伟大启蒙学者所提出的各种原则的进一步的、似乎更彻底的发展。"① 资本主义发展的最初阶段上出现的阶级对立和生产的无政府状态——这是对社会主义其中包括批判的空想的社会主义产生的原因的最精辟的总结。资本主义在它刚刚形成时就全身沾满了的"血和汗"、伟大启蒙学者们的思想、他们的唯理论和人道主义的明显崩溃，要求人类思想作出新的努力。与旧的唯理论仍然有千丝万缕的联系的伟大的空想家们最先试图找到摆脱刚刚产生的对抗，一种新型的对抗的出路。虽然伟大的空想家们是用人类的名义讲话的，在推翻资本主义制度之后，在提出将来不是社会主义，就是共产主义这个唯一的选择之后，他们"并不是想首先解放某一个阶级，而是想立即解放全人类"②，但他们是"无产者阶级的"第一批"理论家"③。有时候人们谈到恩格斯在《社会主义从空想到科学的发展》中对伟大的空想家们的评价与马克思有矛盾。马克思在《哲学的贫困》、《法兰西阶级斗争》和其他著作里认为他们是无产阶级的理论家。恩格斯在《社会主义从空想到科学的发展》中写道，"所有这三个人（圣西门、傅立叶、欧文——作者注）有一个共同点：他们都不是作为当时已经历史地产生的无产阶级的利益的代表出现的。"④ 但是，这里并不存在任何矛盾。恩格斯在人们臆造的社会主义的超阶级性与马克思主义相矛盾的情况下所强调的东西正是马克思不止一次地写过的下面这段话的意思：批判的空想的社会主义的代表人物不可能把无产阶级看做改造社会的力量，而只

---

① 《马克思恩格斯全集》第1版第19卷第205页。
② 《马克思恩格斯全集》第1版第19卷第207页。
③ 《马克思恩格斯全集》第1版第4卷第157页。
④ 《马克思恩格斯全集》第1版第19卷第207页。

是客观地代表了无产阶级的利益，而且只是当"无产阶级尚未成长到自己那个自由历史运动以前"① 的时期，客观地代表了它的利益。

他们的空想主义正是表现在这里。伟大的空想家们不能解释新的剥削方式的作用机制和实质。因此社会主义还被看做是人类理性活动的结果而不是阶级斗争发展的结果。我们看到，恩格斯曾指出欧文与圣西门和傅立叶有一定的区别，这种区别在于，欧文还前进了一步，尽管这一步是不很彻底的。恩格斯指出，欧文号召人们利用资本主义所创造的"现存的"强大的生产力并且直接地和无产阶级打交道。

伟大的空想家们认为在一定时期内是合乎规律的局限性，这不是他们思想的阶级局限性的反映。随着资本主义关系和无产阶级同资产阶级的斗争的发展，当这种斗争带有政治性质②，当无产阶级已经成长为"自己那个自由历史运动"③ 时，当科学共产主义产生时，批判的空想的社会主义就丧失了伟大运动的宣告者的性质。如果说批判的空想的社会主义"是与历史的发展进程成反比例的"④，那么，最先发现和宣布社会主义有阶级性并对社会主义作了科学的论证的马克思主义则相反，它是与历史发展直接相联系的；历史的发展并没有穷尽马克思主义，相反，它使马克思主义走向胜利，导致它的更全面的发展。马克思和恩格斯都不止一次地强调指出，当存在着共产主义的理论，存在着认清改造社会的规律的客观条件的时候，批判的空想的社会主义的复活就是空想主义的复活。但是这里不是以纯粹的时间（19世纪40年代）为标

---

① 《马克思恩格斯全集》第 1 版第 7 卷第 104 页。
② 《马克思恩格斯全集》第 1 版第 4 卷第 157 页。
③ 《马克思恩格斯全集》第 1 版第 7 卷第 104 页。
④ 《马克思恩格斯全集》第 1 版第 4 卷第 501 页。

准的。

社会发展的类似情形,在其他历史时期在别的一些地区,也可能出现。有关的理论是否符合发展规律以及把这些理论评价为批判的空想的社会主义的做法是否合理,其标准要取决于具体的条件,取决于马克思主义传播的程度以及人们认识马克思主义的实际可能性。

众所周知,马克思和恩格斯从伟大的空想家们的学说里发现了正面的东西。下面我们只简单地指出几条基本线索。

第一,批判的空想的社会主义对"现存社会的全部基础"①,正是它的全部基础,而不是个别方面,进行了抨击。马克思主义的奠基人曾不止一次地写道,这是出色的、机智的、深刻的批判。

第二,用恩格斯的话来说,批判的空想的社会主义认为,资产阶级世界"应该像封建制度和以往的一切社会制度一样被抛到垃圾堆里去"②。这就是说,批判的空想的社会主义懂得社会的前进发展。这是从未来的,而不是从过去的观点出发对资本主义的否定。这说明,它理解社会主义作为一种社会制度要取代资本主义。

第三,恩格斯强调,伟大的空想家们以天才的洞察力预见到了未来社会的许多特点。他写道:"德国的理论上的社会主义永远不会忘记,它是依靠圣西门、傅立叶和欧文这三位思想家而确立起来的。虽然这三位思想家的学说含有十分虚幻和空想的性质,但它们终究是属于一切时代最伟大的智士之列的,他们天才地预示了我们现在已经科学地证明了其正确性的无数真理。"③

---

① 《马克思恩格斯全集》第 1 版第 4 卷第 501 页。
② 《马克思恩格斯全集》第 1 版第 19 卷第 207 页。
③ 《马克思恩格斯全集》第 1 版第 18 卷第 566 页。

自然,这还不是恩格斯对科学共产主义先驱所作的评价。需要强调的是,正是恩格斯得出结论说,批判的空想的社会主义是马克思主义的理论源泉之一。

还要指出一点。在《法兰西内战》一书的草稿中,也就是在分析无产阶级专政的最初经验时,马克思写道:"从工人阶级运动成为现实运动的时刻起,各种幻想的乌托邦消逝了,——这不是因为工人阶级放弃了这些乌托邦主义者所追求的目的,而是因为他们找到了实现这一目的的现实手段……但是,乌托邦主义者宣布的运动的……最后目的,也是巴黎革命和国际所宣布的最后目的。"[①]

马克思和恩格斯认为无产阶级在其发展的最初阶段的要求的直接表现是工人共产主义。工人共产主义的出现与工人们试图在"普遍激动的时代和推翻封建社会的时期"[②] 实现自己的切身利益这一注定要失败的最初尝试有关。马克思和恩格斯把巴贝夫主义者、卡贝、德萨米和魏特林等等都算作这一派的代表。因此,非常清楚,这里指的是在通过革命手段建立资本主义社会的时期,首先是法国大革命时期产生的社会思想派别。恩格斯认为,这个思想派别产生的重要原因——"基础和出发点"[③] 是工人们在原始积累完成和工业革命发展时期所处的状况——他们生活于水深火热之中,毫无权利,从一个确定的社会阶层的成员变成了被从社会中"抛弃"的贱民。

从上面援引的马克思和恩格斯的论述中还可以看出一个重要的因素——以极端形式表现出来的资产阶级革命性对正在形成中的无产阶级

---

① 《马克思恩格斯全集》第 1 版第 17 卷第 604 页。
② 《马克思恩格斯全集》第 1 版第 4 卷第 449 页。
③ 《马克思恩格斯全集》第 1 版第 2 卷第 278 页。

意识的直接影响。

　　自然，正像科学共产主义的奠基人强调指出的那样，反映无产阶级运动初期阶段的革命文献，"所鼓吹的是普遍的禁欲主义思想和粗鄙的平均主义"①，因为解放工人的物质条件在资产阶级社会内还没有成熟——还没有大机器生产。众所周知，马克思和恩格斯毕生都在反对认为共产主义是普遍贫穷的社会的看法，都在反对粗鄙的平均主义，反对"兵营共产主义"。正是依据这些情况，马克思和恩格斯才认为工人共产主义"按其内容来说，不免是反动的"②，也就是说工人共产主义否认人类的物质进步和精神进步。大家也都知道，马克思和恩格斯是如何进行斗争来反对魏特林和布朗基分子的唯意志论的冒险主义的策略，反对"输出革命"的思想和密谋的狭隘性的。

　　然而，马克思和恩格斯在《共产党宣言》中没有把对工人共产主义的两段论述写进"反动的社会主义"这一节，而是写进"批判的空想的社会主义和共产主义"这一节，而在这节中谈的是科学世界观的直接先驱。马克思和恩格斯对魏特林的早期著作所作的高度评价也是众所周知的。

　　这首先是因为工人共产主义最先宣布了自己的学说的无产阶级性质，它把无产阶级看做是根据共产主义原则改造社会的动力。此外，工人共产主义的代表人物照例坚持对社会进行革命改造的必要性。但是，他们对革命的理解是极端肤浅的，他们以为，革命或者是社会底层的自发暴动，或者是由革命者的秘密狭隘组织煽起和指导的暴动。工人共产

---

① 《马克思恩格斯全集》第 1 版第 4 卷第 449 页。
② 《马克思恩格斯全集》第 1 版第 4 卷第 449 页。

主义的一些代表人物毕竟认识到必须确立无产阶级的政治统治,尽管这种认识还是模糊的。这些特点是工人共产主义不同于其他形式的空想社会主义思想的地方。

当然,由于科学共产主义的出现,由于马克思和恩格斯为把科学共产主义同工人运动结合起来而进行的斗争,工人共产主义便变成了无产阶级解放斗争道路上的障碍。

资本主义的发展也迅速破坏着使工人共产主义得以产生的客观条件。但是工人共产主义的很多思想对革命的无政府主义或者说无政府共产主义的形成产生了相当大的影响。另一方面,特别是德国的工人共产主义者,成了马克思和恩格斯的第一批追随者,成了共产主义同盟的核心。

因此,工人共产主义的作用首先在于,它是正在形成的无产阶级的阶级意识的最初表现,它最先与其说是意识到了,不如说是预感到了无产阶级在社会发展过程中所担负的使命。从科学共产主义产生的时候起,工人共产主义的积极作用就不复存在了。

本文的任务不是要研究马克思和恩格斯对社会主义者——李嘉图分子、布朗基和布朗基分子的评价(后者的演进是一个复杂的过程)。我们只想指出,马克思和恩格斯把他们同小资产阶级社会主义区分开来,在不同程度上(这取决于斗争的发展)把他们看做是无产阶级革命愿望的表达者,尽管他们是用与这些愿望不相符的、不科学的方式来表达的。

* * *

恩格斯用较小的篇幅剖析了封建的社会主义,包括基督教的社会主义在内。对工人运动来说,它不是主要危险。对它的评价——"半是哀怨,半是讥讽;半是过去的余音,半是未来的恫吓……"① 是尽人皆知的。马克思和恩格斯非常明确地指出,基督教的社会主义(或者给"基督教禁欲主义涂上一层社会主义色彩"②的企图)只是封建的社会主义的变种。马克思和恩格斯揭示了封建的社会主义产生的条件;它是在发达的资本主义社会中产生的,这时资产阶级在政治舞台上的胜利已经确定无疑,这个斗争舞台对旧的代表人物来说似乎是关闭的(例如《宣言》里谈到的1830年后的法国的情况)。因此封建的社会主义是资本主义社会矛盾的产物,同时它的代表人物又正是因为有了这些矛盾,因为新制度产生了革命的无产阶级而责怪资产阶级。归根结蒂这些就是封建的社会主义的基本内容③,这一内容被下列情形掩盖起来了,它从浪漫主义地美化旧社会,把旧社会说成是有永恒的道德价值的和谐社会的立场出发指责资产阶级,而这种被说成是为了被剥群众的利益而进行的批判。

其次,另一个同样重要的特点是:封建的社会主义的代表人物在政治实践上"参加反对工人阶级的一切暴力措施"④。这是总的倾向,当然偏离这个总的倾向的情况也不可能没有。比如,恩格斯把鲁道夫·迈耶尔算作封建的社会主义者⑤,而他的《第四等级的解放斗争》一书却是一部完全客观的作品。在有些场合这个派别的代表人物也对工人的具

---

① 《马克思恩格斯全集》第1版第4卷第492页。
② 《马克思恩格斯全集》第1版第4卷第493页。
③ 参看《马克思恩格斯全集》第1版第4卷第491—493页。
④ 《马克思恩格斯全集》第1版第4卷第492页。
⑤ 《马克思恩格斯全集》第1版第38卷第280页。

体发动（英国的 10 小时工作制法案）表示一定程度的支持①。但是，所有这一切以及"保守的和封建的党派"被迫"向无产阶级许下诺言"②，都不能改变总的情形。只要一谈到无产阶级（它的悲惨处境虽然也被描绘得淋漓尽致）对有时遭到无情揭露的现存制度的威胁时，封建的社会主义总是表现出自己的反革命本质。

马克思和恩格斯早在《德意志意志形态》一书中就已写道，必须"抛弃所有那些削弱对于"资产者和无产阶级之间的"对立的尖锐性的认识的词句"，这些词句会"使资产者为了保全自己而根据博爱的空想去取媚共产主义者"。③ 所谓博爱的空想，其实就是资产阶级社会主义的本质：保护资本主义，消灭使这个社会革命化并使之瓦解的因素，与造就资产阶级化的贵族一起造就资产阶级化的无产阶级。他们的真实思想的核心是分配问题，或者不客气地说，是需要问题。这种思想是与资产阶级辩护的思想合拍的。

正像马克思和恩格斯所指出的那样，纯粹形式的资产阶级的社会主义是在工业革命过程中，在资产阶级在政治上取得胜利后产生的。

在恩格斯的著作中也包含有对各种形式的资产阶级社会主义及其影响群众的方式的论述。

恩格斯所观察到的早期形式是，完全规矩的资产者大肆卖弄共产主义思想。他强调指出，这里指的当然不是科学共产主义；这种现象之所以能够产生，一方面是因为共产主义和社会主义思想还没有得到广泛传播——对这些思想只能根据道听途说去评论，可以随心所欲地去解释它

---

① 参看《马克思恩格斯全集》第 1 版第 7 卷第 278 页。
② 《马克思恩格斯全集》第 1 版第 7 卷第 489 页。
③ 《马克思恩格斯全集》第 1 版第 3 卷第 554 页。

们，把它们的实质庸俗化；另一方面是因为无产阶级的斗争尚未充分开展起来。

另一种，也就是比较晚期的形式是讲坛社会主义。它是资产阶级——博爱思想和官方公开反对一般革命思想，特别是反对科学共产主义思想的狡诈行径的混合物。

复杂得多的现象是工联主义思想体系的产生，其所以复杂是因为，工联主义是由两股潮流汇合而成的，第一是无产阶级群众的自我意识，这种自我意识是以一定的阶级斗争经验（虽然这种经验还很有限）为依据的。这一点不能不考虑到。工联是工人的第一个具有广泛的群众性的真正的阶级组织。正因为如此，马克思和恩格斯才努力和它保持联系（特别是在第一国际时期），试图对它的思想体系和实践产生影响。但是马克思和恩格斯未能把工联变成革命组织。恩格斯在逝世前把这个任务交给了英国社会主义者。第二，资产阶级的思想体系对工联主义的形成也产生了一定影响。在这里，资产阶级的思想影响非常审慎地与实践活动结合了起来；造就了工人贵族、从立法上对工作日进行限制、给予部分工人以选举权，等等。虽然作为一般资产阶级社会主义的工联主义的思想体系也是空想的，这种空想首先表现在它的下述基本思想中，即认为：对资产阶级社会的个别方面进行改革可以导致阶级斗争的消灭，但是这一思想体系直到现在还继续对广大的工人群众产生着一定的影响，另一方面，资产阶级的社会主义目前正以改头换面的形式影响着一些发展中国家的资产阶级政党的思想和实践。

在《哲学的贫困》和《共产党宣言》中蒲鲁东也被算作资产阶级的社会主义者。这里指的是对他的《贫困的哲学》一书的评价。所以把他归入资产阶级社会主义这首先是因为，蒲鲁东企图创立自己的经济理论，把与资本主义关系相适应的范畴看做是永恒的范畴。用马克思的话来说，他企图"保存那些表现资产阶级关系的范畴，而不要那种构成这些范畴的实质并且同这些范畴分不开的对抗"①。这就是企图在资本主义生产关系的基础上改变物质生活条件②。另一方面马克思强调指出了蒲鲁东对一切革命运动，一切政治活动的否定态度③。我们知道，马克思和恩格斯后来认为蒲鲁东是小资产阶级的社会主义的代表人物。在这一点上马克思和恩格斯的思想并不矛盾，而是因为蒲鲁东的观点体系本身有矛盾。

＊　　＊　　＊

恩格斯花了特别大的力气来剖析小资产阶级的社会主义，研究了它的产生、实质、各种不同形式和它具有活力的原因。这是可以理解的；小资产阶级的社会主义是头号敌人，恩格斯不得不以毕生精力来同它作斗争。

恩格斯对小资产阶级的社会主义产生的历史条件的论断具有重要意义。它是在资本主义的生产方式已经确立（恩格斯甚至写道，它已经"走完自身的没落阶段的颇大一段行程"，"有一半已经腐朽了……"），社会矛盾已经明朗化（尽管这些矛盾首先是表现在"愈来愈不平等的分配"上），无产阶级已经形成，"已经在敲门的时候"④，而工人运动还处在宗派主义发展阶段的时候产生的。因此，小资产阶级的社会主义既

---

① 《马克思恩格斯全集》第 1 版第 4 卷第 157 页。
② 参看《马克思恩格斯全集》第 1 版第 4 卷第 498—499 页。
③ 参看《马克思恩格斯全集》第 1 版第 4 卷第 498—499 页。
④ 《马克思恩格斯全集》第 1 版第 20 卷第 163 页。

有别于民众运动和与这个运动相适应的封建时代的思想，又有别于批判的空想的社会主义。实际上，小资产阶级的社会主义产生的时期并不比马克思主义早，它是在共产主义的物质条件已经出现，无产阶级的社会主义已有可能产生，马克思主义已经创立的时候产生的。如果说小资产阶级的社会主义在产生之初从历史角度来看还有点道理的话，那么，根据马克思和恩格斯的分析，随着群众性的工人运动的开始，随着无产阶级开始独立采取行动（马克思和恩格斯尤其强调1848年和1871年的尝试的意义），在科学理论同工人运动相结合这个过程业已开始的情况下，小资产阶级的社会主义就完成了自己的历史使命。因此，只有认为小资产阶级的社会主义实际上是先于作为工人运动和革命运动的一个派别的马克思主义而出现的，才能相对地把小资产阶级的社会主义看做是马克思主义以前的社会主义的表现形式。

正像马克思和恩格斯强调指出的那样，在资本主义条件下小资产阶级"经常重新形成着"①，这说明，小资产阶级的社会主义可以改头换面以适应新的条件，好像是资本主义时期的社会思想中的一个常数。

马克思和恩格斯明确指出了小资产阶级的社会主义的重要特征。

小资产阶级的社会主义的最本质的特征是从小资产者或"小农"的观点出发来批判资本主义。但是这种批判是互相矛盾的。这种批判是"机智的"、"刻薄的"甚至是"致命的"，是对"现存制度的丑恶不时流露出来的深刻而真实的激愤"②，是对"当局"的反抗③等等，等等。

---

① 《马克思恩格斯全集》第1版第4卷第493页。
② 参看《马克思恩格斯全集》第1版第16卷第29页。
③ 参看《马克思恩格斯全集》第1版第21卷第11页。

小资产阶级的社会主义决不是为资本主义进行的辩护。当时，对资本主义的批判是从过去的立场出发，资本主义的历史必然性和一定的进步性一概遭到否定，大生产的进步性也被否定。对资本主义的实质以及资本主义发挥职能的机制则讳莫如深。如果说资产阶级国家、资产阶级的法和道德等等，也就是那些旨在反对小私有者和小生产者的上层建筑和意识形态现象的种种表现（首先是集中管理和标准化）遭到了否定，那么专门镇压无产阶级的职能则没有遭到否定。看来，这说明了一件离奇的事实，即蒲鲁东何以要为镇压罢工者的行为辩护。小资产阶级的社会主义是要永远保存小商品生产，而且还是资本主义早期阶段的小商品生产，即一个在任何地方和任何时候都不曾有过的既没有封建枷锁，又没有大资本主义生产羁绊的社会所特有的那种形式的小商品生产。小资产阶级的社会主义者认为正是资本主义早期阶段出现的小商品生产是一种永恒的形式，也就是说，他们没有认识到，商品生产的性质是随着社会经济形态性质的改变而改变的。

如果要谈无政府共产主义思想的话，那么这里指的不是在无产阶级国家的范围内使生产力社会化，而是指在农民公社（村社）或某个企业的生产集体的范围内把小的私有财产"联合起来"。因此，在这个体系中，那些被称为共产主义财产的东西并不是什么本质上新的东西，不是与生产力发展的一定阶段相适应的高级的所有制形式，而只不过是个人的私有财产的机械的总和。

所有这些设想的空想性和反动性都被科学共产主义的奠基人一针见血地戳穿了。

当然，一研究小私有者的问题，小资产阶级的社会主义就竭力鼓吹自己的理论的超阶级性,说它具有全人类的意义。同时小资产阶级的社会主义还自吹自擂地说,它也代表无产阶级的利益,并用无产阶级的名义说话。恩格斯特别注意(尤其是在《论住宅问题》这部著作中)揭露小资产阶级的社会主义的这一特点,特别注意防止这类思想渗入到工人运动中去。

小资产阶级的社会主义的特征是幻想"和平实现自己的社会主义"①。但是这个特征在很大程度上好像被冲淡了。它在解决民族问题或社会体制民主化问题这方面有时又与小资产阶级的革命性结合起来了。小资产阶级的社会主义的代表坚决否定封建关系的一切残余。甚至连"和平的无政府主义"的创始人蒲鲁东都认为18世纪末的法国革命是伟大的和必要的行动,但是,在他看来也是从原则上解决了彻底解放社会所必须解决的一切政治问题的"人类需要的最后一次革命"。此外,巴枯宁主张的"社会清算"就其任务和动力等方面而言,非常接近于激进的资产阶级革命,而不是无产阶级革命。另一方面,在工人共产主义的影响下,作为对马克思主义的一种反动,出现了要求用革命手段推翻一切现存社会的造反思想体系(巴枯宁主义)。

恩格斯在划分小资产阶级的社会主义的各个派别、说明它们对群众运动,特别是对无产阶级运动的影响方面,作出了巨大贡献。按照最一般的划分方法,可以区分出小资产阶级社会主义的以下几种形式。

一种好像是从批判的空想的社会主义向小资产阶级的社会主义的过渡形式。"蒲鲁东……对圣西门和傅立叶的关系,大致就像费尔巴哈对

---

① 《马克思恩格斯全集》第1版第7卷第104页。

黑格尔的关系一样。和黑格尔比起来，费尔巴哈是极其贫乏的。但是，他在黑格尔以后起了划时代的作用。"① 马克思针对蒲鲁东的早期著作所说的这些话说明了这一形式的特点。不是在解决社会发展问题方面迈出了一步，而是在使对资本主义的批判具体化方面迈出了一步。在阶级分化还不十分明显，在马克思主义还刚刚创立时，这种形式才有可能存在。

继之而来的是这样一个阶段：小资产阶级的社会主义基本上在知识分子和恩格斯所说的"小市民"中间得到了传播。同时理论水平开始下降，最薄弱的方面——各种万应灵丹，"辞藻华丽的饶舌"占据了突出的地位。

随着群众性工人运动的发展出现了小资产阶级的社会主义的新流派（西欧的蒲鲁东主义）。大致可以说，这时在理论领域工人问题（劳动者自己组织起来和独立活动的问题）和无政府主义被提到了首要地位。另一方面，小资产阶级的社会主义恰恰在工人中间获得了广泛的基础，虽然无产阶级的阶级斗争（经济的和政治的）的必要性遭到了否定。小资产阶级的社会主义的这种形式不单是受历史条件制约的，在工人运动由宗派主义阶段转入群众运动阶段这个时期，这种形式起了一定的积极作用。马克思和恩格斯认为，群众性的独立的工人组织的建立、马克思主义开始同工人运动相结合、工人本身的革命发动使小资产阶级的社会主义的这种形式已完成了自己的历史使命。

在这个新的交叉点上又出现小资产阶级的社会主义的一种新的形

---

① 《马克思恩格斯全集》第1版第16卷第28—29页。

式，它是作为工人运动中的一个流派出现的。这里指的是巴枯宁主义。恩格斯对巴枯宁分子的理论和实践的批判是众所周知的。

恩格斯首先强调指出，巴枯宁的理论是小资产阶级的社会主义和共产主义的稀奇古怪的混合物①。主张造反和用革命手段消灭资产阶级社会的要求不是小资产阶级的社会主义所固有的特征。

巴枯宁的无政府主义的一个重要的特征是，它故意和马克思主义唱对台戏，因此它以独特的形式对马克思主义理论的一些极其重要的原理作出反应（口头上承认历史唯物主义、共产主义思想和无产阶级的历史作用）。在巴枯宁本人的著作和他的一些亲密的追随者的著作中可以看到一种直接反对马克思主义的越来越明显的倾向。

然而要对巴枯宁主义作全面评价是一件很复杂的事情。大家都清楚地知道，对巴枯宁和他的学说绝对不妥协的马克思和恩格斯，是以肯定的态度对待民粹派，对待西班牙的国际主义者的。他们高度评价像霍·梅萨、弗·莫拉和塞·德·巴普等等这些社会主义者所迈出的最初几步，而这些社会主义者却有很多巴枯宁思想，但是也有一些重大差别：他们没有反马克思主义思想，在如何组织无产阶级的问题上与巴枯宁有分歧，对政治冷淡主义的解释也有所不同。正是这些方面使他们有可能向科学世界观方面进化。我们知道，帕布洛·伊格列西亚斯和维拉·查苏利奇、茹尔·盖德和安德列亚·科斯塔等许多俄国的、保加利亚的、西班牙的和意大利的革命者都是从这样一条道路走过来的。

对马克思和恩格斯来说，巴枯宁主义是成长过程中的一种幼稚病。

---

① 参看《马克思恩格斯全集》第 1 版第 33 卷第 390 页。

但问题不仅如此,马克思写道,以巴枯宁为代表的落后的农民群众企图把自己关于解放的概念,自己的理想①强加给发达的国家和无产阶级组织。这个论断首先准确地揭示了小资产阶级的社会主义的这种形式——基本上站在马克思主义立场上的独立的无产阶级组织——在国际中所起的客观作用。当时一些国家的客观条件和现在是不同的,那里的革命进程也具有不同的性质。在这些国家中巴枯宁主义也起着另一种作用。这里应该强调指出的是,巴枯宁思想本身在传播过程中也发生了一定的变化。当然不能把国际西班牙联合会的思想立场,或民粹派的思想立场与巴枯宁思想本身混为一谈。

大家都知道,马克思和恩格斯对迷途的但有财产的人,对阻碍无产阶级思想发展的宗派体系的思想家和创始人,对群众性革命运动,以及那些企图寄生在这个运动身上并把自己的空想的反科学的观点强加于它的人都是加以区别并以不同的方式来对待的。

正像恩格斯所认为的那样,随着社会民主党的成立和马克思主义的深入传播,小资产阶级的社会主义的一些新的形式产生了。

第一,小资产阶级的社会主义与资产阶级的社会主义越来越紧密地结合起来,转而去武装激进派资产阶级政党,这一点恩格斯非常清楚地指出过。

第二,按照恩格斯的说法,在社会党内产生了"小资产阶级社会主义的派别"。它们口头上承认马克思主义,竭力用小资产阶级的社会主义的思想武库里的东西来"补充"马克思主义。它们把对工人运动的

---

① 参看《马克思恩格斯全集》第 1 版第 18 卷第 695—696 页。

目的和任务来说是次要的一切东西提到了首要地位；虽然它们也承认要实现根本目的，但是却把这一点放到遥远的将来去做。它们鼓吹在任何情况下活动都必须只能采取和平手段。

恩格斯认为，在像90年代的德国那样的国家里存在这样的派别是必然的，这种现象就是其他人民阶层的代表向无产阶级立场的转变，整个说来这是一个积极的过程。因此，恩格斯强调指出了小资产阶级的社会主义同在社会民主党内产生的改良主义之间的联系。他同这种现象进行了不懈的斗争。但是他提出的策略是十分灵活的；在纲领问题上决不作任何思想上的让步；经常在群众中宣传科学理论，但是在这样做的时候并不总是要求在组织上划清界限；在党员群众中作耐心的解释工作。

* * *

毫无疑问，目前的工人运动和革命运动的情况与马克思和恩格斯当时研究的情况大不相同了。但是，正像恩格斯所写的那样，"谁要是稍微详细地研究现代社会主义，谁也就应当研究运动中的那些'已被克服的观点'"。①

在我们这个时代，即社会主义从理论变为实践，变为现实的社会主义的时代，马克思主义关于社会主义的学说具有了重大的实践意义。列宁在新的条件下继承了马克思和恩格斯的遗志，继续同伪科学和空想主义的种种表现，同资产阶级和小资产阶级的意识形态对工人运动的影响

---

① 《马克思恩格斯全集》第1版第21卷第375页。

进行斗争。在他的著作中进一步发展了那些和确定非马克思主义的与非科学社会主义的形式、这些形式的演变、这种社会主义同关于社会主义的真正科学的根本区别等有关的理论问题。列宁从理论上论证了无产阶级政党必须保持思想上的纯洁性，认为这是取得革命胜利和顺利地建设社会主义的极其重要的前提。以列宁为首的党在同从合法"马克思主义"和自由主义民粹主义到小资产阶级的革命主义的极端表现，从共产主义运动中的背叛行为到"左派"幼稚病等和无产阶级格格不入的意识形态的一切表现形式的影响的斗争中积累了丰富的经验。同时列宁也教导我们对社会思想现象要作具体的历史的评价，不仅对非无产阶级阶层要采取灵活的策略，而且对它们的意识形态也要采取辩证的方法。

（原载《苏共历史问题》杂志1982年第5期）

（刘燕明 节译 李俊聪 校）

关于空想社会主义的开端问题*

〔苏〕A. Э. 施捷克利

众所周知，恩格斯是在1876年年中着手写作《反杜林论》一书的。① 保存下来的只有他的前几页草稿②，《引论》是以这样一段话开始的："现代社会主义，虽然实质上是由于对现存社会中有产者和无产者之间、工人和剥削者之间的阶级对立进行考察而产生的，但是，就其理论形式来说，起初却表现为18世纪法国伟大启蒙学者所提出的各种原则的更彻底的、进一步的发展，社会主义的最初代表摩莱里和马布利也是属于启蒙学者之列的"。③

不得不强调指出，这一段话对社会主义思想史家是很有意义的。恩格斯把摩莱里和马布利称为空想社会主义的最初代表，从而指出了法国

---

* 本文选自《马列主义研究资料》1987第3辑。

原题注：本文原标题为《〈反杜林论〉的准备材料和空想社会主义的开端问题》，译文略有删节。——编者注

① 《马克思恩格斯全集》第1版第20卷第714页。

② 恩格斯：《欧·杜林先生在科学中实行的变革》，即《反杜林论》1935年莫斯科—列宁格勒德文版第396—397页。

③ 《马克思恩格斯全集》第1版第20卷第19页。

启蒙运动各种原则的进一步发展同空想社会主义的产生之间的联系。

根据马克思和恩格斯对这些哲学家在社会主义学说史上可起的作用的高度评价,就可以认为上面援引的这段话是完全合乎情理的。早在1845年,恩格斯就打算和他的同志一起出版一套《外国杰出的社会主义者文丛》。后来发现,当时马克思也有这种设想①。恩格斯于1848年3月在给马克思的信中就这一点写道:"现在再来谈谈《文丛》。我不知道,这一套书按历史顺序编排是否最理想。由于法国人和英国人的著作要交错起来,所以发展的连贯性就要经常被打断。此外,我又想,或许最好着眼于实际效用而牺牲理论的兴趣,从那些能给德国人提供最多的材料和最接近我们的原则的著作开始;就是说,从傅立叶、欧文、圣西门主义者等人的优秀著作开始。摩莱里的著作也可以放在前面。历史发展情况可以在全套丛书的导言中作简单的介绍;这样做,即使材料那样排列,读者也容易摸着门路。导言可以由我们共同执笔;你可以写法国的,我写英国的"。②

这套《文丛》计划的草稿保存在马克思的笔记本中。③ 名单上打头的恰好是摩莱里和马布利。如果我们只记住这一点,那就会使我们在理解恩格斯修改《反杜林论》第一段的意义上遇到麻烦。

在1877年1月3日的德国社会民主党机关报《前进报》上有一段使我们感兴趣的话:"现代社会主义,就其内容来说,首先是对统治于现代社会中的有产者和无产者之间、资本家和雇佣工人之间的阶级对立和统治于生产中的无政府状态这两个方面进行考察的结果。但是,就其

---

① 《马克思恩格斯全集》第1版第27卷第26、30页。
② 《马克思恩格斯全集》第1版第27卷第26页。
③ 《马克思恩格斯全集》第1版第42卷第272、508页。

理论形式来说，它起初表现为18世纪法国伟大启蒙学者所提出的各种原则的进一步的、似乎更彻底的发展。和任何新的学说一样，它必须首先从已有的思想材料出发，虽然它的根源深藏在经济的事实中"。①

正如我们看到的，摩莱里和马布利从正文中被删掉了。何时删的，很难确定。究竟为什么恩格斯在1876年下半年不再把摩莱里和马布利视为空想社会主义的最初代表？为什么会有这样的变化？

其实，摩莱里和马布利在《前进报》首页上根本没有消失。他们的名字在同一栏的下边被提及；然而，性质已经变了。我们仔细阅读一下定稿的正文，恩格斯在谈到资产阶级在同封建主的斗争的作用，以及在后来被恩格斯称为无产阶级前身②的那个阶级在各种运动中的作用时写道："虽然总的说来，市民等级在和贵族斗争时有权认为自己同时代表当时的各个劳动阶级的利益，但是在每一个大的资产阶级运动中，都爆发过作为现代无产阶级的多少发展了的先驱者的那个阶级的独立运动。例如，德国宗教改革和农民战争时期的托马斯·闵采尔派，英国大革命时期的平等派，法国大革命时期的巴贝夫。伴随着一个还没有成熟的阶级的这些革命武装起义，产生了相应的理论表现；在16和17世纪有理想社会制度的空想的描写，而在18世纪已经有直接共产主义的理论（摩莱里和马布利）"。③

---

① 为方便起见，我们引用了这段话的1894年出版的俄译文。在这里，1894年版的文字和最初发表的文字没有什么区别，只是最后一句话中的"社会主义"一词改用了"它"字。见《马克思恩格斯全集》第1版第20卷第19页，上面附有《前进报》有关版面的复制的真迹照片。

② 《马克思恩格斯全集》第1版第39卷第461页。

③ 《马克思恩格斯全集》第1版第20卷第20—21页。

这样看来，如果以前摩莱里和马布利曾被称为空想社会主义的最初代表，那么现在在定稿中他们则以"直接共产主义的理论"创始人的身份出现。

在提到摩莱里和马布利之后，恩格斯紧接着写道："平等的要求已经不再限于政治权利方面，它也扩大到个人的社会地位方面了；必须加以消灭的不仅是阶级特权，而且是阶级差别本身。苦修苦炼的、斯巴达式的共产主义，是这个新学说的第一个表现形式"。①

正确解释引自《反杜林论》的这段话，对社会主义思想史的分期具有重要意义，否则，这个问题就会带来不少麻烦。所谓"苦修苦炼的、斯巴达式的共产主义"，也就是16至18世纪的通过各种形式宣扬财产公有的各种理论表现，或者仅仅是摩莱里和马布利的"直接共产主义的理论"，而恩格斯是怎样理解这一点的呢？

在恩格斯看来，空想社会主义和空想共产主义本身出现之前，毫无疑问，"苦修苦炼的、斯巴达式的共产主义"就已经产生了。但这是否意味着"苦修苦炼的共产主义"就是还没有历史地形成的空想社会主义的第一种形式（或第一阶段、第一个时期）呢？

我们认为，有助于解决这些复杂问题的方法是有的。在谈到恩格斯提出的社会主义史的观点时，必须认真研究这种观点是怎样最终形成为一套完整的观点，在形成过程中它的某些细节又是怎样精确化的。通过一系列的例子来说明这一点，就是本文的目的。

《反杜林论》的部分草稿的发表，为这个问题的解决提供了有价值的材料。显然，我们提出的只是初步的设想和看法，因为只有直接研究

---

① 《马克思恩格斯全集》第1版第20卷第21页。

恩格斯手稿的人，才能彻底解决在这种研究中出现的纯粹版本学方面的问题。

首先，我们想就"苦修苦炼的共产主义"这一术语简单说几句。恩格斯是在相当狭窄的意义上来使用"苦修苦炼的"① 这个词的，这不仅证明，这个词同在恩格斯看来相当重要的关于"平民的无产阶级的禁欲主义"② 这个判断有联系，而且还证明它是无可辩驳的版本考证方面的证据，即后来恩格斯作的补充说明——"苦修苦炼的、禁绝一切生活享受的、斯巴达式的共产主义"③。

看来，在我们分析的这段话的手稿中，恩格斯直接谈到了"法国的苦修苦炼的共产主义者"④，这一点是不应忽视的。

总之，事实是：从前的空想社会主义的"最初代表"摩莱里和马布利在定稿中变成了"苦修苦炼的共产主义"的代表，那是不是最初代表呢？

恩格斯的改动促使我们去思考。问题是为了表达得更确切呢，还是有更深刻的原因？定稿中"最初代表"没有了，但有"社会主义的创始人"字样，并且这些人成了另一个时代的人：圣西门、傅立叶、欧文。⑤

关于恩格斯的"苦修苦炼的共产主义"的话，是针对16至18世纪

---

① 恩格斯《反杜林论》1935年莫斯科—列宁格勒德文版第21页上讲："苦修苦炼的、斯巴达式的共产主义也是新学说的最初表现形式"。
② 《马克思恩格斯全集》第1版第7卷421页。
③ 《马克思恩格斯全集》第1版第19卷第207页。
④ 《反杜林论》1935年莫斯科—列宁格勒德文版第397页。
⑤ 《马克思恩格斯全集》第1版第20卷第282—283页。

整个时期说的,还是仅仅针对摩莱里和马布利的"直接共产主义的理论"说的,这个争论,不可能只通过在解释这段广为人知的引文时改变侧重点来解决。应把重点放在"直接共产主义"这个词上面还是放在"理论"这个词上面?要知道,这两种处理方法都是为主观判断大开方便之门。为了尽可能地避开这一点,必须掌握新的补充材料,才能使我们更好地理解恩格斯所表达的思想。然而,能够这样做的人还为数寥寥。

更仔细地研究恩格斯所掌握的各种书籍①和《反杜林论》写作过程本身,在这儿会大有好处。

苏联有一些研究空想社会主义的史学家和哲学家,长期以来忽视了很有意义的内容。在《反杜林论》的准备材料中,有一份草稿直接与本文有关。这份草稿没有被收入《马克思恩格斯全集》第二版第二十卷的材料中,但是,它早在1935年就用原文发表过。在这之前出版的由梁赞诺夫编辑的《反杜林论》中也发表过。②

恩格斯曾指出18世纪的伟大思想家没有能够超出他们所处的时代的局限性,他写道:"但是,除了封建贵族、君主制度和市民等级之间的对立,还存在着剥削者和被剥削者、从事劳动的穷人和游手好闲的富人之间的一般的对立——正是这种情况使得资产阶级的代表能够标榜自己是受苦人类的代表;也已经存在着工人和资本家之间的对立,虽然形式还不发达,还没有突出表现出来。这种情况就促使一些人在他们的批判中走得更远:把平等的要求不仅施用于政治权利的平等,而且扩大到

---

① 例如,在苏共中央马列主义研究院里存有尚未研究的托·莫尔的《乌托邦》一书。很明显,恩格斯在此书上亲手做了标记。

② 《反杜林论》1982年莫斯科德文版第396—397页。

社会地位的平等，要求消灭阶级差别。在圣西门那里，两种倾向交织在一起；在法国的苦修苦炼的共产主义者那里，占统治地位的是后一种〔倾向〕，而欧文在一个资本主义生产最发达的国家里，在这种生产所造成的种种对立影响下，系统地阐述了后一种倾向：使之成为一种直接衔接着法国唯物主义的体系。"①

我们曾不得不注意援引的那段话和紧接在后面的那个涉及 16 至 18 世纪的提纲草稿的重要性。我们在这儿只要求正确理解上述引文。正如我们看到的，初稿中既没有 16 到 17 世纪的革命浪潮，也没有与之相适应的理论表现。过去在谈到启蒙运动时，在谈到理论方面时，社会主义的最初代表是摩莱里和马布利。

这一点应该特别强调指出。作为定稿中的"苦修苦炼的共产主义"② 这种表述方法的基础的思想也反映在草稿中：工人和资本家之间的对立，"促使一些思想家在他们的批判中走得更远：把平等的要求不仅扩大到政治权利的平等，而且扩大到社会地位的平等，要求消灭阶级差别。"

把援引的那段话同恩格斯关于摩莱里和马布利是空想社会主义最初代表的话，即那段草稿中的话作了比较之后，自然而然地就得出这样的结论：高度评价摩莱里和马布利的作用，正是因为他们要求消灭阶级差别，从而把平等的原则扩大到社会地位上去。

然而，我们不应忽视初稿中提到的"法国的苦修苦炼的共产主义

---

① 《反杜林论》1982 年莫斯科德文版第 396—397 页。
② "平等的要求已经不再限于政治权利方面，它也扩大到个人的社会地位方面了，必须加以消灭的不仅是阶级特权，而且是阶级差别本身。"（《马克思恩格斯全集》第 1 版第 20 卷第 21 页）

者"的具体上下文，这些人列在圣西门之后。由此不难得出结论：恩格斯在这儿指的是从时间上讲接近圣西门的那些人，即带有粗俗平均主义和苦行僧主义倾向的"工人共产主义"的追随者。

但是，是否可以断定，正是这些人确立了要求消灭阶级差别本身的方针？不可以，这种方针在他们那里曾"占统治地位"，然而从前，在圣西门那里，这种方针同只限于要求政治权利平等的方针"交织在一起"。这种方针（后来在定稿中称为"无产阶级的"方针）在圣西门之前就已存在了。这种方针是由"一些"不愿意容忍工人和资本家之间的对立的"人"确立的，他们在批判现行制度方面比其他人走得更远，并且坚决要求消灭阶级差别。正是这个方针被以法国唯物主义为依据的欧文发展成为体系。

如果恩格斯把"法国的苦修苦炼的共产主义者"视为在巴贝夫及其继承者（他们是在摩莱里和马布利的学说上发展起来的）的思想影响下产生的"工人共产主义"的追随者，那么，下述结论就是合情合理的：在恩格斯看来，正是摩莱里和马布利是从哲学上论证了消灭一切阶级差别、创立了"直接共产主义的理论"的"那些人"。

很有可能，"苦修苦炼的共产主义者"同巴贝夫及其思想上的先驱者的联系本身，使得恩格斯产生了进行简要"历史叙述"是适宜的这种念头。"这种对立从一开始起就是资产阶级的发展所固有的。托·闵采尔、平等派、托·莫尔的《乌托邦》等"[①] 在这个简短的提纲笔记中出现时，摩莱里和马布利在手稿中还是作为社会主义的最初代表出现的。

---

① 《反杜林论》1982年莫斯科德文版第397页。

提到"法国的苦修苦炼的共产主义者"及其无产阶级的或者平民无产阶级的平等观念,就联想到"苦修苦炼的共产主义"的思想根源和社会根源。恩格斯打算考察,随着资本主义生产方式的出现,由于这种生产方式产生的对立,如何出现了无产阶级前身的各种独立的革命意向和相应的理论表现。

在阐述这个提纲时,定稿又补充了一段话,在这段话中摩莱里和马布利又得到了新的评价,成为"直接共产主义的理论"的创始人。草稿中称他们为社会主义的最初代表的那段话相应地给删掉了。

我们有些疑惑不解,要是同意恩格斯把16世纪前几十年定为"苦修苦炼的共产主义"的开端(苏联许多学者把它视为"早期空想社会主义"),那么,它的最初代表就不会是摩莱里和马布利,而是托·莫尔和闵采尔。由此是不是可以说,恩格斯在写作《引论》时,大大改变了自己关于社会主义史的观点?初稿正文的修改不限于对摩莱里和马布利的"地位改变"。定稿中出现的"历史叙述"使我们的推论有了很大余地,并且恩格斯对闵采尔的评价也有了某些变化。如果说,恩格斯过去从来都没有写过闵采尔的学说已经是共产主义学说了,相反地却指出过,就其学说的整个革命性来说,它只是"接近于共产主义",具有"共产主义思想的微光",① 那么现在好像可以得出结论:闵采尔是"苦修苦炼的共产主义"的主要人物之一,如果不是它的创始人的话。

应该考虑到,如果对闵采尔思想真的作了重新理解,那么这种重新理解不一定要同摩莱里和马布利的"地位改变"、同1876年下半年的修改正文联系起来。这种重新理解也可在恩格斯有关德国农民战争时期的

---

① 《马克思恩格斯全集》第1版第7卷第414、405页。

札记中找到反映。恩格斯在写作《自然辩证法》的《导言》初稿时写道:"现代自然科学……是和封建主义被市民阶级所粉碎的那个伟大时代一起开始的,——在市民和封建贵族间的斗争背后是造反的农民,而在农民背后是现在无产阶级的革命先驱,他们已经手里举着红旗,口里喊着共产主义"。①

这个《导言》的初稿写于 1874 年底。② 既然闵采尔是他那个时代的最激进的思想家,那就可以设想,在提到无产阶级前身"口里喊着共产主义"时,这就间接地表明了人所共知的恩格斯对闵采尔思想所作的重新评价。恩格斯这时是不是就已准备承认闵采尔的学说就是共产主义了呢?

但是,这种设想不能成立。恩格斯的《德国农民战争》一书的生前最后一版是在 1875 年出版的,也就是在写《自然辩证法》的《导言》的手稿之后。无论在 1875 年版中,还是在过去的两版(1850 和 1870)中,闵采尔的政治纲领仅仅被看做"接近共产主义"。

曾在草稿中出现的无产阶级前身的"口里喊着共产主义"的话,丝毫不能证明恩格斯关于 16 世纪盛行的财产公有的要求的观点有什么变化。这一点从写作日期可能是 1875 年的《自然辩证法》有关的一段话的定稿中可以看得很清楚。③ 恩格斯在那里把"口里喊着共产主义"这句话改写成:"口里喊着财产公有的要求"。④

如果恩格斯现在认为,闵采尔及其追随者是"苦修苦炼的共产主

---

① 《马克思恩格斯全集》第 1 版第 20 卷第 533 页。
② 《马克思恩格斯全集》第 1 版第 20 卷第 756 页。
③ 《马克思恩格斯全集》第 1 版第 20 卷第 756 页。
④ 《马克思恩格斯全集》第 1 版第 20 卷第 360 页。

义"的热心拥护者,那么这个修改是完全含糊不清的。

没有事实可以证明,恩格斯曾倾向于把关于财产公有的任何号召看做空想社会主义史的一页。相反地,我们关于恩格斯对考茨基发起并完成的《社会主义史论文集》的态度所了解的一切,都证明不是这样。恩格斯不同意对社会主义的"广义"解释。考茨基搜罗一批形形色色的学说来冒充"社会主义史",而恩格斯则把这些学说仅仅看做社会主义的"史前史"。

即使这样,恩格斯还是认为必须用简要的"历史叙述"来补充《引论》的内容,改变摩莱里和马布利的"地位"。

这段简短的笔记表明,恩格斯在考虑无产阶级的平等观念的起源时,没有仅仅局限于法国一个国家。他想到的不只是启蒙时代,他想到的是遥远的过去,是资本主义生产造成的对立的最初表现,是在德国、英国、法国对这种对立的最初反映。

既然如此,当我们设想恩格斯在谈到"苦修苦炼的、斯巴达式的共产主义"时,首先指的是摩莱里和马布利的理论,这是不是表明我们对"法国方面"的偏爱太过分了呢?如果说这一点对草稿中出现的"那些人"是公正的话,那么从后来历史叙述的这段简短笔记中也得不到证实。恩格斯在定稿中提到了闵采尔、平等派、巴贝夫,提到了"理想社会制度的空想的描写",这样一来,是不是就像我们过去所说的,他就扩大了对研究平民无产阶级的平等观念作出贡献的"那些人"的范围了呢?

我们对这一问题的回答是肯定的。但是,我们在这里要指出另一个比较重要的情况:就是在《引论》的初稿、有补充说明的提纲笔记、"历史叙述"本身和《反杜林论》的定稿的前几页之间,在我们看来,没有任何原则上的差别。无论原始笔记,还是最终修改稿,总的观点是一致的。只能说,为了使主要思想更加具体化,而作了个别的改动和补充。

但是对摩莱里和马布利的"奖赏"又是怎么回事呢?原来在初稿中他们曾经是社会主义的"最初代表",为什么在定稿中他们的称号又消失了呢?

这里所说的不是对他们在社会思想史上的作用从根本上的重新评价,只是表述方法上的确切问题。显然,恩格斯认为,各种共产主义的理论的产生是空想社会主义的第一个表现形式,这些理论后来成了产生作为早期的平均共产主义实质的无产阶级平等观念的基础。

"苦修苦炼的共产主义"的出现本身,标志着社会思想发展中的飞跃。"苦修苦炼的共产主义"同关于财产公有的其他的甚至最激进的学说的本质区别主要就是,关于消灭一切特权和一切阶级差别的号召首次摆脱了自己的宗教形式。完全平等和公有的必要性首次建立在唯理论哲学的论据的基础上。"苦修苦炼的、斯巴达式的共产主义"的理论基础是摩莱里和马布利的"直接共产主义的理论"。

"苦修苦炼的共产主义"是在圣西门、傅立叶和欧文开始活动之前产生的。这一点表明这个概念不仅影响到摩莱里和马布利的理论,而且,在我们看来,它还包含在巴贝夫及其继承者的学说中。恩格斯在对《社会主义从空想到科学的发展》这本小册子作补充时,显然也提到了关于巴贝夫的思想。①

---

① 对"苦修苦炼的、斯巴达式的共产主义"一句话作了补充:"禁绝一切生活享受的"。(《马克思恩格斯全集》第1版第19卷第207页)

恩格斯认为摩莱里和马布利在共产主义思想史上起了很重要的作用。对他们"改变头衔"完全不能说明恩格斯在这一点上有什么怀疑。他从前也认为，两个启蒙学者和巴贝夫一样，都是法国共产主义的创始人。马克思和恩格斯早在青年时代就认为，必须划清"真正社会主义"和共产主义的体系（圣西门、傅立叶和欧文的体系）同带有粗俗的平均主义和禁欲主义（包括巴贝夫）色彩的其他学说的界限。但是，《共产党宣言》中针对巴贝夫讲的严厉的词句①，并不意味着巴贝夫及其思想上的鼓舞者不再被看做法国空想共产主义的一部分。

因此，对摩莱里和马布利"改变头衔"证明，恩格斯在继续写作《反杜林论》时，打算更明确地划清圣西门、傅立叶和欧文，即真正的空想社会主义创始人的学说同先于他们的摩莱里和马布利的"直接共产主义的理论"之间的界限。同时他也强调指出了那些被称为"苦修苦炼的共产主义"学说的独创性和重要性。这一点在定稿中直接得到了印证："苦修苦炼的共产主义"是空想社会主义的最初表现形式。

为了避免可能出现的误解——最初把摩莱里和马布利说成是社会主义的最初代表，之后又把其他人称为社会主义的创始人，恩格斯就对正文作了一些改动。摩莱里和马布利仍旧保留自己的特殊地位——"直接共产主义的理论"的创始人。

如果从相反的观点来设想：恩格斯把"苦修苦炼的共产主义"理解为空想社会主义发展的第一阶段（从托·莫尔和闵采尔起到摩莱里和马布利止），那么这一点不仅与18世纪和19世纪上半期的苦修苦炼的共产主义思想传播的真实历史相矛盾，而且也与对恩格斯修改正文的考

---

① 《马克思恩格斯全集》第1版第4卷第499页。

证结果相矛盾。在初稿中,"法国的苦修苦炼的共产主义者"是作为圣西门和欧文的同时代人出现的。

在恩格斯看来,"苦修苦炼的共产主义"不是以摩莱里和马布利的理论为终结,相反,在我们看来,它是从他们的"直接共产主义的理论"开始的。他们的思想对巴贝夫及其30至40年代的追随者,对法国的和德国的"工人共产主义"的形成产生了巨大的影响。

不管我们怎样理解恩格斯所说的"新学说的最初表现形式",都不能忽视:"苦修苦炼的共产主义者"的、巴贝夫的追随者及巴贝夫精神导师的思想已成了空想共产主义的不可分割的一部分。

必须记住,在恩格斯看来,"苦修苦炼的共产主义"是新学说(即社会主义),以法国启蒙运动的思想为依据的新学说的第一个表现形式。摩莱里和马布利在社会主义思想史上起过杰出的作用:在恩格斯看来,他们创立了"直接共产主义的理论",在我们看来,他们奠定了"苦修苦炼的共产主义"的理论基础。

我们试图把研究人员的注意力放在这一点上,正如我们所希望的,这将至少有助于对问题本身的复杂性的理解。

现在没有任何证据可以说明,恩格斯在写作《反杜林论》时改变了自己关于闵采尔学说的观点。很难相信,对《乌托邦》的文艺复兴时代的精神感受颇深的恩格斯,会突然把托·莫尔和康帕内拉看做"苦修苦炼的共产主义"的拥护者。很难想象,本人的思想仅仅"接近于共产主义"的闵采尔,或者作为"理想社会制度的空想描写"的创始人之一的莫尔,能够在恩格斯的心目中成为空想共产主义的鼻祖,而具有"直接共产主义的理论"的摩莱里和马布利却仅仅是他们的继承者。

我们在考察《引论》初稿的开头几行时，好像忽略了恩格斯强调指出的"现代社会主义"几个字。然而，如果要逐字推敲这句话，就会发现，如何看待"最初代表"的问题，远远不像想象的那么简单。

凡是认为恩格斯把社会主义思想史的最初阶段不是算作16世纪，而是算作18世纪的人，首先应该对包括在草稿中的补充材料感到满意。这样一来，恩格斯不就把摩莱里和马布利看做空想社会主义的最初代表了吗？而人们是不是没有重视恩格斯强调指出的"现代社会主义"几个字？其实，这个现代社会主义的最初代表（在译文中成了："这种社会主义的最初代表"）就是摩莱里和马布利。但是，如果他们是这种"现代"社会主义的最初代表，那么，显然还存在着另一种社会主义，不是现代的，而是更早的社会主义。不论怎么称呼，叫"从前的社会主义"，还是直接叫"社会主义"，它的创始人难道就不是摩莱里和马布利，而是托·莫尔或者闵采尔吗？

但是，在定稿中，除了"现代社会主义"外，还一般地提到了"社会主义"。而且，正是一般的"社会主义"，同任何新的学说一样，是从已有的思想材料出发的。在这里指的是法国启蒙运动的各项原则。然而，提到这些原则的第二句话，指的好像不是一般的社会主义，而是"现代社会主义"，因为主语"它"指的是"现代社会主义"，即第一句话开头的几个字。

我们对原文还存有疑问。在那里根本没有提到一般的"社会主义"，无论在第二句话中，还是在第三句话中，都用的是"它"。也就是说，指的可能是"现代社会主义"？德文初稿正文在这里同样也不明确，要是在这儿逐字推敲正文，摩莱里和马布利就是"现代社会主义"的最初代表。

当我们确信俄文版中的出现的社会主义（指的是空想社会主义）不用于"现代社会主义"时，情况变的更加复杂了。这种推断是译者或者编者的。①

在我们看来，比作为法国启蒙运动各项原则的进一步发展的空想社会主义还要早的社会主义，是没有存在过的。

"苦修苦炼的共产主义"在何种程度上先于真正的空想社会主义，而且在自己发展的哪个阶段上成了空想社会主义的不可分割的一部分——这个问题需要作专门的研究。

现在不能说，苏联历史学者已经彻底弄清了有关马克思和恩格斯在政治斗争和理论活动的不同时期对"粗俗的共产主义"态度的一切问题。但有一点是没有疑问的：平均主义的倾向和对"平民的无产阶级禁欲主义"的说教成为当时马克思和恩格斯尖锐批判的对象，因为关于这类粗俗的平均主义的号召变成了落后于时代的现象，它们阻碍了群众的阶级意识的提高，束缚了革命的主动精神。

因此，必须把下述两种情况明确区分开来：一方面，关于人人平等和禁欲主义的禁绝需求的号召本身带有反动的性质，而另一方面，这些号召——特别是在遥远的过去——曾帮助唤起被压迫人民去争取自身的解放，促使他们摆脱千百年来的不觉悟状态。

在谈到必须进一步深入研究恩格斯关于空想社会主义形成的论断时，我们就会看到，这种研究不仅为将来的理论研究打下了基础，而且

---

① 推断完全可以弄明白。如果认为《反杜林论》的《引论》开头的"现代社会主义"就是"科学社会主义"的同义词，那么，怎样理解从草稿中得出的结论：摩莱里和马布利就是"现代社会主义"的最初代表？这一点表明，仔细分析一下"现代社会主义"这一概念在这种情况下表示的是什么，该是多么必要。

还激发了对具体历史研究的热情。

还有一种观点，它比过分夸大16至17世纪空想主义者在共产主义思想史上的作用的观点招来更多的困扰。按照这种观点，研究这些空想主义者的著作之所以必要，好像是因为它们是空想社会主义的一部分，就应成为马克思主义的来源之一。例如，在前不久出版的《早期空想共产主义》一书中就把莫尔、康帕内拉和韦拉斯的空想学说评价为马克思主义的理论来源。

不，莫尔、康帕内拉和韦拉斯的空想学说决不是马克思主义的理论来源。遗憾的是，我们不得不提起这一点，列宁曾强调指出：马克思的"学说的产生是哲学、政治经济学和社会主义的最伟大代表的学说的直接继续……马克思的学说是人类在19世纪所创造的优秀成果——德国的哲学、英国的政治经济学和法国的社会主义的当然继承者"。[①] 列宁在这儿提到19世纪，这不是偶然的，因为正是列宁在19世纪的最伟大的成果中，而不是在遥远的过去，找到了马克思主义的来源。

在《反杜林论》中，还有一段话与我们研究的题目有直接的关系。看来，在探讨实际上是否有过"16至18世纪早期空想社会主义"这个问题时，这段话通常被忽略了，恩格斯写道："自从资本主义生产方式在历史上出现以来，由社会占有全部生产资料，常常作为未来的理想隐隐约约地浮现在个别人物和整个整个的派别的脑海中"。[②]

关于恩格斯的这个思想同曾经流行过的关于古希腊罗马和封建时代存在过"社会主义思想"的观点相比是多么重要这个问题，我们将不

---

① 《列宁全集》第1版第19卷第1—2页。
② 《马克思恩格斯全集》第1版第20卷第306页。

再讨论了。但有一点应该注意，恩格斯在谈到关于生产资料公有化的各种早期号召就是资本主义登上历史舞台的结果时，对"苦修苦炼的共产主义"的任何表现只字未提。他把这些思想仅仅看做个别人物和整个整个的派别都在宣扬的"未来的隐隐约约的理想"。

这里还有一点需要认真地考虑一下。苏联的史学家和哲学家还没有写出人们迫切需要的著作：他们没有确定16至18世纪那些五花八门的但表面又很相像的空想学说的实质区别。

在我们看来，甚至包括生产资料公有化的设想（关于早期的和模糊的"财产公有"就更不用说了），都不能仅仅由于这一点而被看做空想社会主义的纪念碑，因为我们没有弄清，这些设想是在什么样的历史条件下产生的，主要的是，它们反映的是哪些阶级的利益。生产资料公有化的思想的产生，很明显，与其说是由于封建主义的普遍危机，不如说是由于工场手工业的生产方式取得的实际成就。这也就是在这种公有化的拥护者没有认识到这种依赖关系，而在援引《使徒行传》或者《自然权利》的情况下出现的。

不应忘记，在资本原始积累时代，首先维护切身利益的各阶层或各阶级的人们企图利用生产资料公有化的优越性的恩怨，来达到自己的目的。远不是任何关于财产公有的号召都能被称为"共产主义的"号召，远不是任何谈论虚构的国家（这里似乎在某种程度上实行"公有"原则）的空想学说都属于空想共产主义之列。过去的一些空想学说结合各种形式的集体劳动来宣扬"财产公有"，这无助于消灭阶级差别，反而会加深社会的不平等。社会思想史家不应忽视这样一点：在很早的各种空想方案中，"财产公有"是为什么服务的，是为真正平等的胜利服务，还是相反地，为继续阻挠这种平等的实现服务。

在早期空想社会主义者那里,如果"财产公有"本身在虚构的理想国家中不能消灭特权和阶级差别,那么,这种"公有"就没有提供足够的理由使我们把这些早期空想主义者的空想学说算作空想共产主义之列。

然而,我们还是回过头来看看我们正在分析的《反杜林论》的那段话。甚至有些专门研究社会主义思想史的方法论问题、研究"16 至 18 世纪空想社会主义"同真正空想社会主义和共产主义相互关系的作者,都没有对恩格斯关于"苦修苦炼的共产主义"所作的表述本身给以应有的注意。结果,空想社会主义的"第一个形式"和它的最初的表现形式就没有任何区别了。

但是,要知道这根本不是一回事。恩格斯在《反杜林论》中提醒我们要防止出现这样的混淆。杜林不懂得马克思,他把马克思庸俗化了,他声称,好像马克思认为资本是在 16 世纪初由货币产生的。恩格斯接着写道:"这就等于说,金属货币是三千多年前由牲畜产生的,因为在以前牲畜和其他东西一样也承担过货币的职能。只有杜林先生才能采取这样笨拙的和不恰当的表达方式。在马克思关于商品流通过程赖以进行的经济形式的分析中,货币是以最后的形式出现的,'商品流通的这个最后产物是资本的最初的表现形式'"。①

马克思和恩格斯多次指出,必须把一事物最初的经验的表现形式和该事物的原因区分开来。②

可以相信,学习马克思和恩格斯的有关论述,能使我们从关于空想

---

① 《马克思恩格斯全集》第 1 版第 20 卷第 220 页。
② 《马克思恩格斯全集》第 1 版第 23 卷第 2 页。马克思在《资本论》中指出:"这种表现形式有时掩盖了现实关系,正好显示出它的反面。"

社会主义史初期阶段的争论的困境中摆脱出来，这些争论有时不仅带有主观性质，而且还有点烦琐。如果我们学会把每一个受历史制约的平等和财产公有的要求看做历史发展的结果，那么，关于空想社会主义"鼻祖"的争论就会变成另一种情况，也就是说争论将成为多余的，应该学会把恩格斯的哪些话看成重点，如何划分真正空想社会主义、"直接共产主义的理论"同先于它们的关于财产公有和平等的各种学说的界限。

如果我们开始重视研究发展的辩证法，那么，还有什么会妨碍我们做到下一步呢？例如，我们把摩莱里和马布利的"直接共产主义的理论"，不仅看做空想社会主义的最初表现形式，而且看做在平等观念长期形成过程中的以前阶段的最后结果。这些平等观念不仅反映出资本家和无产阶级前身之间的对立，而且是与无产阶级前身的独立的革命意向相适应的。

我们深信，仔细认真地研究马克思和恩格斯关于表现形式和实质的区别的所有论述，是从理论上正确认识"苦修苦炼的共产主义"在社会主义思想史上的作用的唯一途径。

[原载《社会主义学说史（论文集）》1985年莫斯科版]

（李锁贵 译　王治平 校）

关于"苦修苦炼的共产主义"的概念*

〔苏〕阿·恩·施捷克利

用于本文标题的这一令人不习惯的词组会立即引起人们坚决的反对。熟悉《反杜林论》和《社会主义从空想到科学的发展》的读者们不难证明本文作者用词有失准确的地方,因为在这两篇著作中讲的是"苦修苦炼的、斯巴达式的共产主义"[1]。但我们就是想把"苦修苦炼的共产主义"作为探讨的题目。原著也给了我们这个权利。[2] 尽管苏联的

---

* 本文选自《马克思恩格斯研究》1991年总第7期。

[1] 见《马克思恩格斯全集》第1版第20卷第21页和第19卷第207页(恩格斯在把《反杜林论》中的三章改写为一篇独立著作出版时,在此处还对正文作了一些补充)又见《马克思恩格斯全集》第1版第19卷第624—625页和第20卷第698页。

[2] 恩格斯:《欧·杜林先生在科学中实行的变革》1935年莫斯科—列宁格勒德文版。参看《马克思恩格斯全集》第1版第20卷第21页:"伴随着一个还没有成熟的阶级的这些革命武装起义,产生了相应的理论表现。在16和17世纪有理想社会制度的空想的描写,而在18世纪已经有直接共产主义的理论(摩莱里和马布利)。平等的要求已经不再限于政治权利方面,它也扩大到个人的社会地位方面了。必须加以消灭的不仅是阶级特权,而且是阶级差别本身。苦修苦炼的、斯巴达式的共产主义,是这个新学说的第一个表现形式。"

历史学家、哲学家和经济学家在撰写各种空想共产主义学说的论著时通常不使用"苦修苦炼的共产主义"这个概念，但是我们丝毫不会因为这种情况而犹豫不决。不管怎样，就我们所知，目前尚无专门论述"苦修苦炼的共产主义"的理论文章。公正而言，这个概念的"和缓的"表达方式（"苦修苦炼的、斯巴达式的共产主义"）在这方面的遭遇并不更好些。我们的百科全书①、学术资料②的专著③都回避使用这个概念，有时只简单地提到"斯巴达式的共产主义"。④

按照我们的观点，所有这一切都无助于我们弄清恩格斯的观点，也无助于解决这样的问题：为什么在《反杜林论》中出现了"苦修苦炼

---

① 我们只是谈对这个概念本身的分析，尽管在关于马布利的条文中也提到，他的共产主义是苦修苦炼的共产主义。参看《哲学百科全书》1964年莫斯科版第3卷第272—274、504—505页，1979年莫斯科版第5卷第292页；《苏联历史百科全书》1965年莫斯科版第8卷第875—876页，1966年莫斯科版第9卷第691—692页，1973年莫斯科版第14卷第902页。同时在《哲学史》（1941年莫斯科版第2卷第338页）中仅仅指出："马布利和摩莱里的学说带有禁欲主义的色彩并且宣传小资产阶级的平均主义。"

② 参看谢·鲍·卡思：《社会主义思想史（马克思主义出现以前）教程》1963年莫斯科版，1967年莫斯科第2版第38—51页；H. E. 扎斯坚科尔：《社会主义思想史概论》1985年莫斯科版第151—163页。

③ 参看维·彼·沃尔金：《社会主义思想史》1928年莫斯科—列宁格勒版第1部分第205—220页；维·彼·沃尔金：《法国空想社会主义》1960年莫斯科版第34—48、52—56页；C. C. 萨福洛诺夫：《马布利的政治和社会思想》，载《社会政治思想史文集》1955年莫斯科版第238—264页。

④ H. E. 扎斯坚科尔：《社会主义思想史概论》第53页。作者专断地引用《反杜林论》中的这个地方并断言，在那里"所讲的'斯巴达式的共产主义'就是新学说的第一个表现形式"。

的共产主义"这一概念以及说明这一概念的一些文字。许多研究人员使用貌似明确实则模糊不清的术语:"粗陋平均的(或兵营式的)共产主义",这种共产主义似乎无任何时空限制,出现于人类历史上各个完全不同的时期,出现于古代中国或近东,出现于中世纪欧洲的修道院和异教运动中,出现于叛乱的农民和密谋反叛的平民中间,出现于19世纪上半叶的革命事件中和工人们的传单上。直到今天①,这种几乎具有"超越历史"意义②的关于"粗陋的平均(兵营式的)共产主义"的理解使得在贫乏的永恒的平均主义倾向同"粗陋的"无产阶级的共产主义之间寻找界限的任何尝试都成为多余之举。

必须反对对"粗陋的平均共产主义"作无限制的诠释,而应该对其进行具体的研究。例如,我们确信,无论苏联史学有时对格·巴贝夫及其30—40年代热情的追随者们如何过分

赞扬,但他们任何时候都未曾达到自己先辈们,即摩莱里和马布利的思想水平,③ 尽管他们喜欢引用摩莱里和马布利的话。

此外,如果我们真想弄清,恩格斯关于社会主义思想发展的概念是如何形成的,就应该认真分析与"苦修苦炼的共产主义"有关的一切东西。

---

① A.M.阿尔扎马斯采夫:《兵营式的"共产主义"评论概要》1974年莫斯科版;利·加·苏别尔芬:《马克思和恩格斯对粗陋的平均共产主义的批判(经济方面)》1975年莫斯科版。

② 阿·思·施捷克利:《平等与自由、论对"兵营式的共产主义"概念的研究》,载《社会主义学说史》1989年莫斯科版。

③ 菲力浦·邦纳罗蒂:《为平等而密谋》,又名《巴贝夫的密谋》1948年莫斯科—列宁格勒版第1卷第12、14、64、67页;第2卷第52、218页。

这个概念并不是一开始就出现在手稿中的。甚至从《反杜林论》开头一段的注释中可以看出，恩格斯在写作的过程中大大改变了其对摩莱里和马布利在空想社会主义的历史中的作用的评价。① 开头那段文字几乎将初稿作了完全的复述。

在马克思和恩格斯著作的准备材料中，能使研究马克思和恩格斯遗产的历史学家相当可靠地考察某一观点的产生过程的材料并不多。《反杜林论》引论草稿就属于此类材料，而对于所有对恩格斯社会主义历史观点的演变过程感兴趣的人来说这份草稿至为重要。然而，很遗憾，必须承认，对草稿的研究仍处于初级阶段，如果说我们所提出的解释使某些问题已更加清楚，② 那么，不言而喻，仍有很多课题需要研究。

对《引论》草稿及其定稿之间的关系的长期思考越来越使人们确信，所提出的问题十分复杂。最新发表的《反杜林论》的准备材料的译文③适时地使人们再次回到那些依旧令读者无法回避的不清楚的问题上来。④

---

① 《马克思恩格斯全集》第1版第20卷第19页。

② 阿·恩·施捷克利：《恩格斯论空想社会主义的初级阶段》，载《马克思列宁主义和国际工人运动史论丛》1982年莫斯科版115—143页；阿·思·施捷克利：《〈反杜林论〉的准备材料和关于空想社会主义开端问题》，载《社会主义学说史》1985年莫斯科版第25—44页。

③ 《弗里德里希·恩格斯的新文献》，载《共产党人》1985年第18期第3—7页，由苏共中央马列主义研究院整理发表。《反杜林论》的《引论》草稿还收在不久前出版的9卷集的《马克思恩格斯选集》1986年莫斯科版第5卷第631—635、727、728页。

④ 阿·思·施捷克利：《关于弗里德里希·恩格斯新文献的发表》，载《社会主义学说史》1988年莫斯科版第3—11页。

恩格斯在定稿中写道，尚未成熟阶级（后来他称之为"无产阶级前身"）的革命行动是与相应的理论行动同时①进行的："……在十六世纪和十七7世纪有理想社会制度的空想的描写，而在十八世纪已经有直接共产主义的理论（摩莱里和马布利）"。恩格斯在这里阐明了自己的观点："平等的要求已经不再限于政治权利方面，它也扩大到个人的社会地位方面了，必须加以消灭的不仅是阶级特权，而且是阶级差别本身。苦修苦炼的、斯巴达式的共产主义，是这个学说的第一个表现形式。"②

但"新学说"指的是什么呢？自然是"空想社会主义"。然而，当我们潜心阅读《引论》的第一段时，却没有这种说法，可是我们看到：新的理论是"社会主义"。如果我们没有浏览到脚注中的内容的话，我们可能会感到一种满足，而脚注的内容清楚地表明，从摩莱里和马布利起，就开始了"现代社会主义"。似乎是为了加重我们的疑虑，恩格斯还在这几个字下加上着重号。

我们认真重温一下《引论》定稿开头部分："现代社会主义，就其内容来说，首先是对统治于现代社会中的有产者和无产者之间、资本家和雇佣工人之间的阶级对立和统治于生产中的无政府状态这两个方面进行考察的结果。但是，就其理论形式来说，它起初表现为18世纪法国伟大启蒙学者所提出的各种原则的进一步的、似乎更彻底的发展。和任何新的学说一样，它（中文是按德文版译的，按俄文版应为社会主

---

① 关于译文需要修改的意见，请见阿·恩·施捷克利：《恩格斯论空想社会主义的初级阶段》，载《马克思列宁主义和国际工人运动史论丛》1982年莫斯科版第116—120页。

② 《马克思恩格斯全集》第1版第20卷第21页。

义。——译者注）必须首先从已有的思想材料出发，虽然它的根源深藏在经济的事实中。"① 接下来恩格斯论述了伟大人物是如何在法国为行将到来的革命而启发人们头脑的。②

在所摘引的这段话中，与"现代社会主义"一起还简单地提到了"社会主义"。从上下文不难看出，后者指的是发展了法国启蒙运动原则的空想社会主义。那么，代替空想社会主义的就是"现代社会主义"了吗？由此完全不难得出结论，"现代社会主义"也就是"科学社会主义"。

如果不是以注释的形式出现在同一页上的恩格斯的草稿，没有什么会打破这个结论的自然逻辑性，注释写道："现代社会主义，虽然实质上是由于对现代社会中有产者和无产者之间，工人和剥削者之间的阶级对立进行考察而产生的，但是，就其理论形式来说，起初却表现为18世纪法国伟大启蒙学者所提出的各种原则的更彻底的、进一步的发展，社会主义③的最初代表摩莱里和马布利也是属于启蒙学者之列的。"④

在这里怎能不让人感到困惑呢？定稿使人认为，"现代社会主义"是从空想社会主义发展而来的，而在手稿中却是另外的说法：摩莱里和马布利竟然是现代社会主义的最初代表。查看一下《名目索引》就更加深了我们的怀疑：恩格斯在《引论》的第1页上提到的"现代社会

---

① 《马克思恩格斯全集》第1版第20卷第19页。
② 《马克思恩格斯全集》第1版第20卷第19—20页。
③ 中译文此处不够明确，按俄文应为"这种社会主义的"，按德文为"它的"即现代社会主义的。——译者注
④ 《马克思恩格斯全集》第1版第20卷第19页。

主义"是指"科学共产主义"。①

我们承认,只有依据定稿的译文才能得出这样的结论。但在同一页上又一次提到了,"现代社会主义",这就完全排除了作这种推测的可能性。难道恩格斯会在两段文字中将完全不同的内容加进"现代社会主义"这同一个概念之中吗?虽然我们现在所分析的这一段摘录在准备付印时经过重大的修改,但我们没有理由认为,似乎在最初的草稿和最后的定稿之间的这一段短暂时间里(即1876年下半年),《反杜林论》的作者会彻底改变对"现代社会主义"这个概念的理解。

为寻找《名目索引》对正文这种说明的解释所作的努力并非没有成效。我们终于发现,造成业已出现的不同版本之间的混乱的基本原因是译者或编辑在俄文版中所作的未加任何说明的任意猜测。② 猜测的"作者"很可能是由于确信,"现代社会主义"就是"科学社会主义"的同义词,而把"社会主义"直接放到了原文"它",(即"现代社会主义")的位置上去了。③ 而且,尽管《反杜林论》多次再版,但没有

---

① 《马克思恩格斯全集名目索引(第1—39卷)》1986年人民出版社版上册第753—754页。

② 阿·思·施捷克利:《关于弗里德里希·恩格斯新文献的发表》,载《社会主义学说史》1988年莫斯科版第5—6、8—9页;《〈反杜林论〉的准备材料和关于空想社会主义开端问题》,载《社会主义学说史》1985年莫斯科版第40页。

③ 《反杜林论》德文版第396页;《马克思恩格斯选集》(9卷集)第5卷第631页:"和任何新的学说一样,现代社会主义(着重号是我们加的。——阿·施捷克利)必须首先从已有的思想材料出发,虽然它的根源深藏在经济的事实中。"草稿的错误译文终于得到改正,但是当读者亲眼看到定稿(事实上仍是那段文字!)在这里(第13、303页)仍沿用原来的、以毫无根据的未加说明的猜测为依据的译文时,他们未必会感到满意。

一个编辑注意到：在翻译定稿时所作的猜测由于与草稿处在同一页上，引起了一个令人困惑不解的问题，即关于"现代社会主义"，在两个稿子中所具有的内容的问题。

然而，如果我们仅局限于希望摒弃不必要的猜测并在今后不再按明显错误的译文刊印这段文字，那就会使问题过于简单化了。而主要的复杂问题在另一个方面：如何解释，在草稿中作为"现代社会主义"的最初代表出现的摩莱里和马布利，在定稿中却失去了这个地位？我们试图在某种程度上"弱化"如此突兀的实际变化，① 应该承认，在这方面未能取得成功，因为这一显著改变的意义并没有得到更清楚的说明。即使讲的不是对摩莱里和马布利在社会思想史中作用的某种贬低，而只是最初表达方式的进一步确切化，然而，这种确切化是非常重要的！

恩格斯在写《引论》的过程中作了彻底的修改：在手稿中曾是"现代社会主义的最初代表"的摩莱里和马布利，现在却作为"直接共产主义理论"的创立者变成了"苦修苦炼的共产主义"的创始人（如果总的来说并没有成为苦修苦炼的共产主义在启蒙时代的代言人的话）。然而这是为什么呢？

在苏联史学家中间以前经常出现这样的情况，他们利用恩格斯在同马克思的通信中提到的想把摩莱里著作的德译本作为拟议中的《外国杰

---

① 阿·恩·施捷克利：《〈反杜林论〉的准备材料和关于空想社会主义开端问题》，载《社会主义学说史》1985年莫斯科版第37—40页。

出的社会主义者文丛》》①的第一批著作之一出版的打算,②作出具有很大约束力的结论。我们也未能避免这种简单化,所以必须开诚布公地说,不能把1845年的这些初步的出版计划作为某些理论体系的基础。

此外,这种可能是极为短暂的、反映在草稿中的关于摩莱里和马布利在"现代社会主义"历史中的特殊地位的想法本身极有可能是作为对那些很久以前的出版计划的回忆而出现在恩格斯那里的。③然而这不应该给读者造成这样的印象,似乎《反杜林论》的作者在写作这本书的过程中仍然停留在30年以前的立场上。草稿表明,恩格斯从何处开始自己对空想社会主义起源的思考。

在引用马克思和恩格斯关于有必要翻译摩莱里和马布利著作的论述时必须特别慎重,因为这毕竟是1845年2—3月时的论述,那时他们对社会主义史的观点与其他一些"哲学共产主义者"的看法并没有很大

---

① 《马克思恩格斯全集》第1版第27卷第26—29页;第42卷第272页;第37卷第111页。

② 维·彼·沃尔金写道,似乎恩格斯打算在出版傅立叶和欧文的著作以前首先出版摩莱里的著作。他这样写是错误的。见维·俄·沃尔金:《摩莱里的共产主义理论》,见摩莱里:《自然法典,或自然法律的真实精神》1947年莫斯科—列宁格勒版第42页。

③ 与这个未实现的计划有关的一切东西都应该深入研究。莱纳德·梅尔克耳很久以前发表的一篇文章没有反映出当时的史料状况。见莱·梅尔克耳:《马克思和恩格斯计划出版的空想社会主义者文丛》,载《历史论文集》1966德文版第5辑第860—870页。另一方面,《马克思恩格斯全集》原文版相应卷的编纂者还赋予这个计划以一种令人难以苟同的寓意。"为了传播科学共产主义的思想(着重号是我们加的。——阿·施捷克利),马克思和恩格斯打算将法国空想社会主义和共产主义的最重要著作译成德文出版并加上详细的评注"。(《马克思恩格斯全集》原文版第3部分第1卷第25页)

差别。为了详细地弄清《共产党宣言》中所表述的对各种社会主义的看法是如何逐渐形成的，尚需作出很大努力。

恩格斯为《反杜林论》所撰写的、后来以小册子《社会主义从空想到科学的发展》的形式发表的社会主义思想史概要，在我们许多社会学家中间未得到应有的承认（无论确认这个事实多么令人不快），尽管他们过去乃至现在总是一字不差地引用他的话。过去偶然出现过关于空想社会主义研究的对象和方法的讨论，① 也发表过一些争论文章，然而，人们对恩格斯的一些重要的理论观点并没有进行十分认真的研究。

"苦修苦炼的共产主义"的问题就在此列。"苦修苦炼的共产主义"（人们通常称之为"早期空想共产主义"）是何时产生的，是16世纪初还是18世纪中叶，它的代表是谁？它存在了多长时间？就是对这些问题还存在着分歧。而主要的问题是：它在社会主义思想史中的地位怎样，它是社会主义思想史的前史、最初阶段、"最初形式"。还是总体上说，它同本义上的空想社会主义和共产主义本身只有间接的关系？

我们要指出，人们对恩格斯关于"苦修苦炼的共产主义"的评述的使用（无论这种使用是恰当还是不恰当）要比对这个概念本身的使用频繁得多。人们甚至在使用与这一概念有关的引文时（以断章取义的

---

① 例如，见《社会思想史。现代问题》1972年莫斯科版第431—474页，阿·恩·施捷克利：《恩格斯和对〈社会主义史论文集〉(1895)的研究》，载《社会主义学说史》1981年莫斯科版第61—86页。

形式),① 也是千方百计地回避这个概念。

无论我们怎样有理由高度评价作为社会主义思想史学家的恩格斯,② 还是应当承认,他和马克思对这个问题的兴趣首先是为政治斗争和意识形态斗争的进程所决定的。众所周知,对于研究空想社会主义历史的理论方面的马克思主义研究人员来说,最重要的是《共产党宣言》和《反杜林论》的有关论述。至于这两部著作均写于无产阶级运动的决定性阶段这一点,则无须强调。

当杜林的假社会主义理论,其中包括他那过于自信的关于空想社会主义者的论断开始给德国工人党带来实际危害时,恩格斯不得不抽出一定时间,用马克思主义的社会主义发展的观点来反对杜林的理论。《共产党宣言》和《反杜林论》相隔30年,即整整一个时代:1848和1849年革命、共产主义者同盟的分裂、反动势力的进攻、第一国际的形成、群众性工人运动的发展、巴黎公社。在这期间不仅党的名称发生过变化,而且有时概念本身也发生过变化。80年以前被称为共产主义运动的无产阶级运动现在叫做社会主义运动。③

对在19世纪50年代到70年代所发生的这些变化未加考虑的研究

---

① 研究《乌托邦》的专家当然没有将《乌托邦》归入"苦修苦炼的共产主义"的作品之列,然而,部分地引用恩格斯的论述的诱惑是令人难以抵御的。见伊·尼·奥西诺夫斯基:《托马斯·莫尔:空想共产主义、人道主义、宗教改革运动》1978年莫斯科版第5页。

② Л. И. 戈尔曼:《弗里德里希·恩格斯是社会主义思想史学家》,载《社会主义学说史历史编纂问题》1977年莫斯科版第5—36页; B. H. 伊林:《关于中世纪的"社会主义"(评考茨基的观点)》,载《社会主义学说史》1986年莫斯科版第229—250页。

③ 《马克思恩格斯全集》第1版第21卷第404—408页。

人员会面临一个很大危险：他会轻易失去对概念的历史制约性的认识，并且将任何要求实行"共有制"的号召不是看做社会主义本身，就是看做它的"成分"。

这样一来，撰写《反杜林论》草稿的恩格斯就面临着一项复杂的任务——写出社会主义发展的概况。有人可能会认为，这有什么复杂的呢？要知道，他是《共产党宣言》的创作者之一，在《共产党宣言》中对一些基本观点已经作了明确的规定。本义上的社会主义和共产主义体系是圣西门、傅立叶和欧文等人的体系。所有这些体系都创立于19世纪初期。本义上的空想社会主义和社会主义就是从这些体系开始的。它们以前的以及与他们同时代的宣传普遍禁欲主义和粗陋平均主义的学说就其全部内容来说都是反动的。①

这些严厉的措辞可能反映了《共产党宣言》创立的前夕无产阶级运动中所笼罩的紧张气氛，当时"完全平等"的拥护者们的革命急躁性还表现在蔑视"有教养的人"及其复杂的理论上，但是，马克思和恩格斯之所以不同意那些要求尽快实现人人平等的号召是有更深刻原因的。粗陋的未经深思熟虑的共产主义还远远没有被根除。马克思在撰写《1844年经济学哲学手稿》时，就已经看到了这种共产主义所具有的危险。②

大概，能最清楚地向我们表明《宣言》的作者为什么憎恶这种共产主义的是摘自同一《手稿》中的一段话："这种共产主义，由于到处否定人的个性，只不过是私有财产的彻底表现，私有财产就是这种否

---

① 《马克思恩格斯全集》第1版第4卷第499—500页。
② 《马克思恩格斯全集》第1版第42卷第117—121页。

定。普遍的和作为权力形成起来的忌妒心,是贪欲所采取的并且仅仅是用另一种方式来满足自己的隐蔽形式。一切私有财产,就它本身来说,至少都对较富裕的私有财产怀有忌妒和平均化欲望,这种忌妒和平均化欲望甚至构成竞争的本质。"

马克思为我们提供了一把可靠的钥匙,它有助于我们理解3年半到4年以后出现的《宣言》中关于宣传普遍禁欲主义和粗陋平均主义的文献的那段话:"粗陋的共产主义不过是这种忌妒和这种从想象的最低限度出发的平均化的顶点。它具有一个特定的、有限的尺度。对整个文化和文明的世界的抽象否定,向贫穷的、没有需求的人——他不仅没有超越私有财产的水平,甚至从来没有达到私有财产的水平——的非自然的单纯倒退,恰恰证明私有财产的这种扬弃决不是真正的占有。"①

我们未必敢于断言,当时恩格斯对粗陋的共产主义者,巴贝夫及其追随者们的态度要比马克思宽容些,因为很难将已发表的文章②中的论述同一个人为自己所作的笔记相提并论。但有一点是不容置疑的:他们二人都高度评价摩莱里和马布利,并认为,在那些应收入所计划出版的《外国杰出的社会主义者文丛》中的著作的作者们的先后时间顺序上,当然是摩莱里和马布利在先。摩莱里的特殊兴趣很可能是与《自然法

---

① 《马克思恩格斯全集》第1版第42卷第118页。
② 《马克思恩格斯全集》第1版第1卷第577页:"……当时的共产主义自身是非常幼稚非常肤浅的……"原文版允许我们对译文作更为明确的修改并在丢掉形容词"粗陋的"的地方加上这个形容词:"……当时的共产主义自身还是一种非常粗陋非常肤浅的……"(《马克思恩格斯全集》原文版第3部分第1卷第496页:"the then communism itself was of a very rough and superficial kind")。

典》在当时不久以前在维尔加尔德尔的努力下才首次以创作者本人的名字①出版并广为流传一事有关。②

再重复一下,草稿中关于摩莱里和马布利作为现代社会主义的"最初代表"这番话,我们暂且只能这样解释:恩格斯不由自主地回忆起了未能实现的《文丛》出版计划,然而,他很快就发现这些话与《共产党宣言》中有关论述不相符合。

草稿需要改正,例如"法国的苦修苦炼的共产主义者"、圣西门的同时代人,于是在最初的定稿中出现了以摩莱里和马布利为代表的思想先驱,也出现了"苦修苦炼的共产主义"概念本身。

一开始我们已经提到,在我们看来,恩格斯认为,启蒙时代的这两位优秀的思想家为"苦修苦炼的共产主义"奠定了基础。但我们还要冒昧地提出一点补充看法。我们提议将译文"苦修苦炼的、斯巴达式的共产主义"改为"苦修苦炼的、以斯巴达为依据的共产主义",我们是力图尽可能准确地表达原著的思想。马布利对斯巴达的浓厚兴趣是显而易见的,但关于摩莱里,则有必要作一些详细的说明。他的确提到过李

---

① 在苏联历史编纂学领域由于维·彼·沃尔金所犯的错误,牢固地形成了一种错误的看法,即认为维尔加尔德尔第一次在1841年出版了《自然法典》。(见摩莱里《自然法典》1947年俄文版第5、252页)沃尔金一再重犯这个错误。见Н.Е.扎斯坚科尔:《社会主义思想史概论》第151页;Г.С.库切连柯:《法国和英国社会思想史研究。16—19世纪上半叶》1981年莫斯科版第271页。根据是弗朗斯瓦·维尔加尔德尔出版的《自然法典》1841年巴黎版。其实,在该版之前已经出了另一种版本:弗朗斯瓦·维尔加尔德尔出版的摩莱里《自然法典》署名狄德罗,附关于摩莱里的评注,1840年巴黎版。《哲学百科全书》也没有记载。(《马克思恩格斯全集》第1版第3卷第505页)

② 《马克思恩格斯全集》第1版第3卷第624—626页。

库尔赫和斯巴达人，但完全不是作为仿效的榜样。在《自然法典》中所描写的理想国家与斯巴达毕竟很少有共同之处。在那里没有军事教育，没有兵役，没有特别严酷的习俗。与禁欲主义也同样很少有共同之处。很难将下述这样一些人的生活方式称作禁欲主义，这些人以自由地满足一切自然愿望为幸福，把这种幸福看做自己生存的意义。① 不论是出于道德规约，还是出于经济考虑而施加的限制，② 当然赋予社会某些禁欲主义的特征，但并没有使这些特征占主要地位。

难道说是恩格斯言过其实了吗？很可能有另外的解释：摩莱里和马布利的理论仅仅为"苦修苦炼的共产主义"奠定了基础，而巴贝夫及其追随者们却发展了这种共产主义。对节制的号召在启蒙运动者那里还相当委婉，但在巴贝夫分子中间则变成了不容抗拒的要求："平等派共和国"以它所沉迷的暴力、被奉为法律的严酷的禁欲主义、斯巴达式的棍棒纪律和对人性的彻底蔑视而令人震惊。③

如果说我们很久以前提出的"苦修苦炼的共产主义"本身也包括巴贝夫主义者的学说这一论点是合理的，那么完全可以令人满意地解释恩格斯所作出的又一个令人费解的更正。在准备《社会主义从空想向科学的发展》的正文时，他用几个词补充了我们所分析的句子（在这里我们用着重号对它们加以强调）："苦修苦炼的、禁绝一切生活享受的、斯巴达式的共产主义，是这个新学说的第一个表现形式"。④ 将这一补充同以前的一个在用"再洗礼派和托马斯·闵采尔运动"代替"托马

---

① 摩莱里：《自然法典》1956年俄文版第123页。
② 摩莱里：《自然法典》1956年俄文版第205—206、216页。
③ 菲力浦·邦纳罗蒂：《为平等而密谋》第2卷第303—321页。
④ 《马克思恩格斯全集》第1版第19卷第207页。

斯·闵采尔的运动"时所作补充加以比较,并了解恩格斯关于平民和无产阶级禁欲主义的看法,① 就可以看出"补充的"再洗礼派是第二个补充的原因。然而这种推测会遇到难以克服的困难。② 可能更符合实际的是另一种推测:正是恩格斯对 19 世纪"法国的禁欲主义的共产主义者"以及他们那种落后于时代的对平民和无产阶级的禁欲主义的鼓吹的重新思考使他想起有必要作新的补充:"苦修苦炼的……禁绝一切生活享受的……共产主义"。

还可以用一个尽管是间接的、然而能够很好地表明巴贝夫的思想在年轻的德国"哲学共产主义者"那里引起怎样的感情的理由来证明这个论点。在那时曾经是马克思和恩格斯最亲密的志同道合者之一的莫泽斯·赫斯指出,共产主义者在巴贝夫身上获得的"仅仅是自己最初的、最粗陋的形式(Gestalt)",③ 他写道:"这个共产主义的最初形式直接来源于长裤汉主义。因而,巴贝夫所指的平等是长裤党人的平等",④ 平民的平等。财富、奢华、艺术与科学都应该被取消,城市应该被摧毁。卢梭关于"自然状态"的观念是当时惊扰人心的幽灵。工业的伟大舞台对这种共产主义来说还只是"隐身的场所",这是最抽象的共产主义,平等要通过否定的途径、扼杀一切乐趣(Lust)的手段来达到。

---

① 《马克思恩格斯全集》第 1 版第 7 卷第 420—422 页。

② 阿·恩·施捷克利:《空想共产主义的创始人》和《共产主义思想的闪光》第 48—49 页。

③ "Gestalt"意为"形式"、"面貌"、"形状"。我们指出这一点是要提醒读者:共产主义的"最初形式"(Gestalt)完全不是社会主义"最初表现形式"的同义词。

④ 有趣的是,在新近的书刊中越来越经常地谈到"长裤党"一词的模糊性质。例如,见阿·李布尔:《雅各宾派专政时期的巴黎长裤党人》1966 年莫斯科版。

这是苦行僧式的、基督教式的共产主义,但没有死后的复活、没有对美好未来的希望。只有自然的要求才被作为现实的予以承认,但当然也只是出于需要。假如能够想象出没有躯体的人,那么也就会舍弃躯体。但既然做不到这一点,就要允许保留农业作为满足肉体需要的手段。这种共产主义的最贫乏的形式(Aerometer Gestalt)在理论上不能长期存在,因为它本身就否定一切科学;它要求刻不容缓地在实际上得到实现。然而现实已经达到了比这个自然状态更高的(发展)程度,因此它(这种共产主义。——阿·施捷克利)也遭到了失败。①

在以后,当平等只是被理解为普遍的平等时,赫斯也反对那种将一切归结为物质需要的粗陋的共产主义。他看到这种主张的严重后果在于:这种消灭差异的方式会导致苦行僧式的(或者最好说是修道院式的)共产主义,而不能按照自己的意愿去生活和工作的人们就会在丧失自由的同时,不但丧失主动性,而且也会丧失生活乐趣。②这不禁会使人们想起恩格斯在说明"苦修苦炼的共产主义"时所作的"禁绝一切生活享受"的补充。

这种超出18世纪界限的对"苦修苦炼的共产主义"的理解与《共产党宣言》第3篇第3章《批判的空想的社会主义和共产主义》开头两段话极为相符。③为什么《共产党宣言》的作者不愿意在此谈论像巴贝夫作品那样的表达无产阶级要求的文献呢?只要还记得,马克思和恩

---

① 莫·赫斯:《哲学和社会主义著作集(1837—1850)》1980年柏林版第205、214页。

② 莫·赫斯:《哲学和社会主义著作集(1837—1850)》1980年柏林版第224页。

③ 《马克思恩格斯全集》第1版第4卷第499页。

格斯与许多依靠回忆巴贝夫的粗浅的"工人共产主义"或"裁缝业共产主义"的拥护者们关系如何紧张，就不难推测，这种"不愿意谈论"类似的作品可以理解为策略上的考虑。

然而这种猜测未必正确，因为问题的实质并不在于"不愿意谈论"，《宣言》的作者们极其坦诚地说出了自己对伴随早期的无产阶级运动而出现的革命文献的见解，称这些文献就其内容来说必然是反动的，而在于：在这里，即在《批判的空想的社会主义和共产主义》这一章里，他们即《宣言》的作者之所以没有谈论这种文献，是因为这样做在这里是不恰当的，这一章是论述另外的题目的，换句话说，宣传普遍的禁欲主义和粗鄙的平均主义的革命文献（巴贝夫等人的作品）不属于批判的空想的共产主义。

那么这种革命的文献到底是什么呢？尽管《宣言》中所作的严厉的评价（在后来）有所缓和，但问题依旧悬而未决。很显然，恩格斯在草稿中提到作为现代社会主义的最初代表的摩莱里和马布利以后，他很有可能很快就发现，这种提法与《宣言》相矛盾。定稿作了有关"苦修苦炼的共产主义"的补充。

显然，恩格斯这样作不仅仅是因为要在自己的社会主义史概论中坚持《宣言》中的论述，而且也是因为要澄清悬而未决的问题：把巴贝夫及其追随者们宣传普遍的禁欲主义和粗陋的平均主义的作品归于哪一类？按照我们的观点，"苦修苦炼的共产主义"和《宣言》中相应词句之间的联系是显而易见的。而且，这不是一个有利的论据，这个论据能够证明我们提出的论点：以摩莱里和马布利的理论为基础的"苦修苦炼的共产主义"根本没有被他们所结束：在"社会主义的奠基者"圣西门、傅立叶和欧文的最初著作出现以前，在批判的空想的社会主义处于鼎盛时期的时候，都存在这种共产主义。"苦修苦炼的共产主义"与批判的空想的共产主义的关系，恩格斯已经明确地下了定义："苦修苦炼的共产主义"是新学说的第一个表现形式。但是在圣西门、傅立叶和欧文的体系产生以前世界上不存在任何社会主义。他们的体系之前曾经有过"苦修苦炼的共产主义"，但不是作为社会主义的"最初形式"，而只是作为它的"第一个表现形式"。①

谈到"第一个表现形式"，不应该仅仅注意到时间年代顺序，因为"第一个表现形式"能够与"真正的形式"同时得到极好的发展，有时也能比真正的形式存在更长的时间。圣西门和傅立叶体系的存在并没有妨碍巴贝夫思想的"复兴"。类似的例子我们可以在法国的土地上找到。在巴黎，"新左派"中的某些人蔑视半个世纪以来社会主义思想的发展，回到了臭名远扬的开端。

可见，既然恩格斯在草稿中提到的"法国的苦修苦炼的共产主义者"是指在以摩莱里和马布利学说为基础成长起来的巴贝夫及其追随者的影响下产生的自发的、粗鄙的"工人共产主义"的拥护者们，那么如下结论便是合理的：在恩格斯看来，摩莱里和马布利正是在哲学上论证了消灭阶级差别的必要性并创立了"直接共产主义理论"的人。

---

① 值得回忆马克思在《1844年经济学哲学手稿》中的一段话："……对私有财产的最初的积极的扬弃，即粗陋的共产主义，不过是想把自己作为积极的共同体确定下来的私有财产的卑鄙性的一种表现形式。"（《马克思恩格斯全集》第1版第42卷第119页）。马克思和恩格斯不止一次地强调指出了区别一件事物最初的经验的表现形式同经验本身的必要性（《马克思恩格斯全集》第1版第20卷第220页，第23卷第167—168页、第441—442页）。马克思指出，表现形式有时掩盖真正的关系并且造成"直接对立面关系的假象"。（《马克思恩格斯全集》第1版第23卷第441—442页）

正如我们很久以来一直努力要证明的那样，恩格斯没有接受对社会主义的广义解释。恩格斯认为，考茨基用来冒充"社会主义史"的一大堆形形色色、各种各样的学说只是社会主义的"前史"。

但如何解释摩莱里和马布利在定稿中的"地位变化"呢？这里所谈的不是对他们在社会思想史上的作用的某种降低，而是对原初的一些表述方式的确切化。如果空想共产主义和社会主义的产生与无产阶级由于工业革命而出现在历史舞台上有关，那么先前的根源于更早时代的共产主义概念就需要准确地在理论上加以思考。这还不是真正意义上的空想共产主义。恩格斯不想将摩莱里和马布利的理论称为"粗陋的共产主义"，因为"粗陋的共产主义"首先是巴贝夫的思想，而且在更大程度上还是巴贝夫主义者的思想。在业已存在大机器生产的时代，号召实行普遍禁欲主义和粗陋的平均主义是对过去的迁就，这种迁就往往是无意识的。①

恩格斯遵循了历史主义的原则：如果19世纪40年代的"粗陋的共产主义者"在许多方面是反动的，这并不意味着，其威望经常被粗陋的共产主义者加以利用的摩莱里和马布利就更为"粗陋"。恰恰相反，恩格斯在他们的理论中看到了卓越的成就，看到了启蒙时代社会思想的巅峰之一："平等的要求已经不再限于政治权利方面，它也扩大到个人的社会地位方面了；必须加以消灭的不仅是阶级特权，而且是阶级差别本身。"②

如果我们认为，摩莱里和马布利的思想仅仅是为制定作为"粗陋的共产主义"实质的平民和无产阶级关于平等的观念提供了基础的话，那

---

① 《马克思恩格斯全集》第1版第7卷第420—422页。
② 《马克思恩格斯全集》第1版第20卷第21页。

么我们能说的话就很少了。他们的影响就更加广泛和多样得多。例如，很可能，傅立叶的"激情的引力"要归功于《自然法典》。

摩莱里和马布利理论的出现标志着社会思想发展中的一个飞跃。"苦修苦炼的共产主义"与其他的、甚至最激进的关于财产共有制的学说的主要区别就在于，要求消灭所有阶级差别的号召只是到现在才摆脱极明显的宗教形式、摆脱完全依靠基督教的论证。① 当然，这并不意味着彻底拒绝宗教或引用福音书的教义。"共有"制度下平等的必要性首次用唯理论的道德哲学来加以论证。这一点做得如此出色，以致摩莱里和马布利现在在启蒙时代的作家中有权占据令人尊敬的地位。

他们的思想对巴贝夫及其追随者及法国和德国"工人共产主义"的形成，对当时颇具魅力的"共有"原则的广泛而成功的宣传产生了强大的影响。"苦修苦炼的共产主义"是社会主义即以法国启蒙时代的思想为依据的新学说的最初表现形式。这一学说正是以启蒙时代的思想，而不是以文艺复兴时期人道主义者或宗教改革运动中的急进分子的社会学说为依据的。摩莱里和马布利奠定了"苦修苦炼的共产主义"的理论基石。然而它在历史中的作用却是双重的。如果说"苦修苦炼的共产主义"在它问世时体现了和发展了启蒙运动者的许多优秀成果的话，那么后来，在巴贝夫及其急躁的追随者的笔下，它却越来越落后于生活，越来越明显地显示出藏在革命词句背后的反动内容。"苦修苦炼的共产主义"就失去自己的哲学根基以及同产生它的启蒙运动的文化的联系以后，到19世纪30年代末40年代初就变成了"粗陋的未经深思熟虑的共产主义"。

---

① 《马克思恩格斯全集》第1版第20卷第116—117页。

本文的宗旨只有一点：将研究人员的注意力引到"苦修苦炼的共产主义"这一概念上来，因为这一概念在我们的学术著作中或者被弄模糊了，或者被改得面目全非了。问题并不在于，是否将摩莱里尊称为"唯理论社会主义的真正的表达者"①或"苦修苦炼的共产主义"的理论家，甚至也不在于如何评价他在社会主义观念史上的作用。如果我们真想弄清楚恩格斯关于社会主义发展的观点是如何深化的，那么我们就必须认真分析保存至今的《反杜林论》引论的两个稿子中有关摩莱里和马布利的论述。

我们已经绞尽脑汁地思考过那些"苦修苦炼的共产主义"性质的词句究竟与谁有关的问题。但是，如果将托马斯·莫尔、再洗礼派教徒、闵采尔、康帕内拉、平等派、摩莱里、马布利、巴贝夫归为一类，我们就自觉不自觉地背离了恩格斯所说的话，因为他并非无缘无故地对"作为现代无产阶级的多少发展了的先驱者的那个阶级的独立运动"，以及与之同时产生的相应的理论表现作过区分。②如果我们接受这种更详细的区分，那么属于相应的理论表现的就只有"理想社会制度的空想的描写"（这里是指《乌托邦》和《太阳城》）以及摩莱里和马布利的"直接的共产主义理论"。无论是将托马斯·莫尔，还是将康帕内拉置于"苦修苦炼的共产主义"的定义之下都是不恰当的，因为在这里问

---

① 维·彼·沃尔金：《摩莱里的共产主义理论》，见摩莱里《自然法典》1947年莫斯科版第7页。

② 《马克思恩格斯全集》第1版第20卷第19—20页。

题主要不是在于"反禁欲主义"的处世态度,①而是在于乌托邦人那里保持了特权,②在太阳城人那里等级原则取得了胜利。因而,托马斯·莫尔和康帕内拉的学说不同于摩莱里和马布利的理论,不能列入"直接的共产主义"理论。

我们力图使人们更多地注意到"苦修苦炼的共产主义"的原因首先在于:正确地理解"苦修苦炼的共产主义"能使我们更清楚地看到恩格斯在《反杜林论》引论定稿中在社会主义本身和它的最初表现形式之间所划的界限。

除此以外,在我们看来,为了简略提及"法国的苦修苦炼的共产主义者",圣西门的同时代人所形成的这一段文字本身,也很好地说明草稿改变的原因:应该使草稿的论述同《共产党宣言》的有关段落相一致,在这些段落中谴责了就其内容来说是反动的对普遍禁欲主义和粗陋平均主义的宣传。定稿中出现的这种用作解释的段落是对《宣言》的相应段落的极好的补充并有助于正确地理解这些段落。

恩格斯将"苦修苦炼的共产主义"同本义上的空想共产主义区分开来。虽然在前者的出现与后者的创立之间相隔近半个世纪,但二者都赞成"共有",宣布财产具有破坏作用并要求加以废除。那么这里的界限是否太模糊了,以致读者不能看清它们之间的原则区别呢?

但是定向标毕竟是完全可靠的。当然,尽管存在着一定的困难,而

---

① 前不久 O.ф.库德里亚夫采夫对这个题目作了精辟的研究。见 O.ф.库德里亚夫采夫:《对享受的文艺复兴式的辩护(读托马斯·莫尔〈乌托邦〉的一些章节有感)》,载《社会主义学说史》1986年莫斯科版第197—228页。

② 阿·恩·施捷克利:《托马斯·莫尔的〈乌托邦〉:劳动和分配》,载《社会运动和社会思想史文集》1981年莫斯科版第179—204页。

且这与概念本身的词源有联系：人们常常把"коммунизм"（共产主义）当做"communaute"（共同体、团体、共有）的同义词。① 在 19 世纪，如果谈论"柏拉图的共产主义"或"早期基督教徒的共产主义"，这在人们看来是完全自然的。即使是现在，例如，当研究莫尔作品的专家 Э.苏尔兹提到"communism of women"时，指的根本不是妇女的共产主义，根本不是某种特殊的即妇女的关于共产主义的概念，而是"妇女共有制"②（或者，像我们这里习惯沿用的不正确的译法，也就是"共妻制"）。

然而所作的补充说明也没有十分奏效。如果摩莱里和马布利宣传的是"苦修苦炼的共产主义"，而欧文，比方说，宣传的已经是本义上的共产主义（我们必须补充说是"空想的"），那么我们承认，这种界限的划分是人为的，而且，将所有这些思想家只简单地看做是"空想共产主义者"或者"空想社会主义者"容易得多。

但理论方面的清晰度并不会因这种"简单"而有所增加。应该立即强调指出，马克思和恩格斯在谈论社会主义和共产主义时，不是指各种思想的某种混合物，而首先是指现实的、历史上已经存在的运动、是指欧洲经济令发达国家中阶级斗争的一个十分确定的阶段。《宣言》指出："法国的社会主义和共产主义的文献是在居于统治地位的资产阶级的压迫下产生的"，是"同这种统治作斗争的一种文字表现"。③

历史的界限是很明确的：《宣言》不是一般地谈论反对资产阶级的

---

① 汉·弥勒：《"社会主义"一词及其同源词的来源和历史》1967 年汉诺威版第 108—111 页。
② Э.苏尔兹：《愉快赞》1957 年马萨诸塞州剑桥版第 191 页。
③ 《马克思恩格斯全集》第 1 版第 4 卷第 495 页。

斗争，而是谈论反对由于资产阶级获得统治地位而形成的压迫的斗争。也不应忘记一个表述得很清晰的思想：共产主义作为一种学说，并不是要否定一般的所有制，而是要否定资产阶级的私有制。① 所以柏拉图的言论、教父们的抨击性演说、中世纪异教徒的说教都和托马斯·莫尔、康帕内拉、温斯坦莱、摩莱里和马布利的论点一样，还不是本来意义上的共产主义。

如果我们在本文中将摩莱里和马布利的名字纳入他们的那些揭露财产弊端的先行者的行列之中，而不去试图（哪怕是在大体上）弄清，摩莱里和马布利所实际完成的哪些东西使恩格斯能够特别区分出这两位"直接共产主义理论"的创立者，那么这也是不合理的。况且，我们的研究人员甚至没有提出这一问题。不言而喻，解决这个问题需要做专门的工作，所以我们在此以摩莱里为例，只是谈一些初步想法。

只要了解苏联史学研究领域对摩莱里作品的解释就不能不为这位深刻的思想家感到不平。通常人们把他看做是"平均共产主义"的，甚至"粗陋的平均共产主义"的代表之一，尽管这种对摩莱里来说具有侮辱性的头衔放在他身上是不公正的。按照马克思的说法，以追求普遍的、原始的平等，普遍的消除差异为基础的"粗陋的共产主义"并不是摩莱里构想出来的，而是巴贝夫及其追随者轻率的政治空谈的产物。公正而论，某种学说的创立者对于自己的学说在自己的狂热的但并非聪明的追随者们的手中发生怎样的变形并不负有责任。

摩莱里在研究人员的笔下所遭受的一系列不公正中最赫然醒目的要算是这样一种观点，一种被这种观点的提出者承认是离奇的观点：据

---

① 《马克思恩格斯全集》第1版第4卷第479—481页。

说，《自然法典》不是出自其生平几乎不为人所知的摩莱里的手笔，而是使用这个笔名的德善[①]写的!

然而提出这种想法并非出于对离奇观点的喜爱。这种想法一定服务于预先设计好的模式：共产主义的观点在法国的发展经历了统一的轨道，无论《自然法典》怎样有别于《真正的体系》，它们都具有同一根源即民族根源。梅叶——臆想出来的摩莱里—德善—巴贝夫：划出的是一条直线，但按照我们的观点，是一条没有说服力的直线。

以这个主要的前提为基础的是如下结论，"在18世纪期间法国空想社会主义不带有异质性。"[②] 很难对此表示赞同，如同很难对流传甚广的关于一般空想社会主义的民族根源的论点表示赞同一样。在维拉斯、梅叶和摩莱里之间不可调和的差异大于相似之处，因为他们学说的根源是不同的。

如果我们把《自然法典》看做仅仅是一个法国民族文化的产物，那么《自然法典》中的许多东西我们就不能理解。同时应该指出，空想社会主义最重要的著作，以及他们之前的像托马斯·莫尔的《金书》或康帕内拉的《太阳城》这样一些最重要的社会乌托邦作品，不仅仅由于自己的影响而具有了国际性，而且它们也是产生于整个欧洲文化广袤的土地上。

[①] 鲍·费·波尔什涅夫：《梅叶、摩莱里、德善》，载《启蒙时代》1970年莫斯科和巴黎版第214—215页。

[②] 鲍·费·波尔什涅夫：《梅叶、摩莱里、德善》，载《启蒙时代》1970年莫斯科和巴黎版第214页。列依斯特表示不同意他对所提出的"遗传链条"的观点。见奥·埃·列依斯特：《18世纪法国空想社会主义的政治思想体系》1972年莫斯科版第12页。

我们无法同意一些史学家的立场，他们将伟大的空想主义者所说的几乎每个思想都看做是借用物并极力寻找其"文字根源"，似乎他们接触的不是伟大的有独创性的思想家，而是一些只会用他人的羽毛为自己编织衣裳的平庸的编纂者。但是，要考察的与其说是所研究的著作家的阅读范围或他的学识程度，不如说是他在接触许多世纪以来的文化遗产时从中直接或间接汲取某些见解的那个欧洲社会思想的共同来源。这种考察是十分重要的，要否定它是愚蠢的。

显然，问题不在于寻找摩莱里所提出的一些思想的所谓"文字根源"，而在于要清醒地意识到，他甚至在建筑空想的大厦时，就已生活在他之前已经制定出来的种种观念的世界里。当然，他将自己认为合适的建筑石块砌在墙里，其余的石块则按照自己的想法进行了加工。

大可不必单纯为了揭示莫尔或康帕内拉对摩莱里的影响而花费力气。将他们加以对比在下述情况下才是有成效的，即：研究较早期的空想主义者使我们有可能弄清《自然法典》的一些重要细节，不然，摩莱里的大厦就只有一些模糊的轮廓。

然而现在我们感兴趣的是别的东西：不是传统的继承性，而是对传统的背离，甚至是与传统的决裂。柏拉图有一句格言说：只有在哲学家成为君主或者君主成为哲学家的情况下，国家才能安泰。这句格言曾鼓舞了古希腊、罗马、中世纪和文艺复兴时期的许多代政治作家，并在《乌托邦》和《太阳城》中以独特方式得到折射，但是这句格言被摩莱里克服了，尽管并非一蹴而就，按照恩格斯的说法，如果说"苦修苦炼的共产主义"的主要特征是要求消灭阶级差别本身，而不仅仅要求消灭特权，那么摩莱里的理论就是这方面最显著的例子。所有身为官员（除了低级官员以外）的乌托邦人都从"科学家阶层"选举产生，在太阳城公民那里，每个行政官员在"管理金字塔"中的位置都直接取决于他的知识、功绩和才能。

在《自然法典》中没有丝毫类似的东西。摩莱里也没有莫尔那种把真正有学问的人物视作优秀管理者的人道主义的崇敬态度和康帕内拉的自然哲学的"唯科学主义"。从根本上说，他是"哲学家管理"的反对者，因为无论赋予这种管理怎样的形式，它都会以某种方式损害平等的思想，因为将学识渊博的人置于其他人之上，实质上，就是保留特权。摩莱里深信，考虑到真正的"自然意向"的完善法律不需要把经过专门训练的人员提拔到行政岗位上来。在人人都能受到良好教育的国家里，每一个公民都能履行任何一个行政官员的职责，不论其官级有多高。"哲学家管理"的思想就此完结了。

摩莱里创立了国家制度的复杂体系，我们可以称之为"非选举的人民政权"：无论是临时职务，还是终身职务都依照严格的固定的次序轮流担任。[①] 按照我们的观点，他对选举之所以不信任决不是因为害怕营私舞弊，[②] 不如说是因为相信平等原则：在选举中，即使在最有秩序的选举中，选上某个人就会使其他人落选，但要知道，所有公民在权利方面都是平等的，每个人都可以监督法律的执行情况。

有一段具有代表性的文字可以表明，严厉的摩莱里如何憎恶在更换行政官员时要考虑个人的才能或对社会所作的特殊贡献这一思想。在他的理想国里，根据公民的需要，保证供应公民一切必需品，不存在任何

[①] 摩莱里：《自然法典》1947年俄文版第212、214页；1841年法文版第159—160页。

[②] 参看奥·埃·列依斯特：《18世纪法国空想社会主义的政治思想体系》1972年莫斯科版第38页。

物质奖励。但这样一来摩莱里就会处于左右为难的境地：一方面，如果不特殊看待为国家带来重大利益的能工巧匠和发明家，那么就很容易扼制他们的热情，另一方面，对个别人所表现出的过多的尊敬会被其余的人认为是特权和对普遍平等的损害。摩莱里寻找理智的妥协办法并对提拔突出者提出了时间限制："在每一行业里，凡是有重大发明的人，都要向本行业全体成员报告；这样，他即使没有达到规定的年龄（26岁。——阿·施捷克利），也可以担当工长，并在次年出任行业首长一年。"补充一下：只有一年。我们继续往下读法律条文："只有在这种情况下才允许打破轮流上职的制度；以后再恢复这一制度"。①

将《自然法典》同《乌托邦》和《太阳城》进行比较可以使人们发现摩莱里的那些使他超越其前辈的特点。同时在他提出的一些论点中可以看出他与托马斯·莫尔的隐蔽的论战。

我们不从最主要的，而是从最引人注意的东西谈起。众所周知，乌托邦人对体力劳动毫无热情，这对他们来说是"肉体的奴隶制"，对此予以某种重视完全是出于必要。如果他们竭尽全力迅速而出色地完成所规定的"任务"，那么只是为了节省更多的时间用于"精神的自由"和智力活动。他们认为，许多工作不应由自由人去做，应交给他们的奴隶去做，也就是说，交给被贬为奴隶的本国人或从国外买来的歹徒去做。在乌托邦也有许多为优越的生活条件所吸引来的异国穷人。他们被称为"自愿的奴隶"。

在摩莱里的国家里既没有苦役般的工作，也没有奴隶。每个公民都根据自己的力量、才能和年龄为共同的福利作出自己的贡献，也是根据

---

① 摩莱里：《自然法典》1947年俄文版第213页；1841年法文版第159页。

这一点来规定他们的义务。但从 40 岁开始，他就成为"自愿的工作者"并可以按自己的意愿去劳动，即可以自己决定劳动的地点和方式。① 在托马斯·莫尔那里是"自愿的奴隶"，而在摩莱里那里则是"自愿的工作者"。

如果不考虑摩莱里拒绝"哲学家的管理"，《乌托邦》和《自然法典》之间的最大区别就在于它们对待劳动的态度，而把《乌托邦》和《自然法典》彼此隔开的是近两个半世纪的欧洲史。摩莱里国家的公民愉快地工作，集体劳动就像过节一样，他们在工作时意识到自己是做善事，因为自然指定人行善。应该认为，摆脱文艺复兴时代许多人文主义者所特有的视体力劳动为"肉体的奴隶制"的观点，这并非摩莱里个人的功绩，因为法国文化已经充分地吸收了新公证的劳动迫害，乌托邦人残酷地用服苦役的方式惩罚自己的罪犯，而且莫尔认为，国家保留这些罪犯的生命，并从中得到益处即剥削他们，这是完全符合道德的。②关于似乎莫尔主张对坏人进行劳动改造的论点在很大程度上是那些企图利用莫尔的威信（当时他被看做是空想共产主义的奠基人）来为 1926 年俄罗斯联邦刑法典③、强制劳动和当时正在形成的劳改营制度进行辩护的喜好逢迎和刁难人者的杜撰。

在记起莫尔的真正观点的同时，我们会非常惊奇地在摩莱里那里读到：在公正的社会中，劳动不可能作为惩罚的手段。恰恰相反，在那

---

① 摩莱里：《自然法典》1947 年俄文版第 214 页；1841 年法文版第 160 页。
② 阿·恩·施捷克利：《托马斯·莫尔的〈乌托邦〉：劳动和分配》，载《社会主义运动和社会思想史文集》1981 年莫斯科版第 180—191 页。
③ 米·尼·格尔涅特：《从托马斯·莫尔到刑法典》，载《犯罪问题》1928 年莫斯科版第 3 卷第 17—22 页。

里，他们用严厉监禁和剥夺任何劳动的可能性的手段对罪犯进行惩罚！甚至不让他们自我服务。由一些从外面专门派来的年轻人来为他们服务。① 确实，同莫尔相比，摩莱里是一位具有全新的处世态度的人。劳动是巨大的幸福，不能用作惩罚的手段。

但我们将不特别地把摩莱里理想化。欧洲两个半世纪的发展不仅带来了新教徒劳动道德的成就，而且还伴随着令人不寒而栗的残酷的宗教战争、压制排挤、宗教书报检查、收缴禁书。在阅读《乌托邦》时，我们会惊叹其作者的视野之广博以及对那个时代来说令人惊叹的宽容态度。你会相信，乌托邦人在智力活动方面是锲而不舍的。他们为知识开辟了无垠的天地。不要只去侮辱别人的宗教信仰。多么辉煌的社会思想起飞的起点啊！可是有人似乎认为．还要再等两个半世纪。

摩莱里使我们困惑莫解。在他的国家里，所有的人都受到良好的教育，道德哲学繁荣，发明家们得到褒奖，自然科学知识不断增长，然而同时又制定了专门的"可以防止人们心智迷误和陷入一切超验幻想的科学研究法"②。人文科学和艺术被限制在严格的框架之内。应定出一部所有科学的公共法典，其中规定形而上学和道德学任何时候不得超过所规定的界限，只有经过实验证明和推理确定的物理学、数学和力学的发明，才可以载入法典。③

无须强调这种倾向不仅对文化的发展，而且对整个社会所具有的危险性。在这里莫尔的广博是摩莱里所达不到的。暂时还很难解答，这里

---

① 摩莱里：《自然法典》1947年俄文版第239—240页；1841年法文版第177页。
② 摩莱里：《自然法典》1947年俄文版第233页；1841年法文版第173页。
③ 摩莱里：《自然法典》1947年俄文版第236页；1841年法文版第174页。

的主要原因何在？是在于强调人们习惯于思想一致的过去几个世纪的沉重经验，还是在于许多乌托邦主义者所特有的关于他们的救世良方已至善至美而无须任何补充的信念？

我们不想就此结束。一些历史学家不加思考地重复，摩莱里是"粗陋的平均共产主义"的代表，或像我们在30年代所称谓的，"平均共产主义"的代表，他们不愿意看到主要的东西：摩莱里从来没有号召实行普遍的消除差别和原始的平均主义。他关于平等的学说是独特的：人们对尘世间的一切享受拥有同等的权利，但人们天生就是不同的。所以企图消除这种不同是愚蠢的。立法者的明智之处就在于将不同用于共同的利益。所有差别最终要造成一种和谐，这种和谐能保证所有人的幸福生活。摩莱里一再重复说：为此，人们必须首先具备真正的道德哲学，这种哲学能够战胜人们的过分的自私心和危害极大的对财产的习惯。要从小对公民培养最起码的道德基础，即"群体性"（sociabilite）的感情。① 顺便说一句，这个词如同socialite（社会性）一样，从词源上来说都属于"社会主义"概念的前身。②

本来我们还可以继续《自然法典》与较早的乌托邦作品的比较并且补充许多有趣的细节，但我们认为，我们所说的已足以令人确信，摩莱里同其先辈们相比，具有多么大的优势，而在我国对作为启蒙时代最杰出的思想家之一的摩莱里的作品又是多么缺乏研究。不应该把摩莱里和马布利的理论列入"粗陋的平均（或兵营式的）共产主义"的学说。

---

① 摩莱里：《自然法典》1841年法文版第54页。
② 汉·弥勒：《"社会主义"一词及其同义词的来源和历史》1967年汉诺威版第73—82页。

在结束本文时，我们要指出，"苦修苦炼的共产主义"在作为历史学家的恩格斯所使用的概念范围中牢固地占据了自己的位置：在再版和翻译他的两部著作时，无论是概念本身还是说明其实质的文字均未有过任何进一步的改动。诚然，在晚些时候，在恩格斯那里出现 Gleichheitskommunismus（平等的共产主义）的术语，在我们看来，把这一术语译为平均的共产主义是不恰当的。① 人们会马上想起《宣言》中有关宣传普遍禁欲主义和粗陋平均主义（Rohe Gleichmacherei）的革命文献的论述。这种联想是无可争议的，但对广为流传的不正确译法的怀疑却在妨碍着我们，因为 Gleichheitskommunismus（平等的共产主义）有别于 Gleichmacherei（平均主义），就像"равенство"（"平等"）有别于уравниловка（"平均主义"）一样。

以前，就我们所知，达·鲍·梁赞诺夫在1930年曾建议将 Gleichheitskommunismus（平等的共产主义）译为"коммунизм равенства"（"平等的共产主义"），② 但未被采纳。不能为某种修辞上的流畅而牺牲概念的含义，因为：按照恩格斯的说法，这种"平等的共产主义"的拥护者与众不同之处并不在于，他们想对所有人实行普遍的消除差异，即"一刀切"（当然，尽管他们有过分迷恋于"制定规章"的毛病），而是在于他们认为财产共有的要求是亘古以来的人们平等的必然结果。

大概没有必要专门强调指出，对"苦修苦炼的共产主义"和"平等的共产主义"进行具体的比较性研究会何等富有成效。它们在思想方面是同一种现象的两个不同阶段呢，还是在实质上彼此不同？早就该对

---

① 《马克思恩格斯全集》第1版第21卷第241—244页。
② 参看马克思恩格斯：《共产党宣言》（附有达·梁赞诺夫的前言和注释）1930莫斯科—列宁格勒版。

越来越经常地出现在我们出版物上的"粗陋的平均共产主义"的概念本身,即"粗鄙的共产主义"与"平均"共产主义的这一奇怪的混合物的"合法出生身份"加以关注。假定在这方面苏联著作家曾作出理论贡献,不过应当思考一下,这种贡献在多大程度上符合马克思和恩格斯的论断。

(原载《恩格斯和他的时代,纪念恩格斯诞辰170周年》1990莫斯科版)

(邢艳琦 译 谭金云、刘晖星 校)

列宁的社会主义构想*

〔苏〕格·斯米尔诺夫

[**编者按**] 1989年苏联政治书籍出版社出版了由苏共中央马列主义研究院院长格·斯米尔诺夫院士主编的《社会主义理论概述》一书。该书是集体编写的一本高校教材。本文摘译自该书第3章,保留了原书的章节标题。

列宁的社会主义构想并不是以凝固不变的形式存在的。它经历了若干的发展阶段。这一构想既继承了马克思主义对社会主义的基本观点,又有来自社会主义建设实践的创新。列宁作为科学中的革命家,对老的观点,即人们过去认可的论点,重新加以审查。他从时代的要求出发,大胆地改变政策,有时也犯错误,错了就改正。

根据列宁在十月革命开始前的观点,社会主义社会应是一个"劳动平等和报酬平等"的工厂,它实行全民监督并推行"工厂的"纪律。但是,在列宁看来,这种纪律决不是理想,也决不是最终目的,按照他的设想,它应当成为彻底肃清社会上的资本主义剥削和继续前进的必经

---

* 本文选自《马克思主义与现实》1990年第1期。

阶段,而所谓继续前进,就是使全体劳动者自己学会管理社会。列宁写道:"没有建筑在现代科学最新成就基础上的大资本主义技术,没有一个使千百万人在产品的生产和分配中严格遵守统一标准的有计划的国家组织,社会主义就无从设想。"①

完成这些任务的途径应首先是建立以统一的全民所有制为基础的、由国家来指导和计划的全国性生产,同时也要对全国的分配,即逐渐排除商品生产和商品货币关系的直接的产品交换和按标准的供给,实行最严格的计算和监督。

当时作为社会主义建设最紧迫的任务提出来的是:用产品交换,首先是城乡之间的产品交换,代替商业;建立生产消费公社;逐步取消货币,而代之以存折,或短期领物证(即马克思所说的"凭证")。

这就是社会主义新的所有制形式和分配形式最初的轮廓,这些形式的确立会一步步地从生活中排除商品货币关系。

但是,后来列宁的观点有了重大的变化。在这方面具有特殊意义的是20年代——向新经济政策的转变、新经济政策的最初步骤、围绕新经济政策和社会主义建设方法的思想理论斗争。

列宁在苏维埃政权初期就提出了展开社会主义和平建设的思想,其实质就是"对产品的生产和分配实行最严格的普遍的计算和监督,提高劳动生产率,使生产在事实上社会化"。② 为此,列宁探讨了如下任务:实现生产资料公有化和实行普遍劳动义务制,实行民主集中制和企业中的工人监督,提高劳动生产率和组织竞赛。他指出,必须实行银行国有

---

① 《列宁全集》第 2 版第 34 卷第 279 页。
② 《列宁全集》第 2 版第 34 卷第 154 页。

化，继而把银行变成社会主义制度下公共簿记的中枢，实现国家对外贸易垄断、国家对货币流通的监督，利用资产阶级专家，向资产阶级征收财产税和所得税，等等。这一建设社会主义的计划随着时间的推移发生了重大的变化。

苏维埃政权在头几年的作用和经验不容否定，但应当承认，列宁的许多建设性的思想正是在20年代提出来的。这几年是社会创新、探索工人阶级和劳动农民联盟的最佳形式，创立人们各种不同利益实现的机制的革命试验。正是在这个时期，列宁提出了社会主义建设的一系列奠基性的思想，其中涉及粮食税、商业、经济核算、同物质利益结合、合作社、工业化、提高文化、反对官僚主义、发展社会主义民主等等。就这方面来说，被称作列宁政治遗嘱的最后几篇著作（《宁肯少些，但要好些》、《我们怎样改组工农检查院》、《论合作社》、《给代表大会的信》等），在列宁的创作中占有特殊的地位。

我们研究列宁在十月革命后的、特别是20年代的著作，可以看出列宁的思想如何从直接的分配、直接的产品交换这些公式向商业、向刺激同物质利益的结合发展。在1919年，他认为党和苏维埃政权的任务之一是"坚定不移地继续在全国范围内用有计划有组织的产品分配来代替贸易"，采取最激进的措施"为消灭货币做好准备"①，到了1921年，他在同"右派"共产主义者论战时，却强调决不能"受本能地轻视商业的'感情社会主义'或旧俄半贵族半农民的宗法情绪的支配"②，"商品交换要求……不通过商业而直接向社会主义的产品交换过渡，向社会

---

① 《列宁全集》第2版第36卷第90、91页。
② 《列宁全集》第2版第42卷第250页。

主义的产品交换迈步。结果是：现实生活使商品交换失败了，以买卖取代了它"。① 列宁坚持认为，共产主义在世界范围取得完全胜利之前，"俄罗斯联邦仍然应当爱惜黄金，卖黄金时要卖得贵些，用黄金买商品时要买得便宜些"。② 他对社会主义的理解越来越多地同承认商品货币关系和价值规律联系在一起。与此相应，他还改变了对新经济政策的看法：由新经济政策是"后退一步"这种评价变为承认要"认真地和长期地"③ 加以推行。

列宁确信，生产资料公有制可以而且必须同个人、家庭、劳动集体、私人农户的利益结合起来。粮食税和商业（也容许资本主义分子参与的）是新经济政策的两个方面，这两方面最充分地证明列宁关注利益问题。他认为公有制本身具有多种形式，而不是只有国家所有制这一种形式。

他认为合作社占有特别重要的地位。根据列宁的设想，有可能自主地、主动地进行经营活动，展开健康的竞赛，并在此基础上迅速提高劳动生产率和增加生产量。在列宁看来，生产资料公有化应当成为不受限制地探索各种各样的占有形式、经济组织形式和劳动刺激形式的基础。

他从合作社中发现了在国家所有制的条件下把"私人"利益即个人利益与共同利益结合起来的必要方式。④ 他认为合作社的发展也就是社会主义的发展，而社会主义本身就是一种文明合作社工作者的制度。列宁始终在研究这样一个问题：在社会占有生产资料的条件下，如何发

---

① 《列宁全集》第 2 版第 42 卷第 506 页。
② 《列宁全集》第 2 版第 42 卷第 249 页。
③ 《列宁全集》第 2 版第 41 卷第 325 页。
④ 《列宁全集》第 2 版第 43 卷第 36 页。

挥和利用哪些机制和刺激手段来发挥劳动者比在资本主义制度下大得多的经济积极性，如何在没有私人经营、没有资本主义竞争、没有失业的压力等情况下，实际做到这一点。大家知道，列宁在这方面的出发点是：对新的社会制度的胜利来说，最重要、最主要的是达到最高的劳动生产率。对一个比较落后、又遭到战争破坏的国家来说，这个任务说实在的很不简单。在列宁看来，完成这个任务的办法就是把苏维埃政权的优越性同科学技术进步的成就结合起来。我国的历史经验表明，由于对这一思想重视不够，我们至今在劳动生产率方面还没有超过资本主义。我们也未能发挥出劳动者应有的经济积极性，未能发展必要的科学的劳动组织，以及刺激劳动的适当办法。

列宁认为，调动群众积极性的有效办法之一就是竞赛。如何使人们关心竞赛这个问题，列宁是一直放在心上的。十月革命后不久，他就写了《怎样组织竞赛?》一文。在《苏维埃政权的当前任务》一文中，他又再次论述了这个问题。他在高度赞扬革命群众的热情时强调，企业中的工人应当感到自己是全体人民的代表。最后，他向自己的志同道合者指出，新社会不能仅仅建立在热情的基础之上，而必须借助热情，把它建立在同个人物质利益的结合和经济核算的基础之上。

列宁和马克思、恩格斯一样，是现实的、实际的人道主义者，他认为在社会主义制度下组织社会生产的目的是保证"社会全体成员的充分福利和自由的全面发展"①。他还指出了达到这一目的的有效手段：掌握世界文化和文明的成果和财富。在列宁看来，不善于文明工作、文明经商、文明处理生产管理和整个国家管理的事务，社会主义是无法设想

---

① 《列宁全集》第2版第6卷第218页。

的。正因为如此,他认为文化革命是在我国建成社会主义社会这一计划不可缺少的组成部分。

在列宁看来,这一计划的实现,其结果必然是不仅消灭文盲,而且能使劳动者掌握精深的科学知识,处理好复杂的思想政治教育问题,而尤其重要的是,在公益劳动和实际斗争的过程中组织好对青年一代的教育。从列宁的观点来看,仅仅熟读共产主义的书籍和小册子,是不能成为共产主义者的。每当列宁谈到培养积极的共产主义战士时,他总是重申这一思想。

列宁在反驳对社会主义的官僚主义曲解时强调指出:"社会主义不是按上面的命令创立的。它和官场中的官僚机械主义根本不能相容;生气勃勃的创造性的社会主义是由人民群众自己创立的。"① 群众生气勃勃的创造,这在列宁看来是社会主义最本质的特征之一。列宁的这一基本原理后来被人忽视了,这在实践中导致我国社会上各种反人道主义的和官僚主义的弊端,贬损了社会主义的理想。

深刻的民主制是列宁的社会主义构想中极其重要的成分。

列宁提出人民普遍参加管理的主张,认为这是社会主义民主制的实际体现,同时又实事求是地看待文盲或半文盲参加管理工作的实际可能性。他不止一次重申,不识字的人是置身于政治之外的。所以当他看到人民渴望知识时,他非常高兴,并且要大家相信,人民中有才华的人将源源不断地涌现出来,他细心听取他们的意见,大胆地提拔来自人民的人担任领导工作。群众参加管理、群众进行监督——这就是同官僚主义这个在列宁看来是社会主义最危险的敌人进行斗争的主要手段。

---

① 《列宁全集》第 2 版第 33 卷第 53 页。

列宁认为,由人民选举产生的、作为人民政府进行工作的苏维埃政权是社会主义民主制度最突出的表现。在列宁看来,苏维埃政权完全符合新国家的社会主义本性。管理机关工作人员的选举制、罢免制和工作报告制——所有这些主张都是列宁对新社会、对社会主义管理制度的观点的要素。列宁认为苏维埃不仅是新的权力机关,而且也是人民自治的机关,利用这种机关,社会主义将转化为共产主义。

列宁在管理问题上始终坚持民主集中制的原则立场,即把解决来自下面的一切问题同中央所代表的整体利益辩证地结合起来。列宁指出:"真正民主意义上的集中制的前提是历史上第一次造成的这样一种可能性,就是不仅使地方特点,而且使地方的首创性、主动精神和达到总目标的各种不同的途径、方式和方法,都能充分地顺利地发展。"[①]

过去人们往往把列宁的社会主义观点和建成社会主义的计划这两个显然并不相同的概念混为一谈。结果在群众的头脑里,工业化、集体化和文化革命就成了社会主义的象征。这些改造当然是列宁对社会主义建设途径的观点的基石,但是并没有囊括他的全部观点。

关于社会主义以及实现各项社会主义改造的途径的简单化观点,并不是没有多大害处的,因为这种观点没有注意到,或者说根本没有考虑到社会发展的如下方面:人民的社会主义自治、社会生活各种机构的民主化、经营机制的完善、社会阶级关系和民族关系的改变、家庭及日常生活的发展变化。社会关系以及完善各种社会关系的问题在理论和实践中都在相当大的程度上被忽视了。因此,专家治国的倾向和官僚主义的领导方法后来就盛极一时。

---

① 《列宁全集》第 2 版第 34 卷第 140 页。

列宁的社会主义构想在他最后的一些著作中反映得最充分,其中包括了必须对社会生活各个领域直至政治上层建筑进行改革的思想。病中的列宁建议"对我们的政治制度作一系列的变动"①,并把这些变动与民主的深化联系起来。

列宁建议加强中央委员会中由觉悟工人组成的核心,把一切权力机关置于中央监察委员会——工农检查院的监督之下,他注意到对现行的政治制度必须作重大的变动。

就在这一组著作中,列宁发展了他的国家联合的构想,即根据每一个共和国都享有相当大程度独立的联邦制的原则实行联合的构想。列宁反对自治化的主张,即乌克兰、外高加索和中亚各共和国并入俄罗斯联邦而只享有自治权的主张。他建议"在加入我们联盟的其他各民族共和国中使用民族语言这个方面应制定极严格的规章……"②他设想的是各共和国只是在军事和外交方面完全统一,也就是"在其他方面恢复各个人民委员部的完全独立"③。在列宁看来,保留民族自决的原则也是毫无疑问的。在实际政治中,列宁反对抽象地提民族主义问题,建议在每一具体场合弄清楚民族方面各种口号和主张的社会政治含义。

如果要对列宁的社会主义构想的基本原理作一概括,那么可以指出如下几点:

(1) 实现民权制,劳动者人人参加社会事务和国家事务的管理;

(2) 承认社会主义所有制的各种形式,其中包括合作社、租赁、租让等等形式;

---

① 《列宁全集》第 2 版第 43 卷第 337 页。
② 《列宁全集》第 2 版第 43 卷第 354 页。
③ 《列宁全集》第 2 版第 43 卷第 355 页。

（3）实行按劳动的数量和质量付给报酬的原则，发展同个人及集体的物质利益的结合；

（4）在国家计划范围内利用商业和商品货币关系，采用经济核算；

（5）在民族自决权的基础上建立平等的民族共和国联邦；

（6）共产党作为工人阶级和全体劳动人民的先锋队起领导作用。

但是，列宁的社会主义构想在当时并没有被党的领导充分领会。列宁提出的一系列具体建议（包括他提出的把斯大林从总书记的职位调开的建议），联共（布）第十二次代表大会的代表并不知道，所以也不可能加以采纳。此外，列宁逝世后高层领导内部爆发的争权夺势的斗争使情况变得更加复杂。这些情况成了社会主义变形，即在实践中背离列宁思想的起点。

（望石 译）

俄罗斯学者巴拉耶夫谈马克思关于人类未来的构想[*]

俄罗斯科学院哲学所高级研究员、哲学副博士安德烈·鲍利索维奇·巴拉耶夫在俄罗斯《自由思想》杂志1997年第6期发表了题为《马克思的社会方案》的文章，分析了马克思关于人类未来的近期预见和远期预见，并认为他的远期预见的某些要素仿佛已经临近。现将主要内容介绍如下。

预见未来和通向未来的道路是马克思著作遗产中的主要内容。他在许多方面预见并论证了人类的历史前景。20世纪的历史只是他所描绘的漫长历史道路中很短的一段。以前人们认为，马克思是在空想社会主义者的直接影响下描绘未来的图景的，而他与其前辈的区别在于：他对社会主义思想进行了科学论证。因此，马克思似乎完成了"从空想到科学"的转变，他对未来的预见具有科学预测的地位。其实马克思对空想的态度是相当复杂的。直到20世纪中叶才发表的他的大量手稿证明，他对未来的思考决不能纳入关于"科学性"的传统看法的狭隘范围，

---

[*] 本文选自《国外理论动态》1998年第5期。

按照这种看法，只有全部内容被事实所证实的预测，才能获得科学论证的预测的地位。而马克思的思想很难纳入这种看法，不仅如此，每次必须事先把马克思的思想与具体情况联系起来加以解释。这就是说，应当在某种程度上脱离20世纪的历史现实并试图把这一历史评价为长期历史过程的"早期阶段"。对马克思思想采取的这种方法是为世界宗教研究者所熟知的。把马克思主义，或者更广泛地把社会主义和共产主义与基督教进行比较的这种传统在文献中根深蒂固绝非偶然。如果我们摒弃庸俗的无神论偏见，那么，这种比较具有相当大的启迪作用。正是这种比较把马克思关于人类未来的看法的重要性重新突出出来。

首先谈谈"空想"（утопия）一词。由于关于"科学性"的狭隘看法，空想的意思被说成是科学思维的反面，而"空想的"（"不科学的"）被解释成"实现不了的"、"不可能的"。然而，"实现的不可能性"和空想这个概念决不是一回事。长期以来，人们把现实主义的推论和幻想主义的夸大，把不可思议的东西和完全可实现的东西混为一谈了。

要弄清马克思关于未来的学说的深刻含义，必须回到这一学说的起源和前提，回到它的原始构想。马克思开始创作时受到费尔巴哈及其对宗教所作的哲学上的批判分析的影响。青年马克思认为，费尔巴哈的"人的哲学"结束了人道主义的基督教形式，也就是把人从精神残缺中，从人在上帝面前是微不足道的意识中解放了出来。但马克思认为还应解决另一项任务，即人在实际的生活领域中也应与"上帝平等"。马克思把人类现实的全球性解放提到日程上来，这就意味着必须彻底改变人类生活和人本身。他所希望的世界不但没有"受侮辱的人和受压迫的人"，而且也没有"侮辱人的人和压迫人的人"。

马克思关于人类历史未来的学说可以分为两种相互联系而内容又有区别的空想：一种是"近期"空想，它包括预测和目标；另一种是"远期"空想，即"近期"不能实现、但对人类新的遥远未来却是现实的蓝图。近期目标的特点是既确定了社会改造的方法，又在某种程度上决定了社会改造后的而且是过渡性的时期。远期目标则指出了脱离自身的基础而按照自身的规律发展的新社会的特征。前者主要反映在马克思所写的纲领、宣言和政治文章中。后者可以在马克思主要"为自己弄清问题"所写的著述和手稿中找到。

关于第一个空想。马克思对近期前景的未来的预见，至少可以分成两种相互联系、在他的各个创作时期又有所不同的方案。首先，他制定了实现社会改造基本目标的"革命性"方案。然后，他修正了这一方案并加进了"进化"的内容。这两个"近期"空想方案对世界社会主义各流派的意识形态和政治实践都产生了巨大的影响。正如美国研究者伊·沃勒斯坦所指出的，19—20世纪依据马克思的"近期"空想的思想进行的全部历史实验，从整体上说，没有超出资本主义"世界体系"的范围。

"革命性"方案的内容是：对现存社会政治制度进行革命改造的可能性进行了论证；消灭人剥削人的制度；实现生产的社会化；建立社会公平关系；实现无产阶级的自我解放。《共产党宣言》中提出的这些共同目标构成了马克思"近期"空想范式的实质。而这要以一定的改造为前提。这些改造也可以分为两大类。属于第一类的是：剥夺地产，把地租用于国家支出；征收高额累进税；通过拥有国家资本和独享垄断权的国家银行把信贷集中在国家手里；增加国家工厂的数目，等等。属于第二类的是：废除继承权；实行普遍劳动义务制；消灭城乡差别；对所有儿童实行公共的和免费的教育，等等。

马克思"近期"空想的"进化"方案反映在60—70年代所写的有关国际工人运动组织的著作里。他在第一国际的纲领性文件中指出了对社会进行改造的两种可能性：争取无产阶级权利的工会斗争和合作化运动。他指出，工会运动及其为缩短工作日、提高工资、争取广义的社会保障进行的斗争具有防御的含义，这种途径达不到社会关系方面的彻底变革。但他没有把革命性学说同社会进化的看法对立起来，相反地，他指出两者是相互联系的。在他看来，革命和进化是进攻和防御。他认为，工人阶级防御资本家的非人剥削，对保持和发挥劳动者的人的潜力是绝对必要的，并把这种必要性看做积极的政治行动和向社会改造过渡的前提。

马克思指出，雇佣劳动者为社会改善的斗争和政治行为是相互补充和相互制约的。然而在"近期"空想中，社会变化仍然先于政治斗争和胜利。而革命不是由劳动者的状况在资本统治范围内改善引起的，而是由它的恶化引起的。虽在不同时期情况不同，但马克思始终认为，资本主义经济周期中的危机时期与政治尖锐化相适应，并引起革命浪潮。但结果却是：在相对繁荣时期达到的雇佣劳动者状况的改善（通过进化途径而取得的社会保证）好像阻碍了经济动荡时期的革命激进主义。虽然马克思已经接近于理解到革命性原则和进化性原则在向社会变革的发展中的相互否定性，在他的学说中资本主义经济的周期性把"进化时期"和"革命时期"分开来了，把它们相应地列入经济繁荣时期和危机时期。实际情况看来则更加复杂。他不断强调关于存在这类变革的条件这种想法，使上述思想变成了"近期"空想。他从40年代起所写的著作中，经常对局势作出这样的评价：时机已经成熟，该行动了。马克思关于任务临近实现和成就很快就能取得的看法,无疑是所有社会空想中的意识形态的要素。

在马克思那里,"近期"空想及各种修正和方案是世界历史上政治社会改造的总和。马克思把人类未来的最初步骤固定了下来。无论激进的意识形态如何对这些步骤加以掩饰,实际上这些步骤并没有成功的把握,它们孕育着失败和错误。我国许多同胞把 20 世纪的社会主义实验称作"战略失败",他们这种当代怀疑论是完全可以理解的。全球历史过程的任何最初阶段即"过渡时代"的现象都是如此。只有在新的社会制度更加成熟更加发达的形式出现的时候,"过渡时代"的前景才会显露出来。

至于谈到马克思的"近期"和"远期"思想的某些过渡阶段思想,无产阶级及其历史作用的思想就属这一范畴。《共产党宣言》把无产阶级的作用归结为实现国家变革和直接向社会改造过渡。在第一国际时期的文献中,实行变革被推到次要地位,而工人阶级在资本统治下的自我防御,也就是渐进方面被推到第一位。但马克思在任何方案中都没有谈到变革后时期,他没有阐述无产阶级自我否定的过程。

在马克思对"远期未来"思考中还有某些与"无产阶级"自身有关的问题。但问题已不是实行政治革命,不是阶级斗争。在社会改造的长期前景中,无产阶级是在"雇佣劳动"的名义下出现的。而思考的意义在于寻找逐步消灭雇佣劳动的条件。马克思在早期著作中把这个过程一般地称为消灭劳动。奇怪的是,阐释者有时把这种前景同"工人阶级"取得政权联系在一起。实际上,马克思认为,雇佣劳动转化为世界上劳动活动的主要形式即"普遍无产阶级化"的时间,是雇佣劳动的消灭和"无产者"的政治积极性的开始。这就是 19 世纪非工业化文明中资本主义胜利的伟大时期,即把小"所有者"排挤出世界上主要经济地位的时期。此外,马克思还一再提出"普遍无产阶级化"的另一方面,即把雇佣劳动扩展到非生产部门和所谓的"服务领域"。雇佣劳动正是在自身蓬勃发展的过程中被逐渐消灭,而为更高级的活动形式所取代。过去的"无产者"经过很长的时期改造成社会的自由的人。这样,我们就从考察马克思的"近期"空想自然而然地转向考察他的"远期"预见。

关于第二个空想。马克思阐述"远期未来"的基本思想最重要的著作是《1844年经济学哲学手稿》和《1857—1858年经济学手稿》。在他的创作中,"为自己弄清问题的实质"而写的手稿和完全用于发表的著作之间有很大差别。在这两部手稿中,马克思关于未来的思考占有相当重要的地位。一些阐释者对马克思手稿的态度常常不够客观,把"青年"马克思和"成熟"马克思对立起来,这是不正确的。其实,在马克思"远期"空想的内容中,1844年的思维方式与他19世纪50年代末60年代初的思想不但不矛盾,而且是一致的。

马克思1844年第一次试图"预见"人类的未来时就研究了社会改造的问题。他的出发点是消除异化和人"占有"在异化劳动中丧失的一切本质特征。在他看来,异化劳动消除后,人作为创造者的那些创造性应得到充分的体现。其次,"占有"既涉及人和人之间的关系,也涉及人和自然之间的关系。社会应当实现人道主义。

马克思在《1857—1858年经济学手稿》中最清晰地描绘了"人类解放"的实质。他的空想主要集中于分析雇佣劳动、资本、货币这些经济学和人的现实经营活动的最基本的问题。这些思考总是与个人的潜能、社会关系的人道化和人的发展密切相联的。

马克思认为，当代经济的情况不同于以前的各经济形式和类型。在资本和雇佣劳动出现以前，典型的状况是劳动者与劳动资料和社会集体紧密相联。在社会中最普遍的经营形式是公社的经营形式，在这里，每个个人如果离开共同占有劳动资料的社会组织，就不可能在社会上和经济上存在。当今经济的典型状况则是：劳动者是分散的，互相独立的，既独立于社会集体，又独立于自己劳动的物质资料。劳动资料与直接的劳动者相脱离，转化为资本。同时，劳动者成了雇佣工人，劳动成了雇佣劳动。马克思认为，公社经营形式向雇佣劳动和资本的转变是人类以往全部劳动中最主要最基本的转变。

马克思指出，雇佣劳动以货币是工资的基本形式为前提，"资产阶级社会的基本前提是：劳动直接生产交换价值，从而生产货币；而货币也直接购买劳动，从而购买工人，只要后者在交换中让渡自己的活动。因此，一方的雇佣劳动和另一方的资本，都只不过是发达的交换价值和作为交换价值化身的货币的另一些形式。所以，货币同时直接是现实的共同体，因为它是一切人赖以生存的一般实体；同时又是一切人的共同产物"。① 马克思把货币称为"万能的中介物"并指出，"每个个人行使支配别人的活动或支配社会财富的权力，就在于他是交换价值的或货币的所有者。他在衣袋里装着自己的社会权力和自己同社会的联系"。②

马克思认为，社会在这种状态下不会永远存在。社会的未来就是在现今社会所处的资本、货币、雇佣劳动这些异化存在形式中成熟和建立起来的。接近这种未来的成熟的因素首先就包含在资本的发展中。与雇

---

① 《马克思恩格斯全集》第 2 版第 30 卷第 178 页。
② 《马克思恩格斯全集》第 2 版第 30 卷第 106 页。

佣劳动一样，资本的目的也在于获取货币。这个目的对雇佣工人来说是工资，对资本来说就是利润。为了获得更大的利润，达到更高的经济效益，资本就促使生产发展，包括极力缩减生产支出和费用。因此，马克思认为，这种类型的经济活动，即将"活的劳动"逐渐排挤出生产并用机械来代替劳动的人，是自然而然的事。劳动资料不再服从于活的劳动，而获得了独立性；人作为雇佣工人逐渐被排挤出创造物质财富的过程，并被机器这种"物化的知识力量"所代替，科学变成了生产发展的主要因素。

这对社会来说就意味着减少那种进入大多数人必需消费的产品的生产，工人有了更多的时间从事"剩余"劳动。整个说来，社会自由时间的增加，主要表现在被马克思称为"过剩人口"的自由时间的不断增加。这里说的"过剩人口"不仅仅指失业者、有产者及其服务人员，也指国家机构（军队、警察、惩戒制度）的人员。就经济意义而言，这个人口不断增加，他们在文化、"精神生产"、教育、医疗服务、体育等领域工作。马克思认为这些人是最重要的，是人类的未来，因为这是历史上第一次创造着使精神活动和文化活动不再是少数人特权的条件。这是资本的功劳。因此，资本就成了创造社会自由时间、使全社会的工作时间愈来愈少，从而把全体社会成员解放出来进行自身发展的工具。这样，以赚钱为目的的强迫性劳动就将逐渐成为过去，人自由支配自己生活时间的生活活动就转化为直接的社会活动。

总之，将来所要发生的这一历史运动未必能以某种具体的形式描绘出来。马克思的"预言"并未提出未来变革的行动战略、政治形式和文明模式。根据20世纪短暂的历史经验只能指出，马克思预见的未来的某些要素仿佛已经临近。在"后工业社会"问题的讨论中可以察觉到这一点。诚然,人们时常夸大我们社会文化存在的新形式的力量和意义,但是这些形式是历史上的新鲜事物,这是无可怀疑的。它们都是与科技的发展、与人被从直接物质生产领域排挤出来联系在一起的。所谓休闲产业的出现、世界范围内体育运动和旅游的发展、群众业余的和精英的精神活动和艺术活动的出现——都可解释成马克思所预测的"远期未来"日益临近的标志。当然,人类的自由时间暂且具有使一切都从属于货币和世界商业的性质,但这正是马克思所预测的并使之成为自己长期空想的基础的那个过程。

(邢艳琦 编写)

虚无主义的共产主义与辩证的共产主义*

〔美〕詹姆斯·劳勒

美国著名学者、市场社会主义理论的代表人物之一詹姆斯·劳勒2004年5月在中国人民大学作了题为《马克思的共产主义阶段理论》的讲演，讲演的前部分认为对共产主义的研究存在两种根本对立的方法，一种是虚无主义的方法，一种是辩证的方法。前者信奉的要么是资本主义要么是共产主义这样一种抽象的非此即彼的逻辑，否认它们之间的内在联系；后者认为共产主义形成于资本主义的母体之中，在它们之间存在辩证的"中间环节"。前者对资本主义社会的一切事物持彻底否定的态度，后者关注的则是资本主义社会中出现的积极成分，即正在形成和发展的现实的共产主义因素。劳勒支持后一种观点。讲演的前部分主要内容如下。

一

从本质上讲，存在两种共产主义，或者说，两种主要的研究共产主义的方法。我把第一种称为虚无主义的共产主义，第二种称为辩证的共

---

* 本文选自《国外理论动态》2006年第2期。

产主义。虚无主义的共产主义信奉的要么是资本主义要么是共产主义这样一种抽象的非此即彼的逻辑，认为在它们之间不存在中间地带。按照虚无主义的方法，资本主义本质上被消极地视为一种祸害，一种将被消灭并为一个美好社会即共产主义所取代的社会。因此，共产主义者的任务就是要否定资本主义，并否定与其相关的一切事物。虚无主义的共产主义因而对市场采取全然否定的态度。

马克思拒绝以一种更美好的社会的理想的名义对现存社会制度进行抽象的批判。他写道，共产主义不是一种理想的未来社会；就其现实性而言，其深刻含义在于它是现实世界的运动。"共产主义对我们来说不是应当确立的状况，不是现实应当与之相适应的理想。我们所称为共产主义的是那种消灭现存状况的现实的运动。这个运动的条件是由现有的前提产生的。"①

当马克思写到共产主义要消灭现存状况时，他看起来像是一个虚无主义的共产主义者。但是，当他在接下来的那句话中写到共产主义是目前的现实运动时，他的意思是说共产主义是目前的现实，而不是在未来才建立的东西。因此，他的话的完整含义是，在资本主义现实中目前就存在一种挑战这一现实并且最终将导致其灭亡的运动。

由此可见，在马克思看来，作为一个共产主义者就要集中关注并培育当前现实中的积极的部分，即正在出现、正在发展的现实的共产主义。虚无主义的共产主义则将注意力集中在那些消极的部分上。处于资本主义核心的冲突和竞争的本质是一种全盘否定的态度，而虚无主义的共产主义也是这样一种态度，因此，它事实上加强了其对立面。辩证的

---

① 《马克思恩格斯选集》第 2 版第 1 卷第 87 页。

方法则要将注意力集中在什么是积极的东西上,帮助其像子宫中的婴儿一样成长和壮大。共产主义新世界的母体是资本主义自身。成长于资本主义母体中的婴儿是共产主义,它是逐渐在其母体中形成并从其母体获取力量的。

二

要理解马克思研究共产主义的辩证方法的基本哲学框架,我们必须像马克思在其论述资本主义和共产主义的《1844年经济学哲学手稿》中对此的说明一样,转向本质与存在的问题。他在那里论证说,共产主义(他在那里称之为社会主义)是最充分符合人的本质的人的存在形式。马克思表明,辩证的共产主义的研究方法,在于认识到并以外部存在的形式去实现我们已内在生成的东西。所以,共产主义是反映我们自身存在的深层现实的社会生活方式,它是人类所有外在生活形式背后的内在现实。

因而,要理解共产主义,我们必须要问:什么是人的本质?人的本质的第一个方面,是马克思称之为劳动的人的自由的、有意识的和创造性的活动。劳动是人的意志、目的或方案的"对象化",即有创造性的人的意志向物质现实的转变。

人的本质的第二个方面,是每个人同作为整体的人类生活(及自然)的内在联系。人是一种"把类看做自己的本质"的存在物。[①] 马克思说,因为人把类看做自身的本质存在,所以人是有意识的存在物。这

[①] 《马克思恩格斯选集》第2版第1卷第46页。

是一个非常重要而深刻的思想，但其潜在内涵尚未很好地挖掘。不是因为我们是有意识的，我们才意识到其他人的存在，而是因为我们与其他人密切相连，所以我们才是有意识的存在物。

因而，意识不是独立的人的特性，不是某种发生在独立的人头脑中的东西。人是基本的统一体中的人，是与外在于他的其他人相联系的人。这意味着，每个人的意识都是内在于整个人类的。因而，个人自身的发展通常同人类的发展密切相关。这一观点对那些居支配地位的哲学思想提出了挑战，那些哲学思想认为，思想是单独的人观察其外部世界的活动。

这种人类是内在于每个人之中的观点说明了《共产党宣言》中共产主义的定义。在那里马克思把共产主义界定为"这样一个联合体，在那里，每个人的自由发展是一切人的自由发展的条件"①。这是说，个人的自由发展是首要的，因为它是整个人类自由发展得以实现的条件。如果马克思把人类看成是组成它的个人的简单集合，那对共产主义的这一定义就成了同义反复。确切地讲，他的意思是，作为"类存在"物的个人只有在与其他个人的相互联系中才能发展自己。马克思在这里接受了黑格尔对"精神"（感性）下的定义，黑格尔对"精神"下的定义是"我即我们，我们即我"。

这一共产主义概念是同虚无主义的共产主义概念根本对立的，根据后者，首先必须创造出那些外部的、共产主义社会结构的条件，然后才有个人的自由发展。这种观点把社会设想为外在或先于个人的，是对个人的极度不信任。相反，马克思把个人的自由看做是社会整体的条件。

---

① 《马克思恩格斯选集》第 2 版第 1 卷第 294 页。

社会结构同人类世界中的其他事物一样,是人的本质上自由的、创造性的活动的产物。

三

资本主义既肯定又否定"每个人的自由发展"。它的人的存在的主要形式是利己主义,即把追求个人的幸福作为每一个人的首要目标。按照亚当·斯密的观点,如果每个人都自由地实现他或她本人的利益,社会的整体利益将会自动和自发地实现。任何个人或政治国家都不必将取得社会利益设定为目标。国家的首要任务是保证个人能在没有外来干涉的情况下生产和交易商品。

这一独立的个人追求其自身利益的观念是人类演进的一个重要阶段。它是人的本质发展中的一个必经阶段。正如马克思在《1857—1858年经济学手稿》中所说的,在资本主义时代,旧的人的依赖关系被人的独立性和对物的依赖性所取代。在此前的人的依赖关系的阶段,人们深深地感受到相互之间的关系,但联系的形式是主人与奴隶,或者领主与仆人。这种人的依赖关系是人们自己创造的,因而是建立在自由行为基础上的。每一过程的社会形态以生产它的那些人的自由行为为基础。

马克思赞赏黑格尔在探究主奴关系的自相矛盾和对立时所表现出的深刻洞察力,认为主人的力量是基于奴隶的自由行为。出于对死亡的恐惧,奴隶当然会大量放弃他的自由。当奴隶、农奴或者亚细亚生产方式中的依附农在他的领主或主人面前鞠躬行礼时,他是在含蓄地、模糊地表示对自己的效忠,是在朦胧地赞赏他自己的自由。因为人的意识本身是作为一个整体的类的表示,而非孤立的个人的特性。他是在暗中仰望和崇拜他自己的发展的潜在可能性。

在资本主义社会，每个人的自由都处于意识的最前沿，但仍是以一种扭曲的、虚幻的形式存在的。个人在与其他人的关系中虽已具有自觉的独立性或自由，但同时又认为自己是依赖物的世界的。资本主义社会的自由的个人，面对的是似乎先于他们并且独立于他们而存在的由商品和货币构成的物的世界，而这些物品实际上是由他们的创造性劳动生产出来的。这是本质的自由同时既受到肯定又受到否定的另一种形式。现在个人把自己视为一个自由的而不是信赖于其他人的个人，这在承认其基本的人性方面迈出了重要的一步。然而，依赖性却依然存在，只不过变成了对"物"的依赖。这意味着个人是依赖商品世界和商品的市场交换关系的，它们似乎是独立于从根本上讲创造了这一物的世界的人而发展的。

这种人的独立性或自由是抽象的、片面的。资本主义社会充满相互排斥的自我之间的竞争，其结果是出现"对物的依赖"。这种人的存在形式导致人的分离，而他们相互之间在本质层面上依然是密切联系的。然而，每个人并不认为他或她自己与其他人有着内在的联系，而认为与其他人只有外在的或表面的联系，只把其他人看做是潜在的对手和在生存斗争中结成的同盟者。其结果，是使社会整体呈现出一种虚幻的外观，即存在一种外在的、像物一样独立于人而起作用的力量。

资本主义是旧世界的人的依赖关系和每个人自由发展并且不依赖于物的共产主义社会之间的中间环节。它是人类向共产主义发展中的一个重大进步，因为它体现了每个人的自由发展。然而，由于个人与类之间的内在联系没有得到承认，由于人们都把他们自己看成是与他人相分离的，这一相互作用的社会整体呈现出一种与产生它的个人相分离的、像物一样运行的形式。它仍是屈服于这种像物一样的市场运行机制的人们的自由行为。这样就再次出现了人们以一种与他们的自由相抵触的方式来表达他们的自由这一自相矛盾的情况。他们认为自己是自由的，同时又发现自己对外在于自身的物的依赖，即使是他们的创造性的活动生产了这些物。

资本主义社会中每个人都是自由的，但每个人又都认为自己与其他60亿人相冲突。因此，这种自由受到一种外在于人的巨大力量，即一种异化了的人的类存在力量的反对。由利己主义导致的人的潜能的受挫对于人来说变得日益明显。这一苦难的结果是人们开始醒悟到他的真实的类存在。随着这种醒悟的增加，人的分离的所有形式都开始显露出荒谬和非人性。

一种新的关于人的潜能的洞见自然就出现了。这一洞见就是，通过与其他60亿个人的智力、能力和创造力的积极联系，使每一个人的能力、美感、智力和创造力得以扩展。因为每个人只有通过与整个类的关系才能成为他本身。例如，一旦隔离科学家的壁垒倒塌，一旦思想的自由交流成为可能，科学的创造力就会大大地增强。一旦每个人都具有的人的创造性的音乐天赋得以自由发挥，音乐方面的创作力就会极大地扩展。一旦与其他具有创造性的人进行自由交流的障碍被逐步消除，每个人的创造性潜能就会在所有方面得到自由发展。有谁能怀疑共产主义是当前现实的实际运动的结果，以及所有阻碍这种运动继续发展的障碍都将被克服？

在资本主义社会中，金钱是人的创造性活动的外化表现，也就是说，这种创造性活动采取的是一种外化物的形式，活动本身对这种外化物具有了依赖性。资本家控制着大量的这种人的创造性的外化形式。因此，他们有巨大的能力把创造性活动置于他们的支配之下。他们不仅拥有城堡、飞机、私人岛屿和私人军队，他们还能动员成千上万的人的智力资源去实现他们少数人的目的。但是，这种为某些人在今天所运用的力量是一种外在的强制或控制的力量。此外，这些人本身也许仍是有极大缺陷、缺乏人性和道德败坏的。正如马克思所说，富人用金钱博得的美与一个人通过其自身的魅力所引起的美之间存在着极大的不同。因而，资本主义社会中由金钱带给某些特权人士的强大力量、智力、创造力和爱，只是自由的共产主义社会中每个人的真实力量、智力、创造力和爱的歪曲的反映。

四

那么，概括地讲，辩证的研究共产主义的方法对资本主义不是采取非此即彼式的否定方法，而是承认存在连接对立的社会存在形式的辩证的"中间环节"。共产主义形成于历史的母体即资本主义之中。因此，人类发展他们的本质的自由和创造性经历了这样三个阶段，即从早期社会的人的依赖性，到资本主义社会的与对物的依赖密切相连的人的独立性，再到完全自由的共产主义社会的每一个人的自由发展，这种自由发展已不存在对人或物的依赖而是出现于所有人之间能力的积极的交换之中。

因而，共产主义出现于资本主义之中。在这一问题上，马克思还提示了其更切近的发展的三大阶段：(1)资本主义之中的共产主义；(2)资本主义和共产主义之间的共产主义；(3)严格意义上的共产主义。每一大阶段又都包括其发展的一个较低级的小阶段和一个较高级的小阶段。在发展于资本主义之中的共产主义阶段，较低级的小阶段由共产主义者对自由市场的限制构成。较高级的小阶段则在于共产主义的组织形式的明显发展，马克思是在工人拥有的合作工厂中发现它们的。在资本主义和共产主义之间的阶段，较低级的小阶段在于共产主义企业和资本主义企业之间在规范的市场中竞争，这一市场受无产阶级专政的指导，以保护并有利于共产主义企业的发展。资本主义和共产主义之间的较高级的小阶段是严格意义上讲的市场社会主义阶段，即此时资本主义企业已被在规范的社会主义市场中运营的共产主义企业所取代。严格意义的共产主义包括读过马克思《哥达纲领批判》的人都熟知的两个小阶段：共产主义的低级阶段和高级阶段。

　　我要强调指出，所有这些共产主义的大小阶段都被理解为现实中的实际运动。只有第三大阶段中的最后小阶段才是共产主义的充分展现。这一事实并不意味着这一最后阶段的价值——首先是自由劳动即以自身为目的的创造性的人的劳动的优越性——只是一种未来的"理想"，即某种我们当前必须予以延迟的东西，或某种被视为与更早阶段无关的东西。马克思反对这种把共产主义视为一种在将来才能实现的理想的虚无主义的研究方法。相反，他认为共产主义是现实的实际运动。正是由于自由的、创造性的劳动是当前现实的根本基础，这样一种社会才是可能的。在这一社会中，自由的、创造性的劳动将最终得到充分而明确的认可，尽管它始终是人的深刻本质、根本属性。只有通过某种形式的对个人或者类的自由的创造性活动这一根本事实的现时的确认，共产主义在其所有阶段的发展才是可能的。一方面，共产主义的发展在于对歪曲和阻止这一现实前景的障碍和假象逐步消除。另一方面，我们越是意识到自由的创造性活动,我们就将越发意识到阻挠人的本质充分展现的障碍。正是由于这一辩证法,现实的共产主义运动才能消除其充分发展的障碍。

(段忠桥、吕梁山 摘译)

关于社会主义的过去和未来的争论[*]

俄罗斯学者阿·阿·普里加林在俄国《共产党人》杂志2003年第3期上发表了《关于社会主义的过去和未来的争论》一文，对社会主义的历史经验和发展前景问题作了评述，现将该文的主要观点介绍如下。

"社会主义"（以及"共产主义"）一词具有三种含义：第一，它是一种科学；第二，它是一种社会运动；第三，它是一种社会制度。要根据具体情况来使用这个词的某一种含义，而不能把它们混为一谈。但是关于作为社会制度的社会主义本质的定义和评价问题，迄今没有一致的看法。

多年来一直在争论：苏联是否存在过社会主义？是否存在"瑞典式"社会主义？是否可能实行混合经济的社会主义？总的说来，社会主义是否有不同模式？必须看到，在这些抽象争论的背后存在着最迫切的现实问题。

---

[*] 本文选自《国外理论动态》2004年第6期。

一、"没有界限的"社会主义？

近年来在左翼运动中流行各种各样的社会主义理论。其中的一种理论可以称之为"没有界限的社会主义"。许多人还记得，在"改革"年代尼·雷日科夫总理、Л.阿巴尔金院士等人声称，在斯堪的纳维亚国家比在苏联有更多的社会主义，到20世纪末社会主义与资本主义之间的界限已经变得模糊不清。以趋同论为基础的在社会主义下各种所有制形式平等、混合经济等思想当时开始得到传播。其实，社会主义并不是与资本主义相并行的，而是人类社会的更高发展阶段。它吸收资产阶级社会给人类创造的一切积极成果，同时消除其根本缺陷。

这一理论的另一个带有"革命"色彩的变种认为，社会主义在劳动者取得政权后就立即"开始"，具体运用到苏联，社会主义从1917年十月革命起就开始了。这种观点也模糊了资本主义与社会主义之间的社会经济界限。其错误根源是混淆了政治革命与社会经济革命。前者差不多是一下子实现的，而后者则要长达数十年。这种观点把社会主义当做是从资本主义向共产主义的过渡社会，而没有考虑到，不可能一下子消灭资产阶级社会，在资产阶级社会和社会主义之间也有一个过渡时期。在这一时期各种社会经济成分确实是同时并存的。上述两种观点都得出了公有制和私有制在社会主义社会可以相容（即使是暂时）的结论。

二、"理想的"社会主义

一些左派共产党（俄罗斯共产主义工人党—革命共产党人党、全联盟布尔什维克共产党等）的思想家及其纲领特别强调社会主义作为社会制度所必须具备的一系列不可缺少的鲜明特征。1990年出版的《百科词典》列举了社会主义的13个特征，其中包括："真正人道主义的、马克思列宁主义的意识形态占统治地位，为人民群众打开一切知识源泉，建立先进的、吸收了世界文化全部优秀成果的社会主义文化；形成以社会公正、同志情谊和集体主义为基础的社会主义生活方式，这种生活方式使劳动者对未来充满信心，从而成为精神上和道德上高尚的人，成为新社会关系和自己命运的创造者。"

这些描述社会主义特征的华丽而又虚假的慷慨激昂的辞藻今天只会使人感到可笑，但是我们应当看到问题的实质。这些特征的每一个都并不错，我认为早晚总会实现。但是把这些特征放在一起，就成了一个僵硬的体系。如果在实际生活中缺少其中的任何一个特征，就会从总体上怀疑是否存在社会主义本身。正是从这种立场出发，产生了对苏联时期的批评，根本否定苏联称为社会主义国家的权利。

上述两种态度都不是马克思主义的。一方面，他们把社会主义当做是没有任何从资本主义继承下来的缺点，他们出于对社会主义的热爱，忘记社会主义只是一种过渡状态。另一方面，他们夸大社会主义的优点，把共产主义高级阶段才具有的东西"添加到"社会主义身上。

三、资本主义与共产主义之间

社会主义是一个过渡阶段。它作为共产主义的低级阶段，与高级阶段不只是存在数量上的差别。多年来，我们把社会主义理想化了（不仅在实际上，而且在理论上），把"过渡时期"一词只理解为向共产主义的过渡，而没有考虑到事情的另一方面：从资产阶级社会的过渡。这意味着，在社会主义社会保留着资产阶级社会的许多特性。不仅在人的意识中，而且在社会主义的经济和社会关系上保留着资产阶级社会的"残余"。

例如，社会主义如何吸引人们参加劳动？就像在剥削社会一样，通过强制手段，包括非经济手段（如同在封建社会）和经济手段（如同在资本主义社会）。差别仅仅在于实行强制的形式。显然，劳动的强制性质一直要保持到对于绝大多数人来说劳动成为生活的必需为止，也就是说到共产主义为止。

社会主义确实在历史上第一次造成了人人对整个社会的成就的关心。但是，每个人和各个社会共同体都力图增加自己在社会财富中的份额。具体地说，在按劳分配的过程中把各自的贡献估计得尽可能地高一些。而社会是多维的，其中存在着错综复杂的各种利益矛盾。这些矛盾贯穿于：首先，社会的所有垂直部门，在中央—地区—企业之间，直到基层机构和各个工作人员之间；其次，社会的所有横向部门，在各部门、各企业、各车间、班组和工作人员之间。各社会和职业团体之间也存在矛盾。

必须认识到，在社会主义下各种利益之间的矛盾不仅仅是（或者主要不是）在实现按劳分配过程中由某些错误和不可避免的失误所造成的。这些矛盾客观地来自这个原则的本质,从而是社会主义不可缺少的特征,就像社会主义的积极方面的性质一样。这些矛盾反映在生产关系体系以及全部上层建筑(从国家和法到道德品质)之中。

四、苏联模式

苏联的经验显示了多种多样的利益冲突的形式和类型。在制定和修改计件工资制的工人生产定额时发生的冲突与在核准各部委和各企业的计划时在国家计委和各部委中出现的争论具有同样的性质,造成同样的消极后果——对上级和同级机关和机构隐瞒自己的相当一部分潜力。其结果是降低了增长的速度和生产效益。

在社会领域直接发生的矛盾较为隐蔽,但具有更加尖锐、更加政治化的性质。大批知识分子之所以转到反苏维埃立场,是由于他们的社会经济利益(不言而喻也包括他们的政治利益,但主要是物质利益)受到了损害。到1980年,科学部门的中等工资低于工业部门的工资,而卫生、教育、文化和艺术部门的工资比工业部门的工资低整整35%—40%。至于在工业部门本身,1986年职员的工资只比工人高6%。

在分析苏联现实社会主义兴衰成败的经验时,必须学会区分以下三个方面:首先,社会主义本身的先天缺陷及其"不成熟性"(从我们的理想来看);其次,苏联社会主义模式的特殊性;最后,所谓的主观因素对苏联社会主义命运的影响。其中包括承认既不是来源于社会主义的本质也不是来源于社会主义的"苏联模式"的错误。这些错误也可能具有完全客观的基础(参见普列汉诺夫《论个人在历史上的作用》)。

苏联社会主义的特点是由历史所决定的。沙皇俄国的长期落后性,第一次世界大战和国内战争所造成的经济破坏，文化水平低下，受到周围国家的敌视，在最短时期内进行社会经济根本改造的必要性，导致实行严格中央集权的国家管理制度，这是历史的必然，尽管这种制度有许多缺陷。

超集权制意味着使社会生活和个人生活的所有方面实行国家化，不仅公民的行动而且公民的言论受到全面的控制，建立严格等级制的垂直政权系统，各级政权机关拥有最高程度的权力和职责。这保证有可能把巨大的资源集中于主要方向，用于需要的地方和需要的时候，最快地作出决定并把这些决定贯彻执行，从宣传鼓动上百分之百地保障党和国家的所有行动。总之，斯大林体制依靠社会主义制度在原则上的优越性，得以动员全体人民的努力，把苏联引向先进的行列，打败法西斯，在很短时期内使国家得到恢复。这是历史的真实。

认为苏联是国家资本主义的人断言，"劳动人民与所有权相疏离"，实际的所有者是官僚，是"诺民克拉图拉"（номенклатура，"上级任命的官员"，也可译为"权贵阶层"），因此在苏联从来没有存在过全民所有制或社会主义。他们的批评在许多方面是正确的。但是他们经常回避一个根本问题：谁是消费者？归根到底谁占有了社会劳动所创造的那些剩余产品？

如果这样提出问题，显而易见，我们在苏联时期都是一个庞大的股份合作公司的股东。每个人拥有3亿股票中的一份。正因为这样，每个人获得了享有来源于这一所有权的部分收入（利润、红利、剩余产品），它通过社会消费基金、社会保障等得到实现。虽然劳动人民实际上被排除（被疏离）在直接管理全民财产之外，但是这并没有改变事情的本质。每一个苏联公民，不管是新生婴儿还是百岁老人，都是全民所有的绝大部分国家财富的共有者。

至于"诺民克拉图拉"对劳动人民的剥削，那么，提出这一理论的那些人必须证明下面两点之一：或者"诺民克拉图拉"是一个寄生阶层（甚至是阶级），即使没有它也完全可以过得去（这是一个荒诞无稽的假设）。或者在"诺民克拉图拉"的收入中有非劳动收入成分。但在这种情况下必须超出泛泛议论的范围，而引证关于党和国家机关的各团体的工资、定量配给、优惠和其他实际收入的具体资料，并把它同劳动群众的实际收入进行对比。只有这样，才能得出苏联是否存在"剥削"以及剥削程度的结论。

与此同时，否认苏维埃政权和苏共在自己存在的每一个时期（从斯大林到勃列日涅夫）犯了主观主义性质的严重错误、有时是悲剧性错误是毫无意义的。但是，"国家社会主义"模式即使按其纯粹的形式，排除它所遭到的歪曲，也已经包含了导致后来崩溃的萌芽。任何一种中央集权体制的主要矛盾是它的权力没有受到自下而上的监督。甚至在像我们国家的一定历史条件下这种体制被证明有效时，不受人民监督（而只有自上而下的监督）的政权必然脱离人民，开始谋求自身的利益，像列宁所说的那样"生锈"。

这种模式在30—40年代是惟一可能的，在50年代是有效的，在60年代是可以容忍的，到了70年代，它没有发生实质性变化，完全耗尽了自己的潜力，先是走向停滞，然后遭到失败。

正是贯穿于整个社会主义制度本身的矛盾，它在某种程度上的"资产阶级"性质，为资本主义在苏联的复辟提供了客观可能性。但是这种可能性只是可能性，而不是必然性。要把这种可能性变成现实威胁，然后在实践中加以实现，需要其他因素的作用，既包括内部因素（主要因素），也包括外部因素；既包括客观因素（相对的），也包括主观因素，直到纯粹的个人因素。

苏联时期流行一种说法：社会主义条件下的矛盾不是对抗性的。这在原则上是正确的。但是，反对社会不平等、反对"诺民克拉图拉"的特权（真正的和虚假的）的抗议运动在1988—1991年难道不具有对抗的性质吗？

五、发展的权利

在停滞时期宣传鼓动的影响下，许多同志形成了一种观念，似乎社会主义是社会生活形式凝固不变的社会。即使现在，当涉及未来社会主义及其新阶段（在"俄共—苏共"纲领中称之为"新"社会主义或"人民"社会主义）时，常常可以听到这样的说法："要知道社会主义只有一个，你们说的是哪一个阶段？共产主义的低级阶段是社会主义，而它的高级阶段是完全的共产主义。就是这样！"

根据这种逻辑，过去曾经有人而且现在仍然有人认为，只有通过发展共产主义物质技术基础，保障"最大限度地满足不断增长的物质和精神需要"，才能实现向高级阶段的运动。至于发展生产关系、国家政治体制和"上层建筑"的其他因素，似乎它们向高级阶段的转变是通过跳跃的方式，实际上是同时实现的。党和政府当时曾经极其细致地计划国民经济或者说社会生产力在每一个五年计划的增长。而生产关系在数十年间处于停滞状态。偶尔对生产关系进行的改变也只是部分的，杂乱无章的，往往是互相矛盾的。在对待上层建筑的多数成分来说更是如此。

在这里有必要回顾恩格斯当时在一次争论中所说过的话："在所有参加辩论的人看来，'社会主义社会'并不是不断改变、不断进步的东西，而是稳定的、一成不变的东西，所以它应当也有个一成不变的分配方式。但是，合理的想法只能是：（1）设法发现将来由以开始的分配方式，（2）尽力找出进一步的发展将循以进行的总趋向。可是，在整个辩论中，我没有发现一句话是关于这方面的。"①

公正地说，在苏共二十二大通过的党纲中，除了提到在社会生活所有领域中的量的变化，也提到了质的变化，其中包括在生产中发展自治、政治体制的民主化、大量增加来自社会基金的各种开支和优惠。特别要指出，到1980年为止，按需分配的范围与按劳分配的范围相等。上述纲领正确地指出："只有在按劳分配原则完全耗尽自己的全部潜力之后，才会完成向共产主义分配的过渡。"我确信，没有履行苏共纲领是苏联社会主义危机的主要的直接原因之一。

尽管如此，社会主义在历史发展的新阶段必然会复兴。当然，不应当忘记，实现社会主义复兴必须经过两个历史阶段：首先，为取得政权而斗争；其次，社会主义自身进行改造。其结果所产生的新社会主义将不再是"国家社会主义"的简单重复，这种国家社会主义已经丧失全部潜力。令人遗憾的是，许多共产党人迄今为止不懂得，简单地回到过去实际上是不可能的。同样重要的是，社会主义作为一种制度的发展不仅仅是共产主义因素在数量上的逐步积累，在这一发展过程中它必须经历性质不同的若干阶段——从初级阶段到更为高级的阶段。任何人都不会感到惊奇，资本主义在其存在的数百年间，在保持自己的主要特性的

---

① 《马克思恩格斯选集》第2版第4卷第691页。

同时，经历了一系列发展阶段：原始积累阶段、自由资本主义阶段、帝国主义阶段，目前正在转变成后工业的超帝国主义阶段。

当代共产党人拥有现实社会主义的经验，包括它的英雄业绩和可悲失败。到21世纪初，社会发展的基本方向已明确地表现出来：其中既包含它的物质组成部分（促使生产力革命化的现代"高"科技的传播），也包含"人的因素"（普遍的教育文化水平、国民经济各部门工作人员一般知识和专门知识的不断提高，及其社会意识的提高）。过去的经验和当前的趋势使我们能够比较确切地设想，新的人民的社会主义将把社会主义建设最初阶段的全部成就与社会主义最重要的特性结合起来，这些特性在十月革命后的头几十年间还无法得到充分体现。这个社会不是天堂。其中还保留前面所说的那些矛盾。但是社会将有可能对这些矛盾施加影响，不断解决这些矛盾，或者甚至使之为大家的利益服务。

这将是劳动者自治的社会，它把社会所有制与政治民主结合在一起，从而保证生产力和社会公平的发展达到崭新的水平。

（李兴耕 编写）

作为肯定辩证法的社会主义*

〔法〕托尼·安德烈阿尼

在20世纪之初,我们需要重估20世纪社会主义遗产的价值,从而来衡量一种新的社会主义的可能性和机会。这是我们这次国际研讨会的目的。与之相关的另外一个议题就是社会主义究竟是什么?对于这个问题,西方盛行的观点是,社会主义已经和苏维埃"共产主义"一道失败了,它除了产生无数受害者,什么也没有留下。与之相对,资本主义已经显示了它明显的优越性。尽管野蛮的自由主义带来了灾难性的后果,上述观点似乎也在俄罗斯和其他苏维埃模式的国家中占据了主导地位:至少是在那些精英分子中间。这种观点在那些仍旧声称是社会主义的国家也有一定市场,然而他们同时追求一种更可控的向资本主义的"转型"。

在这个问题上,我所理解的中国官方立场是这样的:首先要克服技术、经济和文化上的不发达状况;社会主义仅仅处在初级阶段,它必须向资本主义学习很多东西,必须建立强有力的经济和政治基础从而避免苏联那样的危险(即被拖入无法挽回的崩溃和瓦解过程)。

---

* 本文选自《国外理论动态》2003年第2期。

我今天首先要谈的是我们应该如何正视关于共产主义社会的构想，因为我无法不把社会主义看成是通向这种新社会（19 世纪大多数的激进思想家称之为共产主义）的一条途径。其次，我将具体地探讨资本主义制度和苏维埃制度（在以往或现在）是以什么样的方式体现"否定辩证法"的。最后，我将简单分析中国在不破坏整个体制的前提下，如何试图克服苏维埃制度存在的难题，我认为中国的这种实践并没有被西方的广大知识分子所真正理解。

作为肯定辩证法的共产主义

共产主义思想中的乌托邦成分认为人能够完全和自身、同类及自然融为一体，这种理想的诱惑常常让人难以抗拒，从而否认矛盾的无处不在。马克思尽管已经有意识地摆脱了"空想社会主义"，但是他和同时代的所有乌托邦主义者一样，未能抗拒这种诱惑：我们所设想的理想社会，不仅仅要消除阶级对立，还应当按需分配，消除体力劳动和脑力劳动的对立，同时完全按照拟定计划组织起来。

我认为共产主义中的这些乌托邦成分是：消除社会学和人类学意义上的矛盾，包括个人内在的、个人与他所属团体之间的、工作集体和更广大的社会层面之间的、个人和公民之间的、国家和人性之间的矛盾。毫无疑问，马克思主义强调了这些矛盾，但是把它们看做是可以克服的。在这里，马克思主义立足于启蒙时代的乐观主义精神，立足于 19世纪对技术进步的信仰，立足于对矛盾"扬弃"的黑格尔辩证法的某种解读。而毛泽东思想打破了这种图景，他认为：不是二合为一，而是一分为二，矛盾的运动永远不会停止，阶级斗争永远不会结束。毛泽东相信的是另一种形式的进步，即"螺旋式"上升，它将使矛盾得到缓和。在这儿，我想提出另外一种历史辩证法，我认为到今天为止所有的辩证法基本上都是否定性的，矛盾的一方总是被另一方克服，被粉碎或瓦解。我认为共产主义的问题是应当使这些辩证法成为肯定性的，矛盾的双方在相互作用下各自得到加强，从而使各自都得到充分发展。这个我们也许能从中国古代的阴阳学派那里得到一点灵感。

在个人自我肯定的愿望和他的社会归属的愿望之间存在着矛盾。比如在中国古代社会，个人应当在家庭、地区或一定的关系网中占有一定位置，这不仅给他带来生活上的利益和支持，也给他带来心理的安慰和满足，也就是说，这不仅满足了他的需要，也满足了他的欲望。大家比我更清楚中国的这种家庭结构和儒教传统是怎样压抑了人性，但是它们并没能阻止人们寻求自我肯定的努力。我认为共产主义的目标正是要使这些矛盾对立统一起来。从这个方面来说，我们离马克思主义和某些心理学派并不很远。毫无疑问，马克思颂扬个人，但是同时他也认为个人越是社会化就越是丰富。同样，精神分析也告诉我们，个人只不过是他所有"身份"特征的总和：身份特征的范围越是褊狭，个人受到的伤害就越大。

在个人利益和集体利益之间也存在着矛盾，这是一个无法摆脱的矛盾。当然个人利益并不总是和集体利益相对的。在人民公社时期，百万中国农民为集体辛勤劳动，他们并不是被皮鞭驱赶的奴隶，在我看来，他们的热情是真实的。但是，当后来集体利益等同于牺牲眼前利益和个人收入时，它就不能坚持很久了。这里共产主义的问题是在矛盾的两极之间找到一种动态的平衡：假如个人从他参与的集体活动中获得了收益，他的热情会更加强烈，反过来说，如果个人利益成为推动创造性的因素，集体利益也会得到提高。

资本主义制度和苏维埃制度中的否定辩证法

资本主义的逻辑是资本的私人积累和个人财富的增长，这使人类生活的另一面受到了严重压抑，包括经济活动和政治生活。资本主义主要立足于资本收益的最大化，它因此产生了"拜金主义者"。人们当然可以以别的方式使生产优化（比如使工作的收益最大化），但是资本家不屑于从生产资本的操纵中获益，而敢于冒其他人不愿承担的风险，并且引以为自豪。随着股票交易资本主义的出现，金融资本的流通把自己的规则强加给了生产资本。现在不再是生产财富，而是为股东创造"价值"：这是公司主管的责任。他依据一些不可靠的数据来预测将来的收益（这就是"新经济"的情况，在这里亏损和预期的收益相比显得无足轻重），作出各种承诺以抬高自己股票的价格，然后用这些股票很合算地去收购其他公司。因此，这是一种真正意义上的投机资本主义。这种被金融控制的资本主义对当代社会中的个人及其社会交往产生了很大的影响。

首先，它通过持有股票的方式使所有的人都成为他们所在公司或世界上所有公司的股东，成为暂时的资本家，从而使发财致富的欲望成为人类生活的中心。这种雇员持股的方式已经成为资本主义发展的新形式，或者可以说，它是资本主义式的社会主义。以往的雇员都是希望从自己的工作中提高收入，从而提高自己的生活水平，但现在是使自己享有的那一部分资本为自己带来收益，不管这种资本收益的具体来源是什么。资本主义社会用这样的方式调动了雇员的积极性，并且培养了那种"资本主义精神"，也就是从损害邻人中获益的精神。不再是"比别人先富起来"（这可能来源于公平竞争），而是"通过反对别人而先富起来"，这种游戏不可避免地会有失败者。

其次，这种游戏也完全是不公平的，小股东们总是得到最少的信息，现在甚至大股东和一些基金的管理者也受到欺骗。人们建议采用新的规则来防止欺骗和"利益冲突"，试图重新赢得投资者的信心，但是只要经济立足于投机，而不是立足于真正的利润和财产的历史价值，欺诈就是不可避免的。由金融控制的资本主义从本质上来说就是腐败的，并且使人腐化。

如果说资本主义制度中的否定辩证法使集体从属于个人，压抑了和集体相关的因素的发展，那么苏维埃制度中的否定辩证法则完全相反，它使个体从属于集体，使集体从属于国家计划，使公民从属于官僚机构。

苏维埃制度中的经济完全是政治经济，因为政治权力决定了经济生活的各个方面，换句话说，所有事情都是根据假定的"普遍意志"作出的集体选择，它没有给个人选择留下任何空间。在苏维埃制度鼎盛时期，个人被要求转变成"新人"，完全投身于集体。今天大家普遍认为这种向集体的完全献身只能通过压制、宣传甚至恐怖的手段才能维持。我不这样认为，我觉得只要集体的事业能够提供一个更好的世界的蓝图，就能获得民众的有力支持。但是在苏维埃制度下，集体对个性的压抑如此强大，以至于个性只能通过扭曲的形式表现出来，比如专制和权力的滥用。

假如经济必须服从中央命令，那么企业就只能享有非常有限的自主权。在这儿我们所使用的有组织社会概念并不是马克思的，而是那些伟大的社会主义理论家列宁、葛兰西或毛泽东的。例如，从总体上来说，所有的利润都应当是可以预测和重新分配的。工厂中的民主不在议事日程之上,因为决策的空间应该尽可能地缩小。很显然,我们所认为的这种集体主义制度破坏了工人的自主性和责任感。在这样的体制中,工人们不理解他们正在做的事情,他们对自己的工作成果也不感兴趣。他们的积极性已经在官僚机构中磨灭了。

中国给我们的启示

金融控制的资本主义和新自由主义正把人类带进死胡同,我们正在西方各国试图挽救我们的先辈一百多年来构建的社会主义遗产,它们现在正受到"改良分子"的致命打击。但是我们的力量在跨国公司、机构投资者、媒体集团、政治机构包括各种仅仅在名义上是社会主义的机构面前显得如此渺小。在这种情况下,遥远的中国在世界图景上代表了我们回归社会主义的一点希望。

目前,就我所认为的社会主义因素来说,中国要比西方许多国家落后,它还没有摆脱不发达状态,在它的经济体制改革中也存在许多困难。但是它有一个首要的优势:那就是以国家所有制或集体所有制形式表现出来的公有财产居于重要地位。我的分析将首先立足于这一点。

从表面上看,中国的公有成分,尽管至少在工业部门仍居支配地位,但它正在萎缩,正在被私营企业所取代,不管是就中资、合资还是外企而言。这也使一些人认为中国已经开始了向资本主义的逐步转变。但我认为目标是不一样的,我觉得通过和私营企业的竞争,通过引进外资,公有企业不仅得到了资金方面的收益,也得到了技术和管理方面的收获。

但公有财产不是社会主义，它只是社会主义的一个条件。大多数西方国家，尤其是法国，有很强的公共部门，它们在经济中有很强的竞争力，但是它们实际上只是一种国家资本主义。

中国的国营企业和部门不能仅仅成为这种国家资本主义的翻版。我认为中国的国企改革的问题在于能否产生出一些新的东西：追求利润，但是要有利于工人；追求自负盈亏，但是也要满足国家的财政收入，不管是以税收、分红还是储备的形式。

总之，我想说的是，即使中国不再是指路明灯了（不幸的是，在西方这种地位总是以一种误解的形式表现的），但是对我们这些具有进步思想的人来说，它仍然代表了一个更好、更和谐的世界的希望。正如中国人所说的，社会主义的道路是曲折而又漫长的，我认为重要的是确实存在着这样一条道路。中国特色的社会主义吸引了我们，并不仅仅是因为中国占有世界五分之一的人口，而是因为这种社会主义能带来普遍的反响。

（黄晓武 摘译）

法国学者论共产主义的昨天和明天[*]

为迎接定于 2000 年 3 月举行的法共全国代表大会,法共机关报《瞭望》月刊总第 49 期(1999 年 9 月)增发一期《论坛》副刊。《论坛》的总标题是"如何摆脱资本主义?"这里仅把其中题为《共产主义的昨天和明天》的一篇对话介绍给读者。两位对话者分别是巴黎第十大学教授、历史学家和社会学家马克·拉扎尔(以下简称"拉")和法共中央领导成员、马克思园地协会主席、律师帕特里斯·科恩-塞阿奥(以下简称"科")。

科:自由、平等、博爱是整个左翼追求的理想,共产主义则是这个理想和对资本主义批判的会合。这种批判在行动上表现为发展工人运动;在思想上则是把资本主义当做剥削、统治和异化的制度加以剖析。资本主义是一种不人道的制度,因为它把劳动贬低成一种普通的商品,造成人与人、国与国乃至大陆与大陆之间的竞争和对立。共产主义因此认为,为了发展建立在自由、平等、博爱的基础上的人与人之间的关

---

[*] 本文选自《国外理论动态》2000 年第 3 期。

系，资本主义是一个避不开的障碍。只要人与人仍处于对立的地位，并由此产生出种种痛苦和灾难，博爱的理想将始终活跃在人们的心头，在这个意义上，共产主义具有远大的前途。

但是，随着历史上形成的那种共产主义的具体表现形式的土崩瓦解，人们的信念发生了动摇。柏林墙坍塌已有10年。时至今日，人们依旧处在共产主义纲领危机的阴影之下。但这只是历史长河中的短暂时刻，而决不是某些人侈谈的"历史的终结"。

拉：这对你们是个特别重大的打击，整个左翼全都蒙受了损害。不过，就法共而言，衰颓的势头早已开始了，乔治·马歇在1981年竞选中的失败可算是个具体的象征。根本的问题还在于与法国社会的关系，特别是你们放松了与工农群体结成的历史联系，从而影响到法共对法国社会的看法。

在整整一个世纪里，列宁主义始终是共产主义的主导形态，它至今对法共和各国共产党具有深远的影响。面对没有忘记过去的公众舆论，应该对列宁主义作个小结，虽说你们已经开始这么做了……共产主义的目标是要打倒资本主义，在这方面，你们遭到了彻底的失败。反对资本主义今天意味着什么？你们怎样分析资本主义？所谓超越资本主义，你们想说的究竟是什么？你们想要取消市场吗？如果是的，又用什么来取代市场？如果不是，你们同社会党人又有什么区别？按照若斯潘的说法，"我们赞成市场经济，而反对市场社会"，那么，对资本主义和市场，你们的提法又是什么？

科：要说提法，我赞成"民主的市场"。不过，您把资本主义和市场等同了起来。市场早在资本主义以前已经出现。资本主义带来的新东西，就在于它把那些能左右市场、从而能购买和剥削劳动力的人，与那些只有劳动力能够出卖的人，分隔成两部分。

1789年的革命者声称所有权是"神圣不可侵犯的权利"，他们把这个原则载入我们的政治法规：每个公民都能参与有关共同生活和共同命运的决策，但惟独在资本（生产资料所有权）的问题上是例外。对于投资、就业、工资、劳动条件、企业兼并等要害问题，职工和公民至今几乎没有任何发言权，更不用说决策权了。民主在所有权面前碰壁。马克思和恩格斯因此对共产党人提出了"废除生产资料私有制"的理论口号。在这个口号下推行的经济全盘国家化确实是失败了。但以下的事实仍不容否认：资本主义市场是不人道的，这是因为经济决策只关心资本所有者的利益，特别是金融资本所有者的利益，只想让资本从100增值到110，乃至115或120。面对资本的独占权，必须发展经济民主，要承认在这个至关重要的领域中，公民有权参与讨论和决策。我把这称作"民主对资本主义市场的颠覆"。我们共产党人长期把计划与市场对立起来，历史表明这是条死胡同。我认为必须推行全社会的民主化，即计划和市场、公共权力和私人财产所有权的民主化。

拉：社会党人如果得知，一定会立即在这份声明书上签字。德国和瑞典所搞的企业"共同管理"（cogestion）正是朝这一方向发展的。这在根本上是对市场价值的确认：市场是惟一可行的经济制度，条件是要对市场实行最低限度的调控。这也正是布莱尔和若斯潘辩论的议题：一方对市场十分乐观，另一方接受市场，但有点悲观，主张对市场进行调控。这种调控形式已经存在。

从这个观点看，共产党和极左派的报刊没有区别，它们正传播同一种社会进化观。你们不断在谴责新自由主义的泛滥。事情实际要更加复杂些。资本主义不是铁板一块，资本主义社会有多种多样；法国的资本主义与美国和日本的资本主义有很多不同。即使在相同的社会中，也有差别。新自由主义在某些经济部门可能趾高气扬，但在教育、卫生等领域，国家干预却空前强大。如果共产党人今天放弃"生产资料集体所有"的口号，如果不再期望革命的前景，他们还有什么本质特性？

科：我再说一遍，资本主义是人类社会的一种特殊形态，在这个社会里，有关集体的重大问题都由资本家作出决定，其惟一目的是资本的积聚。当然，事实已经证明，"生产资料归集体所有"，如果把这个说法理解为实行经济的全盘国家化，这在目前是行不通的。但我们至少可以说，法共对公共部门及其民主化寄予特殊的关注。更重要的是，我们对市场运作的看法也表明了我们与资本主义的决裂，即使这种决裂是渐进的。举个例子来说，目前推行的所谓放开劳动市场，其目的是要降低劳动成本，使之满足市场的条件。共产党人针锋相对地提出了建立"就业和培训安全"系统的建议。被解雇的工人将不再失业，他们在维持原来收入的同时得到培训。因此，企业既可以适应急剧的生产变化，工人又不至于经受被抛弃的悲惨命运。从传统意义上讲，这项建议不算是什么"革命措施"。但是，越过粗暴地把工资不断下压的供求关系，为提高工人的素质创造新的条件，这至少可以说是超越资本主义的开始。

拉：您说的这套办法，我看实行起来会十分困难。你们说的是要反对资本主义，实际却在走中间道路。你们不像以前那样对资本主义一概批驳，而承认资本主义对发展经济和创造财富有其贡献。

科：您会记得，1848年《宣言》开头就是对资本主义的颂扬……

拉：在大骂资本主义是战争、失业的代名词以后，你们现在总算想起了这段话。法共长期反对资本主义，把你们长期以来为之辩护的社会主义国家所体现的社会主义说得何等光辉灿烂。你们现在不想再反对资本主义了，变成要"超越"资本主义的政党。

说到"革命"的手段，你们是在含糊其辞。法国共产党始终自称是革命党，但你们越来越对改良主义的概念感兴趣，罗贝尔·于接过了饶勒斯"革命进化"的口号。一些共产党人今天似乎力图表明，自己要的是真改良主义，而不是假改良主义。他们只是重复70年代安德烈·高茨提出的理论套路。

最后，危机还在于党高度集中的组织机制。共产党人不再具有共同的文化和本质特性，意识形态已成为内部不和的重要因素！党员越来越少，老人偏多，个人主义和独立性变得十分强烈。地方组织不听中央的号令，议员有自己的牌要打，力求在选举中保住席位。

说到底，共产党不是注定要成为社会民主主义的左翼吗？不就是法国社会党的一条小狗吗？小狗会吠叫，会咬人，提醒人们多关心一点社会福利。这使资本对社会党的政策取向会有所影响，特别是社会党需要得到共产党的支持。如果对这一百年作个小结，那就是法国共产党已从一个要把旧世界打得落花流水的大党变成社会党潜在盟友的小党。

科：照您这么推理，似乎社会党及所有社会民主党已为当代的重大问题找到了答案，可事情并非如此。只要读一读联合国开发计划署1999年的报告，就足以看到，不平等和社会分化在全世界正加速扩大。无论在法国或在社会党当政的别的国家，这个趋势始终没有开始逆转。

资本主义正经历极其深刻的危机。正是这一危机，从根本上要求改变以竞争和剥削为特征的资本主义制度，并用公平和合作的关系来取代。法共的使命不是如您所说的"当社会党的一条小狗"，而是要提出一项根本不同于社会党的纲领。社会党认为，今天除资本主义以外，别无其他合理的经济体系可言。他们的目标只是对资本主义加以限制，减轻其有害效应。共产党所采取的则是另一种立场。当然，他们也接受旨在直接改善生活条件的各种措施，决不轻视朝这个方向前进的任何改革。但他们的根本目标，不是围着资本主义转，而是要推倒资本积聚决定一切的根本逻辑。

拉：人们或许会问，法共为什么花了那么多的时间，才明白您今天用三言两语说出的道理？这个问题不妨以后再谈。这里要知道的是，究竟共产主义是否能够改革？共产党要改也难，从历史上看，这类改革尝试均告失败。

对资本主义提出根本性的异议，这在今天确实有一定的活动空间，但将来又会成什么样子？究竟是要否定社会不平等还是要改善生活质量？这对具有产业工人传统的法国共产党是个大难题。法共能够充当各种不同政见者的联合体吗？说到底，共产党将来还能存在，但他们很可能成为永不满意的社会党而已。

科：在整整一个世纪里，共产主义不幸成了反民主的极端国家主义政体的化身，共产党对这个政治和经济怪物进行批判，确实已为时过晚。共产党的力量因此大大削弱，现在从事的变革任重而道远，这些都是事实。但共产主义是真正的文明纲领，是要结束在历史上曾产生资本主义的人与人之间的关系，发明一种新型的政治组织形态。这也正是摆在我们党下一届代表大会面前的根本问题。

（张慧君 编写）

从历史看社会主义的未来[*]

〔英〕埃里克·霍布斯鲍姆

社会主义的未来是什么?作为一个历史学家,我的第一个本能就是要问:它的过去是什么,这种过去对今天的形势和未来的可能性有些什么样的影响?这种方法似乎有些道理,因为社会主义和社会主义政策,其术语、概念、计划和各种实现方式,并不是一种简单的客观数据,而是源自人类的思想结构。我们用它们作为名词、模式和标签,去理解人类自18世纪末和19世纪初的革命时代以来所面临的形势,我们用它们来描述人类改善和改造社会的某些尝试。

最初,社会主义一词既没有政治性,也不意味着社会组织的特定方式。它与"共产主义"一词不同,后者从一开始就明确地指以公有制而不是私有制为基础,并且按照公有制的方式管理的社会,而且自巴贝夫之后不久,它还指实现这种社会的运动。"社会主义"和"社会主义者"只是"社会的"一词的派生物,它仅仅指人的本性是社会的和合群的。它只是在19世纪30年代才有了我们上面所说的意思,在那时,它成了社会和政治语汇的一部分,从英国和法国向外传播。当然,这些

---

[*] 本文选自《马克思主义与现实》1998年第2期。

改善和改造社会的尝试过去已经在别的名词下存在了,虽然时间不太长,在英国,人们叫它"合作"(cooperation)或"合作社"(cooperative),在法国,人们则称它为"集体"(collective & collectism),后来又变成了"集体主义"(collectivism),并以"互助制"(mutualism)一类的名词闻名于世。

有两点我们必须注意。第一,"社会主义"的对立面并不是"资本主义"而是"个人主义"。"社会主义"之所以具有反资本主义性只是因为,在19世纪,从逻辑上看,似乎完全可以说,个人主义社会的核心就是竞争,也就是市场,因此社会主义社会的基础就必须是合作和团结。这就使社会主义有了各种可能性,从为了社会利益而对自由放任经济做些许修正,到彻底废除私有制的共产主义实验,都可以归之于社会主义。在英国,这种初始意义上的社会主义含义直到19世纪末社会主义工人运动出现之前仍处于核心地位。这就是为什么费边社成员认为他们可以不用做特别说明,就可以使工党转向社会主义。

第二,社会主义最初并没有政治含义,在这里,它与共产主义的区别再次体现出来。它既可以由国家也可以由任何有效的权威来建立,但它最可能由自愿共同体来建立。实际上,在19世纪80年代以前,当人们提到工人阶级的社会主义,他们说的是由自愿协会、合作社和其他形式的互助的和集体的行动建立的社会主义。后来,工人运动遵循雅各宾派的民主传统和马克思主义理论,走上了集体的政治行动道路,直到这时,社会主义才与夺取国家政权联系在一起。自然而然,国家也就成为建立社会主义的核心问题。

但要记住一点,这些社会主义实践的目标主要并不是建立一种特别的生产、分配和交换的组织形式。按19世纪80年代一位反社会主义的智者约翰·雷（John Rae）的话说，社会主义"归根结底是要求社会正义"。这也就是为什么与那些建立乌托邦的自愿组织不同，在"一战"后实际掌握政权前，社会主义的工人阶级政党极少设计他们取得政权后所要采取的行动。事实上，马克思主义者享有拒绝设想未来的美德。考茨基说的一番话代表了当时大多数社会主义者的想法，"社会主义政党只能为现存的社会秩序提出积极的设想，超出这一切的建议与事实无涉，它们大多源自想象，因而都是些幻想和梦想。"在1917—1918年以前，社会主义的真正含义就是将资本主义颠倒过来，那样一来，坏的东西就会变好，具体的细节无关紧要。即使是为未来操心的人，如费边分子，也没有认真考虑过社会化的经济实际将怎样运转。它一定会比资本主义更有效，这是符合理性的。

事有凑巧，在20世纪上半叶的大部分时间里，资本主义本身似乎也在证明着社会主义的正确性。从1914年到1950年前后，资本主义似乎在一切方面都出了毛病。它经历了两次战争、两轮民主和社会革命，庞大的殖民帝国因此而消亡，人类社会的三分之一脱离了资本主义。资产阶级社会的典型政治体制——自由民主制在全世界到处被推翻，到1940—1941年间，只有美洲、澳洲和欧洲的边缘地区仍保存着这种制度。尤为引人注意的是，资本主义经济一塌糊涂，经历了有史以来最严重的衰退，头一次显现出全面崩溃的迹象。这样看来，任何一种社会主义都要优越于它。今天，苏联称之为社会主义的中央计划经济没有效率，对我们来说，是再明显不过的事实了，但60年前，非共产主义的政治家和知识分子曾排着队去莫斯科探寻"计划"的秘密，这种计划使苏联免遭使西方国家备受折磨的大衰退。

社会主义者是被迫对社会主义的具体含义进行探索的，因为1917

年布尔什维克掌握了政权，而且从1918年起，一些重要的社会民主党也上了台或参加了联合政府，社会主义者必须制定实际政策。但是，他们没有对他们想要做的事进行过系统考虑，更不用说回答社会主义应该是什么样的问题，他们面对具体而紧迫的实际问题，在压力下，他们只能从眼前来考虑问题。一句话，他们是对特定的环境作出反应。社会主义今天面临的大部分问题都源自于此，也就是说，社会主义为应付1914—1950年间资本主义所面临的危机和崩溃所制定的政策，已不再适应20世纪末的社会现状了。或者说，我们从来没有区分过，在社会主义政策中，哪些是受时间限制的或过时了的，哪些不是。

我上面所说的"社会主义"是单数，但自1917年后，我们必须提到至少两种不同的社会主义分支，即社会民主主义和苏联式的社会主义，其中一种现在正在崩溃或已经崩溃。苏联是唯一声称完全建立了社会主义的国家，社会民主党和政府无论多么激进或执政多么长久，都没有作过这样的申明。即便是苏联也只是到了1936年才做如此宣布，也许他们应该等得更久一些。

苏联式的社会主义完全是由十月革命后的形势决定的，一个特别贫穷落后的国家，唯一的政治传统就是专制和独裁，缺乏一切人所共知的社会主义条件，而且完全孤立，不断受到外部的威胁。显然，高速的经济和技术发展，也就是说，带有巨大危险的工业化，成了革命后的首要目标，布尔什维克主义演变成了这样一种意识形态，即，要在没有资本主义发展的国家中实现高速经济增长，在一段时间里，它相当成功，为广大第三世界国家提供了经济样板，其中甚至包括那些对其残酷无情的专制反感的国家。从本质上说，苏联式的社会主义就像一种战时经济，其中的一些目标如同要赢得战争一样是既定的，成本不在考虑之列，所有的一切都要服从于总的目标。尽管这种中央命令式经济充其量不过是一种简便粗糙的发展手段,并且造成了巨大浪费,但它仍然取得了一些引人注意的成就。在资本主义处于衰退之时,这些成就看上去比实际状况更加突出。但当资本主义在50年代后重新高速发展后,苏联经济就无法跟上其步伐了。就普通人的生活而言,这种经济能满足基本的生活需求——食物、住房和衣服,以及非常低水平的休闲,超出这一切的就做不到了。从另一方面说,在满足大众教育上,它比资本主义做的好,在70—80年代陷入停滞之前,在提供健康和福利方面,它也比第三世界好得多。

把苏联式的经济比做战时经济,这不是偶然的,因为社会主义者实行的唯一实际政策就是战时经济政策,不仅布尔什维克如此,西方交战国的社会民主党也是如此。由于战时经济要求计划和对经济的大部分领域实行公共管理,这使得社会主义者对国家的集中行动的偏爱更加深了,列宁的计划思想就受到了德国战时经济的特别启发。在当时,布尔什维克和社会民主党一想到社会主义,他们脑海里出现的就是国家计划和市场孰为优先之争。

如果说,共产主义者的社会主义概念是由落后国家要不惜代价尽可能快地发展经济这一绝对命令所决定的,那么,社会民主党的政策就是由另一种特定的历史局势所决定的,这就是两次大战之间出现的大衰退和资本主义的危机,确切地说,也就是由大众失业所决定的。当然,他们也受到其他考虑的影响,除去战时经济的影响外,他们还视选举民主为理所当然,正是这种选举民主使社会主义发展成群众运动,更为重要的是,社会民主党有时还是民主的主要设计者,如在瑞典、比利时和奥地利,他们通过长期的鼓动和总罢工赢得了民主。奇怪的是,尽管社会民主党1945年后对"福利国家"投入了极大的热情,但他们并非是其首创者,福利国家在他们的思想中也未占多大位置。在英国,它主要是由自由党人提出的,在法国,是社会天主党,在德国,则是具有社会意识的官僚。社会主义因素进入到福利国家的发展中,主要是通过地方政府,在那里,左翼人士即便在存在反左翼的全国政府下也能执政,如在维也纳和伦敦,社会主义者控制的市议会极为强调公共住房建设。就像在俄国那样,非社会主义的经验给社会主义者提供了社会主义经济组织的模式。在战后的社会民主党的政策中,大众失业是核心问题,凯恩斯式和新政式资本主义的政策就是围绕这一问题展开的,其政策的绝对命令就是"充分就业"。

实际上,即便不是从社会主义的角度上看,从重建以大众消费为基础的改良了的具有社会保障的资本主义的角度上看,这一政策也取得了巨大成功,这一巨大成功使得充分就业这一政策本身在70—80年代陷入困境。这使得改良资本主义和社会民主党的共识和一致崩溃了。主张自由市场的新自由主和对福利国家的批评获得了支持,尽管它只在一两个国家取得了胜利。事实证明,取消或大量削减社会保障开支,在政治上是不可能的。另一方面,社会民主党人发现,社会政策不如黄金时代(1945—1973年)那么有效了,除了凯恩斯和国有化,他们没有别的良方,密特朗在80年代的痛苦经验就是对这一状况的总结。

所以,到了70—80年代,无论是共产主义者还是社会民主党人都发现,他们不能再靠着"一战"后多少有些临时拼凑的政策度日了,在过去,他们从没对这些政策做过认真思考。历史给了他们一段令人难忘的成功时日,现在这一辉煌时期届满了,社会主义者头一次不得不对社会主义做彻底思考了。

20世纪下半叶,这一人类历史上最具革命性的时期,教给了我们什么?1950年时,人类的大多数是靠农业为生,即便是那些最发达的国家也不例外。今天,这一人数大为减少。社会生活发生了巨大的和前所未有的变化,这必然导致社会主义者去重新思考有关社会主义的假设和预期。显然,它们当中有许多部分不能再保持下去了。

第一,需要社会主义来消除饥饿和贫穷这一论点不再有说服力了,资本主义所提供的丰裕物质和服务超出了我们父辈的期望,福利国家使得穷人获得了更多的生活保障。只有社会主义才能消除大众失业的观点也不再有效了,西方在资本主义的条件下,经历了一代人的充分就业,尽管现在欧洲又处于大规模失业时期,但它不再像30年代那样不可忍受,大多数人也不再相信只有一种完全不同的经济体制才能消除失业。一句话,社会主义的物质论已经被削弱了。

第二,从30年代起,许多被视为社会主义经济典型组成部分的东西,如计划经济和产业及服务的国有制和公有制,已经被非社会主义制度所借鉴,主张自由市场的新自由主义大搞非国有化表明这一进程有多远,从结构的角度说,彻底地回到过去已不可能。世界银行的统计表明,从1980年到1987年,美国、德国和日本这三个最大的发达国家,其国有企业私有化的总数不过十四起。简而言之,"二战"后形成的并领导了人类历史上最大的经济增长的资本主义经济体制不是纯粹的市场经济,而是一种混合经济,其中有大量的公有成分和公共计划。当然,这并不能使它们成为社会主义经济,但它使得人们很难说明究竟什么是社会主义经济制度,它与非社会主义的结构性区别在哪里。一句话,社会主义的结构标准已经弱化了。

第三，从60年代起，苏联式的计划经济出现了越来越多的问题，因为它缺乏经济合理性标准，也就是比较成本，简而言之，它缺乏市场因素。所有改革这一制度的尝试都旨在引进这种因素，这表明，当资本主义经济战后引进被视为社会主义的因素时，社会主义也在引进资本主义的东西。在这方面，西方比东方做的成功，但非此即彼的制度差别也因此变得越来越模糊。

第四，有一点没有变，市场作为经济效益的先导是一回事，作为分配经济资源的唯一机制则是另一回事。后者是资本主义的极端思想家所竭力主张的，它就像烧油会产生空气污染一样，自然而然地产生不平等。正如亚当·斯密早就指出的那样，有些东西市场是生产不了的，这主要是公共物品，因为人们从中挣不到钱，或者不如干其他事挣得多。在受凯恩斯和社会民主党影响的经济政策中，这种不平等倾向受到了遏制，但在里根和撒切尔的极端自由主义时代，不平等加剧了。

的确，在一些人道化的混合经济中，这种不平等现象受到了制约，它们不是在资本主义中加了一些社会基督教因素（如德国的社会市场经济），就是加了一些社会主义因素（如斯堪的那维亚和奥地利）。我同意加尔布雷思的观点，不论是在东方还是西方，我们的任务都是一样的，即，寻找一种把市场动力和社会动力结合起来的最佳制度。从这一点上说，一种产业或服务是公有的还是私有的，这并不重要。市场的恶果在资本主义混合经济中受到了遏制，这是事实，但我们不应忘记，在世界资本主义的发展中，至少有三种后果逃脱了控制，这是我们在人道化的资本主义以外，考虑社会主义在21世纪议程的基础因素。

第一个是生态。今天,人类已到了能毁灭生物圈的阶段,或者说,至少正使其以前所未有的速度趋向恶化,这是经济无限增长的结果。诚然,社会主义实践也带来过污染,但资本主义的本质就是无限增长,而社会主义则不是。要解决污染问题,就必须以某种方式控制发展,这种可持续性发展不能通过市场来实现,只能靠控制它来实现。也就是说,靠计划而不是靠消费者的自由选择来实现。

第二,世界的贫富差距越来越大,1900年,发达世界的人口比例为人类的1/3,今天则在15%—20%之间。1900年,发达国家的人均国民生产总值将近不发达国家的3倍,到80年代中期,已达到12.5倍。如果不采取体制行动的话,这种爆炸局势将变得更加危险。

第三,由于资本主义使人类屈从于经济,它腐蚀了人类关系,破坏了社会基础,产生了道德真空,在那里,除了个人的欲望外,别的什么都没有价值。人类不适应资本主义,资本主义要求没完没了地提高生产率,机器和产品可以变得越来越便宜,但人类本身并没有因此而改变。当效率的提高导致失业时,人类的生活就会变得绝望起来,他们只能靠福利和犯罪生存。社会主义者就是要提醒世界,应该放在第一位的是人而不是生产。不能为了经济目的而牺牲任何人。这种对普通人的关注正是社会主义所主张和关心的。

人们对社会主义的需求尽管在某些方面与过去不太一样,但依然是那么巨大。资本主义也仍然在产生着它自身无法解决的问题和矛盾,产生着不平等和非人道,前者能通过温和改良得以缓和,后者则不能。这些事实正是社会主义的未来的基础。世界的问题既无法靠社会民主主义,也无法靠社会市场经济来加以解决,它需要由国家和国际组织采取系统的和有计划的行动,需要对消费性市场经济进行限制。人们需要的不仅是比过去更好的社会,而是像社会主义者一贯坚持的那样,需要的是一个与现状不同的社会,这一社会不仅能使人性从不受控制的生产制度中得到拯救,还能使人类的生活变得有价值,不仅舒适,还有尊严。

(原载罗宾·布莱克博恩[Robin Blackburn]主编的《倒塌之后》[After the Fall]论文集)

(王列 译)

社会主义及其未来

——约翰·罗默访谈录[*]

记者：你与G.A.科亨被誉为分析的马克思主义的两个主要创立者，但我首先想问一下你的政治思想的形成问题。你的家庭背景具有马克思主义的传统，这一点从你在你最有影响的著作《剥削与阶级的一般理论》（哈佛大学出版社1982年出版）中向你祖母的献词中看得很清楚。据我所知，你在成为一个学者之前曾从事过工会组织工作，而且你研究剥削问题的初衷在一定程度上是试图理解"实际存在的社会主义"（因为那时它还存在）的特征。这些家庭和工会运动的影响对于形成你最初的著作和你持久的信仰有什么重要作用？

罗默：对我在政治方面发展产生重要影响的因素有两个。首先是我的父母，他们在20世纪30年代还是学生时就已成为马克思主义者，并且一直是信奉社会主义的知识分子。在我们家里，政治是吃饭时谈话的主要题目，在有客人在场时，这种谈话几乎总要落脚到对社会主义和苏联的辩护。第二个影响是越南战争，它使我从一个空想的社会主义知识分子成为一个活动家。1962—1966年越南战争期间，我是哈佛大学的

---

[*] 本文选自《马克思主义与现实》2002年第1期。

一名大学生。虽然我那时在政治上并不积极，但我还是花了大量的时间同马克思主义的活动分子交谈。1966年，在我到加州大学伯克利分校开始读研究生时，我加入了一个很小的马克思列宁主义小组，并开始积极参与反对越南战争的校园政治活动。

我从没做过职业的工会组织工作。不过，在1968年在因参加激进的政治活动而被加州大学伯克利分校暂令停止读研究生之后，我在旧金山的一所中学教了五年书，那时我同我们学校一个反对种族主义的教师小组一起，组织教师和大部分黑人家长同学校具有种族主义倾向的管理机构作斗争。在这一斗争获胜后，旧金山的学校行政管理当局的反应是拆散我们的小组，把这一小组的成员分别安插到全市的不同学校。我们的反应则是使我们的小组进入全美教师联合会即工会的核心小组。后者成为教师行动决策委员会（TAC），并为将反种族主义的和有益于学生的要求写入工会的纲领和罢课的要求中而进行了斗争。当时我们坚决反对旧金山的工会领导，这意味着我们要将全市的教师组织起来。就你所提出的问题而言，是我的政治观点引导我帮助组织了TAC，而不是其他的方面。

分析的马克思主义

记者：1978年到1986间，分析的马克思主义作为一种理论倾向明确形成了，那时你以这一名称为标题编辑了一本具有权威性的论文集：《分析的马克思主义》（剑桥大学出版社1986年出版）。存在使最初的参与者走到一起的思想影响吗？或者说，这一倾向的起因是多方面的吗？

罗默：我没有参加由乔·埃尔斯特组织的那个小组的第一次会议，那个小组把那些后来称为"分析的马克思主义者"的人组织到了一起。我是1980年加入的，我想那个小组开始聚会是在两年以前。我要说它的一致性是在科学方面而不是在政治方面，因为我们都是年轻的社会科学家，受过我们所在学科的标准方法的良好训练，并且相信那些方法可以富有成效地应用于马克思主义的研究。小组成员的政治倾向包括左翼的自由主义、社会民主主义、亲苏维埃主义和托洛茨基主义。这样，使我们走到一起的更多的不是政治倾向，而是这样一种观点，即标准的社会科学的方法并不像许多马克思主义者感觉的那样充满资产阶级的味道。我们反对那种认为马克思主义与一种特殊的"辩证逻辑"密切相关的主张。我们中有人（埃尔斯特）把"辩证法"重新解释为这样一种主张，即个人的最优化有时导致社会的非最佳状态（集体行为的问题），还有人只把辩证法看成是一种不能用来证明任何事物及其对立面的模糊的观点。

记者：埃里克·赖特和其他一些作者认为，这些年来力图确定分析的马克思主义的范式统一性的工作很重要，这一工作在最近的一些专著中得到体现，如汤姆·梅耶（Tom Mayer）和马尔库塞（Marcus Roberts）的著作。值得注意的是，你很少参加这一特殊的争论，而且即使参加，讲的也很简短。你把分析的马克思主义应具有的范式上的统一性视为一件重要的事情吗？

罗默：不，我不这样认为。分析的马克思主义是那些使马克思主义者受到鼓舞的问题与社会科学的分析相汇合的产物。我从不认为对这一问题还有更多的话要说。就分析的马克思主义的成就来看，它将趋向失去它的马克思主义的标签，并且仅仅被视为优秀的社会科学。这不意味着它在政治上将变得反动或自满。相反，它将使某些马克思主义的核心原则——如果它们是正确的话——并入到标准的社会科学中。其中一个原则或许就是人类社会具有社会主义的未来。

记者：你的这些话在相当程度上回答了我的下一个问题。就分析的马克思主义的确在一定范围享有范式上的统一而言，这种统一体现在哪里？它体现在传记体上？方法论上？论题上？反对什么而不是拥护什么（"非辩证法"）？态度的问题（"非胡说的马克思主义"）？技术性问题（"精确性"）？还是其他什么？

罗默：这种统一是方法论上的和实际上的。我刚刚描述了前者。实际上的统一围绕于这样一种主张：资本主义是一种剥削的和不公正的制度，事实上以更为平等的方式组织社会是可行的，这样组织起来的社会将更公正。不过，在什么构成公正或什么构成相对平等、甚至什么构成剥削这些问题上，并不存在严格意义上的共识。

但我必须强调，这一实际上的统一不是武断的说法。有人也许表明，平等主义的未来是不可行的。我并不将实际上统一的所有方面或者视为是武断的，或者视为已被证明了的，在我看来，它们是大多数分析的马克思主义者共有的直觉。然而，我确实相信我们已经证明了资本主义是剥削的和不公正的。

记者：我感到你在这些回答中强调了分析的马克思主义的科学性。这暗示了这样的观点，即赞成马克思主义只不过是赞成科学的结果。这样说来，如果分析的马克思主义能够不负所望地表明历史必将拥有平等主义的未来，那所有客观的旁观者，包括大多数社会科学家，将最终接受马克思主义的结论。这从某些方面来说是马克思主义传统中所持有的一种非常正统的观点。另一种观点是，未来在很大程度上仍是悬而未决的；马克思主义者不可避免地与主流的社会科学截然不同,因为它的科学性是与一种解放的政治纲领密切相关的,而对这一纲领的赞同来自在很大程度上是前科学的平等主义的价值观。你在这一问题上持正统观点,还是我误述了你的立场?

罗默:只有当一种解放的、平等主义的纲领是可行的,它才能得到赞同。这就要求科学地回答这一问题。在当前,这一问题是马克思主义科学必须主要研究的。19世纪的马克思主义认为,它已经证明了平等主义社会的可行性,但面对苏联的失败和资本主义颇为令人(马克思主义者)吃惊的成功,我们需要一种新的证明。证明或反驳这种可行性完全是一项科学的事业。对一种平等主义方案的赞同无助于证明平等主义社会的可行性,甚至会阻碍这样的证明。我认为,这种情况一直是马克思主义不断出现的一个错误。

假设我们提供了一个成功的论证,证明了某一平等的、无阶级的社会蓝图是可行的,那么,只要那些非马克思主义和非平等主义的社会科学家是客观的,他们将不得不同意这一论证。这并不意味着他们在道德上赞同实现这样一种蓝图。我不认为证明一个人应当赞同平等主义是一件容易的事,因为这是一种道德观点,我想,在这一问题上人们会继续存在不同的看法。

所以,一个马克思主义者必须具有两种身份:既是一个客观的社会科学家,又是一个平等主义的赞同者。作为后者,他或她将选择研究这样的问题,即这些问题将有助于造成平等主义的社会,如果这样做是可行的。他们的一个主要目的是证明这种社会的可行性。此外,我还要说的是,对平等主义的可行性的证明本身就会把很多人争取过来去宣传平等主义。不少人对平等主义方案的反对意见是基于他们把这些方案看做是乌托邦，也就是说，是实行不了的。

理性选择和公理化的方法

记者：你的研究享有盛名是因为具有两个通常是联系在一起的特征：致力于理性选择的假定和公理化的推论。你是如何描述和辩护你的这些研究方法的？

罗默：理性选择的假定讲的是，在很多情况下，人们是自觉地力图做符合他们最大利益的事情。它留下了悬而未决的如何定义利益的问题。一种值得一提的事实是，在很多情况下，人们试图增加他们的收入或财富或以自我为中心的福利。这一事实之所以值得一提，是因为一般说来，人们既关心其他人的福利，也关注他们自己的福利。

除了理性的选择以外，人们的行为还要受到三个因素的影响：(1)感情上的东西；(2)根据社会的规范；(3)出于一种责任感。人们可以把"利益"这一概念充分扩展以包括这三个行为动机，但这样做没什么用。不过，考虑到人们在决定如何行为时运用了这四个动机中的一个，是有用处的。

理性选择的假定并不是说人们总是运用理性选择，而是说他们常常这样做，进一步讲，是说很多社会现象可以从所卷入的人们在理性地作出选择而得到解释。实际上，强调这一代表性的动机，是试图只求助于理性选择去解释一种社会现象，这种社会现象看起来也许还包括其他种类的个人动机。

原则上讲，公理化的方法与理性选择的方法完全不同。例如，人可以将一种受规范驱动的选择理论公理化；但另一方面，很多理性选择的解释，特别是那些由历史学家做出的解释，却没有被公理化。公理化的方法不过是对一个问题进行逻辑推论的明确的应用。逻辑要求我们精确地说明定义、公理、定理和证明，要求我们明确这些东西之间的区别。公理不过是与手头的问题有关的未被证明的假设。定理来自将逻辑应用于公理，而证明则是从公理和定义到定理的推论的特殊步骤。那些熟悉数学的人通常喜欢用数学方式表达公理和用数学方式证明定理，因为数学是我们拥有的最清楚、最少歧义的进行推论的论证形式。数学是一个强有力的工具，因为其中存在大量的已被证明的定理，这些定理可被用作工具来证明我们现在感兴趣的特定的结论。

记者：看起来你的理论的建立既有哲学上的目的，也有社会学上的目的。一方面，你试图澄清剥削、平等这样的概念的含义。另一方面，你还试图建立一种对剥削和不平等的解释理论，比如，对特殊社会环境下的剥削和不平等的解释理论。你承认你研究工作的这两个可能的目的之间有一种紧张的关系吗？如果有，它是如何被解决的？

罗默：我看不出有什么紧张关系，但情况肯定是这样，即一个好的定理能够加强一个定义。让我对这一思想做一个较长的说明。在我1982年那本论剥削和阶级的书中，我是以标准线性的列昂节夫生产模型开始我的论述的，这一模式过去曾为马克思主义的经济学家使用过。用这一模式，我证明了在市场经济中人们将依他们的偏好和基金将自身划入五个阶级。我是这样定义被剥削者的，即他用他的总收入（工资、利润和自己挣到的收入）所能购买的商品中包含的劳动少于他在生产活动中花费的劳动。然后，我证明了阶级与被剥削对应原理：在均衡状态下，任何人的最优化都处于一个其成员出卖劳动力的阶级中，就是被剥削者；在均衡状态下，任何人的最优化都处于一个其成员雇用劳动的阶级中，就是剥削者。我用这一分析证明了一个经典的马克思主义思想的微观基础，即出卖劳动力与剥削的联系。

接下来，我尝试将阶级与剥削对应原理推广到生产模型中的更为宽泛的阶级，这里所说的生产模型指的是各种在新古典经济学家标准用法中的模型。最初的努力失败了。一个关键的问题是对"包含在商品中的劳动"的定义，它是用来定义剥削的关键概念。在列昂节夫的模式中存在一种定义凝结劳动的明确的方式，但在一般的、平稳的生产技术中却不存在这样的方式。我最终提出了这样一个定义：在一定数量商品中凝结的劳动，指的是在均衡价格的情况下只采用使利润最大化的生产技术所需要的生产这一数量商品的最小的劳动量。结果表明，应用这一定义，我能证明对一般技术而言的阶级与剥削对应原理。与这种解释的凝结劳动相连的阶级与剥削对应原理是正确的这一事实，意味着这是对凝结劳动的正确定义。换句话说，我们常常把定义当做已产生的证明，正如伊姆雷·拉卡托斯（Imre Lakatos）称呼它们的那样。我们接受那些能使我们证明我们认为应是正确的定理的定义。

现在看来，这一做法对于长期以来有关劳动价值（即凝结在商品中的劳动）的"首要性"与均衡价格的关系的争论具有重要的意义。很多马克思主义者争论说，劳动价值比市场价格更为根本。但我的论证表明，为了维护人们可以称之为马克思主义基本原则的阶级与剥削对应原理，人们必须接受价格决定劳动价值这一观点，因为正如我已经说明过的，导出对一般技术而言的阶级与剥削对应原理的惟一方法，是在知道平均价格之后去计算凝结劳动，这种方法告诉我们哪种生产技术是最有益的。

历史、文化和理性选择

记者：在你的分析研究中，你经常尽力说明你并不涉及那些通常被认为对马克思主义的探讨是至关重要的一系列问题——历史、文化、意识形态、政治运动、意识、心理等等。然而同样明显的是，在赞同你的读者看来，你并不因此而认为这些问题是不重要的或是次要的。你不更直接地论述这些问题有什么特殊的原因吗？

罗默：毫无疑问，这同我是一个经济学家相关，作为一个经济学家，我主要关心的是生产、资源配置和收入分配。我关注的是资源配置的研究，不管其是否体现了剥削或非正义；我接受的是经济学家作出的那种有关个人是如何构成的假设，即它使限于商品和劳动排序的偏爱最大化。我认为，从在当代社会科学中为社会主义观点而斗争的视点来看，这一直是一种有用的策略。它更为有力的方面是可以论证这样一种观点：即使人们把个人假定为经济人，社会主义也是可取的。然而，正像我在后面将要说明的，我是严肃地对待政治学的，特别是在近几年。

记者：这些上层建筑的问题是如何与你本身的研究结合起来的？你把你的贡献看成独立的，还是把自己视为一个更大的理论研究项目中的一个"领域的专家"？

罗默：显然，我是一个领域的专家。

记者：既然是这样，你能简要谈谈那个更大的研究项目是什么吗？

罗默：我不想勾画那种包括你所说的种种上层建筑问题在内的最大的项目，而只想勾画一下我本人研究的一个较大的项目，这一项目要在经济模型中捕捉一种政治模型。当今很多社会科学家正在研究政治经济,而且人们也是这样认为的。人们也许会说,有两个重要的因素没有出现在标准的经济模式中:心理和政治。这二者都是重要的,但我选择去思考后者,这也许是因为在我看来,在这一点上,更大的问题是对后者的忽略。

经济的变化如何影响政治行为?政治又是如何影响经济的?人们愿意有一个一般的政治—经济均衡的模型,这一模型既存在于经济的均衡中,又存在于政治的均衡中。这里所说的经济的均衡,指的是由那些在政治均衡中遵守的政治决定所产生的东西。这里所说的政治的均衡,指的是在经济均衡给定的人们的利益(体现在他们获得的资源上)的情况下,由他们组织其政治活动所产生的东西。这种相互依存具有经济模型中均衡的标准的"固定点"的特性。

更明确地讲,在过去五年左右的时间里,我一直试图把党派之间如何竞争模式化,这种竞争存在于民主制度中不同经济利益集团之间的阶级斗争中,即存在于那种被其他人恰当地称为民主的阶级斗争中。在我看来,在过去200年里,经济学理论的主要成就是对经济中的价格决定和收入分配有了一种相对完整的系统表述,即人们所说的一般经济均衡理论。这一理论始于18世纪70年代的亚当·斯密,19世纪80年代在利昂·瓦尔拉(Leon Walras)那里首次得到数学公式的表述,并于20世纪50年代由阿罗(Arrow)和德布鲁(Debreu)最终完整地提出。

这一成就表明,使用最简明的"语言",只用三个词,即基金、技能和偏好,人们就能确定私有财产制度下市场经济的核心的方面:它的价格和收入分配(更一般地讲就是资源的配置)。现在的问题是,需要用来完整描述一种政治经济的主要方面的最简洁的语言是什么?比如说,需要用来完整描述民主制度的主要方面的最简洁的语言是什么?为了确定在民主的市场经济中将会存在的政党,以及将会生效的政治—经济的均衡,我们必须以什么为出发点?

记者:这是一个令人非常感兴趣的建议。你能对所涉及的模型以及初步成果的趋向再多谈一些东西吗?

罗默:遗憾的是,也许我的一部分回答是技术性的。政党竞争的正规的(严格意义上的)模型始终是由唐斯(Downs)的模型居主导地位,这一模型假定存在两个政党或候选人,每一方都只把精力集中于赢得选举的胜利。(参见唐斯的《民主的经济模式》)候选人或政党对他们提出的政策没有偏好,政策完全是工具性的,目的只是为了赢得选举。我认为,这完全是一种超历史的政治模型,在现实的民主生活中,政治是由代表公民中的不同利益集团(即阶级)的政党所控制的。我一直在致力发展那种代表不同利益集团的党派之间的政党竞争理论。这样,政党对于政策就有偏爱,而不是仅仅将注意力集中在赢得选举上。

唐斯模型的第二个弱点是,它只有在政策空间是一维的情况下——例如那种以单一税率征收所有收入的选择,才能产生均衡。但现实生活中的政治是多维的。我已经找到了一种在政策空间是多维的时候将政党之间的政治竞争模式化的方法。这从技术意义上讲是重要的一步。这里有一个说明来自多维分析的结果的例证。假设选举人关心两件事:再分配(税收和转让政策)和宗教。一个政党,工党,代表一批相对贫穷的、反对教权的选举者;另一个政党,基督教民主党,代表一个相对富裕的、赞成教权利益的集团。工党和它的选民希望非常高的再分配税制。但是,在竞选中,每方都必须提出一个由政府的税率和宗教态度构成的政治纲领。现在的问题是:是否存在这样一些选举人偏好的合理分布,以致在均衡中,工党和基督教民主党都将提出非常低的税率?

答案证明是存在的。即使大多数人倾向非常高的税率，但由于每一政党都必须既提出税率又提出宗教政策，因而还会存在选民偏爱的合理分布，在这一情况下，左翼政党会提出保守的经济政策。这不是因为他们出卖了工人，他们只是在做他们力所能及的事。

我对这一模型已做了一些经验性的研究。确切地讲，我把美国的非经济的问题视为政府对种族问题（而不是宗教问题）看法的结果。我已经证实，由于美国选民中偏爱的分布，该情况是存在的。根据这一定理，我预计，如果（或由于）种族问题对于选民变得更为突出，那么民主党将在再分配问题上向右转。（这里，我假定民主党在经济问题上比共和党更左）如果你愿意的话，可把这看做一个民主的变态的例子。

记者：从一种意义上看，你将历史进程模式化为这样的循环：个人偏好构成合理行为的基础，这种行为导致一种均衡结果；这种结果又将改变原来的偏好，这样一来合理行为又导致一种新的均衡，新的均衡又创造出更新的偏好，历史就是这样展现的。你是否还这样看待历史进程呢？

罗默：我想，在一开始这并不是对这种动态的错误看法，但这种看法有相当的局限性。因为它认为偏好是由经济平衡的本质所决定的。但是，如果我们同意文化是重要的，那它的一个主要作用就是对偏好的影响，因而，除非人们拥有一种经济的变化如何决定文化的理论，否则人们就不能拥有经济变化是如何决定偏好的理论。

在我看来，根据经济的均衡将偏好的内生形态模式化，并由此得出一个偏好和经济均衡的动态模型，是一种有用的做法，但我还没有想出如何以一种令人感兴趣的方式去实现它。正如我所说的，即使这种模式还有很多遗漏，但它可以抓住一些基本的东西。例如，我们可以比较容易地提出这样一个模型，在这一模型中，资本主义制度在人民中展示了一种消费主义（非马克思主义者称之为实利主义）的前景，展示了市场经济如何产生了一种"赶上阔邻居"的动机。

记者：你当前对均衡概念在社会解释中的地位持有什么看法？

罗默：均衡这一概念是绝对必不可少的。思考均衡是什么（至少）存在两种方式，而均衡分析的批判者常常把它们混淆在一起。有关均衡的最通常的和众所周知的想法，是将其理解为一个系统的静止的状况。马克思主义者常常反对这样解释的均衡分析，因为在他们看来，经济是"动态的"，因而不具有静止系统那样的特征。但这种看法是缺乏远见的。我们可以两种方式将一个动态系统视为静止的系统：其一是将它视为一连串的系统，其中每一系统都在某一时刻处于静止状态；其二是将均衡不是视为暂存的概念，而视为与逻辑连贯性有关的概念。这是测试一个模型的所有部分是否"相容"的方法。在经济或社会模型中，我们常常假定，每一个人采取一种行为都是基于一种准则，这一准则就如同输入信号一样涵盖了所有其他人正在采取的行为。那么也许有人会问：如果存在每个人都遵循其特殊准则而行事的一组行为，那这一准则的系统是一致的吗？这样一组行为就是一种系统的均衡。

如果有人试图以这一方式将某种社会现象模式化，对这一模式是否是一致的一种测试，就是看它是否具有这种意义上的均衡。如果一种模式没能具有一种均衡，那这常常意味着，它不是它力图描述的那种社会现象的好的模式。

让我们以私有制市场经济的阿罗—德布鲁（Arrow-Debreu）模式为例。我们假定有理由简单地说，在很多时期，在一种经济中存在一种稳定的价格向量,在这一情况下所有的市场都出清。现在,阿罗—德布鲁的模型做出有关在一种经济中所有的人是如何行为的假定,说得更具体一点,他们的行为是如何取决于价格的。他们的行为在于为了销售而提供某些商品和要求购买某些商品。这一模型十分复杂,对其逻辑一致性的检验是问:是否存在这样一组(假设的)价格,在这组价格下,每一个主体在追求最优化时都能实现他所要求的需求与供给?这样一组价格的存在是对这一模型逻辑一致性的证明,也就是说,它能描述我们在(假定合理的简单化的)现实世界看到的稳定的价格体系。证明这样一种均衡的价格向量的存在是一项数学上的困难任务,这一任务在20世纪50年代才首次成功地完成。作为对一种模型的逻辑一致性的一种检验,对均衡的这第二种应用,在经济学家中是更为普遍的。

现在我们可以看到一个动态体系怎样可能被视为一个均衡的体系。在一个动态体系中,每一个人都可能总是按照一个复杂的规则来行为的,这说明了他在每一时刻如何行为都将基于他人在过去的行为,基于所处环境的各种变化发展的方面,例如价格。在每一时刻,他都可以使其福利最优化,这基于他对环境的观察,包括过去行为的历史。我们可以问:存在对于这一系统而言的均衡吗?也就是说,存在每一个人不时的、与其据以行为的假定规则相一致的一组行为吗?如果存在,我们就已经解释了社会的运动。

所有这些并不是说非均衡的分析是不适当的。也许有这样的情况,即不存在与所有假定的个人行为规则相互一致的一组行为。在这种情况中,一些人将不得不改变他们的行为规则,准确地说,这是因为所有假定的规则是相互不一致的。于是,我们就必须推论是谁改变了他的规则,以及他是如何改变这一规则的。如果我们获取了人们据以改变他们原初规则的一个规则,那我们就能将这一问题简单地视为一个更复杂系统中的问题。例如,经济理论家已通过提出在一些市场不能出清时商品被配给的规则,将不存在均衡价格的经济模式化。但从另一方面看,这使得一种价格的非均衡成为一个更大体系中的均衡。

非均衡分析相对说来没得到发展的原因不是因为资产阶级经济学是非辩证的,而是因为它的某些工作很难去做。其面临的挑战是理解非均衡状态如何解析。当标准的规则不起作用时会发生什么情况?

记者: 你怎样看待理性选择的假设需要偏好结构的理论,或许还要由其他来自社会心理学的方法来补充?

罗默: 显然,我们需要一种偏好结构的理论,因为人们不是生来就具有偏好,偏好是他们发展起来的。在这一问题上心理学无疑是重要的。心理学的重要性还在于解释人们为了解决问题而乞求的各种不同的动机:理性选择、感情选择、为规范迫使的选择,或为责任迫使的选择。乔恩·埃尔斯特认为,我们从来不会有一种完整的社会理论,因为我们从来不能预见一个人在既定的情况下将乞求这四种作用模式(在他那里是三种,因为他没提及责任)中的哪一种,即使我们能够懂得每一模式是如何起作用的。我则没有那么悲观。很清楚,心理学和社会学在这一问题上是将要使用的专门知识领域。

记者: 我能想象得出,如果将这一对个人心理的更为充分的说明与你在早些时候勾画的那些更为复杂的均衡思想结合起来,人们就为社会理论留下了众多的可能性,它们要比来自标准的理性选择模式的可能性多得多。我有两个问题:一是关于范围的问题,二是关于一致性的问题。在更早一些时候,你把文化描绘为一种中介性的可变物,说它起的是经济均衡与个人偏爱之间的一种解释性桥梁的作用。这似乎是要把文化降至为一种对经济的影响。但任何社会理论要自封完备无疑都必须考虑到文化现象的相对自律性，包括规范的产生和再生产。有什么办法能将这一洞见合并到你的方法中吗？或者说，你否认具有这种自律地位的文化吗？

罗默：我想，我是一个多少更新一点的文化唯物主义者。这不意味着我认为文化是由物质条件决定的，而是说某组可能的文化是由物质条件决定的。如果你愿意，可以说与一组既定的物质条件相联系是一种分布于可能的文化的盖然性。这样，由于不同的随机变量的实现，两个面对最初完全相同的物质条件的世界（或社会）可以产生完全不同的文化。说存在起作用的随机变量意味着，简单地说就是，文化在某种程度上是由我们必须视作偶然的事件所决定的，例如，倡导某种宗教的具有超凡魅力的人物的存在。我不认为基督教、佛教和伊斯兰教的存在是可以预言的，但各种不同宗教的存在是可以预言的。

我认为，对于文化来说，可预言的东西是它的那些为物质条件决定的方面，例如，如果一种经济非常落后，如果此时牛用于耕地比用于食用更具成效（就人的营养而言），那一种反对食用牛肉的规范就会出现。当然，我真正意指的是，如果这样一种规范没有出现，那个社会将不会存在很长。社会类型的选择性适应是通过文化的进化实现的。

大体说来，文化进化的事实意味着，我们观察到的那些稳定的文化必定是在局部生效的，因为不可能存在将显著改善社会福利（根据营养、丰产等等来定义）的小的偏离。正如埃尔斯特所指出的，进化的过程一般并不产生全球性的最优化。我必须以这样的话来结束这一话题，即我对人类学了解的并不很多，如果这一观点与有关证据相矛盾，我愿随时修正它。

记者：其次，你提到个人行为的四个动机，我感兴趣的是它们怎样才能包括进你设想的那种"扩展的均衡"的论述中。你把均衡说成是对人的行为规则的一贯要求。我能看出它怎样能够对受规范驱使的行为（规范毕竟也是规则）、对作为手段的理性选择（量优化可被理解为一种特殊的规范）以及甚至对责任（做一个角色所要求的事情是一种对规则的遵从，服从可能是对某一其他人的规则的遵从）所起的作用。但要理解"感情的选择"如何能纳入这样的说明却是更为困难的。为了均衡模型的建立，你是否危险地假定了一些并不反映现实世界中的一致性的一致性？

罗默：我不这样认为。让我们来考虑一下那个似乎困扰你的感情动机的问题。我说一种对社会的完整的解释必须有一套规则，一套对每个人而言的规则，它预示他的行为。我们可以这样思考这个问题。在其他人的行为和自然的环境（比如说，在你的小队力图占领一个阵地时，你的队友被机枪击中了）既定的情况下，塑造你性格的规则决定一种行为模式（在这种情况下，它也许是我们所说的感情模式）和一种行为。这种行为可能是一种危及你的生命和你队友生命的行为，而且对你现在已死去的战友也没有任何可想象出的好处（比如说，你返回去把他的尸体背回来）。这只是一个小的行动，但现在却起着影响其他人采取行动的作用（因为它已成为历史的部分，而历史就像资料一样进入每个人行为的规则）。对一种社会理论的一致性的均衡检验是：是否存在一组不时出现的行为，其中每个人都应用那种理论赋予他的（复杂的）规则，换句话说，在其他所有的人已采取的行为和自然的环境（比如天气）既定的情况下，其中每一个人的行为都是应用那些规定的行为规则的结果？此外，如果存在这样一组行为，它们看上去像我们所讨论的社会的真实历史吗？至于这些行为中的某些行为是出于感情而不是理性，就像我刚刚描绘的那个行为，则没有什么关系。

现在，我不相信这种决定论的理论将会获得，我想，我们至多能做到的是假定有可能描述我们可以期望个人接受的（理性的、感情的，等等）模型。这将使我们看到一个社会很多可能的历史，其中每一种都与既定的这些个人随机变量的实现相关。

社会主义和市场

记者：在《社会主义的未来》（1994）一书中，你为市场社会主义形式提出了一种新颖的方案。你能勾画一下这一方案中较为突出的观点吗？

罗默：在大型的市场经济中，在利润分配上存在一定程度的自由，这种自由在劳动收入分配方面却不存在。这样，只要我们利用市场，我认为，由于效率的原因，工人的工资就必须近似地根据他们的边际生产率来支付。当然，工资收入可以通过再分配的税收来改变，但支付给工人没有反映出他们的生产率的工资将导致实际上的分配无效率。相比之下，我认为存在很多分配利润的方式，它们能拥有持久的分配效率。关键的问题是，在资本主义经济中得到利润收入的绝大多数人，对利润收入没有起过生产性的作用，他们是消极的投资者。在马克思主义者看来，利润是一种剩余价值，从这种意义上讲，它们的分配可以或多或少是任意的。

19世纪的资本主义英雄是企业家，20世纪的资本主义英雄是袭击公司的投机分子。这些投机分子的公认的作用是维持企业的有效运转。

如果一个企业没能有效地运转，它的股票价格就要下跌，它就成为投机分子的目标。投机分子低价买入这一企业，将其重组，提高它的价值。这至少是英美的方式。

但其他成功的资本主义经济——德国和日本的经济，是在没有公司接管者的情况下建立的。它们依赖的是银行的制度性监控。另一方面，银行得到的只是这些经济中公司利润的一小部分。其他利润到了股票持有者的手里，他们在生产方面则不起什么作用。这暗示着在像银行这样的机构继续对企业进行监控的情况下，公司部分的利润可以或多或少地在人们中平等地分配。

在我的那本书中，我提出了在使银行那样的机构监控企业的同时，一个国家中公司的利润可以在所有成年人中平等分配的几种方式。我把这叫做市场社会主义。对于通过税收的劳动收入的再分配而言，还会存在进一步的余地，但这实际上是独立于利润收入的平等分配之外的。

记者：你的那本书说的很清楚，你把你的想法看做自奥斯卡·兰格20世纪30年代及以后著作以来的市场社会主义传统的"第五代"方案。但我对你关于市场的总体看法还有点不清楚。有时你似乎把市场看做本身是中性的一种机制，一种仅是达到各种市场之外的目的的手段。这样说来，用于追求社会主义价值的市场就是好的，用于追求资本主义价值的市场就是坏的。在其他时候你似乎具有主流经济学家对市场的职业的热衷，这些主流的经济学家把市场视为提供某些特定的价值——首要的是经济的效率，并且是以一种其他的安排都无法与之相比的方式进行的。最后，你还表示支持 G. A. 科亨的观点，即市场关系趋向助长自私的行为，以及从长远的观点来看，社会主义将废弃市场。你是如何看待市场在社会主义未来中的作用的？

罗默：我认为市场在混合经济中是绝对必要的。从历史上看，迄今为止，市场主要是与生产财产的私有制相联系的，但我把这只看做是第一个阶段。市场可与公有制、工人所有制或我们尚未命名的各种混合的财产权和谐共存。在我的书中，我提出一种既不是私有也不是公有的财产所有制形式：每一公民在他的有生之年，都有权拥有他的人均一份的股票以分享来自国有企业的利润，但这种权利是不可转让的。在他去世时，这一权利转归财政部门，财政部门再将其转给新的成年人。根据通常的定义，这一财产形式既不是私有的，也不是公有的，但它既优于纯粹私有的财产关系，也优于纯粹公有的财产关系。

当然，市场会产生一定程度的竞争，这会危害我们社会主义者愿意看到的集体的心理。然而，在我看来，市场的益处要大大超过这种代价。就这一点而言，假设我们可以在没有市场的情况下行事就太离谱了。

记者：在你的方案中有一些领域仍将存在不平等，尤其可能在劳动市场中。在你认为的当前的环境中这一方案代表着对平等的最为可行的接近，这种说法合适吗？如果合适，你能解释一下持有这种观点的理由吗？

罗默：正如我所说的，我的市场社会主义方案针对的是财产收入的平等分配。在我看来，试图通过干预市场实现工资收入的再分配将导致无法接受的无效率。这二者之间关键的不同在于：我们可以通过对企业由财产权利的再分配实现利润收入的再分配，但我们很难再分配人的劳动中的财产权。因此，对于劳动收入的再分配，我们只能求助于那种不太有效的机制，即所得税。

我的方案是想作为一种在短期内起作用的东西，我把短期定义为这样一个时期，在这一时期内，人们看上去同他们今天一样。在更长的时期内，我认为一个社会主义者必须提倡大量增加教育经费，并将经费向那些有着不利背景的人倾斜。换句话说，减少工资差异的途径是减少技术上的差异。在我看来，赢得一个民主国家的公民投票决定将大量教育资源的支出用于他们中落后的人们，是当今重大的政治问题（我还想说，更为重要的是赢得富裕国家的公民向贫穷国家再分配资源）。

记者：就所涉及的技术问题而言，我能理解教育适合社会主义图景的方式。但它在人的动机形成方面也起作用吗？教育制度能在这方面起到抵消市场关系的腐蚀影响的作用吗？或者说，在社会主义社会中，为了另外的动机的形成而必须存在某种其他的制度方面的根源吗？

罗默：当然，存在起巨大作用的文化。很多不同的文化可以与市场共存。例如斯堪的纳维亚文化，它比美国文化在更多的方面可与市场共存。关于教育我再做些补充：我不想使人感到教育的惟一作用是减少收入分配上的扭曲。它也是使人们拥有自尊的手段，这极为重要。这是人们宁要总体收入相对平等的社会而不要工资收入相对平等而总体收入不平等的社会的主要原因。（工资收入产生于总体收入，后者是通过个人之间的转让实现的。）大多数经济模型，就其有害的方面而言，没有在与工资收入相对的总体收入的福利后果之间做这种区分。

社会主义及其未来

记者：最后我想问一下你的方案是否受到欢迎，以及你对当代社会主义力量在美国和其他地方的估计。你是否认为社会主义可以作为一种可行的思想和政治潮流存在下去？

罗默：我的方案还没有产生引人注目的影响。正如你所知道的，共产主义失败以来的这一时期是以对资本主义的狂热为特征的。很多人误以为共产主义灭亡了，而他们所说的共产主义是我在这里所指那种在苏联和其他地方实行的行政配置和政治专制的制度，在他们看来，这种共产主义的灭亡就意味着社会主义的灭亡，意味着平等主义的社会的灭亡。这种推论显然是错误的。共产主义有这样三个特征：（1）非竞争的资源配置；（2）非竞争的政治；（3）普遍存在的企业国有制。我设想的社会主义将不具有这些特征。因而，共产主义的失败不允许我们对改变了这三个基本特征的制度得出任何结论。

我想，随着"原始积累"在东欧国家和俄国的继续发展，对比美国资本主义实际上更平等的经济机制的兴趣将会在国际上重新出现。《经济学家》杂志发表重要社论，警告美国资本家最好多从事一些慈善事业，因为广大群众不会永远容忍他们的贪婪，但不认为慈善事业足以安抚广大群众。

记者：分析的马克思主义能与任何更为广泛的社会运动相联系吗？或者说，它的特征是仍保持一种经院社会主义的形式，在某些大学的系所传播，远离任何解放斗争？

罗默：这里有一个问题，这就是，对于我们来讲，继续把自己称为马克思主义者是否还有用。只要人们把马克思主义的标签与我们所持的一组观点相联系，这一标签就是正确的。甚至在我不同意劳动价值率和利润率下降理论的时候，我也很高兴地称自己是马克思主义者，因为我认为它们是马克思理论的次要方面。但现在我认为，懂得任何复杂的经济都需要市场是十分必要的，而马克思是厌恶市场的。这是一个基本的分歧。我还认为，向社会主义的转变将以民主形式出现，因为民主对于当今的人们具有极高的重要性。这无疑不是列宁主义的观点，它也许不是非马克思主义的，因为马克思和恩格斯认为普选权是革命的要求。（只要给予工人这种选举权，资本主义就会迅速灭亡。）我接下来认为，资本主义是一种剥削的和不公正的制度，但我不同意马克思的判断，即劳动力价值和工人产品的价值之差是衡量工人被剥削程度的有效尺度。我本人的观点是，资本主义的不公正在于它没能为人们提供平等的机会。在我一本近期出版的著作（《机会平等》，哈佛大学出版社1998年）中，我详细阐述了我所认为的平等机会所要求的东西。

但是，我们无论为平等主义的、分析的社会科学取什么名字，我都确信它将会影响解放的斗争。当今左派面临的主要问题是缺乏理论。我们从此处向哪里走？我们希望为之斗争的是什么样的社会？如果我们社会主义学者能提供某种方向，那将对社会变革具有无法估计的价值。

记者：就你本人当前和未来的研究而言，特别是就你最近的《分配正义理论》（哈佛大学出版社1997年）而言，你预见它们在那些发展中会起什么作用？

罗默：我希望它们帮助回答我刚刚提出的那些问题。在多年研究经典的马克思主义理论之后，我转向研究当代平等主义的正义理论，因为我认为，马克思主义关于资本主义的非正义的观点是基于一组历史上不具逻辑必然性的环境，即基于资本的"原始积累"是以不道德的方式进行的这一事实。马克思写作《资本论》第一卷第三部分就是要证明资本主义是非正义的。但如果资本的积累是以不那么肮脏的方式进行的，比如说，是以比尔·盖茨的方式进行的，那又会怎么样呢？为了理解资本的私人积累的制度是否是非正义的，即使它是基于辛苦劳动而不是基于抢劫和掠夺，我转向了当代政治哲学。

正如我说过的，我认为资本主义是非正义的，即便所有的资本都是通过辛苦劳动积累的。在这里我不能对这一观点做解释了。我的目的是要论证，正义要求机会的平等，只要允许个人拥有大量的生产财富，正义就不能实现。我最近的论述平等机会的那本书为平等机会的要求下了一个定义，但还没有展示一种基于平等机会的正义理论。我希望在将来能完成这项工作。

正如我所指出的，我近些年的其他主要工作是研究阶级斗争如何在民主国家、通过代表不同利益集团和阶级的政党竞争而继续下去的。一个根本性的问题是：为什么普选权没有导致社会主义，尽管恩格斯明确认为它会导致社会主义？为什么在民主国家穷人没有剥夺富人的财产？我相信对这一问题我已发现了几个答案。正如左派曾相信社会主义意味着一切都好一样，当今有很多左派相信民主意味着一切都好。我宁愿把民主定义为普选权，然后研究这样一种制度的运行规律。就提供我们平等主义者所要求的东西而言，原来民主在相当程度上可以是病态的。左派如果要为民主中的社会主义而斗争，就必须更好地理解民主。

（本文编译自 *Imprints* 第 3 卷第 1 期，1998 年英国出版）

（段忠桥 编译）

论后工业社会主义[*]

〔英〕阿德里安·里特尔[①]

[摘　要] 本文评论了 20 世纪 60 年代以来关于后工业社会的种种观点,揭示了"后工业社会主义"作为一种思潮所具有的内涵,特别是它在"市场"问题上与"社会民主市场"及"市场社会主义"的区别。

[关键词] 工业主义　后工业社会　后工业社会主义市场

自 20 世纪 60 年代以来,出现了许多质疑工业主义的持续本性和后工业社会的潜在来临的文献。起初,这种看法在美国的新多元主义圈子里引起了极大反响,尽管它也受到 20 世纪 60 年代后期兴起的各种不同社会运动的鼓舞。伴随这一发展,最近又产生了各种主张,说什么西方资本主义已经从福特主义转向完全不同的后福特主义,从现代性转向后现代性或麦当劳化（McDonaldistion）时代。90 年代也看到一些新文献,它们承认后工业社会如今已经出现。

---

[*]　本文选自《马克思主义与现实》2002 年第 2 期。
[①]　作者是英国北安普顿高等教育学院高级讲师。

本文将对这些探讨作出评价，并揭示它们之间的差异以及后工业社会主义的概念。对后一概念的分析将证明，后工业社会尚未发展，对左派而言，后工业主义只能通过"以劳动为基础的社会"的终结来显示。因此，后工业社会主义主张，一个真正的后工业社会不能建立在个人为谋生的劳动花费大量时间这一原则的基础之上。

而且，我将认为，一个成熟的后工业社会将是这样一个社会，在那里可利用的劳动是围绕着更平等的情形，而不是围绕着当前的情形而被分配。这就允许个人可以花费时间去参与其他自我决定的活动，并在共同体中从事不付报酬的或志愿性的劳动。[1] 这点与正统的观点是根本不同的，后者认为后工业主义是以"信息社会"的来临为特征的。[2]

显然，弹性工作的增加和完全（男性）雇佣的终结，在遍及包括服务部门在内的各种不同产业，以及包括美国、法国和日本在内的一系列发达国家中，已经标志着劳动市场的结构发生了巨大变化。然而，在本文中我将认为，劳动市场的变化本身并不预示着，发生了一种过渡到后工业主义时代或后福特主义的质变。这一论点的主要特征是，在后工业经济概念和后工业社会范畴之间存在着差异，后者并不必然在技术上被前者决定。在这个意义上说，"劳动的特性和分配上的变化，既能够为创造一个真正富裕的更文明的社会开创新的可能性，也可能驱使我们

---

[1] Gorz, A. (1989a), *Critique of Economic Reason*, London: Verso. Gorz, A. (1994) *Capitalism, Socialism, Ecology*, London: Verso.

[2] Kumar, K. (1995), *From Post-industrial to Post-modern society: New Theories of the Contemporary World*, Oxford: Blackwell. ch. 2.

进入更大的社会不安、失落和冲突之中"。① 对后工业左派来说，后者才是新经济的变化的结果。换言之，一个后工业的社会不会沿着胚胎式的后工业经济演化。这与托宾（Therborn）的思想是相矛盾的，托宾认为，以往20多年的政治—经济变化，已经有了一种划时代转变的特征：即工业社会和工业阶级政治的终结和后工业社会的出现②。后面将表明，工业主义的核心特征的衰落并不意味着，我们已经进入一个后工业社会，尽管乍看起来，评价工业主义和后工业主义的关系、并勾勒社会主义者对工业资本主义发展的看法是非常重要的。

社会主义和后工业主义

后工业主义之争的首要贡献之一，源自丹尼尔·贝尔1973年出版的《后工业社会的来临》一书。在该书中，贝尔认为，阶级结构的变化和有组织的劳动的衰退，已经否定了马克思主义对社会变化的看法。相反，他积极地探寻着未来的后工业社会，在那里，富裕的消费者将存在于一种高技术、以服务为基础的经济和以知识为基础的社会之中。本书的副标题——"社会预言的冒险"——是恰当的，因为它表明，在20世纪70年代早期，贝尔就意识到工业主义结构深刻地、富有弹性地

---

① Currie, E. (1995), "The End of Work: Public and Private Livelihood in Post-employment Capitalism", in S. Edgell et al. (eds.) *Debating the Future of the Public Sphere*, Aldershot: Avebury. pp. 67 – 69, p. 65.

② Therborn, G. (1991), "Swedish Social Democracy and the Transition from Industrial to Postindustrial Politics", in F. F. Piven (ed.) *Labor Parties in Postindustrial Societies*, Cambridge: Polity Press, p. 101.

嵌入了社会和经济生活。对后工业左派而言，得失攸关的是，在自贝尔的著作发表以来的调整岁月里，富裕不断增加的预言是否以一种实质性的方式发生了。显然，正如贝尔所认为的，第三部门（the tertiary sector）取得了很大发展，但是，"与贝尔的论点相反，社会地位低的蓝领和服务业并未显现出消失的迹象"①。这种情形并不单单出现在西方资本主义国家，在世界上不发达地区，它在制造业和第二产业的增长场域内也扎下了根。而且，贝尔的影响不断扩大的概念过分低估了先进资本主义中整体财富（它可以在非常狭小的范围内分配）与个体民众的生命体验之间的差别，这些个体饱受到具有当代资本主义社会典型特征的社会不平等、不安全和边缘化的痛苦。在这个意义上说，洛德齐亚克（Lodziak）认为，"后工业社会的理论家接受了一种有缺陷的权力概念，该概念可能使他们误解了社会总体与个人的关系"②。

（一）对主流后工业主义的批评

毫无疑问，自贝尔的社会预言首次发表以来，劳动市场的结构发生了很大变化。这点对社会组织产生了深刻的影响。然而，争论得最为激烈的是，是否可以把这些变化等同于任何种类的成熟的后工业主义。例如，当贝尔提出"重要的事实在于，有关劳动的'劳动问题'（'Labor issue' qua Labor）既不再是核心，它也不具有社会学和文化上的分量，

---

① Ritzer, G.（1993），*The McDonaldisation of Society*, Thousand, Oaks, CA: Pina, Forge Press, p. 153.

② Lodziak, C.（1986），*The Power of Television*, London: Pinter, p. 193.

能使其他一切问题都围绕这一轴心而分成两极"①时,他显然是过于急切地把工联主义的垮台与资本主义社会的组织中作为核心问题的劳动的衰落等同了。在这一看法中,贝尔混淆了劳动问题的重要性与有组织的劳动的衰落。相反,我认为,在社会生活中,工联的衰落是伴随劳动作为一个关键门类所具有的不断扩大的核心地位而发生的。换言之,随着劳动不断地变得无效,工联的作用也就变得越不关键,与此同时,对劳动的占有却成为社会包容和公民身份的一种更重要的模式。在这个意义上说,当存在一种具有高度命令和纪律性的劳动市场时(在这一市场中,存在一个工联所要代表的明确的选民团体),有组织的劳动就达到了它的顶峰。然而,当今随着暂时的和非工联化的劳动的急剧增长(通常在服务部门),劳动市场变得富有弹性、瞬息万变和无组织性。在这一方案中,劳动和失业作为后马歇尔的(Post Marshallian)经济公民关系的预兆——这种公民关系被认同为从事有意义的劳动的权利,以及不依赖于直接劳动要求而获得生存的权利——变得越来越重要,而经由工联的工人代表制,则变得越来越脆弱。

由于当代资本主义社会证明,在劳动市场中存在核心工人、边缘化工人和非工人之间的新的划分,后工业社会的主流赞成者的辩词似乎更具有误导性。这些新的分工引发了这一种情形:许多新的工作都因之而存在于第三部门,这些部门不仅通常是报酬低、工作安全性差,而且与此同时,由于缺乏充足的工作岗位,使大批个人不断从经济(和作为整体的社会)被边缘化。这就解释了,为何许多左派人士对任何接受后工

---

① Bell, D. (1973), *The Coming of Post-Industrial Society*, New York: Basic Books, p. 164.

业主义的企图都持怀疑态度,因为它并未向资本积累的逻辑或劳动市场的分裂提出挑战。因此,怀尔德(Wilde)坚持主张,"生产力的发展和特殊的生产关系形式的改变,并不违背资本积累过程的逻辑"①。从这个观点看,劳动市场的不断分裂,不应该看做经济的后工业化的必然产物,毋宁看做新自由主义的政治的结果,这种新自由主义的政治优先考虑的是劳动市场的"效率"和最可能廉价的劳动力。然而,李(Lee)认为,劳动市场的分工是由"效率"优先原则(它是工业主义的一种重要的副产品,而不是后工业主义的副产品)造成的,结果,当今时代就不应该被冠以"后工业主义"的称号,而毋宁冠以"大众持续失业的时代"的称号。②

(二) 关于后工业主义的一种进步观点

李正确地认识到,关于高技术和服务业的经济的各种后工业观点,是不能与当代西方资本主义等同的,但是他不承认,后工业主义也能以一种比贝尔所宣布的"保守"社会预言的类型更激进的形式存在。从马里安(Michael Marien)的研究加以引申,多布森(Dobson)概括了所谓"占统治地位的后工业主义"(它被视为"一种富饶的、技术的和服务性的社会")与关于后工业主义的更进步的观点(由政治生态学所唤起)之间的差异。③ 在此成为主要关注对象的,就是这种激进的后工

---

① Wilde, L. (1994), *Modern European Socialism*, Aldershot: Dartmouth, p. 100.
② Lee, K. (1993), "To De-industrialize—Is It So Rational?", in A. Dobson and P. Lucardie (eds.) *The Politics of Nature*, London: Routledge, p. 108.
③ Dobson, A. (1990), *Green Political Thought*, London: Routledge, pp. 5 – 7.

业主义，尽管所涉及的这一关键理念的精神遗产，可能极易被归诸奥菲（Offe）将"左翼自由主义的"意识形态倾向称作政治生态学的东西。安德列·高兹（Andre Gorz）指出，在后工业社会主义的发展中，左翼应该遵循这种由激进人类中心论的环保主义所宣布的政治学类型：

> 要在政治上生存，相应地，生态学左翼要有一种迫切的需求，即一方面在现存的工业体制及其工资工人和工作之间进行调解，另一方面探索后工业社会的各种形式。为了从有如它所存在的状况那样的劳动中解放个人自身，并在劳动中发现尽可能大的自治的潜能，这种后工业的社会形式既必须满足个人的生态学需求，也必须满足他们的渴望。为了改变和减轻劳动，为了扩大自治活动的范围，以及替每个人扩大为人自身的使用和自我实现而进行的生产，我必须从劳动在今天是什么，以及它实际上意味着什么着手。①

那么，很显然，对激进后工业主义者而言，一种后工业的社会既要求有质的社会变化，也要求有生产方式的改变。当后者对社会和经济的生活确实产生了一种广泛而强大的影响时，它并不必然界定社会关系。因此，当这种面向以服务为基础的经济运动——第三部门化（tertiarsation）的过程——正在西方资本主义中发生时，人们对劳动和就业的态度并未发生同步的改变。换言之，随着面向重新界定我们的劳动方式的运动之发生，并未带来这种认识：这种重新界定可以促进一种理解，即将"以劳动为基础的社会的终结"的前景——真正的后工业主义——提上议事日程，现在看来是可能的。只要这个方案是有效的——并且技术变迁的步伐提示它可能如此——那么，正如高兹指出的，为了准备和

---

① Gorz, A. (1994), *Capitalism, Socialism, Eocology*, London: Verso, p.64.

设计未来，就社会水平展开对话是必要的。在一个类似的旁注中，舍曼（Sherman）认为：

> 新的工业革命不同于我们局部地意识到什么正在发生的第一次工业革命……技术在变化，就业在变化，产品和服务都在变化——但是惟一的关键变化却未发生。正如在19世纪的进程中最终发生了的那样，在对待产业竞赛的态度上，我们需要一场革命。①

因此，向后工业社会迈进，除我们从事的劳动门类之外，还需要多方面的变革。在如何通过合法化缩减劳动的核心地位，并以此促进劳动方式的变化向社会和日常生活的组织化转变的问题上，必然产生各种争论和设计。一个后工业社会不能因经济的服务部门在就业上的增长而被彻底塑造，只有通过探索新经济的本质、理解它所造成的机遇从而适当地变革社会组织，它才能被创造。迄今为止，后工业主义的特征是由贝尔之流的人物来刻画的，随着以知识为基础的社会的来临，他们却不承认，知识只能局限于一个很小的社会部门。因此，后工业主义在经济中的力量是向垄断开放的，当它一般地应用于社会时，只能造成极端的分裂。显然，社会主义的后工业主义的目标应该是，创造一个将分工和不平等减少到最小程度的社会。这点与新经济是不一致的，对那些并未从富有弹性的劳动市场获利的许多人而言，后者一直在鼓励社会的两极化和边缘化。因此，后工业社会主义反对既为贝尔、也为他所否认的马克思主义者大量运用的技术决定论。反之，后

---

① Sherman, B. (1986), *Working at Leisure*, London: Methuen, p.276.

工业社会主义为雇主与被雇佣者、国家与地方共同体和市民社会的机构、个人及其共同体以及妇女与男人之间的民主对话，敞开了各种可能性。这种对话是为鼓励有关劳动与一般人类活动的争论、为在其他事情中商议如何分配劳动而设计的。

（三）后工业主义和经济

显然，作为一项政治设计，后工业社会主义仍然处于它的幼年期，但是，它也是一项寻求民主和发达资本主义的纯粹本质的有抱负的设计。它涉及向经济中变化的本质及其对社会现实的影响提出挑战。在这个意义上，不应该将它与一些当代的文献混同起来，后者将面向后工业经济的运动与后工业社会的整个不同范畴混同起来了。后工业社会主义也与那些专注于与后工业主义和阶级流动性有关问题的人形成对照。例如，格尔舒尼（Gershuny）就专注于职业流动性，并使用经验材料去证实进出入"低水平服务职业"的相对高的流动性。这并不意味着，这些工作并不大量存在，它只不过指明，人民在新经济中以不断增长的频率变换工作。格尔舒尼的论证并没有提及失业，他公开承认，当英国不存在一个稳定的由个人组成的群体时——该群体构成一种低水平的与服务业相关的阶级的组成部分——它很可能要成为一种二元化的社会。后工业社会主义所反对的，恰恰是这种二元化和两极化的社会。格尔舒尼的思路得到了布洛斯费尔德（Blossfeld）、詹内利（Giannelli）和迈尔（Mayer）的回应，他们认为，在德国的非熟练的就业门类之间存在着高度的流动性，这就揭示，"对于过剩的手工工人来说，非熟练的服务工作可以被视为'集合容器'"①。反对一种新的后工业服务阶级的论证在雅科布斯（Jacobs）那里得到延续，他认为，"好的消息是，后工业社会的底层根本不同于封闭社会……坏的消息是，从底层到顶层的经济距离在拉大"②。同样地，迈尔斯（Myles）、皮科特（Picot）和瓦勒尔（Wannell）在颂扬来自加拿大的低水平的服务就业的流动性时，都认为："职业技能水平在战后时期已经提高，但是，除提高的技能水平之外，低工资就业比平均工资的或高报酬的工作增长得更快"③。

上述所有作者都集中于这一信念，即，并不存在一个由后工业经济所创造的新阶级，同时，大家都承认，存在不断增长的社会的两极分化。在不同的低水平的就业部门中存在流动性这一观念，并没有否定后工业社会主义的这一观点，即作为新经济的结果，两极化和边缘化都在增长。而且，如果该新经济当前限定着社会，那么，它就是在创造社会分裂，而不是创造一个富饶的、以知识为基础的社会。这并不意味着，这种情形是后工业经济的必然结果。相反，后工业社会主义者认为，只要这样做的政治意愿存在，社会就可以与新经济一道得到改进。然而，

---

① Blossfeld, H. B., Giannelli, G. and Mayer, K. U. (1993), "Is There a New Service Proletariat? The Tertiary Sector and Social Inequality in Germany", in G. Esping-Andersen (ed.) *Changing Classes: Stratification and Mobility in Post-industrial Societies*, London: Sage/ISA, p. 134.

② Jacobs, J. A. (1993), "Careers in the US Service Economy", in G. Esping-Andersen (ed.) *Changing Classes: Stratification and Mobility in Post-industrial Societies*, London: Sage/ISA, p. 223.

③ Myles, J., Picot, G. and Wannell, T. (1993), "Does Post-industrialism Matter? The Canadian Experience", in G. Esping-Andersen (ed.) *Changing Classes: Stratification and Mobility in Post-industrial Societies*, London: Sage/ISA, p. 189.

许多后工业主义的分析家继续提出,"现存的真实的两极化……并不适用于技能,而是适用于工作的性质",但同时又发现,"收入的不平等和从事不稳定工作的人口比例已经急剧上升。非熟练的和新劳动力的补充者,构成了两个受到严重伤害的群体"[1]。这似乎提示,与技能有关的两极化好像在扩大。如果更多的工作都变得不稳定和没有保障,那么,以为当代西方的"后工业"经济可以终止有保障的雇员和日益增长的生活在不安全中的群体之间的赤字,显然是不真实的。

对后工业社会主义者而言,当前为了根除它所造成的无保障和不平等,经济需求必须受到控制,并服从于计划。这就预设了对政府(试图)管理经济的方式作出了一种激进的重估。在当今时代,计划对大多数政治和经济的思维就是诅咒,尽管很显然,政府在常规的基础上都要执行经济计划。例如在英国,年度预算既是对先前经济执行情况的一种审查,也要对未来的经济计划作一种设计(譬如裁减公共支出的计划)。同样地,所有公司都是在经济计划的基础上执行计划以求生存的。这并不是说,计划永远是准确和可靠的,但是它确实是由于必要而产生。对后工业社会主义而言,经济计划的透明和民主化都是重要的,因为,像一切旨在复兴社会主义的设计一样,它必须勾勒出在社会主义的改变了的和当前的安排中,市场机制会发挥什么作用。而且,对发展一种鲜明的经济体制的手段,也需作出澄清,这种手段必然与更透彻的理解社会和经济的政策关系是有联系的。

---

[1] Esping-Andersen, G. (1994), "Equality and work in the post-industrial life-cycle", in D. Miliband (ed.) *Reinventing the Left*, Cambridge: Polity Press, p.175.

市场有什么作用？

最近，出自左翼的各种文献的一个显著特征是关注"市场"。当然，毫无疑问，就确定市场在社会主义中起何种作用（与那种将一切市场的功能当做违背社会主义目标加以拒绝的倾向相反）而言，社会主义者曾经保持过沉默，但后工业左派显然是关注的。当今时代，在这一领域最有影响的研究实体已经复苏了对市场社会主义的兴趣[①]，但在有关市场机制的作用的争论中，许多有意思的贡献也来自类似于高兹这样的后工业社会主义者，当然，在欧洲的社会主义者和社会民主党中也有某些成分。这并不是说，现在所有左翼都接受了市场在社会主义社会中的作用，但是，即使像高兹这样的所谓"乌托邦式的"作家，也都准备正视市场合理性在对当代资本主义进行社会主义变革中的适当定位。

重要的是要注意到，出自左翼的论述市场的大多数著作，都是从一种批判市场在当代资本主义中的作用的观点出发的。这种批判包括：市场不能满足需求，尤其是那些最贫困的社会成员的需求；市场合理性的短期行为以及与可持续性的不相容；市场不能提供公共产品；造成不平等的财富结果；以及市场具有侵蚀公民关系和创造单个消费者的倾向。显然，这些伤感都得到了班科夫斯基（Bankowski）的共鸣，他提出，"市场鼓励的是贪婪而不是无私，是邻里纠纷而不是相互关心。自私和

---

① Roemer, J. (1994), *A Future for Socialism*, London: Verso. Le Grand, J. and Estrin, S. (eds.) (1989) *Market Socialism*, Oxford: Clarendon Press. Pierson, C. (1995) *Socialism after Communism*, Cambridge: Polity Press.

贪婪被提升到一种德行的水平。"① 甚至那些并不特别渴望社会主义的评论家，也注意到创立市场的社会规则的危险性。例如，汉蒂（Handy）认为，"市场并不过多考虑明天以后的事，或者至少是不过多考虑明年的事。市场生来就是自私的，对那些既不能准确预测结果、又不能进一步提出利润要求的人，市场是不会投资的。"② 那么，很显然，撇开近年来附加给市场机制的盟主地位不论（尤其是在福利论争中），正如他们目前从事的那样，有不少反对市场的观点是从意识形态的立场出发的。那么，在社会主义中，市场会具有怎样的功能呢？在当代争论中，对这个问题主要有三种占统治地位的观点：市场社会主义（market socialism）；带市场的社会主义（socialism with markets）；以及社会民主党的社会市场（social market）。

（一）关于市场的三种观点

当市场社会主义能被与一些中、东欧国家的经济具体联系起来时，这里的意图是要分析市场社会主义的复活，这种复活自1980年代以来就已出现并得到加强。这种观点的基点是，市场并不先天就具有资本主义的特性，有些类似效率等市场方面的"德行"在社会主义社会中可以充分利用。温塞特（Vincet）认为，"对市场社会主义者而言，资本主义没有市场是不可能的，但没有资本主义，市场也能发挥作用。"③

---

① Bankowski, Z. (1993), "Social Justice and Equality", in R. Bellamy (ed.) *Theories and Concepts of Politics*, Manchester: Manchester University Press, p. 92.

② Handy, C. (1990), *The Age of Unreason*, London: Arrow, p. 207.

③ Vincent, A. (1992), *Modern Political Ideologies*, Oxford: Blackwell, p. 95.

然而，市场社会主义实际上并不关心取代资本主义，相反，它是这样一种学说：关心使经济制度人道化并控制它，以防止与当代资本主义的市场作用相联系的各种过剩。它也能与利益相关者的资本主义（stakeholder capitalism）的范畴相联系，在这种资本主义中，个人通过参与他们受雇的企业中的产业民主和合作性的决策，都与经济有利害关系。在汤姆林森（Tomlinson）看来，尽管如此，但市场社会主义与新右派对市场的赞美是近乎可以等同的。他谴责米勒（Miller）和埃斯特林（Estrin）"以一种与社会主义的目标完全不相容的方式为新哈耶克主义的市场庆典增添了光彩"[1]。这种关于不相容性的论点在皮尔森（Pierson）那里得到延续，他责怪市场社会主义者放弃了"传统的社会主义精神包袱"[2]。那么，在何种程度上能把这种制度看做是社会主义的呢？在巴克尔（Baker）看来，"这种制度是社会主义的，因为企业是由工人管理，主要的生产资料是归社会拥有，以及整个经济的形成和方向都是通过民主的方式作出计划"[3]。

然而，有一种重要的研究实体提出，工人自治只不过是渐进主义的社会主义纲领中的一个转型时期，它本身并不是一种发达的社会主义形式。从这个观点看，对市场的经济合理性在日常生活中的渗透，市场社会主义中的自治并未提出挑战。大多数市场社会主义者过于乐观地假定，市场是很容易与资本主义合理性分离的——这是一种许多马克思主义者（以及新右派）都不会接受的主张。诚然，皮尔森发现了好几条

---

[1] Tomlinson, J. (1990), "Market Socialism", in B. Hindess (ed.) *Reactions to Welfare*, Hemel Hempstead: Harvester Wheatsheaf, p. 32.

[2] Pierson, C. (1995), *Socialism after Communism*, Cambridge: Polity Press, p. 80.

[3] Baker, J. (1987), *Arguing for Equality*, London: Verso, p. 107.

理由，为何新右派把市场社会主义看做在术语上就是一个矛盾。市场社会主义是以这一观念为基础的，即尽管市场自身并不具有合理性，而且还普遍地富有资本主义的价值，但却能很容易被利用来为社会主义路线服务。米勒的下述主张，就是具有这种倾向的一个事例："哪里有共同体……市场的存在就不需要摧毁它。"① 正如他所提出的，在共同体的价值和市场的合理性之间，根本不存在利益冲突。他似乎相信，市场在某种程度上是一种中性机制。然而，他并不承认，即使市场摆脱了按照资本主义的目的运作，它们自身可能还是具有经济合理性。而且，市场社会主义试图回到这一观点，即在市场和集中化的国家计划之间，我们面临着一次彻底的选择。因此，汤姆林森认为，"市场社会主义是一种深刻的保守主义的范畴……它不可能对引导社会主义有所帮助"②。他还迫使市场社会主义者为市场范畴的本质化耗费精力：

> 根本不存在所谓"市场"（the market）这种东西，但只存在各种各样的市场（markets），市场的结果是由在其中运作的各种代理人及其核算形式，由他们与其他代理人的关系，以及他们借以运作的法律和道德的（正如哈耶克本人所强调的）框架决定的。③

---

① Miller, D. (ed.) (1992), "Community and Citizenship", in S. Avineri and A. de Shalit (eds.) *Communitarianism and Individualism*, Oxford: Oxford University Press, p. 85.

② Tomlinson, J. (1990), "Market Socialism", in B. Hindess (ed.) *Reactions to Welfare*, Hemel Hempstead: Harvester Wheatsheaf, p. 45.

③ Tomlinson, J. (1990), "Market Socialism", in B. Hindess (ed.) *Reactions to Welfare*, Hemel Hempstead: Harvester Wheatsheaf, p. 43.

这并不意味着,在社会主义的争论中,并不必然存在市场的作用。皮尔森和汤姆林森都认为,就市场社会主义而言,问题在于,重点经常被更多地放在等式的市场因素,而不是社会主义。然而,在持有上述提及的第二种市场观的思路中,他们都主张,在"带市场的社会主义"的范畴中,应该存在更大的价值。汤姆林森指出,在社会主义传统中,有一条线索曾经争论过市场的潜在作用。他偏爱(继诺夫[Alec Nove]之后)一种建立在一套原则之上的社会主义制度,这些原则是由包括市场和计划在内的机制提供的。这种观点似乎低估的东西是,这些机制并不必然是价值中立的,它们之所以被应用,主要是由于驱使它们的不同类型的合理性。因此,如果没有表明哪个领域服从哪种机制,就提倡一种计划与市场的混合制,这是不充分的。然而,只有保持继续关注后工业社会的总体突进,"关于市场的讨论在这一基础上才能继续进行:即在特殊的制度辖域内,它们既有可能成为(也有可能成不了)促进这些[社会主义]原则的工具"①。

在关于市场作用的争论中,有趣的是要注意到,大多数后工业主义的概念确实面对着某种知识社会。另一方面,市场目前并没有影响到知识的传播。相反,正如哈林顿(Harrington)发现的,"市场……经常起到遮掩信息而不是提供它的作用。因此,为了向消费者提供可供选择的客观知识……谈论使市场'社会化'是必要的"②。这大致与后工业社会主义对市场组织的探讨是一致的。哈林顿对上述这种方式提供了一种

---

① Tomlinson, J. (1990), "Market Socialism", in B. Hindess (ed.) *Reactions to Welfare*, Hemel Hempstead: Harvester Wheatsheaf, p. 34.

② Harrington, M. (1993), *Socialism: Past and Future*, London: Pluto Press, pp. 246–247.

简略的分析：

  目标……是一种借市场作为实现非市场的目的之手段的社会主义。对这种新社会主义者而言，在使市场摆脱阻碍其效能的资本主义辖域方面，讨论看得见的手能够为自身的目的利用看不见的手，总体上看并不算乌托邦。①

  在以讨论后工业主义和市场机制来结束本文之前，重要的是要对当代政治争论中占统治地位的第三种观点——社会民主党左翼的观点——作出评判。在重申社会民主和混合经济的价值方面，一些新近参与主流争论的文章已开始接受社会市场的范畴。社会市场经济的范畴，尤其是战后在西德社会民主党中的运用，注重的是经济增长和充分就业，这就为一个相对价值公道的福利王国（在西德是以保险原则为基础）作了准备。对后工业社会主义而言，这之所以成为问题，是因为这种对经济增长的依赖，没有把无约束的增长的生态学意蕴和保持充分就业理解为最终期望的目标。
  许多社会市场的提倡者，譬如罗卡尔德（Rocard）就提出，市场是不能逃避和无处不在的。在监督资源分配和保障自由的市场经济不会引起过大的不平等方面，国家的作用变得越来越具有调控性。与一些市场社会主义的提倡者不同，罗卡尔德明白，市场并不是价值中立的——诚然，他提出，市场可能产生致命的后果：

  我们需要市场经济，是为了创造一个促进社会团结的社会，而不是为了

---

① Harrington, M. (1993), *Socialism: Past and Future*, London: Pluto Press, p. 247.

一个自由市场。在本质上,市场的后果就会扩大不平等。市场会创造越来越多的不均。它鼓励的不仅是消费的集中,而且是生产资料的集中。在市场经济中,一个团结的社会要求一种对维护社会凝聚力负责的公共权威。①

上面已提及不少米勒关于市场不具有与共同体相冲突的价值的论点。在此,作为一个像米勒一样强烈认定市场潜力的支持者,罗卡尔德认为,市场本质上就会创造不平等。当然,米勒不会提出,社群主义的社会主义能够通过创造不平等的机制来创造。而且,米勒的意思是,市场在某种程度上是中性的说法,似乎是相当成问题的。就罗卡尔德所及,他关于市场的必然性和国家能够有效地调节市场的信念,是对当代欧洲社会民主的一种经典表述。但是,正如赫顿(Hutton)所指出的,这是一种极度的乐观主义,并能为右翼经济学提供广阔的场所。然而,就社会市场的探讨而言,还存在许多的问题,例如过分依赖于具有时代性错误的劳工制度(workerism),决不支持正统的经济探讨。同样地,尽管如此,赫顿对"为何凯恩斯的经济学是最好的"的重申,内在地就是对经济问题所作的一种工业主义和劳动主义的探讨,因为它也内在地将经济增长作为医治经济灾难的灵丹妙药的组成部分来依赖。撇开他在经济政策上赞同长周期论(Long-termism)不谈,他并没有用那种精神扩展去说明限制经济增长和市场机制运作的环境原因。

---

① Rocard, M. (1994), "Social Solidarity in a Mixed Economy", in D. Miliband (ed.) *Reinventing the Left*, Cambridge: Polity Press, p. 154.

（二）后工业社会主义和市场

除了在描述市场的作用和允许它们运作的社会区域方面较为严格之外，后工业社会主义的市场观与"带市场的社会主义"的探讨有不少共同点。在这一领域，最严格的思想家是高兹，他提出了一系列消除市场发挥影响的领域的激进改革，但却同时概述了为何不能废市场。高兹一方面热心于概述市场与市场机制的区别，另一方面又热心于概述市场经济：

即使没有市场经济，人们也会有商品生产和交换、市场和市场机制。市场经济是这样一种经济，在那里价值是由所谓的供求规律来决定的，它们两者都被假定为可以彼此自由调节。①

换言之，在是不考虑市场需求、还是诚心地将它们当做经济和社会组织的重要基础来接受方面，后工业左派无需花费太多的无用功。如果我们在经济领域能够为市场机制提供适当的空间，那么，我们就能根据其他原则来组织社会上的另一部分人。这是区分市场和市场经济的关键。在高兹看来，认为市场经济对各种现代社会来说具有核心地位，这无论如何是错误的，因为实际上它们谁也不是受供求规律调节：

在一些工业国家，商品和服务的相关价值都是受国家调控；如果不是这

---

① Gorz, A. (1989b), "A Land of Cockayne?", an interview with John Keane, *New Statesman and Society*, 12 May, pp. 29 – 30.

样，社会就不能存在。一些重要的方面都有资助：农业生产、住房、卫生、运输、教育、图书馆、科研、博物馆、剧院等等。其余部门由 VAT 系统征收不同程度的税或专项税……商品关系的领域越广大，就越需要国家在市场机制中进行干预，以矫正和调节它们的功能。实际上，市场本质上就是每个人追求自身直接利益的活动的结果。因此，要求国家较大的权威，以便对为捍卫普遍利益（包括市场体系的存在）负责。①

因此，后工业社会主义的市场观是，市场仍应该保持，但是必须将它限定在某些经济合理性适合的领域。当然，这就有必要界定经济合理性，并指明该合理性存在的领域。然而，我们需要概括社会主义经济的合理性和古典经济的合理性的区别。赫顿对自由市场理论中的经济合理性提出了严厉的批评，认为个人都是社会存在，他们不仅要为生存、而且更为社会互动和自我评价而劳动。因此，人们劳动的原因并不仅仅是提供消费资源。从这种观点看，赫顿认为，"这并不意味着，男人与女人在他们所挣的东西上没有什么不同，但是，所设想的自由市场的微积分学——即当无效劳动与休闲的有效损耗相抵时，他们便会尽量占用那一时刻——没有抓住劳动交易的本质"②。据此，赫顿得出结论，我们对市场的看法并不总是合理的，因为有关市场的结果从来是不确定的。

赫顿对古典经济的批评，对宣传自由市场的理念是一种有价值的否定。然而，从后工业社会主义的观点看，它之所以成问题，是由于它过分依赖于市场很难被合理解释这一观念。情况也许如此，但是，它对试图为市场勾勒出一块领域的社会主义者并没有什么帮助。因而，后工业

---

① Gorz, A. (1994), *Capitalism, Socialism, Ecology*, London: Verso, pp. 82 – 83.
② Hutton, W. (1996), *The State We're In*, London: Vintage, p. 231.

的左派能够传授一种有效的经济合理性的版本吗？高兹提供了一个从与赫顿不同的出发点推衍出的版本。前者认为，如果我们能够决定什么劳动在经济上是合理的，那么，经济和社会政策就可以将减少劳动时间和更平等地按效益原则延长劳动相衔接。因此，他们试图概括出在市场中应该执行什么才合理。这与赫顿的探讨集中于市场的经济合理性是不同的。前一种观点是设计来为限制各种市场提供根据的，后者则承认，它们必定具有重大作用，高兹认为：

  行动从经济上看是合理的，是就它们以生产力最大化为目标来说的。但是，这只有在两种情况下才有可能：（1）劳动必须与劳动者个人的特性分离、必须表现为可计算的和可测度的性能；（2）生产力最大化的经济目标不能从属于任何非经济的社会的、文化的或宗教的目标，它必须无情地进行。[①]

这就赋予经济合理性以一种完全不同于赫顿的定义的含义。它在高兹所谓宏观社会的领域——市场在这里也许是确保生产力最大化的最有效的方法——提供了一种决定应履行什么工作的激进方法。在这一方案里，宏观社会的领域成了劳动的领域，高兹与赫顿和兰特（Lant）一样，认为它对自我评价和自我发展是基本的。如果大家同等分享，这种劳动就成了我所指为经济公民关系的核心原则。较为公平地分享这种劳动的思想必然产生一项为每个人减少劳动时间的政策。这是工业社会主义思想的核心基础，因为它标志着"以劳动为基础的社会"的终结，在这种社会中，每个人必须为就业竞争，而在那些全部工作时间都用于

[①] Gorz, A. (1994), *Capitalism, Socialism, Ecology*, London: Verso, p.68.

维生劳动和那些部分工作时间用于维生劳动的人之间，就业是不可能进行有规则的分配的。在高兹的理论中，对宏观社会领域以及运作于其中的市场机制的描述，将允许我们更有效地限制和调节市场。这种描述和调节的目的，就是要允许其他的活动领域和市民社会可以按照非经济的方法来行动。因此，借助于国家官僚制度援助的经济合理性和市场价值被归入市民社会，它们就能从"生活世界的殖民化"中获得解放。

因此，后工业社会主义是这样一种处方：它要减少劳动在市场配置中的作用，并为个人节省时间以用于为自身或共同体的劳动以及参与自我决定的活动。在这个意义上说，它涉及的是解放共同体、市民社会的各种制度和个人，而不是使市场自由去渗透生活的领域（在这里，它们的影响可能会造成损害）。如果不放弃社会主义的原则和规则，后工业左翼愿意承认市场的作用，市场社会主义和社会市场经济则不然。与后两种观点不同，它明确要求实行激进的社会和经济政策，这使得它更脱离实际。然而，它的确提供了一种"带市场的社会主义"的模式，当社会主义寻求一种反对由新经济所造成的过剩和不平等的结果的新议事日程时，在似乎还在继续进行的争论中，这种模式可以充当一个有用的起点。

后福特主义和后工业主义

下面将涉及概述后工业社会主义与近期出现的其他概念（诸如后福特主义和后现代性）的不同。这种新种类的"后论"（Postism）的出现标志着，在先进资本主义的组织中已经发生质的变化，尽管在有关这些变化实际上继承了什么的趋向上看法还很不一致。在"后论"内部，在拒绝理论的元叙述和对符合更实用的政治的"美好社会"作乌托邦式宏观理论概括方面,是有一种共同的倾向的。(当然,尽管具有讽刺意味的是,许多后现代的话语可以被看做独特的宏大理论。)然而,"完美社会"的观念对后工业社会主义仍然至关重要,因为正如它拒绝大多数后工业理论的技术决定论一样,它也对理论化政治——它可能会导致一种后资本主义的、后物质主义的、不以劳动为基础的社会——的水平发挥了影响。正如我们下面将会看到的,社会主义的后工业主义同后现代主义的虚无主义的癖好是对立的。因此,当皮特(Peter)正确地提出信奉社会主义就必需拒绝保守主义的后工业主义和现代主义所引发的"资本主义的乌托邦"时,他认为"后现代主义是伴随后工业理论而至的",就不对了。换言之,如果不放弃激进的后工业社会在实现传统的社会主义目标上是有效的这一观念,我们可以拒绝反对后现代主义固有的普遍主义的社会理论。在这个意义上说,后工业社会主义也拒绝类似于里德比特(Leadbetter)这样的评论家的各种尝试,他们宣称,社会主义政治的活动依赖于后现代主义和后福特主义的互动,这种互动充满着放弃"合理性、秩序、权力、权威、等级制和公正"等旧观念,"它们都攻击'一种大的叙述'"[1]。反之,后工业社会主义者认为,"现代性本身"就有必要"现代化",有必要"被反思地包括于它自身的行动领域:因为合理性本身要合理化"。[2]

---

[1] Leadbetter, C. (1989), "Thatcherism and Progress", in S. Hall and M. Jacques (eds.) *New Times: The Changing Face of Politics in 1990s*, London: Lawrence and Wishart, p. 410.

[2] Gorz, A. (1989a), *Critique of Economic Reason*, London: Verso, p. 1.

（一）对后福特主义的批评

后福特主义与后工业社会主义在这个意义上是不同的：前者主要关注于分析先进资本主义的一个阶段，而后者则关注于创造一种取代当代资本主义的方式。后福特主义的理论家倾向于专注劳动世界的变化，尽管有些人试图概述后福特主义借以成为一种文化和社会的力量的主要方式。在1990年代，随着政治地理学家（Political geographers）和分析福利国家后福特主义之内涵的稿件的增加，这种争论得到了扩展。然而，尽管产生了许多论述后福特主义的话语，但对我们是否进入后福特主义时代，仍未达成一致。

谈及工业主义和后工业主义，后福特主义的观念与所被设想为要取代的东西，即福特主义是紧密相联的，而福特主义与亨利·福特（Henry Ford）对泰罗制分工的运用又是联系在一起的。这个名称寓示着，当一个王国代替另一个王国的过程中造成了许多变化时，旧王国的一些特征可能还会仍然保留着。里策尔（Ritzer）的定义提示，福特主义有五种主要特征：同类商品的批量生产；技术上僵死的生产形式（诸如装配线）；标准化的泰罗制工作常规；规模经济、非熟练的强制和同质化的、可交换的劳动者；以及满足批量生产之增长的同质化的大众消费。从反决定论的观点看，可以认为，如果我们要判断各种社会和经济是福特主义的还是后福特主义的，最后一点至为关键。换言之，福特主义的成败依赖于批量生产产品之需求的能力。因此，从那些被设想为提供了正在发展的产品之需求的人的角度看，劳动过程模式的成功依赖于再生适应性的能力。在这个意义上说，正如利皮茨（Lipietz）所提出的，劳动过程模式和积累的王国要求"一种调节模式",该模式"涉及一切按照[宏观经济的]积累王国的集体原则调节有矛盾和有冲突的个人行为的机制"①。

从这个意义上理解,还是存在广泛的、尽管不是完全赞同的一致,即战后时代可以被描述为具有福特主义的特征,在20世纪60年代末到70年代早期的时期中,福特主义衰落了。战后时期就被利皮茨概括为"福特主义的黄金时代",它与其他把这个时代标识为"凯恩斯式的共识"或"福特资本主义的共识"的企图正好形成对照。当有人错误地提出,在这个时期主流政治观念根本就不一致时,按照在主流政治领域之外存在各种思想分歧去看,黄金时代和共识的范畴就显得有点误导了。他们可以不花精力就能证明那些集中于福特主义和泰罗制,或战后出现的不同类型福利资本主义的"共识的黄金时代"的失败。然而,可以公正地说,在这个时代,不仅福特主义组织的许多原则都得到了采纳,而且在创造一种合适的调节方式(借此福利资本主义可以在发达国家发挥有效影响)方面,福特主义与凯恩斯式的经济管理和凯恩斯式福利国家的某些形式是相互依赖的。毋庸置疑,旧的制度在大多数这类国家并未衰落,这种制度需要取代,至少不用通过政府决策。但是福特主义衰落之后,作为一种社会和经济制度而出现的将是什么呢?

毫无疑问,在这个间歇期中,许多事情都发生了变化,但对这些变化遵从了什么形式,并未达成一致。让我们重新回到里策尔。他提出,福特主义正在为后福特主义所代替,这一观念是以五个主要假设为前提

---

① Lipietz, A. (1993), *Towards a New Economic Order: Postfordism, Ecology and Democracy*, Cambridge: Polity Press, p. 2.

的：宣判批量生产过时的消费本性发生了质变；专门生产侵蚀了规模经济；出现了新技术所提高的弹性；工人的技能更新；生产了新的不同层次的消费者。没有评论者将此引向极端，他们都认为，在西方社会的组织中，已发生了总的变化，但是，霍尔（Hall）和雅克（Jacques）在其参与《新时代》杂志关于后福特主义的争论的投稿中，却极力主张"后福特主义通过不断确定社会的基调和提供文化变迁的主旋律，正处于变化的关键边缘"①。尽管大多数《新时代》的撰稿人都十分谨慎，不把决定性的经济力量归于劳动市场的变化，但这恰恰是他们在行动上受到批评之处。希斯特（Hirst）和霍尔一样指出了劳动过程中的新的发展，他与许多其他人一样，将它命名为"弹性的专门化"（Flexible specialisation）。在拉什（Lash）和尤里（Urry）看来，"从泰罗制和福特主义发展到弹性化，是当代资本主义社会的非组织化的一个不可分割的组成部分"②。似乎人们都赞同向弹性的专门化发展的趋势，但是并不意味着，我们已经进入一个后福特主义的时代，就像《新时代》杂志有时暗示的那样，它为左翼提供了激进的新的潜能。反之，应该把向弹性工作的发展视为一种经济和政治的发展，它之所以发生，是因为它为资本主义的积累和再生产进一步提供了领域。对后工业社会主义者而言，弹性劳动方式的大幅度增长，标志着社会凝聚力的解体前进了一步。后福特主义的劳动方式加重了那些安全有保障、劳动收入高的人与那些成为新弹性工作的牺牲品的人之间的分化，因为它引发了大量边缘

---

① Hall, S. and Jacques, M. (eds.) (1989), *New Times: The Changing Face of Politics in 1990s*, London: Lawrence and Whishart, p. 12.

② Lash, S. and Urry, J. (1987), *The End of Organised Capitalism*, Cambridge: Polity Press, p. 283.

的、短期的就业。然而,我们将看到,类似于福利国家的各种制度并未与"新时代"一道发展,从那些被边缘化的人看来,这就造成很难调节一致性。这恰恰就是经济的变化需要与各种社会政策配合的原因。

似乎弹性的专门化范畴对后工业社会主义者比后福特主义更有效用,因为前者比后者更基于资本主义再生产的新形式范畴。左翼对"后福特主义的"发展的潜能的提倡,由于过于把质的变化归因于实际上已成为一种流动状态的东西,因而遭到严厉的批评。有些福特主义的因素衰落了,但是有许多仍然在西方资本主义经济和发展中国家中还保持着。因此,里策尔认为,"后福特主义的许多因素显然已经在现代世界出现,然而同样清楚的是,福特主义的一些因素仍在维持着,并没显现出消逝的迹象"[1]。在他看来,同质性、标准化、刚性技术(Rigid technologies)和非熟练劳动在全球经济中仍然盛行,他将之描述为经历了一个麦当劳化的时期。因而,在参与成熟前的"后论"中,后福特主义像保守的后工业主义一样应受谴责。这更加强了后工业社会主义的观点,即后工业社会(在以劳动为基础的社会之终结的形式上)是某种需要实现的东西,而不是某种已经出现的东西和正在形成的新社会关系。

毫无疑问,在考察劳动市场上弹性的专门化之增长和新经济方面,后福特主义可以成为一个有价值的概念,但是在涉及更大的社会组织时,就应该小心探索。它不会为后工业社会主义者提供积极的前景,因为它牢牢根植于当代资本主义的调控模式之中,并且与它有着牵扯不清的联系。因此,似乎是,与其说与后福特主义有联系的变化适应了左翼

---

[1] Ritzer, G. (1993), *The McDonaldisation of Society*, Thousand Oaks, CA: Pine Forge Press, p. 155.

的潜能，毋宁说它构成了一个复杂处方的组成部分，在整个先进的资本主义世界，该处方激发了自由化的市场政治的高涨，尽管特殊的调控模式是各不相同的。另一方面，后工业社会主义正在围绕超越当代资本主义的有计划的航线而被阐述，它需要在经济中为每个人缩减劳动时间，并与以普遍主义的原则为基础的经济政策以及更有效的再分配的社会政策保持相互依赖关系。

后工业社会主义：是一种现代设计吗？

近来，一些评论家不断提出现代性的终结和新的后现代时代的来临。例如，鲍曼（Bauman）认为，"与共产主义一道，现代性的幽灵已被驱除"①。另一方面，后工业社会主义与其他版本的"后论"不同，它是一项与指导性的现代性原则相一致的设计。例如，与一些后福特主义的辩护者不同，它不向后现代主义主动示意。它把世界看成在理性上是合理的，只是因为我们不能保证对结果有严密的知识。从根本上说，后工业社会主义保持了互助、合作、平等、团结、包容性、共同体和凝聚力等价值的优先性，并试图认同各种能导致一个接受这些价值的社会的政策争端。后工业社会主义的最著名的支持者高兹，就是以宏大的乌托邦理论和元叙述而著称的。诚然，高兹明确关注吉登斯（Giddens）对内在于（晚期或高度）现代性的主张的反思以及贝克（Beck）的"风险社会"和"新现代主义"范畴②。显然，一切试图通过按当前条

---

① Bauman, Z. (1992), *Intimations of Post-Modernity*, London: Routledge, p. 180.
② Giddens, A. (1991), *Modernity and Self-Identity*, Cambridge: Polity Press, pp. 19–21.

件开创各种可能的政策来揭示以劳动为基础的社会终结之尝试,似乎都受到后现代主义者的诅咒。高兹关于现代性和合理性的观点可以在下述段落得到证实:

> 我们正在经历的并不是现代性的危机。我们正在经历的是要求使现代性所基于的各种前提现代化。当前的危机并不是理性的危机,而是曾被追求的合理化的非理性动机的危机(这点已变得日渐明显)……因此,"后现代主义者"所认为的现代性的终结和理性的危机,实际上是我们称做工业主义的有选择的、局部的合理化——如今站不住脚的关于普遍观念和关于未来的观点的基石——所基于的伪宗教的非理性内容的危机。[①]

换言之,高兹提出,我们并未被现代主义的合理性的危机投入后现代的时代——在现存的工业主义的限度内,现存的危机是一种被视为合理的东西已变得迟滞的危机。在这个意义上说,后工业主义(正如高兹所理解的)是一种受到经济合理性的霸权阻挠的现代主义的设计。在高兹看来,这种经济合理性是跑漏了气的以市场为基础的工业社会的关键组成部分。他认为,只有通过超越经济合理性支撑的资本主义工业主义的束缚,并系统阐述连贯的社会主义的后工业的议事日程,这项现代性的设计才能继续下去。在这个意义上说,反对后工业主义的危机,不应像后现代主义一样放弃合理的现代性概念,相反,应该在后工业的框架内重申现代主义的目标。因此,要透视人为强加的工业主义的边界——它为后现代主义者宣告现代性的危机留下了余地——是不可能的。高兹

---

① Gorz, A. (1989a), *Critique of Economic Reason*, London: Verso, p. 1.

发现,"只要我们仍然为这种观点所束缚,我们对过去就会继续墨守个人追求和怀乡病式的观点,对引发我们已往信念发生破灭的变化,既不能赋予意义,也不能提供方向"①。尽管瓦格纳(Wagner)是从不同于高兹的角度探讨问题,他却提出了一种类似的观点。前者发现,诸如角色、认同和机构这类与劳动和就业相关的东西必须是被创造的,其中社会的重构和劳动的作用显然是一项现代性的设计。瓦格纳拒不承认对现代性的后现代主义的批判是一种"倒置的谬误",其中"后现代主义者根本未能提供对现代性的必要的批判"②。正如高兹依照工业主义征求现代性的批判一样,瓦格纳也承认,现代性要求一种尚未成为多数后现代主义研究之特征的透彻分析。以一种传统的"后论式的"时髦确定一个新时代,根本代替不了批判的评判。如果依然承认,这一回答仍是存在于现代性内部本身,现代性的危机,就其可称为存在而言,似乎并不能分析现代性。在高兹看来,现代性内部的回答就是要思考未思之物,要敢于面对导致以适当的社会主义价值武装的后工业秩序的政治。这与贝克对"风险社会"的分析是一致的,在那里贝克推论说:"正如现代化在19世纪瓦解了封建社会的结构一样,今天,现代化正在瓦解工业社会,另一种现代性正在出现。"③ 因此,一种新的现代性可能正在形成,无论对现代性的陈旧政治关系的特征,还是对与后现代性相联的较新特征,它都具有熔解的特性(也许是在文化领域)。

---

① Gorz,A.(1989a),*Critique of Economic Reason*,London:Verso,p.1.

② Wagner,P.(1994),*A Sociology of Modernity:Liberty and Discipline*,London:Routledge,p.23.

③ Beck,U.(1992),*Risk Society:Towards a New Modernity*,London:Sage,p.10.

结　论

本文试图依照主要的具有竞争性的理论观点，为后工业社会主义的概念提供一种背景框架。就各种程度和目的来说，它都是一个可供变化的框架，而不是一种适于劳动市场的变化和更广阔的文化变迁的纯粹描述性的符号。后工业社会主义的探讨拒绝某种形式的后福特主义的经济决定论，拒绝市场社会主义者和社会市场理论家对"市场"的无创造性的采纳。相反，它试图概括一种"带市场的社会主义"的模式，该模式承认，劳动过程应该受到高度调节，并主要服从于并不必然与"谋生劳动"相关的各种活动。就其关注于创造一种新的后工业的现代性而言，可以将它描述为一个完全具有现代主义特征的过程。从当前生态的现实去看，就后工业社会主义依赖于创造未来而言，它可以被看做是对后现代主义的仿效。尽管如此，更为重要的是，它首先是一种关注劳动政策和福利政策的社会主义的纲领。而不应该把它等同于贝尔在70年代宣称，或是现在仍为埃斯平—安德森（Esping-Anderson）、克莱门特（Clement）和迈尔斯接受的后工业主义。

（原载里特尔：《后工业社会主义——新福利政治学》，
Routledge，1998）

（郑一明　编译）

描述社会主义：三种声音*

〔新西兰〕凯姆西·艾尔－奥杰里

本文译自澳大利亚出版的《论题十一》（Thesis Eleven）杂志2011年第5期，作者凯姆西·艾尔－奥杰里（Chamsy El-Ojeili）是新西兰维多利亚大学社会学高级讲师。在这篇评论文章中，作者对当代社会主义的一些可能图景进行了深入思考，分析了阿兰·巴迪乌（Alain Badiou）、彼得·贝尔哈兹（Peter Beilharz）和戈兰·瑟伯恩（Goran Therborn）关于社会主义的过去、现在和未来的三种极为不同甚至互有冲突的描述，并就三位学者对社会主义的一些重大而迫切的问题所做的应答进行了评述。文章主要内容如下。

引　言

我发现，在马克思主义传统、尤其是托派分子和极左分子中，最有趣和最吸引人的是"资产负债表"的思想。资产负债表是用来合理解释利润和亏损的——这是资本主义的任务；但在左翼风潮中，情况发生

---

* 本文选自《国外理论动态》2013年第1期。

了变化。这个词语被挪用并转化成了一种马克思主义的话题——形势分析、对发挥作用的力量进行评估、斗争的结果、社会主义的前景。例如，从1933年起，资产负债表就是"意大利共产党中的左派和被流放的波尔迪加分子的理论公告"，其中不断尝试"绘制战后事务的资产负债表……为一切国家无产阶级的胜利创造条件"。

今天，我们会制订出什么样的社会主义资产负债表呢？我认为，在后社会主义、历史的终结和后现代主义之后，对社会主义生活和时代的反思已经进入了第二个阶段。卢西奥·马格里（Lucio Magri）认为，"现实存在的社会主义"一垮台，许多寻找答案的尝试，无论是社会主义的还是非社会主义的，都是非常肤浅和自私的：不是否定就是遗忘。我想他是对的。然而，随着20世纪90年代的结束，一些重要的思想家对社会主义做了重要的、深刻的、有时令人动容的个人思考，我们发现调子普遍发生了变化。从萨米尔·阿明到斯拉沃热·齐泽克，出现了许多社会主义的杰出人物。

这些人是如何描述社会主义的？这种描述主要的思想模式是什么？循着神奇的"1968年"以来所发生的一切，思考社会主义思想和实践的过去、现在及未来前景，这种描述远不止说明欧洲的幽灵那样简单。大约在1968年，政治上形成了三种响亮的社会主义声音：佩里·安德森（Perry Anderson）、安东尼奥·奈格里（Antonio Negri）、雷吉斯·德布雷（Regis Debray）。

首先是佩里·安德森思想中的悲观主义。在《新左翼评论》进入新千年之前，安德森在制定任务时指出，《新左翼评论》产生的环境——苏联集团、作为普遍理想的社会主义、作为主流左翼文化的马克思主义、工党政策——已经"完全消失了"，这使得多数社会主义者选择了适应或自我安慰。对此，安德森呼吁"坚定的现实主义"，一种"对历史性失败的清楚记录"。这种现实主义意味着，承认"西方思想界"没有重大的反对声音，承认可与资本相对抗的集团的瓦解，承认新自由主义作为"世界历史上最成功的意识形态"的地位。安德森在他最近对世界历史状况的考察中冷静地退守到社会主义的瞭望塔中，强调"资本控制的扩大和深化"、美国在新的"大国协调合作"中的霸权、新自由主义主导地位的持续以及世界文化对没有真正的替代模式的深切认同，但同时也充满了愤怒的辩驳。

在文章结尾，安德森转向了对左翼前景的一些不同描述，其中之一是哈特和奈格里截然不同而又广为人知的乐观主义。当然，我们在此看到了流畅而引人注目的理论构成、对"作为共产主义者难以抑制的轻松和喜悦"的极力赞美，以及最新的自治观点，即认为资本追随并实际服从于大众——正在我们眼前建构起一个"反帝国"（counter-Empire）——创造性的和全球性的对抗。

最后，雷吉斯·德布雷的描述似乎在超然的记叙与沉痛的遗憾之间摇摆，他认为社会主义的黯然失色——"像倒下了的巨大橡树一样的政治事业"——表明了划时代的媒介学的变迁。社会主义的生命周期是 1831 年到 1968 年，它随着视觉统治时代这一影像新时代的到来而终结；影像战胜了过去那些无形的巨人（上帝、历史、进步）。书籍、报纸、学校——这些社会主义文化的主要传播者——面对重大的视觉统治的转变难以幸存：在群体理想方面（从全体转向个体）；在航向方面（从未来回到现在）；在权威的生成方面（从成人转向青年）；在精神阶层方面（从知识分子转向媒体）；在合法性的证明方面（从理想转向实效）；在推动力方面（从法律转向意见）；在个人地位方面（从公民转向消费者);在神话认同方面(从英雄转向名人);在象征性权威方面(从可读转向可视);在主体的核心方面(从意识转向身体)。德布雷的结论(他的语调是茫然的还是充满不祥之兆的呢?)是:视图时代的思想网络对社会主义文化是致命的。

我认为,这些资产负债表和我将要谈到的三种描述形成了鲜明的对比。这三种描述没有令人沮丧的退缩,没有苦痛,没有迷茫,也没有不切实际的乐观:阿兰·巴迪乌(一个前毛派分子)、萨特、阿尔都塞和拉康的信徒对阿尔及利亚的独立斗争和1968年五月事件具有无畏而坚定的忠诚;戈兰·瑟伯恩——《新左翼评论》的重要一员,也是激进的60年代、尤其是结构主义时期(在对科学、意识形态和国家大胆而广泛的早期贡献中)的产物——近来将他令人印象深刻的历史和理论眼光转向了现代性和当代理论的变迁;彼得·贝尔哈兹——澳大利亚《论题十一》杂志的创始人之一和编辑——像瑟伯恩一样从资本主义转向了现代性,但这种转向主要是受了卡斯托里亚迪斯、海勒、鲍曼这些马克思主义圈子之外的学者的影响。

我想探讨一下这三种资产负债表中有关社会主义的描述。我认为,大问题包括:20世纪是属于谁的?如何评价1968年?从1980年到2009年的30年意味着什么?马克思和马克思主义还剩下什么?关于社会主义的传统和未来,我们能说些什么?社会理论的现状和任务是什么?为了探讨这些问题,我将时间大致划分为过去、现在和未来,让这些资产负债表围绕这些迫切的问题展开碰撞。

昨日——谁的 20 世纪?

艾瑞克·霍布斯鲍姆(Eric Hobsbawm)近期的回忆录加了个显著的副标题——"我的 20 世纪人生"。这个世纪是属于谁的?是苏联的、社会主义的、自由主义的、极权主义的、美国的世纪,还是完全是别的什么东西?阿兰·巴迪乌的《世纪》迫切而令人鼓舞地直面了这个问题。忠诚是巴迪乌的重要取向,他一直坚持早期的左倾主义。有两个例子说明了这种持续的斗争精神:在回应新闻界对反犹太主义的谴责时,巴迪乌表示,作为直接行动的坚定支持者,他将以一记耳光作出回应,而不是采取法律行动;在《世纪》中,巴迪乌要求我们想一想"直接行动"的乌尔里希·迈因霍夫(Ulrich Meinhof)和纳塔莉·麦尼哥(Nathalie Menigon)。

巴迪乌的 20 世纪自 1914 年或 1917 年开始,直到 20 世纪 80 年代初,它属于共产主义。1890 年至 1914 年这特别具有创造性的 20 多年构成了它的序幕。巴迪乌说,这个世纪始终保持着这几十年的激情和破裂。重要的是,19 世纪所宣示、梦想和承诺的,正是 20 世纪所努力实现、获取和塑造的。"对真实的热情"是理解这个世纪的钥匙,这种热情使这个世纪既富有创造性,又充满危险、暴力和独特性,并成为一个以激进开始的世纪——它力图"将世界历史一分为二"。巴迪乌摒弃了对 20 世纪——一个使我们背弃现代性的元叙述的世纪——广泛的后现代性的批判,他提醒我们要认识并接受其英雄史诗般的品质,即新人的创造、造就历史的意志、完成这一使命的必然的恐惧、决战的情形、无所不在的分裂:"该世纪的主体性受追求真实的热情左右并被置于决战的范式之下，它在破坏与奠基之间造成了非辩证的对抗。为此，不管是整体还是最微小的碎片，都被认为处于对立的状态；它还断言，真实的奥秘就是这两个方面。"

追求真实的热情说明了该世纪被表象、意识形态、伪装和误识所困扰；它也说明了它的猜疑——真实果真是真的吗？它说明了无处不在的清洗或净化。行动（其核心是革命）也与此联系了起来。人们可以在先锋艺术中看到这一切——在这方面，布雷顿和德波是英雄。

这个世纪对伟大的坚持先于幸福，巴迪乌对此表示赞赏。他还强调了这个短短的世纪对友爱的热切渴望——与竞争的个人主义相对的"我们"。与人们近来对独特个性的再次强调不同，巴迪乌回顾了结构主义的问题：个体的可变性，个体本质的缺失，个体在"我们—主体"当中的消失，个体对追求友爱——新世界和新人类的真实反映——这种"形式上的自由"的摒弃。这种反人道主义反过来又与该世纪对有限之上的无限的渴望联系在一起：我们置于有限个体上的无限；党的坚不可摧，"直到永远"。

另一方面，巴迪乌认为这个世纪思想的一大弱点是与"真实的呈现"相悖的合法性概念，即在背离民主的情况下强调政治。这种政治是"达成共识的断裂"，或者正如他在其他地方所说的，是有组织的集体行动，它遵循某些原则，实际上旨在使受事物主导状态压制的新的可能的后果得到发展。在巴迪乌看来，比较而言，民主对任何内容、原则和信念都漠不关心，它只是数字问题；普选造成了无数可憎的人和事——希特勒、贝当、阿尔及利亚战争。

这个世纪的残酷、刽子手的恐怖、共享的重要性、人类企图歪曲历史的后果和追求真实的热情是怎样的呢？巴迪乌不为这些问题所动。在寻求自由政治和总体解放的过程中，我们会在"绝对的当下"发现无比的热情。这超越了善和恶："极端暴力行为因而是与极度的热情相关的，因为这实际上是对所有价值观进行重估的问题。"

这样的话语全部来自彼得·贝尔哈兹在《社会主义与现代性》中所说的"温暖的社会主义"（warm socialism）。这个标题的第二个名词已经表明，这种描述与巴迪乌的解释及描述的重点是存在差异的。贝尔哈兹一生都强调从社会主义到现代性、从马克思主义到批判理论的激进主义话语的变迁。但这不是放弃社会主义。贝尔哈兹认为，我们仍然是传统的动物；他将自己思想的形成放置在多元化社会主义潮流的环境中——德国和斯堪的纳维亚的社会民主主义、议会共产主义、西方马克思主义、费边主义和英国的伦理社会主义。

这种多元主义很关键。与有些马克思主义者和社会主义者无视差异的做法不同，贝尔哈兹强调多元性，同时，他坚持社会主义、马克思主义、各种社会主义潮流和马克思主义潮流，甚至马克思的多元性，例如，贝尔哈兹认为马克思有五种不同的乌托邦。贝尔哈兹受费赫尔（Ferenc Feher）和赫勒（Agnes Heller）早期的现代性作品——认为现代性是三种逻辑的复杂交织——的影响，后来又受多个现代性和文明的理论工程的影响，这也是为什么说多元主义是现代性取代资本主义成为分析对象的原因。

这种多元主义意味着，作为现代性的他我（alter-ego）或反文化，社会主义仍然不可避免，马克思主义也仍然重要，但贝尔哈兹不会将20世纪奖赏给它们。20世纪是谁的世纪呢？贝尔哈兹让人觉得，马克思主义、社会主义、美国、自由主义将共享这个世纪。重要的是，20世纪也是一个极权主义的世纪——"灾难的时代"、"庞然大物与尸体"

的时代。贝尔哈兹似乎是在回答巴迪乌,他说道,本世纪过后,人们为个人庆祝,为残暴担忧,情愿接受自由主义,这没什么奇怪的。对于《新左翼评论》认为20世纪终究是苏联的世纪的说法,贝尔哈兹觉得难以接受。这种说法不大对头,一方面是因为它包含了不假思索的反美主义——而我们有如此之多的现代性是美国的或依赖美国的,包括社会主义的替代方案。贝尔哈兹将极左和极右都视为极权主义,这是巴迪乌所绝对摒弃的。在贝尔哈兹看来,至少是对议会形式的敌视和对计划的共同热情,使二者在20世纪30年代联系了起来。这种极权主义的联系不是经由塔尔蒙(Jocab Leib Talmon)、弗里德里希(Carl Friedrich)、布热津斯基等冷战战士的传统建立的,而是由卡斯托里亚迪斯、赫勒和鲍曼等人受极左思想激励的作品建立起来的。贝尔哈兹认为鲍曼尤其重要。他指出,我们应该将《立法者与阐释者》看做鲍曼的《现代性与大屠杀》的姊妹篇,可称之为《现代性与共产主义》。这种看法令人瞩目。

这样看来,贝尔哈兹认为纳粹和苏联的经验"惊人地相似"。与此类似,马克思提供了一种反政治的乌托邦,并错误而危险地想象了一种历史的终结;马克思主义终究是生产之镜(鲍德里亚),并在对无限的理性统治的想象中成为资本主义的伙伴(卡斯托里亚迪斯)。然而,多元主义再次占了上风。贝尔哈兹想提醒我们,无论如何,社会主义和马克思主义仍然与我们在一起。贝尔哈兹的社会主义太过热情、慷慨和包容了,它不允许将思想家和传统扔进历史的垃圾箱。例如,在有关澳大利亚共产主义的篇章中,他问道:"共产主义者到哪里去了?"共产主义者造就了狂热型和管理型的人,同时也造就了好公民。这些好公民不太喜欢多元主义。我们终究不能眷恋毁灭性的冷战,但他们选择了;他们对鲜明的共产主义准则和价值观的忠诚与"20世纪90年代浮夸的自我放纵"看上去相距甚远。

在这里，贝尔哈兹似乎首先要将启蒙主义和浪漫主义这两种伟大的现代文化思潮结合在一起并保持其张力，而将革命（巴迪乌的主潮流）这第三种潮流放逐或搁置起来。1880年到1980年的这个世纪部分地是与社会问题、公民权、经济一体化、大众、核心家庭联系在一起的。一方面，这其中有些不得不被视为必须要付出的代价，因为它开启了新的地下活动，并且新的世界正在新的野蛮状态上建立起来；但另一方面，韦伯说得对，苏联经验使社会主义倒退了100年。最后，剩下启蒙主义与浪漫主义、社会民主主义与自由主义不断地互相碰撞和摩擦——这就是我们的现代性，没有任何可行的或者可以防止类似"大清洗日"行为的解决方案。

在某些方面，瑟伯恩似乎与贝尔哈兹相似，尽管他们所受的思想影响存在差异——《新左翼评论》的人们显然不想要任何卡斯托里亚迪斯、鲍曼和赫勒的东西。与上个时代的马克思主义不同，瑟伯恩雄心勃勃地概述了当前左翼的政治思想和实践，但他强调的常常是现代性而不是资本主义。最近，瑟伯恩已经将注意力转向了多元现代性的观念，以及一个明确的新的想象空间——全球化——在理论上的来临。像贝尔哈兹和巴迪乌一样，瑟伯恩承认20世纪的激进终结和变迁："全面的工业战争、共产主义革命和专政、法西斯主义、反法西斯主义、工人阶级对社会主义的期望和福利国家资本主义的世纪……已经结束"，"21世纪的社会经济、文化、地缘政治空间与20世纪截然不同"。在瑟伯恩看来，20世纪是社会主义的而不是自由主义的，马克思主义的作用凸显了出来——20世纪也是"马克思主义的世纪"。作为"现代陛下忠实的反对者",马克思主义是独一无二的。它认为现代性就是解放与剥削、进步与灾难的统一。它的竞争者没有一个"有它那样的影响力和坚定性",它超越了它们。而且,从1880年到1980年,只有它成了两种社会运动——劳工运动和反殖民运动——主要的知识分子文化。

我将很快回到马克思主义和社会主义的问题上来,但要继续资产负债表的这个部分,我们要问,对瑟伯恩来说,在从19世纪80年代到1980年的一个世纪里,左翼主要的成功和失败是什么呢?就成功来说,成绩很大。这可以用瑟伯恩提醒人们的很重要的几点来说明:种族主义的声名狼藉和殖民主义的崩溃;在有关福利国家的争论中取得胜利;60年代以来"不敬"(irreverence)的力量的发展;女权主义观点的影响。就失败的一面来说,有"1968年的一代"(68ers)与劳工运动的"失之交臂",右翼使用暴力的能力,共产主义的以恐制恐,以及新自由主义政策业已表现出的不公平的薪酬制度。

这样,关于20世纪有三种不同的资产负债表,尽管人们普遍认为,在20世纪60年代到80年代初的某个阶段,这种状况结束了。从这时起,某些潮流和思想似乎已经——用巴迪乌的话说——"饱和了"。弗雷德里克·詹姆逊坚持认为,面对新的后现代文化逻辑的泛化和马克思主义者有时漫不经心的应答,使一个历史时代道德化并没有多少意义——我们必须同时从进步和灾难两个方面评价事物。对此,我表示赞同。我们当然仍旧需要将逝去的东西中真实的损失记载下来,就像冷战时期那代伟大的自我教育的共产主义好公民一样;我们也需要思考什么可以纠正或重新再来。

当代？事件的和时序的

当代是怎样的呢？如果社会主义至少部分地拥有过去，那么发生了什么？出了什么问题？社会主义的吸引力为什么减弱了，又是如何减弱的？当然，在描述社会主义进入当代的际遇时，1968 年作为从 60 年代中期到 70 年代初中期的抗争的标志性时刻，一直被认为具有特殊的意义。例如，在德布雷看来，1968 年是视觉时代来临的时刻。同时，世界体系理论认为，这一"世界革命"表明了美国在世界体系中的霸权地位开始终结，共产主义、社会民主主义和民族解放运动等"反体系运动"发起的各种抗议也结束了。与此类似，弗雷德里克·詹姆逊将 1967—1973 年的时段解读为解放（第三世界的开端）与统治（资本的渗透与"自然界最后一点残余"的殖民化）重要而辩证的结合期。当然，对巴迪乌来说，1968 年依然是他需要表现忠诚的事件，而在 1966—1976 年共产主义关于旧世界的广泛论争中，它也是一个节点。同样，瑟伯恩坚持认为，20 世纪 60 年代的激进一代——他本人是其中的一员——拒绝投降；如上所述，他为没能在 60 年代的文化主义抗争和物质主义抗争之间建立起联系而感到遗憾，而且，在思考社会主义的重构时，他清楚地回顾了那个时期的乌托邦和日常生活革命的情形，这些情形在超当代时期（ultra-contemporary period）可能会以新的方式被重新发现。

围绕 20 世纪 60 年代、尤其是 1968 年事件的斗争几乎立刻就开始了——霍布斯鲍姆指出，到 1968 年底，出现了至少 52 本关于法国事件的书。就法国的情况，克里斯汀·罗斯（Kristin Ross）在《1968 年 5

月及其后岁月》中对这场追寻意义和归属感的斗争进行了很好的说明，她的许多见解可以延伸到更广阔的论战当中。对罗斯来说，1968年五月事件已经"被埋葬、诋毁、平凡化或妖魔化"。工人运动的显著特征是具有鲜明的第三世界色彩（以阿尔及利亚战争为背景，反对美帝国主义和越南战争），其主旨首先是平等——这在社会失忆的宏大进程中完全发生了变化：它被剔除了暴力，表现为温和的、富有诗意的代际反叛，它是走向文化现代化的必经时刻，它以个人解放为中心，等等。工人和殖民地的激进分子这些60年代论战的关键人物，很快就被新哲学家、"平民"和"异见者"所代替。更有甚者，极权主义话语和古拉格集中营开启了从政治向道德的退守、一场反马克思主义的战争（整体 = 极权主义）以及从激进的第三世界主义向受害者、人道主义援助及人权等话语的转变。

无论我们如何认识1968年事件（它意味着什么？胜利、失败还是分水岭？它是什么时候开始和结束的?），在这三位思想家看来，到20世纪80年代，20世纪似乎结束了——按瑟伯恩的话说——一场"巨变"，罗斯同样指出了这一点并为之惋惜。在瑟伯恩看来，自70年代结束以来，我们见证了国家、市场以及他所谓的参与者的社会模式的变化。尽管人们认为全球化势不可挡，但只要国家可以参与世界市场竞争，它们就仍然能够做自己的事情，福利国家也仍会矗立在那里。另一方面，权力大变迁随着"新自由主义的海啸"到来了：私有化、产业空洞化、资本的集中、市场的发展——贝弗利·希尔弗（Beverley Silver）称之为"国家的去社会化"——以及偏离北大西洋组织的世界统治一起"压缩着"左翼的文化空间。也是在这个阶段，工人阶级运动"不敬的集体主义"（irreverent collectivism）发展到了顶峰，然后衰弱，接着逆转；我们见证了进步的学术文化的衰落、学生的非政治化、世俗的反殖民族主义的失败；而更令人迷惑的是，我们也目睹了其他运动的兴起和新型（以媒体/影像为中心）政治的出现，新的"不敬"产生了。

正如我们将要看到的，对瑟伯恩来说，这意味着"'社会主义道路'的旧图式已经失去了意义"，左翼思想和政治的境况发生了变化。如果看一下当代左翼在理论的一极（马克思主义/非马克思主义）和政治的一极（社会主义/资本主义）的"各种位置"，我们会看到真正的多元化的后果：后社会主义（吉登斯、贝克），非马克思主义左派（布迪厄、昂格尔、塞尼特），马克思学（德里达、卡弗），后马克思主义（拉克劳和墨菲、卡斯特、鲍曼），新马克思主义（齐泽克、哈特和奈格里）。这样看来，左翼知识分子的创造力还没有停止，虽然——在一个耐人寻味但却遗憾地考虑不周的时刻——瑟伯恩宣称，它"最辉煌的时刻可能已经过去了"。

瑟伯恩对多元化的强调得到了贝尔哈兹的响应，尽管是以一种明显不同的方式。此外，可以认为，20世纪80年代是这一多元化转型的关键时期——《论题十一》创办于1980年，澳大利亚共产党早在1984年就"关门"了，澳大利亚和新西兰两国的工党思想和劳工党变成了澳大利亚的，而新西兰工党则成了新自由主义和现代化的先锋，费赫尔等人的《对需要的专政》问世于1983年，鲍曼的《立法者与阐释者》问世于1987年，柏林墙于1989年倒塌。主要是贝尔哈兹，将1980年以来的多元化转向与马克思主义这一关键社会理论的崩溃联系了起来：方法论多元论的重新发现和"通过自由主义对民主的重新发现或重新审视"。

如果说瑟伯恩对当代、尤其是20世纪70年代结束后的发展时期所作的评价大都有点衰落主义的倾向，那么贝尔哈兹的评价则是谨慎的，但最终，这种评价似乎得到了人们的认可，甚至欢迎。在野蛮的20世纪之后，这些变化（清楚地记录下了认识论上和政治上的限制）在一定意义上是可以理解和值得称道的。然而，丧失了改革意愿的"随便怎么都行"的后现代多元主义是一种满足于只是说不而缺少社会主义行动观念的自由主义情感——只有这些东西是不够的；我们仍然需要社会主义，社会主义仍然需要倾听。

在巴迪乌一针见血的描述中，充满着对当下深深的不满情绪，这不足为奇。1980年以来，我们得到的实际上只是简单的恢复（restoration）。与20世纪相比，目前缺少的是一整套的措施。我们处于一个和解和注重道德的年代，而不是政治的年代；我们看到了从上世纪激进的质疑向"金钱、家庭、选举"的保守回归；我们今天的"虚假的个人主义"代替了"我们—主体"和上世纪塑造新人的计划；我们今天自相矛盾的"炙热"代替了那个世纪的建构主义和未来导向；我们的庆祝活动代替了游行示威；我们以宗教权利和人权（人首先是一种可怜的动物）的回归代替了政治——新政治；我们现在拥有恐惧和战争的辩证法。现在的情况是："文化"在取代艺术，"技术"在取代科学，"管理"在取代政治，"性"在取代爱。这样看来，我们的时代是一个失败的时代……不仅如此——它还是一个反思的时代，但反思什么，怎样反思呢？

预见未来：马克思主义、社会主义、社会理论

马克思主义、社会主义、社会理论——未来拥有的会是什么呢？我们的未来会是后共产主义、后社会主义、后马克思主义的吗？我们要超越旧的社会批判方式（在有些人看来，它已"耗尽了蒸汽"）吗？

有趣的是，瑟伯恩对有些问题并不清楚。在前面，瑟伯恩将马克思看做一个仍然"在完善中"和"令人鼓舞的伙伴"，并三次向他表示敬意：首先，是作为"解放理性"（emancipatory reason）的倡导者；第二，是因其历史唯物主义的社会分析方法——瑟伯恩认为，这是一种要求关注"普通人的生活和工作状况以及权力的经济实质和政治实质"的"明确指示"，这种解读虽然着墨不多，但令人信服；第三，是因其对矛盾和冲突的敏锐。我非常喜欢这一点。这些持续的优势会使我们对有关后马克思主义情形的断言感到不安：不仅广义的左翼仍然具有知识上的创造力，而且在世界政治的当代讨论和广泛的社会分析逻辑方面，新马克思主义左翼与其后马克思主义的竞争者们相比仍然有足够的底气。

在一次用现代时态讲话时，瑟伯恩似乎承认了这一点，他宣称马克思主义"在现代社会观念中是没有对手的"，看来，无论马克思主义是一种处于上升中还是衰落中的研究方案，瑟伯恩都愿意继续留在马克思主义的阵营里。但紧接着，瑟伯恩指出，"政治领域的变量已经发生了变化"，"马克思主义的三角"已经被打破。这个"马克思主义的三角"（首先包括关注资本主义及生产力和生产关系的历史社会科学；其次包括矛盾的哲学；第三包括社会主义的、工人阶级的政治）破裂了，阶级

不可能恢复其中心地位，任何未来的社会主义也不可能是马克思主义的。奇怪的是，瑟伯恩对马克思主义失宠的原因并不清楚。例如，他避开了弗雷德里克·詹姆逊选择的路线，这似乎很奇怪；后者坚持认为，只要资本主义仍然存在，马克思主义就会继续与资本在新的曲折中并驾齐驱，并以新的和令人惊讶的方式继续蓬勃发展。在瑟伯恩看来，问题是阶级的重要性下降了。这里并没有出现希尔弗和蒙克（Ronaldo Munck）等人提出的那种关于阶级的持续重要性的深奥论点，对此不能不再次令人感到惊讶。瑟伯恩还提到，布尔什维主义"被证明是一种不可持续的现代主义"。此外，后现代主义的转向似乎很重要，它造成了"社会文化思想的裂痕……这种裂痕直到现在仍未克服"。但是，后现代的"雪崩"首先被不屑地视为"前左翼力竭和觉醒的表现"。这种状况有可能得到扭转吗？瑟伯恩指出，到20世纪90年代，现代社会理论"对未来的信念已被根本粉碎了"，但是这种情况持续下去了吗？它会持续下去吗？如果是这样，为什么？又会产生怎样的政治文化影响？后现代化和过去几十年间对多元主义、文化、道德和复杂性的再三强调当然改变了社会理论。在其他地方，瑟伯恩指出，关于社会宇宙观、社会方向和认知模式这三个关键问题，最主要的答案从70年代中期到现在这段时间已经发生了根本的变化：从70年代的对抗结构、解放、意识和科学变成了今天的战略、偶然事件、理解和对话。从表面看，这些不同的内容显然是非马克思主义和社会主义的或反马克思主义和社会主义的：网络和联系而不是结构和体系；偶然事件而不是进步、发展和确定性；将理解和对话而不是大科学的愿景作为认知的模式；描述而不是解释和评价；世界的去中心化而不是古典社会学的欧洲中心主义——总之，是转向了"后社会的"理论领域，例如拉图尔（Bruno Latour）、德兰达（Manuel De Landa）、罗斯（Nikolas Rose）、厄里（John Urry）等人。就这个问题，瑟伯恩发现了新左翼理论的一些变化：欧洲的后世俗转变；新美国乌托邦主义（詹姆逊、奥林·怀特、沃勒斯坦）；阶级的变化；对国家理论的放弃（政治哲学、全球化、公民社会）；性的回归（巴特勒和酷儿理论）；向网络的转向（卡斯特、哈特和奈格里）；以及新政治经济学（布莱克本、布伦纳、阿瑞吉）。

这其中有些变化似乎对社会主义的理论和政治不利；看来，与瑟伯恩准备要做的相比，需要对这一切作出更多的评价和再阐释。如上所述，瑟伯恩没有为马克思主义辩护，没有认真评价这些变化与马克思主义框架的一致性，但同时，他似乎也没有改变自己的马克思主义。瑟伯恩所做的是将注意力转向政治，他断言会有不断的斗争和变化，并谈到了未来的"超越社会主义"（trans-socialism）。这种"超越"一方面承认了马克思主义曾经"主要是欧洲的运动"，同时也意味着对熟悉的社会主义战略和制度的超越，对以工人阶级为中心的超越，对公有制和大规模的集体工业计划等观念的超越。这些观点涉及广泛，而且显然超出了这部著作的范围。瑟伯恩选取了尤为突出的四个要点或问题。第一，资本主义不断挑起论战。第二，瑟伯恩指出了轰轰烈烈的边缘族群运动的重要性。第三，他承认道德对话越来越重要，特别是围绕人权和暴力的对话。最后，他认为，这种"超越社会主义"将或者应该"致力于普遍的快乐"，回归60年代的游戏精神，走向"普遍充满乐趣和快乐的社会"。

瑟伯恩对"社会主义从科学回到乌托邦"进行了积极的评价，这也突出说明了当代与20世纪60年代的相似；他试图使恩斯特·布洛赫（Ernst Bloch）再度受到关注。贝尔哈兹有可能喜欢瑟伯恩宽泛意义上的"超越社会主义",他似乎也强调从科学到乌托邦的积极的社会主义之旅,但他认为这种乌托邦是试验、诊断和批判,是准则而不是实然。在引言中,贝尔哈兹似乎也承认他仍然钟爱马克思主义,后来又说很难想象没有马克思主义的现代性。社会主义也是作为反文化存在的。但是,是以什么特别的方式吗?

在贝尔哈兹的描述中,乌托邦、社会主义、马克思主义有时似乎更多地是一种历史的存在:也许发生了太多的事情;复杂性、多元主义、差别化显然有了普遍的影响。例如,就马克思主义而言,过去对历史唯物主义权威的坚实的科学地位的幻想无疑破灭了。但是,正如弗洛伊德主义一样,马克思主义现在成了我们常识的一部分——用"躯体死亡后的批判精神"解读卡斯托里亚迪斯,普遍承认经济主宰一切。高度抽象的、反对经验主义的理论成果是马克思主义传统的特点之一,对此,贝尔哈兹并不留恋。他采取的理论方法要保守得多,更加接近于鲍曼——或者迈克尔·曼（Michael Mann）这样的人——的温和方式;对他们来说,理论无非是帮助我们处理"糟糕事情"的工具。

社会主义也是如此。对于鲍曼和伯纳德·史密斯（Bernard Smith）这些从政治走向文化的社会主义者,贝尔哈兹承认他们的影响;苏联的试验——它在各方面都被认为是"前现代的"或又一个现代文明工程——结束后,社会主义本身被重置于文化和道德的领域。与马克思不同,贝尔哈兹认为社会主义的存在是因为主仆关系的辩证关系不会终结,这里,贝尔哈兹的文明转向显然受到本雅明观点的影响——文明总是建立在野蛮和阴谋之上的。鉴于此,充满活力和多元的社会主义传统带来的物质和财富是值得向往的。贝尔哈兹回顾了社会民主主义和费边主义传统,以挖掘可用的材料。贝尔哈兹展现了韦伯的乌托邦的多元性——表现在不同的领域和混合所有制经济上,但他真正赞同的(尽管他受到激进的议会共产主义传统的影响)是1914年前的德国社会民主党:将社会主义作为准则而不是目标;承认未来的复杂性和差异性;承认公民权;承认知识和行动的有限性;一种韦伯式的马克思主义:"具有政治现实性,认真对待思想,向往后浮士德的未来"。

就此而言,贝尔哈兹远比巴迪乌更具"现实主义"——有人会说是"失败主义",但他们在忠实于社会主义这样的事情上是有共鸣的,这也许会令人惊讶。贝尔哈兹认为,为了反对后现代对真理、判断和批判的放弃,以及自由主义对乌托邦的摒弃和对社会的厌恶,社会主义应该继续为我们指明方向,提醒我们斗争、改革和价值观的必要性,迫使我们"相信自由和尊严仍然可能"。

在巴迪乌尖锐的、引起争议的《萨科齐的意义》一书中,他对"共产主义假说"的忠诚得到了充分体现。这种共产主义假说旨在"超越资本主义、私有财产、金融流通、专制国家等",它出现在两个伟大的时段——1792—1871年和1917—1976年。在这两个时段之间,是40年的反动;而在1976年之后,我们处于相似的境地,即"被敌人所主宰"。巴迪乌并不怀念过去,这也许令人惊讶。巴迪乌坚持认为,我们并没有回到第二个时段。马克思主义、工人运动、群众民主、无产阶级专政、列宁主义、无产阶级政党、社会主义国家——20世纪的这些发明将不再为我们服务。事实上,与20世纪及其取得胜利和保卫胜利的问题相比,我们更接近于19世纪:

19世纪的各种现象正在重现:富裕国家和被忽视或被掠夺地区非常普遍的贫困区,日益严重的不平等现象,劳动人民——或失业者——与小资产阶级之间的急剧分化,政治权力完全融入到为财富的服务当中，革命者的解体，广大青年虚无主义的绝望，大多数知识分子的奴性，一些试图以当代方式表现共产主义假说的群体坚定但却受到极大限制的试验活动。

在巴迪乌看来，现在的关键是使这一假说以一种新的方式呈现出来。巴迪乌在近期的著作中谈到了这可能会意味着什么——纪律、勇气、在不可能反对财富服务原则的情况下的坚持、忠诚、现实的真相和真实、某种新的回归。

这三种描述有很多是值得赞同并令人鼓舞的。这再次表明，社会主义仍然具有生命力。对于那些仍然认同巴迪乌、贝尔哈兹和瑟伯恩的观点——即共产主义假说在一般意义上是正确的——的人来说，未来"有纪律的创造和不确定的游移"所需要的忠诚和勇气可能是个关键。我想，这三人也指引着我们对社会主义的关注转向了地下活动，转向了新形式的和算不上新形式的社会隔离。在这些描述中发挥作用的各种影响因素——列宁主义者、托洛茨基主义者、结构主义的马克思主义者、毛主义者、议会主义者、社会民主主义者等——都强调了社会主义和马克思主义传统巨大的和不可超越的财富。

我们再回到极左派和"资产负债表"上来。今天看来，面对恐怖、金融危机、变化着的霸权、新的宗族主义、全球化、生态威胁、技术变化、新的不敬，在左翼中——更广泛地，在文化中——似乎出现了"软灾变说"（soft catastrophism）的回归，而且人们感到，适宜重新讨论社会主义的变化似乎已经出现了。一方面，在这一点上我们可以关注一下贝尔哈兹。他说："那些仍然认同社会主义目标和传统的人实际上应该试着澄清那些目标到底是什么，那些传统表现在哪里，又在哪里保持缄默。"另一方面，马格里近来在反思共产主义时，认为那些参与其中的人"有责任说明它",而且不管怎样,这一集体事业都必须从总体上加以说明。也就是说,只是试图以各种经验实例挽救社会主义思想已经不够了。马格里敦促社会主义者说,我们应该将社会主义当做家庭的事情和我们必须负责的事情来面对,既分享骄傲,也分担耻辱。在任何情况下,当我们想到社会主义和灾难时,我们也必须想到现代性和革命——这些东西仍然相伴而生,尽管形式有所改变。正如瑟伯恩在其他地方所说的:"这两个概念表明了与过去的决裂,对当今创新能力的肯定,以及对未来广阔前景——在那里将发现新的土地,建造新的房屋,这是前所未有的——的认同。"这些资产负债表包含着传统留给我们的工具和智慧,它们要求我们要面向新事物,并勇敢地面对前路。

(张永红 译)

21世纪社会主义的七个核心命题[*]

美刊《激进政治经济学评论》2006年夏季号刊登了大卫·莱布曼题为《现在之内的未来：一种坚实的21世纪社会主义的七个命题》的文章。文章认为，必须总结20世纪社会主义的积极经验和消极教训，从超越自发性的市场、在中央和地方、企业之间建立双向的全面协调制度以及充分利用当代信息技术等七个最基本的方面来构想21世纪的社会主义。文章主要内容如下。

1. 所有市场并非都是资本主义的，但资本主义市场是总体化的，因此必须被超越

资本主义意识形态长期地把"市场"信奉为一种非社会的、非历史的、永久的和必然的抽象观念。令人失望的是，我们在左派的许多学术论文中也发现了"市场"意识形态的回响：这些论文把市场与它的特定资本主义历史形式混为一谈。这忽视了下述至关重要的洞见：

---

[*] 本文选自《国外理论动态》2006年第11期。

市场经历了前资本主义、资本主义和后资本主义的形式。这种思想把市场与资本主义混为一谈,把社会主义变成一种末日审判式的意识形态。这种天启式理论意味着突然推翻资本主义的统治阶级以及一切与市场关系有关的东西。这是一种浪漫主义、最终是神秘主义的思维方式。这种思维方式减少而不是增加了社会主义的吸引力,因为它削弱了人们如下的社会主义意识:社会主义是植根于现实的,并且应该得到严肃的思考。

资本主义市场拥有一种总体化(totalizing)的品质。这种品质不仅在历史上是独一无二的,而且是一种坚实的(robust)社会主义的物质基础。与一切简单的(前资本主义的)市场关系不同,当资本家的剥削运作起来的时候,资本主义的市场形式在其中发挥了至关重要的作用。正是资本主义生产过程促使市场逻辑支配了社会生活的每一个领域。资本主义市场而不是"市场"侵入了家庭生活、私人关系、共同体生活(公民社会),促进了具有占有欲的个人主义。资本主义市场所创造的现实是一种自然的或无目的的生活过程:不管人类的意志如何,事情都会发生。因此,那种现实促进了相应的意识形态:"你不可能改变人的本性","人对人是狼"等等。"市场"不必然导致两极分化、异化和自然性(elementality)。但资本主义市场却是如此。市场是资本主义留给我们的遗产,我们只能从政治上加以反对,即以民主作为一种替代性的指导原则来规范市场。

2. 20世纪的后社会主义经历包含基本的积极经验和消极教训，只有左派才能拯救这种经验

俄国革命把左派一分为二。那些支持俄国革命的人——我也来自这个传统——认为，苏联在世界资本主义体系中打开了一个决定性的缺口。然而，对这种突破的赞同却付出了相当大的代价。亲苏联的左派无批判地接受了苏联，同时放弃了那种认为社会主义是一种理论方案的思想，放弃了能够作出独立判断的基础。资本主义世界的霸权大国投入了相当多的文化、心理、信息、宗教和教育资源，创造出一种普遍的反苏思想体系，几乎创造出了如下基本范式：把苏联及其欧亚盟国与每一种可以想象的罪恶联系起来。对于那些亲苏联的左派来说，现在应该是承认文化孤立与对党和国家无批判的忠诚所带来的危险的时候了。不过，对于那些反苏联的左派来说，现在也应该承认，自己的思维在某种程度上是受主流反苏联主义的意识形态霸权影响的结果。

无论我们来自哪一方，当前的任务似乎都是清楚的。我们需要理解20世纪后资本主义经验中的一切东西，无论它们是积极的还是消极的，并从中吸取教训；意识形态服从的氛围、对单个领导人的能力和人格的抬高、文化、科学和学术生活的极端政治化、官僚主义、极权主义、功利主义等等这些消极的东西都需要加以具体和历史的分析。然而，对于苏联的经验，我们研究不足的是苏联巨大的积极成就，尤其是在社会和技术上的成就。

3. 非市场的经济协调是可能的和必要的，但它必须既是集中化的又是非集中化的，否则它就不可能成为民主的

我们习惯于借助计划对市场、中央控制对地方自治等二元的对立进行思考。这种肤浅的做法常常取代了对真正重要的东西的严肃思考。我们是如此地习惯于谈论"苏联的中央计划"，以致这几乎变成了一种咒语。但是，我认为，不管是在概念上还是在经验上，"中央计划对市场"这种对立都是一个重大的错误。该对立之所以在经验上是错误的，是因为在苏联的历史上只有极少数产品和服务是由中央计划决定的。中央决定的平衡材料决没有超过 1500 种。这个数字听起来可能非常多，但实际上并非如此。大多数完全由计划决定的产品是在据说管理水平低下的地方企业中生产的。换句话说，有许多的权力下放了和去集中化了。

在资本主义的环境中，随着时间的推移，更为集中化的协调往往取代了更为去集中化的协调；这是资本主义积累的一个内在变化。资本主义中央和非中央层面之间的对抗越来越严重，它反映出发生在社会进程核心上的冲突。

我认为，在社会主义的环境中，事情则不是如此。当自发的协调被政治的协调取代的时候，各个层面——中央和非中央的——都产生了一种彼此共生的关系。简单地说，良好有效的中央协调是良好有效的非中央协调的前提，反之亦然。中央与非中央之间的相互需要是明确的：中央提供了稳定性和可预见性，即价格、规范以及决定产品需求和来源的一般结构条件；这种稳定的框架使非中央的单位能够进行计算、比较等

等。由于取代了自然市场随意的统计混乱，地方企业和各种集体就对于主要项目有充分而清晰的信息。宏观协调而不是"市场"为真正理性的选择提供了条件。反过来说，只有基础稳固的微观活动才能产生出充分的可编辑的信息，即把地方和具体的知识转变成可以加以总计的数据。如果没有地方的大规模和参与性的协调，中央就脱离了现实，而且它的宏观数据就会陷入混乱。如果没有一种经过充分编辑的宏观数据表，非中央的集体就不可能知道如何提出和实施自身的协调计划。

社会主义的目标一直是一种全面协调的制度。在该种制度中，中央和非中央的层面之间相互作用。管理的/创造性的/思想的劳动与日常生产劳动之间的分离逐渐消失。这就是社会主义民主。社会主义民主如果没有中央的协调就不可能存在，但它绝不能仅被归结为中央的协调。显然，社会主义民主与缺乏中央协调的地方自治是不一致的。如果没有中央的协调，地方自治必定会倒退成自发的无政府状态（市场）或者专制孤立的单位。取代这种倒退的一种选择是全面、民主的协调。

我们应立即废除如下思想：有一种单一的、独特的社会最佳状态。我们也能够立即认识到，一种准最优结果的参数将是派特·戴文（Pat Devine）所说的"协商的调节"的结果：各种工作集体、居民社区、教育人员、文化共同体和行政管理人员之间进行系统、持续的协商。在这里，我还可能要补充的是关于复合指标（complex indicators）或规范的概念。除了沿着与资本主义经济中的企业相同的路线所取得的成就之外，还可能有一些标准来衡量社会主义目标实现过程中的成就，包括：消除不平等，建立与学校、地方居住管理机构、其他的共同体群体和组织之间的联系，关心环境，发展职业轮换和培训的制度与消除工作场所内的不平等，促进部门内外的技术技能分享。这份名单还可以扩大，但它已足以表明社会主义的计算和评价包含对巨大的人的潜能是否得到开发的评价。资本主义市场不可能利用巨大的人的潜能。

新产生的图景是多层面、民主的协调，它把政治协商与复杂的计算和信息交流结合在一起。一方面，各个层面之间的循环流动形成了一种准最优的和准连贯的"计划"，而这种计划则反映了地方的认知与工作集体对自身各种可能性的最佳评估；另一方面，中央协调、控制规模经济的能力避免了囚徒困境，并且实施了民主决定的长期目标和标准。现在，我们面对的是如下不可避免的问题：这能够起作用吗？它在技术上可行吗？

在资本主义中，全面的协调是不可能的。但即使在资本主义的条件下，许多大公司还是建立了自己的内部网络：内部的信息沟通、总计、分解和处理体系。显然，逐步地把企业的内部网络接入到整个经济体的网络，这在技术上是可行的，而且我认为前景是激动人心的。我曾经把这称为"经济协调网络"（E-Coordi-net）。它能够不断地编辑地方的计划创新，因此每一个人，而不仅仅是中央的协调机构，都能够看到总的趋势；而且每一个人也能够不断地把价格和计划指数重新计算成具有准社会最优性的形式。如果必要的话，中央有权力和责任去干预和改变地方的主动活动；企业是社会财产，而不是其当前工作集体的私有财产。但是，多层面协调的"经济协调网络"体系消除了建议与批准之间以及"计划"与"执行"之间的巨大时间差；它变成一个能够把越来越多的工作者纳入到自身之中的连续过程。我再说一次，这就是社会主义民主，尽管始终是没有完成的和不完全的，始终会受到纠正和修改。由于当前的信息技术，在多层面的进程中，所有层面上的协调都是透明和公开的，都在一种透明和严格公开争论的氛围中运作。有必要指出苏联在很大程度上忽视了这个至关重要的条件——公开性和一种真正争论的文化。在20世纪，苏联未能成功地既改造自身又保留国家权力，开放的思想、政治氛围和现代的计算、传播技术这两个条件的缺乏在其中起了多大的相对决定作用呢？我把这个问题留给每个人自己去判断。但是，我认为，很清楚的是，中心化的/非中心化的民主协调是否可能这个问题实际上仍未得到全面的研究。

4. 社会主义市场不是被废除的，而是逐渐消亡的

到现在为止，应该很清楚的是，我倡导一种坚实的（robust）的社会主义，它的首要战略目标是用自觉、民主的协调或"计划"取代自然的市场协调，后者事实上归根结底是资本主义剥削的形式。这是否意味着"市场"能够用命令加以废除呢？某些市场形式在社会主义内能够持续存在下去吗？这一点确实暗含在我先前的如下主张之中：市场始终是历史的环境，包括后资本主义的环境的反映。

始终让我感到好笑的是，一些政治经济学圈子中的人提出了"废除价值规律"的建议。废除"价值"或市场有点像要废除下雨下雪或引力规律。这种强有力的纠正行为通常用来与苏联共产党的糟糕记录进行对比。显然，苏联未能废除市场。然而，应该指出的是，每一个后资本主义国家的领导层——包括中国、朝鲜、越南乃至古巴的领导层在内——都开始意识到，市场关系的形式在整个社会主义建设时期会无限地存在下去。显然，必须等到更高的阶段（接近于马克思所说的共产主义社会的高级阶段）开始之时，市场才会完全消失。此前我们显然必须与市场或商品关系共存；试图废除它们可能是徒劳的和破坏生产力的。

我们或许可以接受如下一般原则：社会主义的发展必须经过几个阶段，并且在早期的阶段上，从某些类型的市场结构到持续存在的收入不平等之类的一些现实继续存在。

社会主义市场首先协调的是国家或公共部门与相应的个人生产形式之间的相互作用，通常在农业、零售业和服务业中。社会主义经济核心在民主协调下进行运作，并且占据了著名的"指挥高地"：自发的部门受到各种强制法规的约束，也受到累进税的约束。这样一来，自然性的市场就不可能影响到社会主义经济。我们可以提出的建议是，随着社会主义制度的成熟，自发的或非正式的部门越来越多地受到民主调节的控制，这是由于正在形成的政治共识和全面协调而成为可能的。剩下的自发部门就会越来越少。

在马克思在《哥达纲领批判》中的著名讨论之后，传统的马克思主义理论对国家有了不同的认识，就放弃了无政府主义。在《哥达纲领批判》那段著名的话中，国家并不是被废除的，而是慢慢消亡的。即使最民主的国家，也具有镇压功能。要消除资本主义统治阶级及其历史附属实体的一切权力、地位和影响，并且使之无法复辟，就需要国家的镇压功能。这一点已经得到了公认。随着社会主义国家的成熟，镇压功能就逐渐变得没有必要。国家的消亡留下了公共管理机构。这种公共管理机构变得更加民主，并且经历了改造，但不会消失。我认为，很少有人相信未来属于孤立、不相往来的公社或者游荡在森林中的个人。民主不再以国家的形式进行演进；它日益存在于参与性的协调和协商机构之中。总之，国家留下了其最重要的遗产：高尚的、平等的和使人类有尊严的交往形式。

因为某种原因，马克思没有就市场提出一个类似的建议。但是，他本来应该这样做的！市场不是被废除的；随着社会主义生活的成熟和自觉、民主的调节的可能性的扩大，国家就慢慢地消亡了。但是，就像国家那样，市场的消亡并不意味着它的所有功能都消失。异化的关系使人们无法决定自己的生活，并且维持了资本主义的剥削。积极的内容——地方的主动性、横向契约行为和责任——就是从这些异化关系中产生的，并且与新的、动态的民主调节和计划的现实融为一体。因此，我们能够用某种比"市场废除论"更精巧、现实和可行的东西来与"市场社会主义"加以对比。正是在最终和逐渐超越市场的基础被奠定的时候，像国家一样，市场在社会主义的成熟过程中发挥了作用。

5. 官僚主义—极权主义的扭曲对资本主义来说是必然的，但对社会主义来说则只是偶发的

资本主义借助市场的伪装把它的内在现实神秘化。但是，即使市场的伪装被揭穿，资本主义还是会穿上其他的伪装。因此，你只有尽力找到并且反抗折磨你的人——资本家。资本主义市场虽被取代，但用一种高尚的民主来取代它们，其基础的建设却几乎尚未开始。因此，对领袖的极权主义崇拜、官僚的功利主义和更糟糕的东西就填补了真空。回顾过去，这并不会让我们感到奇怪。现在，惟一的关键是关于社会主义与官僚主义之间内在联系的陈腐看法是非常肤浅的。社会主义与官僚主义的关系大概是这样：社会主义并没有导致官僚主义，而是暴露出了它。

6. 有一个关键的转折点；在这个转折点上，那些令人类生命高贵的品质成为效率和生产率增长的前提

关于人人皆知的效率与公平之间的平衡，社会科学家们不断重复这样的警告：当且仅当你愿意放弃某种效率时，你才能拥有更多的平等。如果这是正确的，那么社会主义就会令人厌恶，因为按照这种法则它必然牺牲效率！资本主义意识形态认为，当试图提高人类生活质量的时候，社会主义似乎与人类自发的懒惰和自私相冲突，只有我们受到资本主义力量的外在强制时，我们才能充满效率和精力。

但是，马克思认为，生产力发展达到了这样一个阶段：要使生产力的潜力得以实现，就需要主动性、创造性、批判的能力和高尚的行为。在这一点上，所有社会主义价值成为生产率和效率进一步增长的必要条件。换句话说，这超越了资本主义效率—生活质量的平衡。最初，我们只能通过降低生产率水平来提高生活质量。从那种战略性的转折点开始，更高的生活质量——一个包括物质满足以及平等、团结和个人关系的丰富性在内的概念——成为更高的生产率、效率和增长的前提。

如果这成为事实的话，那么一旦我们到达了那个开端，并且生活质量和生产率之间的积极联系进入到人们的经验和意识之中，严格地说，社会主义就是无法阻止的。中央的和非中央的决定之间、工作与闲暇之间、调节与自主之间的旧观念全都消失了。自发性不再导致分裂。工作集体的自主性不再会破坏稳定，不再导致自发的市场化和两极化。社会主义不再继续与人性的"正常"本质相对立。相反，"人性"现在自发地产生出共同掌权、集体性和分享。这些特性在培育它们的肥沃土壤中

发展，理由很简单，是因为它们现在已经成为物质生产率继续增长和繁荣的必要基础。

简而言之，社会主义现在兑现了承诺。这是社会主义一旦确立就不可逆转的关键。这取决于我们是否达到了这样一种发展水平，由此进一步的前进就非常明确地需要社会主义。在某种意义上，这就是社会主义开始在工作者的自发活动中并且借助它们来建设自身的时候。社会主义不必再根据意识形态的信奉和动员来从外部加以建设。人们也不再觉得社会主义是一种永不休止的艰难奋斗。

生产率—生活质量曲线的转折点是即将到来，还是一个遥远的希望呢？我们能够对它施加影响，使之更快地到来吗？那个曲线本身能够随着时间发生变化吗？运动和斗争能够影响那个进程吗？当然，这些全都是尚未解决的问题。

7. 我们的构想越激进，它就更现实并且对当前斗争的潜在影响就越大

激进政治经济学学会（URPE）和其他领域中的许多进步人士、同志和朋友始终把他们的活动和精力放在下面这些眼前的问题上：建立反对伊拉克战争的运动，动员群众反对布什对社会保障和医疗保健的进攻，建立和重建基层的工会运动，捍卫公共教育（包括高等教育），等等。他们是对的！问题始终是如何最好地完成这些事情。

我建议，还要建立社会主义构想。当他们说"给予你们医疗保健，就会破坏激励"的时候，我们可以用一种激进的构想进行反击：只有尊重和安全才能使人们能够运用今天的技术来解决我们今天所面临的突出

问题。这就需要经济民主。当他们说"如果你们向财富征税，它就会逃离这个国家"的时候，我们这样进行反击：我们才是真正的有生产力的财富；他们不可能把我们转往海外。

除了无数受过教育、高度个人化的人们进行有纪律的、民主的参与之外，还有什么能够为今天的问题提供解决之道呢？如果没有明确地击败那些以私人、两极分化的财富为基础的统治阶级的权力和特权，我们能够构想那种平等吗？不要再回避了：称它为社会主义！当我们这样做的时候，我们就为社会主义思想带来新的声望。我们就为一种正在演化、永远丰富自我的替代构想提供了前提，从而也为今天的活动分子的运动提供了新的支持。

我们有能力认识到，团结、民主和自觉的社会组织是生产和人类继续发展的惟一可能的长期基础。人们尽管很难认识到这一点，但认识到这一点的人会越来越多。内在性的障碍并不存在。我们能够做什么，最终就能做到什么。总之，社会主义是必然的，因为它是可能的。

（乔春霞 编写）

南非共产党主席斯洛沃认为社会主义和宗教在价值观上有共同点[*]

南非共产党主席乔·斯洛沃1994年1月25日在开普敦大学作题为《社会主义和宗教在价值观上有共同点》的讲演。他认为，宗教信仰者和社会主义无神论者之间不存在不可逾越的鸿沟，社会主义和基督教在价值观方面有四个共同点。现将他的讲演摘译如下。

宗教信仰者和社会主义无神论者之间是不是存在着一个不可逾越的鸿沟？让我们先看一看最近克力斯·哈尼（前南非共产党总书记——译者注）的葬礼，要不是他被刺身亡，原定是由他来主讲这个题目的。

人们在鲍克斯堡墓地所做的相当不寻常。教会按照它的礼仪仅在无神论者克力斯·哈尼墓旁给他举行了葬礼。姑且不谈社会主义无神论和宗教之间的矛盾，这件事本身就反映了宗教和社会主义在价值观方面存在着重要的共同性。

阿尔培特·诺伦在他所著《上帝在南非》一书中指出：如果信仰既是思想又是生活，那么，存在着事实上的无神论者和理论上的无神论

---

[*] 本文选自《国外理论动态》1995年第18期。

者。事实上的无神论者声称他们相信上帝，但实际上他们支持社会罪恶，特别在我国是种族隔离和种族歧视。诺伦肯定，"理论上的无神论者在他或她的实践上可能更加接近耶稣的行为"。

哈尼这位理论上的无神论者同耶稣的行为的接近，超过耶稣门徒中许多歪曲耶稣的人。哈尼早年曾想当神甫。驱使他这么去想的正是后来驱使他去接受社会主义的同一动力。我们埋葬的不但是一位社会主义者，他也是一位曾一度想用武装去对付种族隔离主义暴政的积极分子。认为做社会主义者和尊奉基督教伦理不能协调，问题每每发生在和平主义和使用暴力上。

即便这些，矛盾也不像有些人渲染的那么大。当面临暴力镇压，危及门徒的生命的时候，耶稣并不曾转过脸去让人打。他使用暴力把做买卖的逐出圣殿。他曾劝导门徒卖掉衣服，为自卫去置备刀子。历史上教会多少次为战士祝福，他们所反抗的正是哈尼一度被迫要手持武器去反对的。我们都知道，在一定情况下，我们也没有其他办法对付种族隔离。

我认为，世界上除了马克思主义和高尚的宗教这两个意识形态之外，找不到其他意识形态的伦理内容上能如此相近。同时，也没有其他两个意识形态被人歪曲之后对人类带来那么大的祸害。这两个意识形态都为解放事业产生了烈士，也都为压迫制度产生了打手。

谈无神论和宗教相沟通，必须把二者放在历史和社会范畴之内来看。首先，宗教包括许多不同的信仰，在每一信仰之中都存在着变更社会的进步力量和维护现状的剥削、暴力力量。

似乎有两个上帝：特赖佛·赫特尔斯顿、马赫特马·甘地、图图大主教、佛莱克·契加尼等宗教界人士的上帝，此外还有伏·沃特（南非种族主义者、前政府领导人——译者注）和他那一伙人的上帝，他们从圣经找到根据来维护一个魔鬼制度，我们今天正在摆脱其压制。

多少世纪以来，世界历史上许多罪恶都是在这个伟大的宗教或那个伟大的宗教的庇护下犯下的，没有哪个侵略者、殖民者、剥削者不利用宗教来为自己的灭绝人性的行为作辩护。然而同时，从来没有真正的信仰者会因此放弃自己的宗教的道德目标。

同样的，尽管社会主义在实践中发生了种种歪曲，我们不应当因此对社会主义的根本目标和无数社会主义者的优秀品质不去了解，不去重视。

历史上我们虽然见到这两个意识形态都被人在实践上糟蹋得不像样子，但我还是认为，在世间罪恶势力的反抗者中间，有真正的共产主义者，也有真正的宗教信仰者。

我认为，推动了克力斯·哈尼的力量和推动着进步的宗教积极分子的力量并没有多大的差别。一个差别是，哈尼认为我们的命运掌握在我们自己手中，不在历史之外的某种力量手中。由于宗教信仰认为上帝存在于历史之中，这一差别的意义已经不大。

在一定意义上社会主义是失败了，登山宝训也同样失败了。可是这并不削减登山宝训或共产党宣言的价值。这也没有影响好的共产党人和好的宗教信仰者之间的伦理价值方面的基本共同性。

世界各大宗教在基本伦理原则上都有相同之处，但是，在南非，最广泛的宗教是基督教，因此，我以较多篇幅来谈马克思主义和基督教信仰，特别是和耶稣基督的教训和实践的共同点。

阅读耶稣的训导必然引导我们得到一个结论：基督教最自然地同社会主义及其价值观相联结，而资本主义是彻底逆着基督教的。资本主义

同圣经以及世界各大宗教所高举的基本价值相违背。在社会主义和基督教的共同价值观方面我愿意提出四项:

(1) 圣经一贯高举群体和合作这一非资本主义的德性。我们在圣经里看到的,不是一个存在无限个人自由的市场,狂热的股票买卖,剥削他人的劳动以求个人发财致富的世界。

(2) 圣经高举带有革命性的基督教伦理,就是人类平等。我们都是按上帝的形象造的,我们可以争论有没有上帝,但是信仰上帝的一体性,信仰人类反映着上帝,这对人类平等至少是一个有力的象征。什么能比人类平等更违背资本主义?资本主义的存在靠有产者和无产者的对立,靠资本家和工人的对立。什么能比资本主义更违背我们人群共同的、分享的原则?资本主义靠人类分为富有的和贫困的两方来维持它的存在。

(3) 圣经和社会主义的价值观中第三个共同点是提倡分享,提倡不以个人财富和权力而以需要来进行分配。《新约·使徒行传》4章32、34、35节是这么说的:"那许多信的人都是一心一意的,没有一人说,他的东西有一样是自己的,都是大家公用。……内中也没有一个缺乏的,因为人人将田产房屋都卖了,把所卖的钱银拿来,放在使徒脚前,照各人所需要的,分给各人。"你们觉得这个怎样?这决不同于那些教我们去为自己发财的号召,说什么这样将会增长公共利益。这倒是像马克思对共产主义社会的理想——人人尽其所能,人人按需要分得财富。

(4) 社会主义和基督教第四个共同特点可以称之为解放的希望。是的,许诺有个美好的未来,不管是世俗的或是上帝之国,可能起到一个消极的作用,叫人对现世抱容忍、得过且过的态度。但是,对被压迫者来说,我认为,这种解放的希望具有强大的动员力量。它能够给普通大众以力量，动员他们采取集体行动以实现他们的理想。

我觉得圣经充满了关于解放的希望的信息。这解放的希望对资本主义的宣传者来说是完全不中听的：你是黑人、你是妇女、你属于第三世界发展中国家；你是工人、你是失业者……这是你的厄运。保持一线希望吧，但不要存过大希望！

解放的希望属于社会主义和宗教共同所有。米兰达在《圣经中的共产主义》一书中说："西方世界历史中的共产主义思想发源于新约圣经。从第一世纪经过中世纪一直到威廉·魏特林（马克思、恩格斯年轻时还参加了他的共产主义组织），共产主义团体和运动的旗帜一贯是新约圣经。"

如果我们追溯西方科学社会主义的历史根源，我们发现，这些根源几乎全是基督教的。圣西门、卡贝、拉梅耐、勒鲁、法国的孔西得朗、英国的勒特路——几乎所有早期现代社会主义思想家都是基督徒。他们在圣经中找到支持和灵感。他们觉得自己是在继续一个长期的共产主义的基督教传统，不是在脱离它。

19世纪中叶，由于马克思、恩格斯的理论工作而出现了科学社会主义。是的，科学社会主义在很大程度上批判了早期基督教社会主义者。新的科学社会主义批评了他们的非科学和不实际，尤其是他们想在资本主义汪洋大海中去进行小小的社会主义实验。这新的社会主义宣布自己为无神的，这无神论正是我的哲学观念。

但是它同先前的社会主义并不是全然分裂的。这分裂是辩证的，它接受早先社会主义的反资本主义内容。早先的社会主义所持有的伦理原则成为它的基础。这些就是上面所讲的集体分享原则，人类平等原则，革命乐观主义原则。

尽管有这些共同点，19世纪下半叶和20世纪这一时期社会主义和基督教传统的分歧还是扩大了。唯物主义和唯心主义的哲学分歧尖锐化起来，使人看不清楚双方的共同点。

在我们这一边，宗教是人民的鸦片这一过于简单化的命题统治了多数共产主义革命积极分子的头脑。他们在某些宗教组织的实践和基督教教导的伦理潜力之间不作区分，把宗教简单地视为资本主义的工具。我们似乎把一切信仰者都送给了我们的对立面。几个社会主义国家对基督徒和基督教的态度也引起信仰者的极大反感。不信宗教的权利演化为国家压迫宗教和歧视信徒。这做法简直是另一意义下的异教裁判所。

简单地把宗教等同于人民的鸦片基本上是非马克思主义的，这话仅仅包含部分真理，是片面的。教会和宗教固然曾被利用了去阻止人们从事正义斗争，但是宗教也是被压迫者的武器，在各种强权面前的抗议的声音。

南非就是一个例子。一方面种族主义国家和它的附和者以及官方教会宣称他们的权力来自上帝，另一方面解放力量中不少最有力的成员来自教会。在我们共产党这边，社会主义和民主的结合，对意识形态争端的复杂性的认识以及容忍态度的抬头为共产党人和基督徒的对话开启了大门。我毫不怀疑，我们将找到我们之间的共同原则和价值观。

（丁光训 译）

资本主义技术与社会主义技术[*]

美国学者维克多·沃里斯在美刊《社会主义与民主》第14卷第1期（2000年春夏季号）上发表《"进步"还是进步？为社会主义技术下定义》一文，指出技术不是中性的。他分析了资本主义技术的灾难性后果，并提出了对社会主义技术的设想。文章主要内容如下。

一、资本主义技术及其灾难性后果

在资本主义社会，人们只从狭隘的工具/技术意义上来理解进步概念，普遍认为技术只是不断提高的信息水平和完成具体任务的水平（例如如何更多地生产产品，如何更快地移动东西，如何更精确地瞄准军事目标，如何更精确地建立基因联系）。于是，最伟大的进步被认为与最先进和最精密的机器是同一事物，而不管这机器会对人类或自然界产生什么影响。而且人们还认为，这种影响的好坏取决于如何使用这些技术。这种技术中性论其实是资本主义最强劲的意识形态道具之一。

---

[*] 本文选自《国外理论动态》2001年第6期。

资本主义这架机器一旦发动，其创造性和毁灭性也同时发展起来。资本主义的社会进步运动从一开始就具有这样的效果：某一部分人取得的成果被其他人状况的进一步恶化所抵消。尽管那些新近被现存秩序吸收的人们不会积极地质问现存制度，但是促使民众产生忧虑的因素却在不断增长。即使那些受资本主义发展之惠最多的人，对"进步"的信仰也因"进步"在军事上的应用而大打折扣。虽然核战争的威胁近年来有所消退，但经济动荡和环境退化进一步突出了"进步"的负面影响。

资本主义总是要将经济上的不安全强加给工人阶级。资本主义最新一轮的技术突破，甚至使此前一直幸运的工人被解雇，对大多数人来说，终身职业的概念已经成为过去。追求技术进步不仅是迫于竞争的压力，而且体现了资本主义对总体控制的追求。资本主义要将人和生产的物质要素都纳入总体控制，这种追求有时超越了对短期成本和效率的追求。

用技术毫不留情地取代工人以及对总体控制的追求，直接导致了资本主义企业在环境问题上的坏做法。资本主义生产过度依赖资源，并且对有害废物的扩散蓄意漠不关心。

资本主义的控制规则逐渐超越工厂。农业生产本是资本主义市场之外最为平和的一个领域，但资本主义通过技术开发、签定合同和保护专利等措施，确保这最后一个自治领域的生产进程的任何一步都不会存在于总体控制之外。最极端的表现便是应用了某种技术处理过的种子结出的谷物就再也不能做种子。

石油开采进一步破坏了十分脆弱的生态系统，基本的地缘政治原因造成周期性军事冲突以及长期的控制战略。"知识产权"的施行可能会摧毁自然自治或地方自治的最后屏障。针对世界上最易受攻击地区的货币投机到处泛滥。资本主义对"进步"和技术的狭隘理解带来了巨大的灾难。

二、第一时期社会主义对技术的理解

始自苏俄的第一时期社会主义（first-epoch socialism，指1917—1989年间"现实存在的社会主义"）政权的建立，使社会主义进步概念的提出成为可能。

苏联早期的进步概念包含了早已为资本主义世界忘却的道德因素。苏俄的技术规划在开始时只有一个尺度，那就是全面改造人们的生活。这种对本来意义上的进步的全面追求，必然会推进真正的社会主义议程。然而，由于包围苏俄的资本主义国家的威胁，苏俄官方的技术观总是受制于短期目标。因此列宁提出了"科学管理"以及工厂中"铁的纪律"。正如列宁所承认的，这些做法反映了资本主义实践的延续。关于"社会主义人"的讨论也被束之高阁了。社会和文化目标虽被广泛讨论，但是与具体的经济实践无关。经济观主要不是着眼于社会生产关系，而是着眼于宏大的工程建设。对宏大工程的这种喜好一直持续到"二战"之后。

在技术方面，苏联政权最重大的失误是未能打破生产企业中的官僚主义结构。在苏联企业中经理的权力被完全保留了下来，这样，一个企业的兴衰继续不成比例地依赖于单个人的表现。这就直接与社会主义计划的宗旨和运作相矛盾。为保证计划实施，必须对经理施行经济上的奖惩。这就诱使经理通过夸大投入和降低产出指标来保护自己，事后批评、过度监督和腐败等错综复杂的螺旋由此形成。尽管名义上实行的是计划体制,但这一体制中各个组成部分不民主的结构阻碍了它的有效运行。

苏联以及其他大部分第一时期社会主义国家的另一个基本矛盾与自然环境有关。一方面,中央计划体制鼓励建设大工程,使决策者与地方具体情况相隔离,增强了对待环境的消极态度。不过,另一方面,计划体制使工业免除了市场的部分束缚,企业有可能减少过度削减成本的压力。还有其他一些因素也缓和了对环境不利的做法。尽管在苏联集团内曾发生过举世闻名的环境灾难,但是他们仍然取得了积极成就。而且,与1945年以后美国在世界各地发动的军事攻击所导致的环境灾难相比,苏联的环境灾难的严重性也要小得多。

总体而言,第一时期社会主义未能超越资本主义长期存在的技术进步和社会进步之间的矛盾。它们的技术进步或多或少是在资本主义的直接刺激下取得的。但是由于拒绝接受一些在资本主义世界已经极为普遍的技术,一个号称"社会主义"的制度逐渐被视为生产力发展的障碍。到戈尔巴乔夫离任时,资本主义已经被视为进步而不是退步。

三、真正的社会主义技术

面对资本主义和第一时期社会主义在技术上的理解和实践,某些人将"进步"看做某种应当避免的东西。那么什么是社会主义技术?社会主义技术并不是指那些在不是资本主义社会的社会中运行的技术。一种技术如果与社会主义的整体目标兼容并能够推进这一目标,那就是社会主义技术。这一目标就是要促进社会平等和生态健康,而这正是第一时期社会主义所缺乏的。社会主义技术要符合这两个要求，必须通过生产和消费上的集体主义性质的民主方式来达到。

在此我们应当研究一下"专家"问题。资本主义技术的霸权以一整套意识形态叙述为基础。这包括由于技术的发展而产生的人们对技术的依赖，但更重要的是这一意识形态宣称普通人没有解决技术问题的能力而只有专家有这一能力。早就应当对这种胡说进行批判了。技术培训和专家当然重要，但他们不足以形成实际的社会取向。一种要求人们改变生活方式的技术如果没有得到人们的支持，就不可能实施。需要建立起必要的参与机制，同时必须促进对技术问题特别是其后果的考虑和调查，直至使社会各阶层都熟知。

一种技术可以是一个单一的装置，也可以是包括机器、资源、生产者和使用者的一整套关系网络。技术在总体上永远不可能是中性的（从它对社会关系的影响上来说），但它的每一个组成部分并不都是这样。大部分装置都具有两种潜在的发展趋势，这取决于以下问题：它们的数量有多少？谁得到这种技术？这些技术的生产和使用对自然环境和人类健康（包括精神健康和身体健康）的影响如何？

以轿车为例。轿车在某些地方几乎已成为惟一的交通工具。从资本的立场上看这是优点；而从资源、健康和社区的立场上看这具有灾难性后果。这并不是说轿车这种装置本身没有积极的潜在趋势，只是说应当对轿车予以严格限制。有必要指出，技术总体上极大地受到那些根本不是"技术性"的决策或假定的影响。

没有事故、碰撞和公路巡逻的交通系统听起来像是科幻小说，但实际上这样的系统所需要的技术已经存在了。缺乏的是一个把这些专门技术组合起来的大框架。道理很简单。为避免一台合格的机器出故障，定时维修是必要的。但如果这台机器属于个人所有（就像私人轿车），那么就没有保证这种维修的监督机制。可假如一项技术事务成为社会的问题，情况就完全不一样了。要可靠地完成技术任务，就需要一定的社会性框架。因此，社会框架是技术的固有部分。正是在这个层面上，技术取得了总体性或全面性，即它是一整套关系网络。如果这种关系是以平等和生态为基础的，那么我们就最终拥有了社会主义技术。

四、如何实现

1. 总体而言，社会主义技术将给我们一个不同的世界。部分而言，社会主义技术已经存在了。这些部分至今未能融为一体是一个政治问题。社会主义技术不可缺少的一项要求是，全体人民群众性地有组织地参与技术讨论。只要这一点还没有做到，市场就会继续其统治，各自行动的人们就会赞成那些有害的做法（而在集体行动时他们本会反对这些做法）。

2. 迄今为止，多数关于技术替代的建设性思想是在民主的口号下而不是在社会主义的口号下发生的。"民主技术"的努力已经将大门打开，提出了有效的见解，号召人们注意某些社群早已有之的使技术成为自己的仆人而不是主人的传统。然而，社会主义思维在两个方面深入了民主技术观。一方面，社会主义思维将人们的注意力引向消除阶级对抗，这是使民主合作成为可能的前提条件。另一方面，它提醒人们，任何社群都不是"孤岛"，即使最完美的地方制度也会受到外界的侵蚀。

3. 在促进世界范围的寻求技术替代的努力中，削减温室气体排放是一个出发点。在这个背景下，最为紧急的任务是将人们的注意力从各国能源使用总量上转移到不同经济部门所产生的影响上。这样谈判者就可以不再谈论毫无结果的诸如哪些国家应当被给予更多的"污染权"的问题，而直接着手解决这一问题——哪些经济活动（包括军事、金融、商业和广告活动在内）对满足人类的基本需要密切相关，哪些活动关系不大。这样处理问题的方式不仅对生态有意义，而且有助于恢复民众意识中健康的国际主义。

4. 群众性参与技术讨论是十分必要的。社会主义技术确实是一场革命，这需要群众大量和长期的参与。遗憾的是，在左派那里，"制度化"如同"进步"一样名声不好，因为制度化通常被用来巩固统治集团的等级权力。新的任务不仅仅是要创立合适的制度，而且是要第一次建立真正的计划程序。打破中央集权并不意味着国家的、区域的和全球的合作（尤其是环境事务的合作）就不必要了。

5. 由于计划程序很复杂，显然资本主义发展的"信息技术"中的某些装置在制定计划当中应当有一席之地。但是社会主义的框架应当改变这些装置赖以运行的关系网络。信息不再被当做商品而被私有化和垄断；创新不再被视为对创新本身的终结；关于劳动时间的经济学不再被当做对付工人阶级的武器。

6. 想把这些都实现似乎野心太大，但是它们描绘了真正的进步的可实现范围。在理论上，我们要提醒自己，不是所有的创新都是健康的，真正的创造性在于对人类最基本的需求作出反应，而不是为聚敛财富去发明一些新东西。就实践目标而言，当资本强有力的扩张步伐在群众性的恢复自然多样性的坚决斗争面前开始退却的时候，我们所提出的历史性目标就能够实现。

（徐洋 编写）

全球化与社会主义[*]

俄罗斯联邦共产党领导人根·久加诺夫在俄罗斯《对话》杂志2001年第6期发表了《全球化：绝路还是出路》一文，文章发表后在俄罗斯引起强烈反响。这里介绍一篇赞成久加诺夫观点的文章，即技术学副博士米哈伊尔·佩图霍夫斯基发表于《对话》杂志2001年第12期的《全球化与社会主义》一文。该文用自然科学理论说明全球化是人类社会发展的客观规律，但以个人主义为主导思想的全球化会把人类引向绝路，只有以集体主义为主导思想的全球化才能把人类社会引向光明。文章主要内容如下。

一、全球化是人类社会发展的客观规律

久加诺夫认为，从马克思列宁主义的立场出发，全球化在历史中是一种自然的占主导地位的统一过程。他写道："是的，全球化是在人类历史长河中始终与人类相伴的客观的必然过程。"对这一结论无法不予

---

[*] 本文选自《国外理论动态》2002年第7期。

以赞同，因为它依据的是事实，而事实胜于雄辩。

但是，按照辩证唯物论的规律不会直接得出这种统一过程在社会体系中占主导地位的结论。显然，世界上存在着某种能够使各种体系在其发展中统一起来的万能原则。这种过程在自然界中我们经常能够观察到：原子组合成分子，经过复杂的变化后构成生物细胞，发展成多细胞的有机体；宇宙银河系中星的组合；动物聚集成群等。

在笔者看来，热力学第2定律作为自然界调节原则具有这种统一的特点。这一定律的最为重要的结果的是：统一的、集体主义的引力压倒动力的、离心的、个人主义的力而在整个自生、自调过程中占主导地位。自然界严格遵循这一规律。

整个社会体系就结构及其内在过程来说，同自然界相类似。它们同样具有动力和能量。因此，把万能的动力原则运用到社会体系中是自然的、合乎规律的。

从这些立场出发，全球化作为统一的社会历史过程是客观的，同样是由热力学第2定律所决定的。

二、从自然科学的角度看全球化

对于人类来说，问题在于：通过何种社会力量使全球化得以实现，将采取何种具体形式，现在及将来要达到什么样的目的。久加诺夫认为这些问题极为重要，并对其作了深刻分析。我想从动力学原则的角度对久加诺夫的分析和论证加以补充。

自然界的任何一种体系中都必然存在着两个相对立的原则：引力和离心力。各体系稳定的运作和发展是由在引力必须占主导地位的前提下引力和离心力之间的准平衡所决定的。

自然界的所有过程都有力场（重力场、电磁场……）。人由于其发达的抽象思维建立并掌握了用于彼此交流的第五个场——思维场即意识场。它也是力场，而就其特点和结构而言同自然界相类似。

活跃在这个场中的是社会体系即意识形态。它是个人、团体、阶级、国家的活动纲领。社会体系源于物质存在，为了保障社会生活的管理和组织，而逐渐成为一种自足的、基本的社会体系。

在意识形态中，集体主义和个人主义也同自然界体系中的引力和离心力相类似。它们各自具有许多衍生的概念，也具有它们的特点，并存在于不同的社会体系中。在宗教是上帝和撒旦；在艺术和文化中是善与恶；在社会和国家中是人的义务和权利；在经济中是集体公有制和私有制；在民族关系中是国际主义和民族主义，等等。

人类社会体系（社会意识、意识形态、生产关系等）是自然界中惟一的随着一定时期的发展实际上经常破坏热力学第2定律的行为原则的体系。这种现象发生在生产资料私有制产生和继续存在的时期。生产资料私有制破坏了原始共产主义氏族制度，建立了阶级对抗的国家。

在原始社会的意识形态中占主导地位的是由热力学第2定律确定的联合起来的集体主义。自私有制出现之后，在一定人群中个人主义的意识急剧加强，并逐步占主导地位。财产的占有者建立了国家，成了执政阶级，把自己的思想体系变为国家的思想体系，将其传播到社会的各阶层中。

个人主义同自然界中类似的动力一样，具有与生俱来的不稳定和破坏功能。正因为如此，在执政阶级的个人主义日益占主导地位的作用下发展起来的整个人类历史是不稳定的、充满矛盾的。几乎从未间断的战争、起义、政变、极残酷的剥削、毁灭等就是证明。

在资本主义制度下，利己主义的个人主义空前膨胀。它还渗透到社会的劳动阶层，破坏其传统的道德和具有强烈的集体主义成分的思想体系。个人主义败坏艺术、文化和教育，鼓吹利己主义和强权。个人主义是燃起民族主义火焰的导火线。

尽管在世界大多数地方占统治地位的资本主义破坏自然规律，在意识形态中鼓吹并在实际中实现绝对利己主义的个人主义，但是，基础的动力学原理依然在促使所有社会体系沿着联合的、复杂的道路发展，即严格遵循热力学第 2 定律提出的方向。

三、反对以个人主义为主导的全球化，坚持以集体主义为主导的全球化

现代世界强大的经济、军事和信息的力量集中在"七国集团"，尤其是"七国集团"的首脑美国手中。美国在其意识形态中宣传个人主义的绝对主导地位、强权统治、自身行为的完全自由、本民族的全面优势。美国力图主宰全球化的过程，建立具有统一（亲美）政府的世界帝国。对于整个世界来说，这样的世界体制是一种罪恶。这种全球化为了繁荣和发展"金元大国"，加剧了对世界其他国家资源的剥削和榨取。

对这种全球化而言，在自然界和世界共同体中存在着强大的对抗力量。首先是动力学的力，即作为民族利益代表的个人主义以及"七国集团"和美国内部工业财团和政治集团的自负和利益。体系本身具有与来自外部作用的变化相对立的特点。最终，复杂的综合体系的稳定是由体

系组成部分的多样性来决定的，而不是靠简单划一来决定的。同时，它们在万能的法律面前是平等的。自然界在微观世界、宏观世界和宇宙就是这样安排的。自然界中的联合过程很慢，需要几十亿年。如果单有联合的力量而没有运动的平衡，那么宇宙早就坍缩了。

加速进行的全球化是按美国的统一标准实行划一，这必将导致世界体系的灭亡。当今的全球化一定程度上使人们想起历史上以武力建立世界帝国的种种企图。试图建立这些世界帝国的有：马其顿王亚力山大、恺撒、查理大帝、成吉思汗、贴木儿、拿破仑、希特勒。他们的思想都是建立在民族优势、绝对个人主义的基础之上的，并因此而灭亡。

被久加诺夫称为帝国主义最高阶段的现代资本主义社会，其意识形态是个人主义占主导地位，疯狂地发展物质生产，它的发展和进步就是不断为自己增加物质财富（包括能源）并无限制地加以消费。这与自然界的基本原则相抵触，导致社会不稳定因素增多。

自然界的所有体系的运行和发展靠的是太阳能。人类对能源的需要大大超过自然界的蕴藏，人类使用早先积累的太阳能储备：煤、泥炭、石油、燃气，非理智地开采周围的生物体系，直至将它们消耗殆尽。人类活动使自然界难以保持稳定和再生的条件。自然界对人类破坏其规律的行为予以提醒和报复，因而出现种种危机：生态危机、能源危机、原料危机、粮食危机、整个体系的危机。自然界的灾难之多和程度之强就是证明。

人类在意识形态上将个人主义置于主导地位并以此作为行动的出发点，这实际上是在经常破坏自然界基本的能源规律，是人类社会体系在其整个历史中不稳定的原因所在。这种发展必然会使人类走向绝路。

在这样一种意识形态和资本主义的社会体系下,技术进步只会加深和加速人类走向崩溃和灭亡。

世界著名的未来学家认为出路在于改变社会发展的范式。他们认为可持续发展就是理智地使用能源、使自然界具有再生能力并在劳动活动过程中具有稳定的条件,也就是说严格遵循自然界的规律。

但这首先需要人类必须具备集体主义占主导地位的思想。集体主义占主导地位的思想体系应当成为国家的思想体系,体现在社会的各体系即经济、文化、艺术、道德、法律和大众媒体中。它应当成为人的有意识的需求。

这就是社会主义。

鉴于个人主义具有巨大的破坏力,新的社会必须依法组织起人民对政权活动的强有力的监督机制。

因此,如果人类要生存下来,那么就只能选择可最大限度遵循自然规律的社会制度即社会主义。在社会主义社会条件下,全球化作为统一原则必然将继续发展。但全球化发展所依据的思想必须是集体主义、人民的友谊、平等和互助、国际主义。

总之,上述看法和论证可以证明久加诺夫的结论是正确的:资本主义的全球化形式对世界来说是危险的,社会主义体系的发展是必然的。

(李桂兰 编写)

哈耶克与社会主义*

〔美〕布鲁斯·考德威尔

哈耶克与市场社会主义者

哈耶克同社会主义者之间的论战始于1935年《集体主义经济计划》一书的出版。该书由哈耶克编辑，包括四篇译文以及他撰写的引言和结语。

1. 问题的由来

该书中最重要的译文原作者是米塞斯，德文原文于1920年发表。一战后德意志帝国与奥匈帝国的垮台为倡导依据形形色色的社会主义方案重组社会的活动敞开了大门。米塞斯是向社会主义者挑战的最佳人选，他在德语国家引发了关于社会主义经济计算问题的辩论。

米塞斯挑战的前提是，在大多数社会主义社会，"生产物品"归国家所有，因此不存在生产物品市场。可是，社会主义的这个基本特征会

---

* 本文选自《马克思主义与现实》1999年第6期。

造成严重后果。"由于生产物品不是交换对象,就不可能确定其货币价值。货币不能在社会主义国家起到它在竞争性的社会中所起到的决定生产物品价值的作用。用货币进行计算是不可能的。"即使保留货币,在社会主义国家也不存在生产要素价格。这样,社会主义国家的经理在选择经济上可行的各种可获得的技术时就会不知所措。对相对稀缺的情况不了解,他们只能"在黑暗中摸索"。如米塞斯所言:"没有自由市场,就没有价格机制;而没有价格机制就没有经济计算。"

2. 哈耶克的最初论点

哈耶克首先对"俄国的实验"进行评论。接着,他谈到迪金森的论点,后者认为米塞斯是错误的,在社会主义条件下合理的经济计算至少在理论上是可能的。鉴于任何经济都可以规范地用瓦尔拉方程体系来表示,迪金森声称,在理论层次上,资本主义与社会主义没有区别。在资本主义制度中,该方程体系通过市场来"解",而在社会主义制度中则可以通过计划当局来解。哈耶克在反驳中列举了"数学解决法"的许多困难。如果社会主义当局决定使用迪金森提到的试错法"解"这个方程体系,其他问题就会出现。其中最重要的问题是,没有一种价格变化机制能够像竞争性自由市场那样对供求变化作出反应,进行自动调节。哈耶克在其结语的后半部分论述了市场社会主义。因为尚无具体的市场社会主义方案问世,他不得不设想他的论敌可能提出的市场组织形式。一种可能的安排是对垄断行业的管理者进行生产指导,使价格等于边际成本,从而模拟竞争性均衡的结果。哈耶克最富独创性的观点是,在现实世界,难以确知"真正"的边际成本。在市场社会主义制度中,在同行业内部公司之间进行竞争，一个不同的问题就会出现：在关于资本配置的决定中，中央计划者不得不取代在市场制度中成千上万的企业家发挥的作用。哈耶克显然认为这是一个不利因素，但是没有特别说明问题的性质。最后，他强调不存在生产资料私有制造成了管理者的激励问题。这些管理人员将拖延困难的决定，并往往在投资决策中不愿冒风险。

3. 兰格的反驳

20 世纪 30 年代后期，市场社会主义的主要发言人是旅美波兰人兰格，他的文章《社会主义经济理论》分两部分发表在 1936—1937 年的《经济学评论》上。

兰格首先反驳米塞斯。他同意米塞斯的价格对于合理的经济计算是必要的。米塞斯的错误在于认为价格必须在市场里才能形成。如果将价格的正确定义理解为"提供其他选择的条件"，并将价格在市场里确定理解为并非必不可少，而只是特定制度安排（资本主义）的特例，米塞斯的论点就站不住脚了。会计价格可由中央计委提供，社会主义企业的经理可以把它们作为决策的参数。社会主义条件下合理的经济计算终究并非"不可能"。

兰格接着说明社会主义国家怎样才能获得与真正的竞争性市场制度相同的结果。在其模式中，存在消费品和劳动力的自由市场，但不存在像资本市场之类非劳动力的生产要素市场。兰格建议中央计委为所有物品和生产要素确定临时"价格"。社会主义公司的经理被要求以这些"给定的"价格为基础选择要素投入组合，使成本最小，产出水平达到利润最大化。负责各产业的计划者同样视情况对这些产业进行扩大或收缩，从而产生与竞争条件下自由进出同样的有益效果。

兰格模式涉及一个关键问题：如果中央计委不能选择准确反应潜藏着的相对短缺的价格的话，怎么办？兰格建议计划者采用"试错法"。通过试错法，最终会找到"正确的"会计价格。

对社会主义条件下激励扭曲问题怎么看？兰格承认这个问题的重要性，从两方面作了回答。第一，他否认这样的代理问题是经济学家应该研究的课题："这个论题的讨论属于社会学而非经济理论领域"。第二，他坚持真正的问题是官僚主义。但他接着说，官僚化是一个困扰资本主义和社会主义的普遍问题。

4. 对兰格的答复——米塞斯论价格与企业家

米塞斯从未直接答复过兰格，但米塞斯的后期著作显然表明他不接受兰格认为价格不过是"提供其他选择的条件"的论点。对米塞斯而言，价格是"参与市场运作的所有个人的评估相互作用产生的"社会现象，反映了成千上万正在行动的个人在特定时刻的计划和评估。鉴于价格源于成千上万人的评估，它总是不停地变化。即便如此，价格仍然是企业家用来计算如何最合理利用稀缺资源的必不可少的工具。至关重要的是，这种计算总是着眼于未来。生产需要时间，人的计划不断的改变使价格结构不断变化，企业家必须在这样的世界就资源的使用进行决策。在这样的情况下，错误显然难以避免，但不会得不到纠正，因为一个企业家的错误同时又是另一个企业家获利的机会："追逐利润的企业家之间的竞争不能容忍保留生产要素的虚假价格"。因此，市场内存在的不断变化的价格结构似乎是瞎摸乱撞结果却成为行之有效的揭示相对稀缺的制度。

5. 对兰格的答复——哈耶克论计算与知识

哈耶克在 1940 年的一篇书评中对兰格作出了最初的回应,后来在一系列的文章中详尽阐述并发展了自己的观点。

(1) 计算问题与"试错法"——哈耶克早在 1935 年就提出了反对"数学解决法"的论据;更重要的是,哈耶克当时就论证了试错法行不通。在 1940 年的书评中,哈耶克不解兰格何以对其反对试错法的论据置若罔闻,以及为何兰格竟然完全忽视了在其模式中隔多久调一次价这个显然重要的问题。他接着批评兰格的试错法产生于对静态均衡的纯理论问题的过分专注。哈耶克认为,兰格被其使用的均衡模型所误导,以为最终达到某一组均衡的会计价格就会一劳永逸,而实际上这是一个永无止境的过程。

(2) 哈耶克的"知识"论据——哈耶克认为兰格的使成本最低的规定提供了一个过分注重静态理论的后果的事例。他问道:计划者怎么知道最低成本是多少呢?哈耶克的基本观点是,只有通过竞争性市场过程,才能发现或创造成本更低的生产方法。标准的均衡理论错误地设想最终状态已经达到,因此成本最低的投入组合业已得知。这可能令人错误地相信,产生知识的过程本身可以舍弃。概括一些来说,完全竞争的静态理论的"出发点是设想稀缺物品的供应是'给定的'。但哪些物品是稀缺的,或哪些是需求的物品,它们的稀缺或珍贵程度如何——这些问题的答案恰好是竞争必须发现的"。一句话:市场竞争构成了一个发现过程。

兰格还辩称，由于企业家关于市场情况和价格的知识非常有限，中央计委可以使资本配置的决策更合理。

《通往奴役之路》

1. 写作背景

20世纪30年代，大多数英国知识分子同情社会主义。哈耶克后来回忆，写作《通往奴役之路》的原始动机是反驳贝弗里奇的议论。但他也抨击当时被广泛接受的观点：法西斯主义是资本主义的自然产物，只有采纳社会主义，才能使尚存的西方民主国家免遭类似的厄运。旅英德国学者卡尔·曼海姆是这种观点的理论层次较高的推崇者之一。曼海姆在其1937年出版的著作中论述了法西斯主义的成因。考虑到德国最近的情况，曼海姆的结论是，中欧初生的民主国家完了。他认为英国尚有希望，但只有放弃自由民主制度，实行全面计划体制。曼海姆的著作受到好评。

哈耶克写于20世纪30年代末40年代初的政治著作试图证明曼海姆等人的观点完全是颠倒是非。他争辩说，计划不但不是抗衡极权主义的唯一手段，相反，它本身构成了通往极权主义国家之路的重要步骤。为了实行计划体制，计划当局必然将不被认可的详尽的价值标准强加于大众。由于没有共同的价值标准，即使社会主义制度起初是民主的，专制权力也不可避免地倾向于从经济领域向政治领域扩展。曼海姆错误地认为，只有实行计划体制，民主才能长存。事实正相反：只有将民主与自由市场制度结合起来，才可能存在选择的自由。

2. 预言还是警告？

哈耶克的书颇受大众欢迎，但英美学术界的反应大多是负面的。哈耶克的计划体制不可避免地会导致专制主义的预言成为众矢之的。

哈耶克对此予以反驳，辩称《通往奴役之路》的用意是一个警告，而非历史预言。他强调，为了防止误解，该书在绪论中已作了说明，而哈耶克在其他著作中对"历史主义"的批判有利于他的辩解。历史主义的论点之一是：人类历史由一个接一个的确定的阶段构成。鉴于他明言不存在支配不可避免的历史发展趋势的永恒不变的规律，他对发现其他人声称他致力于说明这样的趋势的存在感到惊讶。

人们可以明白为什么"预言还是警告"是一个重要问题。如果将哈耶克的言论视为对不可避免的趋势的预言，那么预言的事情显然没有在英国发生。然而，如果将其视为警告，则他后来关于战后工党在英国的统治的负面"心理效应"的言论就不难理解，甚至可以说是恰如其分。

3. 自由与知识——哈耶克的自由主义乌托邦

哈耶克的论敌要求哈耶克详细阐述他心目中理想的自由主义社会，而《自由宪章》（1960）就是回答这一要求的精心之作。

哈耶克将"自由"界定为一种状况，"在这种状况下，社会中一些人对另一些人的强制减少到最低必要限度"。这就产生了一个两难困境，因为避免强制的最佳途径是建立足够强大的强制力来防范它。自由社会解决这个问题的方法是规定属于个人活动的私人领域，赋予国家对强制力的垄断权，然后用宪法限制国家的权力以防其滥用。国家的强制行动受法治的约束：保护私人领域的法律必须是可预期的、公之于众的、确定的和一视同仁的。哈耶克将这些与私人领域内寻求特定的结果的法律，如某些再分配方案，作了比较。

在其政治著作中，哈耶克多次声明自己并非自由放任的鼓吹者。他这样说的含义是，市场制度要有效，就必须植根于一整套其他制度之中：民主政体、对个人活动的私人领域的强有力的宪法保护以及受法律保护的可以交换的产权。

哈耶克还将自由同如何利用分散的知识联系起来。随着社会的进步，知识的分散化在加剧，我们对别人拥有的知识的依赖程度也增加了。最成功的社会是那些每个人能够最充分地利用他自己的局部知识的社会。《自由宪章》从这个角度描述了促进发现、传播和利用知识，以便使个人能够有最大的机会在追求自己的目标中获得成功的制度和信念。使自由成为可能的主要条件是自由本身。

哈耶克的政治哲学并非没有争议。批评者指出，他把许多不同的伦理哲学和政治哲学糅合在一起；特别是他的康德式的关于普遍适用的伦理思想与休谟式的认识论悲观主义难以协调一致；他所要求的法律的特性不足以保障自由。以是否建构了一个完整的政治哲学的标准衡量，哈耶克也不算成功。然而，哈耶克的思想仍不失为建构一个社会哲学的完整体系的令人印象深刻的尝试，该体系融合了经济学、政治哲学、伦理学、法学和心智史学等诸多领域的深刻见解。哈耶克的基本论点——自由主义秩序比社会主义更有利于充分利用个人知识——是难以否认的。

哈耶克与自发秩序

哈耶克反对社会主义计划的最后一套论据的前提是，市场制度和某些其他社会制度是自组织的复杂现象，是给有幸生活于其中的人带来意外益处的自发秩序。特别在20世纪中期，哈耶克著作的大多数读者会觉得将市场作为自组织系统的范例是很奇怪的。对他们而言，市场更像一部已损坏的机器，如果不是应该被彻底更换的话，起码需要大修。哈耶克将这种反对市场的观点称为"理性结构主义"，认为其渊源是启蒙思想的法国理性主义变种。在哈耶克看来，理性结构主义相信："人类的制度只有在它们有意地被设计出来，才能为人类的目的服务；通常一种制度存在的事实本身就是它为某一目的而被建立的证明；我们应该重新设计社会及其制度，以便我们的行动完全由已知的目的来指导。"哈耶克最早的批判矛头指向"科学人"的"工程意识"，但他的批判对象后来扩展到包括理性主义、经济主义、实证主义和功利主义。

哈耶克认为自发社会秩序是人类活动的产物，而非人们有意设计。这种制度逐步演进，只有在这种制度产生以后，其优点才被认识到。哈耶克对这种秩序的迷恋始于20世纪30年代。在早期著作中，他强调自由调节的市场价格的协调作用。但哈耶克很快就意识到各种惯例、准则、规章和其他形式的制度也有助于社会协调。他因此推断，语言、法律和货币等广义的制度的出现是因为它们有助于提高个人追求自己目标的能力；道德也经历了类似的文化演进。

哈耶克运用他对文化和制度演进的解释来批判那种社会能够更合理地重新建构制度和道德规范的观点。知识问题在哈耶克这个论点中占据了突出位置。哈耶克相信，自发形成的惯例、准则和制度不仅使人类更好地利用知识，而且使过去获得的知识得以保存，因为这些知识是许多人长期实践经验的结晶。因此，试图急剧地改变或重构这些制度充满危险，我们对此完全没有足够的知识。鉴于我们的无知，只有"理性的虚妄"才使人相信我们能够彻底重构社会。

市场社会主义与信息经济学

1. 关于社会主义问题的辩论历史的新篇章

目前人们重新对市场社会主义感兴趣，随之而来的是对有关辩论的历史进行新的诠释，突出信息经济学的贡献。

直到20世纪70年代，关于社会主义计算问题的辩论的通常说法是这样的。辩论是米塞斯挑起的，他宣称在社会主义条件下"不可能"进行合理的经济计算。迪金森的"数学解决法"运用一般均衡模型削弱了米塞斯的论点。哈耶克的贡献是通过其"复杂性论据"质疑"数学解决法"的实际可能性。兰格的"试错法"推翻了哈耶克的说法，于是社会主义的实际可能性被视为经验问题。后来超级电脑和可计算的一般均衡模型的出现意味着复杂性问题很可能获得解决，因此实际建立可行的社会主义国家也许只是时间问题。

然而，情况并非如此。共产主义政权的不良业绩表明，主要问题不是经济计算问题，而是"激励相容"问题。新看法认为瓦尔拉一般均衡模型（或阿罗—德布鲁模型）是罪魁祸首。尽管早期经济学家偶尔也会提到信息问题的特定事例，但阿罗—德布鲁的理论框架是一个障碍，使人们的注意力离开信息问题。

相反，信息经济学为信息不对称所引起的一系列问题提供了鉴别与分类的系统方法，同时也就为鉴别与分析社会主义经济中的问题提供了一整套有力的工具。根据新的历史诠释，当前的市场社会主义模式在过去模式的基础上大有改进，因为它们包含了对于代理问题的成熟理解。但强调进步的历史诠释也许会不可避免地倾向于辉格主义，即认为过去经济学家的工作只不过是目前理论发展的序幕。如斯蒂格里茨援引20世纪30年代的辩论，但多半是粉饰门面。他的著作《社会主义往何处去?》（1994）对信息经济学大唱赞歌，将社会主义的可行性问题作为信息经济学的主要用武之地。

但是这只不过引出一些新问题。考虑到其理论工具的局限，哈耶克怎么会碰巧在这个问题上具有如此深刻的见解？考虑到哈耶克对兰格的批评集中于变化的相对价格如何传递知识，为什么他在发展信息经济学上的进展如此微不足道？后一个问题是由马科斯基和奥斯特罗伊尖锐地提出来的。他们强调"机制设计"有两个不同的领域：一是机制的信息传递要求，二是机制的激励特性。据此他们得出对哈耶克贡献的评价："他对市场社会主义的批判是'模糊不清的'。"从这个角度来说，哈耶克的主要贡献是指出，在信息分散的稀缺环境中，价格体系是收集与传递信息的低成本机制。后来的理论家将这一深刻见解规范化，在这一过程中显而易见的是，哈耶克（及其论敌）没有抓住第二个问题，即在信息不对称情况下的机会主义行为问题。由于哈耶克（以及奥地利学派）没有看到激励的重要性，以及有必要建立解决与信息不对称相关问题的机制的重要性，他们没有在这一领域取得进展。他们忽视了一个明显的事实，即信息问题既困扰市场制度，又困扰社会主义制度，结果，他们的分析充其量也是不完整的，而且有时是有缺陷的。这些信息问题正是新一代更复杂的市场社会主义模式能够处理的问题。

2. 激励问题

哈耶克在《集体主义的经济计划》的最后一章中多次提到激励问题。他指出，"俄国的经验"是一个具体例子，说明"显然难以使人们忠实执行计划"。他提出了私有产权对于激励企业经济是否必要的问题和应该用什么标准来评估经理的决策的问题。哈耶克特别关注投资决策问题和他相信社会主义国家的经理中普遍存在的"只求保险而不愿冒风险的企业投资倾向"。

米塞斯也认识到这个问题。他1920年的文章中有一节题为《公有企业中的责任与激励问题》，其中写道："消除私人企业赖以成功的自由进取心和个人负责制的做法，构成了对社会主义经济组织最严重的威胁，这在现在已是举世公认。"

在后期奥地利学派的一些著作中，也隐含着对激励问题的关注。如贝特克辩称，《通往奴役之路》的某些章节就已经提出了后来公共选择理论文献中关于政府失灵的某些观点。此外，某些制度安排（即在私有产权制度下运作的自由市场）激发和奖赏企业家的警觉的概念，表明哈耶克已认识到制度是如何影响经济参与者所面临的激励的。认为奥地利学派忽视了激励问题的结论是不能接受的。

另一方面，很清楚，奥地利学派没有对当今关于信息经济学的大量文献作出持久与系统的贡献。更有趣的是，哈耶克有时甚至在可以使用激励论据时也弃而不用，这同样显而易见。因此，在对兰格的反驳中，哈耶克"出于辩论的需要",愿意姑且承认社会主义经理"会像一般资本主义企业家一样有能力和渴望低成本地生产"。对于历史学家来说,真正的问题是:鉴于哈耶克毫不妥协的反社会主义立场,鉴于他愿意提出政治的甚至进化的论据来反对社会主义,鉴于他显然具有从这个角度抨击社会主义的知识,为什么他没有更激烈地讨论激励问题呢?

有一些似乎讲得通的解释。哈耶克声称社会主义政权将为激励问题所困扰。请回忆兰格对此的两点答复:第一,唯一真正的代理问题是官僚主义问题,但它普遍存在于大公司与缺乏竞争的环境中;第二,这种"社会学"问题不应包括在经济学的领域之内。

哈耶克从未接受第一个论点,他否认兰格的前提,大公司的出现一定意味着竞争的终止。哈耶克在《竞争的意义》(1946)中辩称,市场竞争是真正竞争的关键,即使完全竞争的条件不能保持,市场竞争也会存在。完全竞争的理论假定误导了像兰格那样的人。静态均衡理论再次模糊了现实的性质。然而,也许哈耶克至少部分接受了兰格的第二个论点。"官僚主义"的问题在传统上确属社会学家的领地。

哈耶克还必须与旧的社会主义信念——产生代理问题的机会主义行为本身就是资本主义社会的产物——进行斗争。马克思很久以前就认为,人的社会意识决定于人的社会条件,而不是相反。虽然资本主义使人贪婪,但是在社会主义条件下,应该产生乐于为大众利益牺牲个人舒适的社会主义新人。尽管这种乌托邦式的看法长期以来一直受到反对者的挑战,但无法证伪。哈耶克知道社会主义面临激励问题,但他不想陷入看来是没有结果的争论,所以他没有继续谈这个问题。他的行为背后的原因是复杂而微妙的,而当前对这段历史的叙述没有使这些原因清楚地显露出来。

3. 奥地利学派关于市场社会主义的新辩论的看法

某种认识到激励相容问题并采取措施加以解决的市场社会主义是否能生存或繁荣？信息经济学家对此存在分歧。我们可以用斯蒂格里茨和罗默两人的著作作为两种对立观点的代表。

代表主流经济学派的斯蒂格里茨承认，市场经济本身被代理问题所困扰，特别是当它涉及大公司的管理权与所有权分离的传统问题时。信息经济学提供了发现问题和解决问题的工具。然而，市场社会主义的前景并不光明。由于缺乏竞争提供的市场纪律和非集中化的市场经济所促进的创新精神，社会主义制度无一例外地不如市场制度成功。

罗默持异议。他相信信息经济学也可以用于解决社会主义制度的问题。罗默提出了一些大胆的革新主张。例如，鉴于政府存在承诺可信度问题，他不认为在社会主义条件下生产资料国有制是必要的："社会主义者应该在产权关系问题上持折衷主义的态度，也许有许多所有制形式比传统的生产资料国有制更符合社会主义的目标。"他设想用外国的竞争甚至社会主义经济内部存在的各个分立的自由市场部门来取代市场经济内部的自然竞争。

并非所有市场社会主义者的建议在引进市场机制问题上都像罗默的建议那样"激进"。但它们都试图正视激励问题。新建议的具体方案受到了批判：阿诺德声称，即使罗默的改革付诸实施，监督问题将继续存在。但确实，从理论的观点来看，罗默与巴德汉坚持如果信息经济学能够帮助混合的市场经济运转得更好，那么原则上没有任何东西妨碍其被用于改进和改革市场社会主义经济，这是对的。然而，由于将阿罗—德布鲁模型而不是成熟的市场社会主义著作为陪衬,斯蒂格里茨甚至没有处理这个问题。罗默尖锐地指出,斯蒂格里茨的《社会主义往何处去》应当被视为对传统的一般均衡模型而非市场社会主义模式的抨击。

如果市场社会主义面临的主要困难是信息经济学所确认的那种激励问题,那么建构有效率的市场社会主义模式应该是可能的,这确实看来不无道理。在这个意义上,信息经济学与它之前的理论存在相似之处。在一般均衡模型中,没有区别竞争性自由市场制度与市场社会主义制度的理论依据。同样,在信息经济学模型内也无法区别自由市场制度与其所有代理问题得到确认并尽可能予以解决的市场社会主义制度。

正是在这一点上,奥地利学派的贡献意义重大。正因为愿意不时出于辩论的需要承认兰格的说法,即激励问题不是经济学家应该关注的,奥地利学派将其论据集中在与信息经济学家所强调的不同的领域,集中于"模型之外"的问题。他们提出以下问题:

(1)知识不同于信息。对哈耶克而言,知识是分散的;某些知识,特别是在特定的本地市场通过日常接触产生的知识,还是隐秘的。隐秘的知识不能直接传递。将"信息"视为某种装在小袋里可以通过适当的机制获取之物的理论误解了这个基本事实——没有任何机制可以获取隐秘的知识。而且,隐秘的知识是重要的:它影响并贯穿于企业家的决策,最终反映在竞争性价格体系里出现的价格上。在市场社会主义者所建议的企业家决策被取消或被管理方法所取代的经济制度中,这种知识就会消失。这种经济制度中仍然存在"价格",但它们所含的"信息"却要少些。

主流经济学家常常将注意力集中于市场怎样"传递信息"。尽管哈耶克认为市场的这个作用很重要,但他同样还关注知识的创造、发现与保存。此外，奥地利学派的"发现"概念迥异于新古典学派的"搜寻"。像斯蒂格里茨那样的新古典学派经济学家可以问："获取信息的费用是太少、太多还是刚好呢？"为了回答这个问题，人们必须能够比较进一步搜寻的预期成本与预期收益。试将其与柯兹纳所描述的企业家的发现过程相比较："依据奥地利学派的方法论，不完全信息包括根本不能纳入新古典模型的一个因素，即'完全'无知……减少完全无知的发现必定伴随着惊异……人们迄今为止尚未发现自己的无知。企业家的发现过程被视为逐步而有条不紊地迫使完全无知的边界后退……"

（2）主流经济学的竞争理论未能正确地把握市场过程。哈耶克像现代信息经济学家一样相信，他的时代的理论工具对于理解社会主义的局限是不够的，并将不现实地对待知识确认其最主要的缺陷。可是他对此的反应不是从信息的角度对新古典模型进行更加精致的解释，而是反对"给定"数据和完全竞争的观念，代之以动态市场过程的观念。

奥地利学派对市场过程的分析不是乌托邦，协调是没有保证的。但这种分析确实坚持，由竞争性市场决定的价格自由调节以反映相对短缺的制度，是一种参与者的计划相互协调最不可能受阻的制度。竞争是市场制度中关键的制度性特征。需要用竞争来提供激励。但是"市场的纪律"也有助于发现过程：发现错误、发现新的生产方法和新产品、发现知识本身。竞争从来不是"完全的"，也不必如此。早期市场社会主义者的两个观点——极为分散化的竞争对于市场制度的运转是必要的，而这种竞争业已消失——是不正确的。特别是，完全竞争不是制定政策的合适的基准。在其接受的有效率的福利准则的范围内，奥地利学派所强调的是制度的动态适应效率而非静态配置效率。

在现实世界，错误随时都在发生。主流经济学家通常将错误作为不均衡现象来对待，因此他们的模型很少直接包含现实中这一普遍存在的方面。但在非均衡情况下的企业家活动构成了奥地利学派对市场过程的描述的一个基本方面。正如在现实世界中一样，奥地利学派所描述的企业家决策者也随时犯错误。这些错误带来了获利的机会，而对赢利的追求使不同的预期显露或消失。主流经济学家对均衡状态的强调使事实模糊不清。用奥地利学派的观点来看，主流经济学家倾向于高估均衡价格的信息含量，而低估非均衡价格的信息含量。

（3）拒绝接受经济人的假设。虽然经济人是新古典学派分析中一个关键性假设，但哈耶克怀疑其用处，有时甚至对其进行嘲讽。他试图在其心理学著作中为感知、并最终为知识的形成提供心理学基础，而不愿继续使用这个概念。在《感知的秩序》中描述的个人的头脑是一个复杂的、具有适应性的自组织神经秩序，而这使人们的感知和信念不同，使我们具有适应新环境的能力，使我们可能增长知识。这是与经济人迥然不同的概念。

在标准的新古典分析中，出发点是理性的经济参与者，据设想，他们使所有相关利润最大化。在信息不对称的情况下，主要的目标是设计获取信息或提供激励以防止无效率的社会后果的机制。如果世界真的充满了类似经济人的参与者，这种方法也许言之成理。然而，对哈耶克来说，世界可不像这样。人是有目的而不完善的造物，他们知识有限，会犯错误，而存在的知识都是分散的，零碎的，往往难以传递。从奥地利学派的观点来看，新古典经济学家设想的许多事情，应该是某些制度安排的结果，而不是用于分析的假设。奥地利学派问道：什么样的制度组合才能最有效地帮助不完美的个人更好地决策及更好地利用其知识？标准的新古典分析从理性的参与者入手，正好把事情弄颠倒了。

（4）制度的作用。哈耶克没有研究另外的资源配置机制的设计，而是建议我们考察各种制度在帮助创造、发现、利用、传递和保存知识中的作用。这使他提出一些自己的建议。正是对知识的集中关注使哈耶克支持在自由民主政体的框架内运作的自由市场制度，这种制度有被确认的、受法律保障的、可交换的产权，一切都得到强有力的宪法的保护。

尽管提出过建议，哈耶克也认识到，有意识地建构社会制度或强制推行社会制度是需要慎重对待的事。许多社会制度是长期演进过程的产物，它们自身就是复杂的自组织适应秩序的范例，它们有自己的历史，局外的观察者不甚了解其功能。它们的产生当然并非不可避免，其继续也非必然。这促使哈耶克去探索为什么某些制度延续下来，即使它们也许与我们的本能或理性均不相符。但他也看到那些碰巧出现自由主义制度的正确组合的社会既繁荣又允许享有相当大的个人自由。

改变这种制度的企图，不管是采取零敲碎打的方法，还是通过彻底更新的社会工程，常常会产生事与愿违的、预想不到的、不受欢迎的结果。"机制设计"也许在面临市场竞争考验的公司内部是可行的。成功地模拟整个市场或重新设计全社会的可能性要小得多。一般来说，那些希望重新设计制度的人对于他们能够获得的知识量过于乐观。正是由于知识不是唾手可得，在制度设计方面演进的过程通常比我们的理性更有效。

最后，哈耶克得出结论，许多制度，从我们的道德规范到市场制度，都是复杂的适应性现象的例证。从这个意义上说，尽管哈耶克也许同信息经济学家一样反对静态均衡模型，但哈耶克的基本看法更符合复杂理论和进化生物学的最新观点，而不那么符合新古典理论后来的发展。

结 论

哈耶克并不反对理论,相反他常常反驳理论的历史主义诋毁者。但他也懂得理论的局限。半个世纪以前,一些好心的社会主义者用简单化的数学模型来说明市场社会主义可能模拟竞争性市场制度的运作并消除其缺陷。今天,为矫正有信息问题的制度,已经有了更精致的市场社会主义模式。60多年前,哈耶克对"过分专注于静态均衡的假设"的危险发出过警告。今天,认为他也许会对过分专注于信息问题发出警告,并不为过。

(原载《经济学文献杂志》1997年12月号)

(静虚 译)

社会主义运动亟待解决的若干问题[*]

〔希腊〕迈克利斯·斯勃德拉克斯

迈克利斯·斯勃德拉克斯是希腊执政党泛希腊社会主义运动的思想库帕潘德里欧战略与发展研究所理事、国立雅典大学副教授。2002年10月他向在北京召开的"21世纪世界社会主义"国际研讨会提交了论文《社会主义,提前计划:一个分框架》,在回顾社会主义的历史经验教训的基础上,对社会主义运动亟待解决的若干问题提出了自己的看法。论文主要观点如下。

正如卡尔·马克思在谈到共产主义时所阐述的,社会主义是"一种运动而不是教条",是改变事物现有状态的实际运动,因此,任何有关社会主义未来的讨论都应避免滑入抽象解说的泥潭。什么才是真正的"社会主义"或"共产主义"?这一问题困扰了无数激进主义者、左翼人士、社会主义者、共产主义学者以及左派政治人物。脱离一定的历史、政治及文化背景来研究社会主义是毫无意义的。社会主义改造是一个不断发展的过程,其内容和结果是由两方面因素决定的:一是历史环

---

[*] 本文选自《国外理论动态》2003年第6期。

境,二是具有社会主义理想的政治组织动员各种社会力量的能力。

因为社会主义既不是预先设定的也不是一成不变的观念,因此把它当做一种自然现象来下定义是没有意义的。在我看来,社会主义是从一种与资本主义根本对立的思想发展而来的运动,它想改造资本主义制度,并试图在经济、社会、政治、文化等各个层面超越资本主义所创造的历史经验。

本文内容分为四个部分,旨在为当前关于社会主义的讨论提出一个议程,为反思实践社会主义理想的活动提供一个框架。第一部分阐述社会主义运动如何建构其战略战术。第二部分回顾社会主义(包括左翼)运动所取得的主要成就。第三部分综合论述近年来社会主义运动发展的内外环境。第四部分探讨未来几十年社会主义运动的发展趋势。

一、社会主义亟待解决的问题

在以往有关"社会主义运动"的分歧、辩论、甚至分裂中,以下几个问题起到了决定性作用,值得我们特别注意。

1. 社会变革的主体

主体问题是左翼运动争论的焦点问题之一。"谁"是社会变革的首要主体?马克思主义传统观念认为,社会历史是阶级斗争的结果,在资本主义社会中,资产阶级和工人阶级是社会变革所涉及的两个最主要的阶级。然而,虽然工人阶级被明确赋予了改造社会的历史使命,但无论马克思本人还是马克思主义思想家们都没能赋予这个"先锋队"一个明确的界定。这是因为,(资本主义)社会的发展变化不断改变着社会主义运动在其中进行的社会的结构。而且,狭义的"工人阶级"概念显示了社会变革的首要主体不是社会的大多数的事实,并指出了寻找社会同盟军的必要性。在这种情况下,社会主义运动的典型表述"工人阶级及其同盟军"就成为一个一般的表述,很容易被任意解释。而这些解释又受到政治领域中力量对比的制约,从而在参与社会主义事业的各个政党之间引起诸多争论、摩擦,甚至冲突。

更重要的是,在关于社会主义变革领导阶级的辩论中,我们可以发现,建立社会主义社会的历史性尝试通常都发生在工人阶级占少数的社会里。20世纪,一些国家的多重压迫结构(涉及阶级剥削、殖民、种族、文化等诸方面)促使数以百万计的人民信仰社会主义变革。通常,殖民地和小农社会都易受社会主义理想的鼓舞与动员,而在发达的工业社会,占人口多数的工人阶级却基本上对此漠不关心,甚至持敌对态度。

我认为,今天可以从关于社会主义运动主体的辩论中得出两个结论。(1)社会变革的主体问题对社会主义来说是非常关键的,我们不能因为认识上出现一些困难就回避它,忽视这个问题的所谓"新社会民主主义者"几乎被完全拖进资本主义霸权的漩涡之中,给左翼运动和社会主义理想带来了悲剧性后果。(2)正如20世纪的有关争论所显示的,对这一问题的重新思考必须去除任何"经济决定论"的影响。关于社会变革的主体的定义不能仅依赖于静态的经济学分析(即不能仅从在生产关系中所占地位,甚至从个人收入来考虑问题)。毕竟,"经济决定论"是与整个社会主义运动(不管是社会民主主义还是共产主义)格格不入的。

2. 社会主义运动的同盟军

与社会变革的主体问题密切相关的是同盟军问题。为了实现社会主义事业，主要的社会阶级（通常是工人阶级）应该和"谁"组成同盟军？有关这个问题的答案多种多样，甚至观点互相矛盾。比如，"小资产阶级"在某些情况下被视为一支重要的同盟军，而在另一些情况下则被视为主要对手。

通常，社会主义运动在同盟军问题上所出现的争论和一些激烈观点，或是以对阶级的静态理解为基础的，或是以对社会环境的机会主义解释为基础的。没有一个具体的普遍原则来指引社会主义运动回答这一关键问题，也没有一套原则既能考虑推理和量化因素，又能对社会结构（包括文化、政治、社会等方面）的整个动态变化及其在全球化世界中所占地位进行分析。

3. 社会主义运动的策略

这个问题也许是社会主义运动中分歧最大的问题。我们应该如何推进社会主义？应该用和平方式还是革命战争方式？这是造成"第二国际"和"第三国际"历史性分裂的关键问题之一。在我看来，在解决这一问题时人们极易对革命手段的内涵产生误解。激进的变革和革命的方式并不一定意味着对民主进程的损害，因为民主进程（主要是选举）毕竟是工人阶级和社会主义运动斗争的结果。同样，尊重民主选举也并不一定意味着社会主义运动的议会外活动必须被取消或放弃。

在 20 世纪社会主义运动史上，这种对革命手段缺乏远见的理解已被证明是有害的。社会主义政党通常采取一些有争议的战略，或是过分注重选票，或是过分注重运动。于是，这些政党的这一缺点往往使它们在实践中搞宗派主义，结果使社会主义运动遭到巨大挫折和失败。

4. 社会主义运动的"突破口"

关于这一问题的理论争执一直影响着社会主义运动的方方面面。马克思曾说，社会主义应当首先发生于发达资本主义国家，但伟大的俄国革命事实上对这一观点提出了挑战。所以，一切可能性都是存在的。哪里是将社会主义理想转化为现实的最佳土壤呢？发达资本主义国家的左翼力量首先遇到了这个问题。这些国家社会主义运动遇到的挫折使左派力量试图通过非殖民化过程中的解放运动来追求社会主义理想。然而，因为这些国家的"社会主义"存在种种缺陷，社会主义运动便常常遭遇幻想破灭、有劳无功的结局。如果社会主义（在一个较低程度上）仅仅意味着财富的再分配，那么第三世界的社会主义至多也就意味着贫穷的再分配，它反过来导致了一些有损社会主义声誉的实践。

随着资本主义一体化的发展，我们所说的"全球化"对民族国家的国界和墨守陈规的行为方式提出了挑战，并推动了（如果并非"强加"）跨国倡议的产生与发展。因此，今天来讨论社会主义运动应该在"哪里"发生这个问题显得比以往任何时候都更合时宜，而要解决这个问题，则必须充分思考上世纪有关该问题的争论和当今全球的动态发展。

5. 社会主义运动的理论武器

这也是有关社会主义辩论的焦点之一。各种理论方法和不同的学术传统为社会主义运动在马克思主义传统范围内的发展提出了诸多问题。当然,马克思主义思想由于其自身的系统性和完整性,已在政治实践中被证明是可行的。然而,这并不意味着其他一些力量较弱的学术传统就一无是处,而只能说明它们很快被"打败了",即使在最好的情况下,它们也退到了社会主义运动的边缘。于是,有关社会主义的重大理论辩论都被局限在马克思主义传统的框架内。虽然马克思主义传统理论的内容非常丰富,但这种局限却使社会主义运动赖以"理解和改造世界"的理论武器单一化、教条化、缺乏灵活性,并难以适应不断变化的资本主义。

"二战"后,从所谓的"新社会运动"中产生的激进主义思想提出了一些新的、深刻的理论观点。然而,我认为这些主要来源于女权主义、生态保护、反帝国主义、民权运动等社会运动的观点都被误用了。许多社会主义运动在理解这些观点时出现了教条化,甚至是偏差。这些理论观点被引向改良主义,并最终滑入了支持资本主义的逻辑("新社会民主主义"是这种情况的首例,但肯定不是惟一的例子)。然而,21世纪的各种社会主义力量在规划自己的发展时,不应该仅因为上述不幸的发展就认为这些新兴理论观点毫无可取之处。在新世纪中,要丰富社会主义运动的内容,就必须充分利用所有的历史发展经验。

6. 关于国家政权

在社会主义运动中，国家及其缺陷和局限性常常成为有关战略和策略问题辩论的主题。社会主义运动对国家显示出一种前后不一致的矛盾态度。在大多数情况下，权力与国家被视为是一体的，因此运动的目的就是要夺取这种权力。这就导致了对"政权"的非常狭隘的理解或对权力的宽泛的理解。国家仅仅被视为社会变革的工具，而不是阶级斗争及其在特定历史和文化条件下的动态的反映。

这种对国家权力的误解导致了两种不同的战略。一种是对作为社会主义运动一部分的国家的变革漠不关心，把国家完全等同于政府。另一种是对国家事务管理的漠不关心。前者导致了把国家权力等同于政府，而政府的管理很快成为一种"治理艺术"，后者进而导致了实际上接受既定的（资本主义）霸权。后者由于迟迟拿不出一个替代性的可行的主张而使社会主义运动的一部分被边缘化。在我看来，在全球化的国际环境中，21世纪的社会主义者应该以创新的方式来对待国家权力这一关键性问题。

二、20世纪社会主义运动的成就

要对21世纪的社会主义进行思考，其基本前提之一就是要审视和评价20世纪社会主义运动所取得的成就。

20世纪是社会主义理想及其历史性尝试兴起与发展的世纪。20世纪也是社会主义经历了巨大倒退和悲剧性失败的世纪，事实上，这导致政治性和学术性的反社会主义力量宣称,社会主义已随着"历史的终结"而寿终正寝。然而,这绝不意味着世界社会主义运动没有取得过辉煌胜利,也决不意味着社会主义运动没有为社会进步作出过贡献。

社会主义者在20世纪,尤其是20世纪后半叶参加并领导了后殖民时代争取解放的斗争。社会主义理想激励了全球数以百万计的人民展开各种解放运动。许多国家按照"社会主义方式"来设计自己的未来,并开始以"改造资本主义"的方式建设这一未来。尽管出现了一些令人失望甚至失败的结果,但在这一过程中,千千万万的民众却赢得了自尊和从未有过的权利。他们的生活水平显著提高,他们的国家也在反对帝国主义和新殖民主义的斗争中改变了国际力量对比。

尽管近年来左翼运动遇到了一些挫折,社会主义理想也受到多方面的攻击,但很少有人会否认社会主义者在打败法西斯主义过程中所做出的杰出贡献。20世纪三四十年代,各种社会主义者和左翼人士的英勇行为在欧洲甚至在全世界为制止轴心国的暴行提供了决定性帮助。其后,赢得合法地位的左翼力量很快建立起进步政府,将工人阶级从资本主义的苦难中解救出来。

反法西斯战争的胜利无疑在总体上保证了20世纪下半叶人类的进步与发展,除此之外,我们还能从其中汲取许多有益的经验教训。社会主义力量在这一时期取得成功的根本原因在于,它们设法克服了宗派主义特征。与第一次世界大战前采取的策略相反,在两次世界大战期间,左翼力量学会了怎样建立联盟,怎样采取和组织富有活力的军事行动,以及怎样在加强自身特征和推广社会主义理想的同时变得更有适应力与更开放。在我看来,这是这一历史时期社会主义运动的最重要的经验,至今仍具有广泛的借鉴意义。

20世纪，社会主义者和左翼运动是发展和丰富民主的领导力量。左翼力量通过与其他民主激进政治力量的正式但多数是非正式的同盟来扩大政治、公民、社会等权利。普及选举权、承认宪法权利、保证公民自由、采取众多的社会保障政策、在有关生活质量和人际关系问题上推广一些有效的政治议程，这些都是上世纪"社会主义胜利"的突出范例。而它们都是在团结和集体行动的基础上动员人民的结果，并成为20世纪五六十年代（所谓的"黄金时代"）"福利国家"的支柱。这些成就是巨大的，以致左翼所取得的这些成就在今天反对殖民化和人类生活商品化、市场化的斗争中自然是极其重要的参照点。

三、21世纪社会主义所处的客观条件

21世纪的社会主义要现实而有效地规划未来，就必须考虑它所处的社会、文化、经济和整个历史的发展。这些方面的发展肇始于20世纪70年代，虽然最初都是区域性的，但今天它们已经扩展并影响到世界每个角落。而且，这些发展是多方面的，非常复杂的，几乎包含了人类生活的方方面面，影响到社会主义的努力。

就生产与分配的关系来看，近年来的发展实际始于发达工业国家"有组织的资本主义"（organized capitalism）的崩溃或转变。作为一种社会发展模式的"福特主义"的终结给劳动关系、生产组织、消费模式带来了巨大变化，这种新的发展模式被创造性地称为"非组织化的资本主义"（disorganized capitalism），它为新的劳动分工的建立作出了贡献，从而使资本主义真正成为一个全球事务。

生产力水平的发展给当今社会结构和社会的动态发展带来了巨大变

化。传统的工人阶级已经分裂。随着新的生产过程成为常态和旧的结构成为例外,不同阶层工人之间的差距在扩大,并且打破了共同文化和团结行动的结构。许多人把这种现象称为"后工业时代的新型无产阶级"(post industrial neo proletarian)的出现。在这种情况下,虽然还有大批失业的、未充分就业的或者贫穷的人,但其他一些持保守思想的人却在为"我们已全体成为中产阶级了"而欢呼。

工人阶级共性的削弱已造成其组织和文化资源的损耗,并进而削弱了工人阶级各种组织。"革命阶级"最强有力的保护组织——工会已被边缘化。工人阶级和社会主义政党为了生存不得不采取一些可能偏离自身宗旨的调整。今天,有组织的工人阶级团体已不再被视为劳工运动的一部分,更不用说是社会主义运动理论前沿的一部分,它们更像是另一种压力集团。

毫无疑问,"全球化"(包括经济、金融、政治、文化等各方面)已被普遍视为引起过去10多年中一系列根本变化的重要原因,而在我看来,对"全球化"更准确的描述应该是:全球范围内的资本主义一体化。全球化过程的特点之一就是经济结构的重要性超过了政治结构。政治在民族国家层面似乎正在丧失其有效性,大型跨国公司的发展损害了民族国家的利益,政府及其政策也听命于处于支配地位的市场。如果上述说法在一定程度上有可取之处,那么这些现象就构成了全世界社会主义者面临的最大挑战。社会主义力量要想应对这一挑战,除了坚持老的国际无产阶级团结之类的口号以及在国家层面制定其战略策略,它们显然还必须经历许多巨大而艰难的变革。

除以上几方面发展外,现在还普遍存在一种对政治的失望感。各种传统政治组织(如政党、社会运动、集体动员行动等)的参与率已跌入历史性的低谷。同时，反对几乎一切集体组织、集体实践和集体精神的情绪在民众中日益增长，由此导致了反政治态度、政治犬儒主义，并最终出现了反政党行为。这些现象也许是"个人主义"战胜"集体主义"的结果，而后者当然是社会主义传统及其文化中至关重要的一部分，因此对社会主义的任何计划绝不能忽视这些现象。

虽然人们目前对政治的失望感非常强烈，但同时还有一种看来与之矛盾的现象在发展，那就是新社会运动，特别是近年来出现的所谓"非政府组织"。这些新社会运动和非政府组织吸取了民众的大部分政治热情，因而正在明显成为民众表达政治愿望的首要渠道。一方面，这些新社会运动提出了许多新问题，这些问题在本质上是反对资本主义的，但却没有被排上我们的议事日程。另一方面，虽然非政府组织的行为存在着缺点，并且通常具有一定的非政治倾向，但却揭示了一点：即全球众多民众如果确信自己的行为在可以预见的将来能产生一定影响的话，那么他们也是愿意被动员起来的。

最后但并非不重要的是，用"历史的终结"这种意识形态装扮起来的"新自由主义"将影响未来社会主义的发展。1998年"现实社会主义"的坍塌以及社会主义理想和政策在意识形态领域的失败，使许多人认为："已经别无选择"，资本主义是惟一的出路。尽管这一观点是非历史的，但它被证明是非常有力的，尤其当相当一部分社会主义右翼力量（如社会民主主义者）接受了这一观点以后。尤其是许多前共产党人在东欧国家将其合法化。此类政治上的成功不是完全偶然的，也不仅是靠其他政党玩弄"小聪明"，这也是意识形态激烈斗争的结果。由于有现实的一面，所以很明显，左翼力量绝不能忽视这一现象的发展。

四、要坚信马克思的社会主义观

我们无法具体预测社会主义的未来。尼科斯·普朗查斯（Nicos Poulantzas）（希腊）或许是上世纪后半叶最具洞察力的马克思主义理论家之一。他在去世前不久出版了《国家、权力和社会主义》一书。在这本269页的书中，也只有15页用来论述"社会主义"。由于我们无法控制未来的历史条件，我们所能"计划"和阐述的惟一事情是为未来的发展战略构建一个框架。而要达此目的，就必须对资本主义阵营的现状及发展、社会主义者在斗争过程中获得的经验教训进行系统分析。这种分析将使社会主义理想更具生命力并为其今后动员民众打下良好基础。即使这不能导致"根本性的社会改造"，它肯定也能成为我们这个地球村里那些贫穷民众的一个有效的保护机制。

（羊蕾 摘译）

俄罗斯科索拉波夫教授谈成为当今共产主义运动沉重桎梏的若干偶像[*]

俄罗斯《对话》杂志1994年第12期发表莫斯科大学教授、哲学博士理查德·科索拉波夫题为《共产主义运动的桎梏》的文章。科索拉波夫教授曾任《共产党人》杂志总编,现为俄罗斯共产主义工人党领导人之一。科索拉波夫认为,戈尔巴乔夫的"公开性"以及西方的大众传媒在群众意识中灌输了一些对共产主义运动的偏见和错误观念。作者借用著名英国哲学家培根的用语"偶像",列举了成为当今共产主义运动沉重桎梏的几种偶像。现将文章的主要内容介绍如下。

一、市场偶像

作者指出,让千百万人相信一种不真实的说法,似乎即使生产下降,市场(指商品和货币市场)也能给人们带来富裕,这是人类历史上最大的骗局。事实上,大批西方的低劣产品充斥于俄国市场,资本主义世界正依靠扼杀我们的民族工业和农业来摆脱生产过剩危机。作者认

---

[*] 本文选自《国外理论动态》1995年第15期。

为，任何"市场"改革都只能导致社会主义社会制度的破坏和资本主义的必然复辟。

二、私有化偶像

作者认为，"只有"私有者才能成为高效率的生产者的思想是完全错误的。不仅俄国，而且资本主义西方的实践也轻而易举地否定了这个思想。在西方，高度的劳动生产率恰恰是那些不掌握生产资料的人（即无产阶级基本群众）创造的。他们的生产积极性并非发自对"自己的"工厂或土地的"热爱"，而是残酷的资本主义竞争、饥饿和失业、没有社会生活保障等因素逼出来的。

现在俄共的思想家追随"民主派"关于国有（全民所有）制就是"没有主人"的观点，也说是国有制的统治地位导致了停滞和经济衰退。他们的这些观点同戈尔巴乔夫的观点如出一辙。经济停滞的原因不是国家所有制的垄断，而是官僚修正主义体制对人的积极性的压制：

1. 国家所有制本应服从迫切的社会需要，而它却以货币利润为目标；

2. 几十年来在国有制内部结构中没有实行民主化管理，在大中小劳动集体中没有坚持生产自治原则；

3. 没有对劳动和消费尺度实行广泛的工人监督；

4. 没有对劳动实施三位一体（人的物质经济利益、创造性和思想道德）的刺激模式。

这是对社会主义原则最粗暴的践踏。

虽然在企业里很难感受到财产的"主人"，国有制仍然表现出财产的全民性和个人性，如每个人可享受免费教育和医疗，免费提供的住宅和低房租、学前教育和保健服务等等。可今天所有这一切都要付费。

三、混合经济偶像

作者说，目前人们把混合经济称为"现实主义"的标志和理想的政策，是"90年代列宁的新经济政策"。在目前加快资本主义速度和规模的初期阶段，确实要搞多种经济成分。但是应该既看到今天也看到明天。多种成分的经济在资产阶级政治制度下决不会产生新经济政策，更不会产生社会主义的模式。而国有财产在这个制度中充其量是资本家阶级的集体财产。因此，不能对此抱幻想，不能以此来欺骗群众。

共产党人，如果他们是彻底的共产党人就应该指出社会发展的方向。这个发展方向在客观历史上是由劳动和生产的社会化规律决定的，是不以某个政治活动家、甚至政党的意志和愿望为转移的。共产党人常常被说成国有制的盲目追随者，其实不然，共产党人拥护的只是劳动人民国家所有制，即社会主义国有制。共产党人反对资产阶级剥削者的私有制和集体所有制，捍卫公民靠自己劳动获得的个人财产。在从资本主义向社会主义过渡的时期，劳动人民政权要调整国民经济中的五种成分的关系：①全民的；②合作社的；③国家资本主义的；④私人资本主义的；⑤个体（家庭）劳动的。其中要保存和发展第1、2、5种成分，对第3、4种成分从根本上加以改造。不对社会经济成分作这种解释，只是含糊地泛泛地谈论多种成分经济，这意味着拥护俄国的非社会主义化。

有人说，今天只有混合经济才能够保证"稳定发展"。这是一种幻想。"混合经济"在资产阶级专政和跨国垄断组织专制的情况下并不能造成稳定发展,因为它不能消除资本主义制度中"劳动—资本"这一基本矛盾。帝国主义世界同"第三世界"进行的国际交往在某种程度上转移了这一矛盾引起的社会紧张局势,但是俄国、印度、中国、巴西等国家是不可能实现这种矛盾转移的,甚至美国和西欧国家现在做起来也有很大困难。因此,如果人类不想用生产的废料毁灭自己,不在核战争中被毁灭,那么只有实行有计划的社会化经济,即新一轮社会主义变革,除此之外没有别的选择。只有这样才能实现真正稳定和理想的发展。这种发展应该把全国人民理智的消费同恢复地球上的生物量和保证生态环境结合起来。

四、"民主"和国家偶像

作者说,资产阶级总是指责无产阶级革命是反民主主义的。这不难理解!这个革命在历史上第一次长期和严肃地剥夺了游手好闲的富人政权,把它交给了劳动的穷人。这场革命有意识地限制了人剥削人的可能性,确立了鼓励劳动收入、反对非劳动所得的公正原则和劳动的社会平等原则,这是真正的民主,即人民政权,可惜它陷入了官僚主义的僵化之中,因为按劳分配的原则和按劳动集体产生代表的原则,遭到了破坏。反动派利用这些来达到他们背弃劳动权利和劳动道德、摆脱苏维埃中的劳动者的目的。戈尔巴乔夫在苏共第十九次全国代表会议(1988年)上暗中同意摧毁苏维埃政权,通过关于取消工农在苏维埃中占多数的原则,要求实行分权制和总统制。现在无论社会主义意义上的民主,还是资产阶级意义上的民主都所剩无几了。

正如没有超阶级的民主一样，也不可能有无阶级性的国家。国家始终是控制被压迫阶级的机关。共产党人不能相信关于国家、尤其是目前的俄罗斯国家是中立的谎言。共产党人应该告诉群众，必须用苏维埃共和国取代通过反宪法途径建立起来的刑事犯罪——买办专政，并使自己的所有工作服从这一任务。

五、西方文明偶像

作者说，"改革派"的报刊最爱谈论的话题之一是俄国在世界文明总潮流中落伍了。其实这只能指商业——服务文明（我们在这方面做得确实不好）。他们千方百计回避、贬低和诽谤作为现代世界文明不可分割部分的祖国的科学、技术、文学和艺术成就。

有人把"公民社会"、"法制国家"等陈腐的资产阶级理论强加给俄国。前者宣扬的是把居民视为自己承担风险的独立个体；后者则鼓吹对法律的抽象崇拜，但同时却掩盖了一个普通事实，即法律从来都是以法律准则体现出来的统治阶级的意志，150年前就已对这两个理论作出这种理智的评价，而今天却有人让我们忘记。

西方文明给俄国精神生活带来的是对暴力和无耻、发财和说谎的崇拜、对祖国的憎恨以及庸俗的美国作风，使社会失去了生存和发展的意义和目的。因此，毫不奇怪，在"改革时代"我国自然科学和社会科学、散文和诗歌、建筑艺术和造型艺术、音乐和戏剧等领域没有出现任何杰出成就。相反，特列季亚科夫画廊和历史博物馆被关闭多年，马恩博物馆、列宁博物馆和革命博物馆被毁坏，马列主义研究院被取缔，艺术瑰宝被掠夺出境，大剧院和莫斯科大学处境艰难。"民主俄罗斯"运动却以此来炫耀自己的胜利。

六、反马克思主义偶像

　　作者提问说，今天是否还要奉行上个世纪建立的学说？社会主义制度在苏联和其他国家的崩溃是否证明马克思主义经不起推敲？不仅反对派经常这样提问题，连我们的同志也在思考和提出疑问。甚至久加诺夫也不能明确表态，他到底坚决捍卫马克思、恩格斯、列宁的哪些基本原则。我对第一个问题的回答是肯定的，对第二个问题的回答是否定的。理由很简单，科学真理一经确立，就不会被时代所抛弃，而只会不断地发展和丰富。社会主义和共产主义运动的失败并不是因为没有掌握和合理运用马克思主义学说，而是由于把马克思主义的某些观点教条化了，没有领会它的基本内容。所以不是马克思主义经不起推敲，而是"马克思主义者"经不起考验。令人惊讶的是，批评马克思主义的人很多，如德·沃尔柯戈诺夫、亚·齐普科、亚·雅科夫列夫等人，可是却看不到科学的批评。没有人做这方面的工作。值得注意的是，反马克思主义的人往往拿不出直接的有说服力的论据，而只是拿一些间接的论据，给人造成心理上的影响。他们向俄国人灌输这样一种观点：马克思主义是外国的、西欧的学说，是"犹太复国主义者"列宁把它移植到我们祖国土壤上的。不仅"白色"阵营中的反对派代表讲这种荒诞的话，就连共产党人队伍中的个别"领袖人物"也这样讲。这一切都是为了在思想上复辟资本主义。

七、领袖或功名利禄偶像

作者引证列宁的论述说:"政党通常是由最有威信、最有影响、最有经验、被选出担任最重要职务而称为领袖的人们所组成的比较稳定的集团来主持的。"① 对这个起码的原理是无须争论的。但是在党遭到重大挫折、党内出现分离倾向和手工业习气、盛行游击作风的情况下,这一原理还有另一面的作用。当某些领袖把运动"私有化"时,他们的积极性有可能超越允许的限度,危害整个运动。一个领袖不经过中央领导机构和基层组织的集体讨论,不经过专家的评估就突然向全党宣布取消马克思主义的一些最基本原理,这能说是正常现象吗?

在目前动荡的情况下,如果人们对一切都丧失信心,只想依靠某个"强有力的"人物,那是很危险的。目前出卖灵魂的大众传媒正利用人们这种惰性把一批又一批新吹捧出的崇拜偶像推向社会舆论的市场,妨碍普通公民树立成熟的自我意识和增强对自己的能力的信心以及客观地评价领袖的行为和作用。

作者最后指出:对偶像的崇拜使很多社会力量陷入窘境,给目前的俄国共产主义运动带来巨大的危害。目前,俄国共产主义运动比任何时候都需要年轻化、启蒙和统一。为此,必须抛弃偶像,在共产党人和全体俄罗斯人中开展新的思想解放运动。

(孙凌齐 摘编)

---

① 《列宁全集》第 2 版第 39 卷第 21 页。

社会主义还是新自由主义[*]

2001年9月21日美国http://www.zmag.org网站刊登了荷兰著名左翼学者欧内斯特·曼德尔题为《社会主义还是新自由主义?》的一篇演讲文章,对新自由主义产生的原因和后果作了分析,指出新自由主义的高峰期已经过去,世界人民应为社会主义前途而斗争。他同时分析了社会主义如何克服信任危机走向复兴的方式。文章主要内容如下。

从70年代中期以来,资本世界性地进攻劳工和第三世界苦难的大众。这种世界性地牺牲劳工的做法是各种(政治)力量之间关系恶化的表现。它的产生有客观和主观的根源。

客观的根源是,在帝国主义国家失业人数急剧上升,从1000万增加到5000万,甚至更多。这些统计数字都是官方的,它们有虚假的成分。在第三世界至少有5亿人失业。官僚化的后资本主义社会(这里作者意指前苏东社会主义国家。——译者注)也出现了"二战"以来失业的第一次大规模增长。

---

[*] 本文选自《国外理论动态》2002年第12期。

主观的根源主要在于有组织的反对资本主义进攻的劳工和群众运动完全失败了。在很多国家这些组织失败得很早：像法国、意大利、西班牙和委内瑞拉等等。这无疑使反抗资本主义的进攻更困难了。但即使这样，我们也不能低估伪自由主义（实质是新保守主义）经济政策对世界发展的影响。这些政策由国际货币基金组织和世界银行拟订，由撒切尔和里根政府及其第三世界模仿者所代表，造成了巨大的灾难。以金融稳定、反通货膨胀、预算平衡优先为借口，社会开支和基础设施开支被无情地削减。这导致了世界性的社会不平等、贫困、疾病和对环境的威胁的增长。我应当指出伴随着保守主义经济政策的新保守主义意识形态进攻的犬儒主义实质。新保守主义者说他们要大规模地削减国家开支。而事实上国家开支从未像新保守主义治下的20世纪80年代和90年代那样高。真正发生的是从社会和基础建设开支转向军事开支——这一时期估计可能达到30000亿美元——和工商企业补贴。在笔直上升的公共债务上支付大量利息以及挽救破产和接近破产的金融机构如美国的储蓄和贷款协会，这些都属于后一种范畴。

新保守主义说他们积极支持普遍的人权，但是由于大众对这些反社会政策的不可避免的抵抗，新保守主义不断地破坏和攻击民主自由：工会自由，堕胎的权利，出版自由，旅行自由等。他们为极右倾向、种族主义、仇外主义和直接的法西斯主义的兴起制造了适宜的气候。

世界性贫富差距的加大

贫困的世界性增长是灾难性的。在第三世界这已经成为历史性的灾难。新保守主义政策也使帝国主义国家的部分人口第三世界化。这些都是世界经济发展的重大阻碍因素。

第三世界债务导致资金从南方向北方净流出，贫穷国家最穷的人补贴富国最富的人。

新的传染病

世界数以千万计的人感染了艾滋病，其中25%的人近期将发病并死亡，而85%的死亡人数将发生在第三世界。这不是由于某种文化和种族特殊性造成的，而是由于缺乏教育、预防、医疗保健和卫生条件。认为艾滋病不会传播到帝国主义国家这种观点明显是自杀性的。从这种角度出发，新保守主义政策在所有地方一律削减健康和教育预算明显是不负责任和自杀性的。

自由放任市场经济的破坏性

在世界各国研究发展政策的大学院系中，大家普遍认为最高产出的投资是在教育、医疗和基础设施领域。但是如果你进入更细微的财政学专业，你将突然听到，平衡预算比投资教育、医疗和基础设施更重要，而且为了阻止通货膨胀必须无情削减这些方面的预算。

人类的生存面临着巨大的威胁：核战争、化学战争、生物战争、传统大规模战争可以通过使用传统武器轰炸核电站而成为核战争，人类生存所必需的环境遭到破坏的危险性正在上升，具体表现为：温室效应、臭氧空洞、热带雨林的破坏、非洲和亚洲大部分地区的沙漠化和传染性灾难的累积后果等。

很多人提出这样一个问题:"是不是已经太迟了?末日是不是不可避免?人类是否可以在未来50年中幸存下来?"我们相信人类并不会注定灭亡。我们相信这并不是美好的愿望或纯粹的直觉,它建立在坚实的科学数据和科学研究的基础之上。仅举一例。有具体的确实的彻底扭转非洲沙漠化的方法:可以灌溉沙漠从而使之重新变成一个物产丰富的区域,就像1500多年前它所曾经是的那样;可以激励沙漠居民采用保护自然的农业耕作方法,从生产商品作物转为生产能使非洲人以一种健康的方式养活自己的作物。一个绿色的森林覆盖的撒哈拉对世界气候的有利影响将令人振奋。

在这种情形中为了避免人类注定要灭亡的命运所需要解决的问题不是一个技术、自然或文化的问题,而是一个社会问题。要想采用这一解决方案,你需要一种社会秩序,在这种社会秩序下,贪婪、无视社会和经济所付出的整个代价而积累个人财富的欲望、用短视的理性代替有远见的理性等等将不再决定社会和经济行为。我们必须使权力掌握在社会力量手中,从而防止个人、特殊阶级和主要的阶级集团将其意志强加于整个社会。权力必须掌握在绝大多数劳动者的手中,从而通过民主的方式使团结、合作和宽容战胜短视的个人主义和不负责任。

我要强调的是,这不是一个觉悟问题。富人、资本家和掌握权力的人并不愚蠢。当然,他们当中有蠢的,但是他们中的大多数很清楚地知道他们所面临的危机(比如生态危机)。他们力图考虑这些危机,将它们包括进他们的经济计划和设计中,但是在竞争的压力下,在利润驱动体系的压力下,他们被迫采取了一些无助于解决这些危机的措施,使这些危机原封不动地保留了下来。

有人说,科学和技术已经发展出了一套他们自己不可抗拒的逻辑,不受控制的科技的发展把人类带到了毁灭的边缘。但是这不是正确看待事物的方法。用马克思主义的术语来说，这是物化的观点。科学和技术被描述成脱离人类控制的力量。

为工人民主而斗争

科学和技术没有独立于那些发明、使用它们和使它们适应自己利益的社会群体的力量。关键问题是，使科学和技术受到有意识的、社会的控制，以代表绝大多数人在民主的基础上确立的利益，将它们从不顾人类长远利益而滥用它们的特殊利益集团的掌控中解放出来。为了这一目的，社会本身的组织和结构必须处于民主决定的有意识的控制之下。

在后一种分析中社会主义就意味着尽可能为最大多数人争取在生活的所有关键部分决定自己命运的自由。首先，这对于所有的雇佣劳动者来说是真实的，他们在经济的迫使下出卖他们的劳动力。今天他们的人数和以前相比更多，超过了10亿。雇佣劳动者可以有以一种民主的方式为自己决定优先生产什么、如何生产和分配至少是大宗产品的自由，但有人却声称这种自由要屈从于市场法则的统治，屈从于富人、专家、教会、国家等的统治，傲慢地假定他们具有完美的知识和智慧，低估人民大众有和他们相当或超过他们的能力。我们拒绝这种没有经验根据、在道德上令人反感并导致非人道后果的假定。我们同意马克思的提醒，教育者也要相应地受教育。只有存在人民大众的民主，有组织的自我行动才会成为可能。社会主义是这样一种社会秩序，其人民以一种自由的方式决定他们的命运。我敢说新自由主义的进攻已经越过了顶峰，人民将进行反击。

社会主义信任问题

在整个世界上空笼罩着世界范围的对社会主义的信任危机。工人无论是对斯大林主义、后斯大林主义、毛主义、欧洲共产主义或民主社会主义都失去了信心。在这样的条件下，两大基本社会阶级——资本家和劳动者阶级在短期和中期都不能将他们解决世界危机的历史性方案强加于世界。资本家不能的客观原因是：工人阶级太强大，它比20世纪30年代时更强大。但是工人阶级也不能解决世界危机，因为它不相信有一个替代性的社会秩序。

因此我们深陷于一个被拖长的危机，这一危机的后果在现阶段还不能预见。我们不得不为有利于工人阶级、有利于社会主义、有利于人类物质性生存的结局而战斗。因为今天我们真实面对的选择是：不是要么是社会主义要么是野蛮主义，而是要么是社会主义要么是人类的物质性毁灭。

在这一危机中，我认为我们所有社会主义者的关键任务有三点。

第一项任务是无条件地捍卫世界各地人民根据他们的真正需要而提出的要求，不将这种支持服从于世界的这一或那一部分的所谓政治性的优先考虑，也不服从于任何特殊力量的计划。我们不得不回到劳工运动在最初和它的高度发展时期（19世纪80年代到第一次世界大战前夕）的做法上来。那时，社会主义者有两个主要目标：8小时工作制和普选权。他们并不是从这样的问题开始：我们将怎样实现它，以什么样的权力形式，以什么样的政府形式？不是这样的，他们说，这些是人类解放的客观需要，我们将以一切可能和必要的方式为之战斗，结果如何，我们将拭目以待。

第二项任务是进行基本的社会主义教育和宣传。如果不将现在的社会替代为一个根本不同的社会（即我们所谓的社会主义社会），人类将不可能获得挽救。你可以将它称为向共产主义过渡的社会，你也可以以你认可的任何名称称呼它，但是它的内容必须是具体化的，必须是人民大众能认同的社会主义内容。当我说人民大众时，我指的是全世界以亿计的人民，而不是小群体。

在社会民主主义、斯大林主义和后斯大林主义以后，社会主义的形象只能是一种激进解放的形象，能包括激进女权主义、对环境的激进保护、激进的反战和平主义意识、政治上的多元主义和无保留地认同人权。社会主义只有在这一条件下才能被接受：它被认为是在全世界无例外地追求激进解放。

现在我来谈解决世界性的可怕的社会主义信任危机的第三个任务，这就是将社会主义和自由相结合。资产阶级犯了一个可怕的战略错误，他们提出人权议题以反对全世界的社会主义者。这将使他们一次又一次地击中自己。但是要使这一情形发生，必须将社会主义和人类自由重新完美地结合。在20世纪中期意大利劳工运动的一首传统歌曲有这样的话："共产主义和自由万岁！"斯大林主义、后斯大林主义和社会民主主义的症结是将这两种价值历史性地分离。我们必须回到两种价值的结合上去。我只是举一个发生在这儿（美国）的例子，在20世纪20年代，两个绝对不同情共产主义的无政府主义者被反动的资产阶级政府判了死刑，我要骄傲地说我们的同志詹姆斯·坎农在为他们两人组织的世界性抗议运动中起了重要作用。这是我们必须毫无保留地回归的传统。

世界社会主义者和共产主义者抗议一切侵犯人权的行为。这是我们恢复人民大众信任的先决条件。一旦这种信任被恢复，我们就取得了一种道义上的威势、道义上的信用和道义上的力量，它将比资本家控制的所有武器强大10倍。

保卫马克思主义

马克思主义是过去150多年来社会思想和实践中最好的事物。马克思主义是关于社会的科学。它是在占有惊人的大量经验信息基础上以一种严密统一的方法对过去200多年所发生的事物的认识,而且在社会科学中至今没有任何有价值的甚至是部分有价值的理论能代替它。马克思主义惟一的科学形式是开放的马克思主义。像马克思自己所言,马克思主义包含建设性的怀疑。任何事物都开放着以待重新考察,但是只是在事实的基础上这样做。那些没有考虑事实,以一种不负责任的方式这样做的人,那些将这一有着巨大力量的理解世界现实的工具扔到一边,而换到手的只是怀疑主义、非理性、神秘化或神话学的人,都不会达到任何建设性的目的。

像马克思主义的科学成分一样重要的是它的第二个基本成分,即道德成分。马克思自己以一种非常激进的方式表述了这一点。从年轻时代起到他的生命终结,他从未有一分钟动摇过他所定义的绝对的任务。那就是,为反对造成人类被蔑视、异化、剥削、压迫或被拒斥基本的人的尊严的社会状况而斗争。无论将这些拒斥正当化的借口是什么,我们必须无条件地反对它们。当你知道你将你的生命奉献给了对世界各地人权的捍卫,对被剥削者、被压迫者、被践踏者、被蔑视者的捍卫时,你应该理解你不可能比这更幸福。除了将生命奉献给这样伟大的事业,在这个世界上不可能再有更好的做一个好人的方式。

(刘元琪 摘译)

俄国学者 B.A. 梅德维杰夫谈社会主义危机的原因和总结教训问题[*]

在1994年6月"戈尔巴乔夫基金会"组织的关于《社会民主主义的社会发展构想和这一政治流派的前景》的讨论会上,俄罗斯科学院通讯院士 B.A. 梅德维杰夫作了发言,现将他发言中有关总结社会主义危机的原因和教训问题的内容摘译如下。

不理解作为理论观念、社会政治运动和现实社会政策的社会主义的危机的原因,就不可能认清社会今后发展的前景,不能正确估计社会主义运动的可能性。在这一点上存在几种说法。其中最简单的一种,是认为社会主义的危机意味着它到了末日,是社会主义学说,首先是马克思主义学说的错误所导致的社会发展的一种绝境。由此得出的结论是应当尽快结束社会主义的实验并消除其后果,但由于在许多人的意识中仍保存着社会主义的残余,所以需要开展一个反对这些残余的密集的意识形态运动,以清除这些胎记。实际上,在斯大林的教条主义观念的框框内,在我国建立的现实的社会主义几乎是社会主义思想不折不扣的经典

---

[*] 本文选自《国外理论动态》1995年第27期。

的体现。社会主义的反对者对此完全赞同,区别仅仅在于他们给予这一制度以否定的评价。对俄国社会所作的不带偏见的分析,使我们最终得出结论,遭到失败的是极权的官僚主义的社会模式,这种模式不是体现,而是歪曲了社会主义的人道主义本质,并把它的某些基本原则推向反面。人与人之间的平等变成了平均主义,社会保障变成了依赖他人养活,对社会过程的自觉调节变成了硬性的集中管理和全面的国家化,社会需求与个人需求的结合变成了对个人需求的压制。然而,在所谓后社会主义国家里是否全都是错误和坏事呢?是否应当把社会保障和社会保障体系彻底摧毁,让人们听任市场机制的支配呢?现在广大居民阶层越来越尖锐地开始感觉到,此类破坏性行动给他们的生活以多么沉重的打击。对既有的社会价值的怀念,对新的社会条件的抗拒是最近政治形势中使社会主义力量取得成就的最重要的因素。难道20世纪最后三分之一时期西方社会没有处于深刻的变动之中,难道它同19世纪的资本主义,甚至20世纪初或上半叶的资本主义,没有明显的区别?说先前整个文明连同它所固有的不同的社会体制都发生危机,不是更正确吗?与此联系,出现了关于社会主义危机的另一种说法:它不是由于社会主义发展本身造成的,而首先是由于世界上整个文明性质的变化造成的,而这些变化是与工业化时代潜力的耗尽,社会进入后工业时代相联系的。西方在现阶段善于适应形成新文明的条件和要求。在这样做的时候,资本主义体系发生了强烈的变化,其中包括在人们的生活活动的许多方面实行社会化。而自称是社会主义的社会却没有能力进行类似的自我改造和适应,从上面进行的改革的尝试又遇到来自保守主义的、惰性的力量的顽强反抗。结果危机转变成了崩溃。由此产生了社会主义更新的双重任务,必须予以解决,否则社会主义就不可能有什么前途。一方面是消除苏联的社会主义模式及其缺点、对社会主义原则的歪曲和背离。社会主义理论应当摆脱单维性和不容反驳的态度,不要妄想拥有绝对真理,不应有排他性而要排除一切使之成为某种形式的宗教教义的东西。另一方面,我觉得更为复杂、更为重要的是社会主义思维的更新,使之同20世纪末的现实结合起来并为下世纪初作出筹划。如果社会主义不对目前社会中的变动和文明性质的转变所产生的问题作出回答,那么社会主义就没有前途。至少在目前,在我们现在所处的对社会主义进行批判性的重新思考的水平上,社会主义不应是一种最终完成的、硬性的结构,其中所有时组成部分都具有单一的社会主义本性。然而,如像今天有人所讲的那样,仅仅通过价值体系去界定它,那也是不够的。社会主义既是现实的趋势,是在全世界都在进行的社会生活的社会化的过程,也是保障劳动者得到社会保护、社会保障,对社会生活的某些方面进行管理的现实的社会机制。在20世纪末社会主义危机的影响下,出现了知识分子(并且不仅仅是知识分子)普遍抛弃马克思主义和整个社会主义的现象,这同本世纪初不同,那时的情况恰好相反,是普遍地热衷于社会主义理论,首先是马克思主义。社会主义需要自我批评。这里存在两种极端。一种极端是原教旨主义的批评。其特点是不接受当代的现实,不愿或不能同已完全过时的观念和幻想决裂。在最好的情况下也只是轻轻地批评一下斯大林主义的最使人反感的表现。至于改革、新思维,这一切都来自魔鬼,无非是对社会主义的背叛,戈尔巴乔夫的阴谋,等等。另一种极端甚至不能称之为批评。这是完全摒弃社会主义,这来自许多社会主义的原拥护者,其中包括过去在苏联官方意识形态领域和为马克思主义列宁主义纯洁性而斗争中远非处于末位的人物。他们不是探寻真理,没有把各种论据和证据进行比较,作出无偏见的分析,而是极力诋毁科学社会主义及其奠基人。这种对社会主义的摒弃已超出科学的范围,变成了信仰,如果直截了当地说,就是处于政客的影响之下。这些人似乎想洗刷自己过去的罪恶,获得宽恕。批评的方法也颇有特色。先是以斯大林主义的精神对马克思主义的某些原理作粗俗的诠释,然后予以申斥。遗憾的是这种情况也出现在改革的积极活动家之一A.H.雅科夫列夫最近出版的著作之中。据我所知,对马克思主义的这种肆无忌惮的攻击是著作界中前所未见的。对我们这里所发生的事,不仅社会主义的拥护者,而且连一般的客观观察家,甚至社会主义的反对者都感到惊异。不久前教皇约翰·保罗二世曾警告不要不分青红皂白地否定马克思主义中的"真理的内核"。"由于这种真理的内核,马克思主义能够成为对西方社会有吸引力的现实"。据我看,马克思主义和马克思主义的社会主义必须作批评和自我批评,而且必须作深刻的、根本性的、不妥协的,同时又是客观的和建设性的批评和自我批评。这不仅要针对它的某些具体结论,而且也要针对更为广泛的、根本性的基础,包括方法论。但是骑兵冲锋式的、感情用事的、政论性的歪曲在这里是解决不了问题的。

(郑异凡 摘译)

社会主义的未来要吸取的教训

〔美〕大卫·M.科兹

[摘　要] 自资本主义制度产生并成为占统治地位的社会经济制度以来,惟一能对这个制度形成全面挑战的就是社会主义制度。苏联建设社会主义的经验及失败的教训在于,社会主义对资本主义的挑战不仅没有结束,而且刚刚开始。

[关键词] 社会主义　资本主义　苏联模式　民主社会主义

自从资本主义产生并成为几个世纪前世界上占统治地位的社会经济制度以来,惟一能对这个制度形成全面挑战的就是社会主义制度。虽然资本主义制度受到来自开明的信奉基督的哲学家们、原教旨主义的伊斯兰思想家们、无政府主义者以及现代技术的反对者们等的批评,但惟有社会主义者的批评为当今时代提出了一个完整描述的、全面的、可选择的社会经济制度。

19世纪早期,欧洲知识分子和工人阶级实践家们开创的社会主义演变成一个世界范围的运动。社会主义吸引人的地方是它设计了一个制

---

* 本文选自《马克思主义与现实》2001年第5期。

度的蓝图，即能在它最成功的领域内，在使人类生产力快速发展方面超越资本主义。同时，社会主义允诺结束不平等、不安全和剥削，按照评论者们的观点，这些正是资本主义所不能超越的。这样一种经济上有效的、建立在合作、社会公正和民主基础之上的社会制度的思想，动员了上百万的不同种族和伦理集团的人们都来支持及为其工作。社会主义被设想为不仅是加快而且是使人类发展进入一个新阶段。它允诺不仅使所有人物质上舒适，还使普通人成为社会的主人。

俄国革命以及它创造的苏联模式引起了首次大范围的建立这种新社会的尝试。苏联模式建立在一些主要的、与社会主义思想有关的制度之上，包括公有制企业、计划经济和按需生产。然而正如我们已经看到的，最终的社会制度与社会主义者们先前描绘的图画仅有一点点相似之处。不仅如此，它还有与最初的社会主义蓝图设计正相反的特征，包括由一个小的特权精英掌权的专制政府，一个高度集权的政治、经济制度，粗暴控制人们的日常生活，不同于资本主义企业中的独裁主义的工作关系等。

尽管苏联模式的社会主义突然消亡，但它75年的经历对社会主义的未来具有很重要的教训。但是，究竟能得到什么样的教训取决于如何解释苏联的经历，特别重要的是，对苏联模式结束的过程如何解释。西方占主导地位的对苏联消亡的解释，为社会主义的未来指出了一系列教训。而我们认为有完全不同的教训。

下面我们考察第一个通常的观点，即社会主义已经由于苏联消亡而被最终埋葬。我们认为这个结论是错误的。按照我们的观点，社会主义未来的主要教训应该从苏联的经历中吸取，包括苏联模式终结的方式。

社会主义被埋葬了吗？

许多分析家们认为，苏联模式的突然消亡是社会主义制度在经济上不可行的最终证明。这个结论来自一个影响力很大的对苏联消亡的解释，即认为社会主义经济的内部矛盾是它消亡的原因。按照这样的观点，苏联经济持续恶化，直到20世纪80年代末它崩溃或瓦解。这使前苏联人民别无选择，只能寻求用资本主义制度来代替它，因为资本主义制度是历史上已经显示有效的、惟一的经济制度。因此，世界将忘记建立在平等和合作之上的不可能的乌托邦。按照这个观点，苏联消亡已经证实，在现代世界，对资本主义来说，平等主义的选择是不切实际的。西方那些倡导无枷锁的、自由市场经济的人们抓住苏联消亡事件证明，苏联模式社会主义对资本主义不仅不是一个可行的选择，而且任何形式的政府对经济的干预都是走上经济毁灭的道路。他们还进一步攻击社会主义对自由市场资本主义活力的威胁，包括政府对市场活动规则的制定，政府对公共服务的分配，以及公共福利计划。

那些传统的支持政府在资本主义经济中扮演积极干预角色的人们，还在继续与自由市场的倡导者论战。上述政府的干预角色包括贸易联合体、中间派和社会民主政党、贫困人们的组织以及环境运动等等。但是，苏联消亡事件已趋向于支持不要政府控制市场的观点。那些认为苏联消亡已经显示出政府干预经济丑恶一面的人们，已经变得更加具有防卫性。

但是，苏联消亡的结论显示，苏联经济的崩溃不是由于它的内部矛盾。有证据显示，在1975—1989年期间，虽然苏联经济运行不好，但是那些年产量并没有下降,甚至到那个时期末它还继续缓慢上升。正是由于1990—1991年间中央计划取消,伴随着即将到来的国有资产私有化方案的宣布,伴随着其他因素的出现,首次出现了经济衰退。苏联的计划经济没有"崩溃",它是通过政治方式被解体的!

另一个关于"社会主义被埋葬"的说法声称,不是苏联消亡显示出社会主义完全不能运行,而是它显示出社会主义在经济运行方面劣于资本主义,因此对资本主义不是一个可行的选择。但是,这个结论依据的是对相关历史的选择的结果。最通常的证据显示,苏联社会主义尽管有许多缺点,但从1928年至20世纪70年代中期,在将近50年中,它的经济快速增长。正如我们已经看到的,苏联模式是世界历史上最迅速完成工业化过程的制度模式之一。在完成工业化后的几十年里,它的经济继续快速增长——超过美国的经济增长速度。没有更多证据显示资本主义总体优越于社会主义,但是1928—1975年间苏联的快速经济增长记录证明社会主义经济比资本主义有优越性。

还有一种认为"社会主义被埋葬"的观点依据这样的断言,即苏联经济已下降到不能使其恢复的停滞状态,因为它是不可改革的。显然,为使苏联恢复经济快速增长,苏联社会主义需要来一个彻底的改革。1985—1987年间,在改革的头3年里,苏联经济实际未做主要改变。针对国有企业的法律,即经济重组的第一个实际的努力,直到1988年1月1日才生效。

伴随着国有企业法律引入的两年里发生了严重的经济问题。国有企业摆脱了几十年来自中央的、过细的控制,致使人们经济收入快速增加,由此,当消费需求在速度上远胜于生产时,出现了严重的短缺。国家获得税收的权力由于经济的改变而削弱了,巨大的财政赤字出现了。

通货膨胀的压力虽然被抑制,但仍在增长。尽管存在这些严重的问题,但总的产量,甚至总的消费仍然在增长,虽然速度较慢。

戈尔巴乔夫1988年重组的努力之后暴露出来的经济问题,显示出政策有严重的缺陷。人们预期,将一个历时60年的经济制度进行急剧转换的努力,其进展不会是很平稳的。但我们不能根据历史来判定哪些政策的调整是否能达到领导者所设计的民主社会主义的目标。其他的发展不久被搁浅了。到1990年6月,叶利钦领导下的俄罗斯联邦宣告成立,接着,在9月公布了"500日计划"。解散中央合作的苏联经济的工作在进行中,国有企业私有化前景在前面隐约出现。亲资本主义势力的日程安排正把社会主义改革家的计划推在一边。把苏联国家社会主义彻底重组成民主社会主义的努力实际仅持续了两年半。这个时间实在是太短了,以致不能看出假如政治条件允许它继续下去的话,是否经济重组能够获得成功。

让我们考察1991年后苏联经济被努力转换成资本主义的经历。我们看到,这样的努力带来的是4年里生产及大多数人生活水平的快速下降,以及出现非常快的通货膨胀。休克疗法的支持者认为,经济下降是苏联经济转换到资本主义必须要付出的代价。但休克疗法的支持者没有认识到,如果采用正确的政策,苏联转换到资本主义是不可能的。

最后,一些人认为,苏联建设民主社会主义的努力注定要失败是因为这个制度是不可行的。但是,苏联建设这样一种制度的努力在它开始后不久即被停止,那么也就难以看到,这样的观点如何从苏联消亡的教训中得出。关于民主社会主义潜在可行性的观点不能最终被最近的历史事件所决定。然而,即使苏联的消亡还不能回答民主社会主义制度的可行性问题,它还是能够得出教训说,民主社会主义制度可能是什么样。

苏联剧变的教训

苏联模式有三个相关的问题。首先,与由工人阶级掌权的预想相反,它的权力被特权精英掌握。其次,精英掌权的政府是独裁主义的政府,否决民众的公民权及自由。第三,不仅政治体制而且经济体制都是非常集权化和等级化的,所有重要的决定都由一个最高官员组成的核心小组作出,而其他的民众被要求简单地执行他们的决定。

许多苏联经济中长期存在的问题很大部分导源于苏联模式的这些特征。在一个超过2亿人民的国家里,经济决定在制度的核心层集中作出,这使它非常不灵活和效率低下,导致资源使用的浪费。企业忽视客户的需要和希望,因为它们在这个制度中无实权,企业主管者担心的只是如何取悦他们的上级。工作激励效果有限,因为在这个等级结构的生产制度里面,工人们既不担心被解雇,也感觉不到希望。总体来说,苏联制度没有这样的惯例,即允许民众——他们作为消费者、生产者和共同体成员的角色——能够参与关于生产及分配的政策决定。它虽有计划经济的形式,但它缺乏其中关键的实体内容。

尽管有这些缺陷,苏联经济在几十年中仍然快速增长。但是,在过去的15年里苏联模式在经济运行中遭遇到严重的恶化情况。最重要的恶化原因是以高度集权的计划形式和工作组织中的等级形式为特征的苏联模式,其经济效率长期不佳。

苏联模式的结束不是因为其经济停止工作,不是因为一种政治势力上升,获得权力,因此用资本主义来代替社会主义。前面所述的苏联模式的三个特征——由特权精英掌权、一个独裁主义的政府和这个制度的集权化与等级化——它们最终导致资本主义势力的上升和成功。正是那些下结论说资本主义将为他们带来更多更安全的个人特权的党政精英，他们着手解体了苏联社会主义制度！这个制度的专制特征已经使市民中的许多人，尤其是那些知识分子对其采取背叛态度，因为他们的才能遭到国家社会主义的最严重的压制。知识分子在计划把资本主义带入苏联的过程中充当了重要的力量。苏联模式的集权化、等级化的特征使可能对民主社会主义的号召有其他反应的普通市民变得被动，并退出政治，由此导致亲资本主义的势力没有遇到有效的反对力量。

苏联经历的真正教训在于，未来我们必须采取什么形式的社会主义。我们可以从苏联模式长期存在的经济弱点，即它在1975年后出现的严重的停滞局面，以及它走向消亡的方式中吸取教训。

由上面所认同的苏联模式的三个主要缺点，我们可以得出三个主要的教训。首先，一个可行的社会主义制度必须包括一个民主的政府，尊重个人的公民自由。第二，必须用新的制度取代集权化和等级制。第三，社会主义必须有制度能阻止特权及掌权精英的发展。

关于社会主义必须是一个民主制度的要求不再有争议。正如社会主义所要求的，人民如果不是国家的统治者，他们不可能在经济上有统治权。这是上述三个目标中，戈尔巴乔夫在改革时期作出了有意义进步的惟一的一个目标。戈尔巴乔夫最终试图借助自由选举的制度促成一个民主的政府，并通过在法律上保证以及通过独立的司法程序来确认个人的权利。这些新的苏联政治制度很像资本主义民主制度。但是，资本主义的民主制度有很多种，我们不能预先知道，究竟什么类型的民主制度将证明最适合民主社会主义模式。但是，历史已经证明，一党统治的结果不能建设一个长期可行的社会主义形式。

人们仍在争议，如何设计出最佳方案才能使社会主义经济摆脱集权化与等级化。在西方社会主义者中有两种主要的思想流派。一种相信，在社会主义框架内去除集权、等级制度的最好方法是安排一个主要的市场竞争角色。他们否认竞争的市场制度只能够在资本主义框架内起作用。他们争辩道，社会主义者对资本主义的批评包含着实际价值，经济公平、团结、民主等核心的社会主义价值能被纳入新制度之中。这些价值在资本主义制度内不能被认识到，因为资本主义制度在收入和财产方面，在其个人主义者的伦理方面，以及由拥有巨大财富的政治力量所造成的对真正民主的威胁方面，与社会主义有很大的不同。但是，这些价值通过市场社会主义可以获得。

市场社会主义的思想至少可以追溯到20世纪30年代，苏联模式的消亡重新引起人们对这个问题的兴趣。市场社会主义者提出一个制度，在这样的制度中追逐利益的企业在市场中会相互竞争，但企业的所有者不同于传统的资本主义，他们可能被归属于政府实体，被归属于企业员工或被归属于公众。以此方法就能在公众中确保一个相对平等的股权分配。

市场社会主义者认为，这样的一个制度将能得到资本主义市场制度的效率及技术进步而无它的问题。通过消除私人拥有企业的资本主义类型，工人的剥削将被消除，以及标志资本主义特征的、造成财富及收入巨大差异的主要来源也将被消除。但是，市场社会主义不支持无规则的市场制度，而看到市场上政府干预的必要。他们反对自由市场理论家的观点，这些理论家认为，完全无规则市场的资源分配将使社会的财富最大化。在市场社会主义下，政府将重新分配收入以减少基于市场的不平等，以及为那些不能通过市场活动获得充足收入的人们提供一个社会安全网。政府将规范市场活动以阻止极权政治和环境损害，或不安全的工作或产品，将运用财政和金融政策来避免高失业或通货膨胀。将在引导投资和长期经济发展中扮演重要角色。

对于由苏联模式的过度集权化和等级关系所带来的问题，我们看到，市场社会主义是一个可能的解决方案，它将通过分权化取代集权化，经济决策由许多有竞争力的企业的经营者来作出，而不是由中央计划者作出。它还将通过工人控制来代替企业内的等级工作关系，这种等级关系不但是国家社会主义而且也是资本主义的特征。

第二种思想流派支持一种民主的、参与的计划方法。按这种方法，苏联模式的集权化、等级制的计划形式将被一种分权化的、参与计划的形式代替。地区的计划部门将在计划经济中起明显的作用，仅仅将那些绝对要求中央协调的经济活动留给中央计划部门。所有计划部门将是民主组成的，其中代表成员的选择是由受计划决定影响的所有相关的选民组成。

与苏联模式以计划的等级形式为特征不同，民主的社会将依靠协商和妥协来发展和执行经济计划，以及解决存在于经济活动中的相互冲突的利益。在一个计划体制内，这种协商和妥协的过程将运用于不同选区代表的相互作用之中。它也能为协调中央、地区以及本地区的计划体制之间的关系打下基础。工人们将有在企业内部作决定的最初的权力，但委员会内也有客户和当地社区以及职工的代表。民主计划的倡导者认为，这种方法将避免由竞争的市场产生的问题，诸如失业、不平等以及破坏自然环境的趋势,等等。在这样一个计划制度内,普通人能积极参与,这将是人民控制经济与社会发展的社会主义前景的最好体现。正如我们已经看到的,转换苏联经济的计划包含这些方法中的两个元素。事实上,难以想象,一个大规模的、相互依赖的经济制度,如果没有公共规则以及市场力这两个元素,如何可能发挥完全满意的功能。未来的民主社会主义应该结合上述两种制度。困难的问题包括,如何组合这两种不同的制度方式,以达到一个分权化的、非等级制的社会主义形式。

苏联模式的第三个主要的教训是,它不应该允许一个特权的、掌权的精英阶层产生。这种控制苏联模式的寡头政治精英将被一个民主的政府所取代,并去除集权的、等级制的计划。

在资本主义制度下,拥有生产工具的阶级有许多经济权力。它的经济权力转换成政治权力,使资本主义成为一个由经济精英控制的制度。在民主社会主义下,取消集权化和私人拥有生产工具将从源头上避免精英控制制度。如果资本仅仅由一些政府机构和企业职员的组合来拥有,那么,将没有独立的所有者阶层存在。那些允许间接地由市民拥有资本的市场社会主义计划通常包含预防措施,以防止小部分私营企业者对企业财产拥有的积累。

我们不能事先肯定地知道,一个由民主政府和民主计划及市场力量组合的社会主义制度是否能够避免由精英控制。苏联经历的一个主要的教训是,一个掌权的精英能从一个集团上升到控制制度的力量,而这样的集团是社会主义制度允许其在一段时间内积累特权和权力的结果。一个理想主义革命者的小团体在苏联诞生出一个特权精英阶层。

在民主社会主义制度下,有两种可能产生出一个新的掌权精英。市场力量不可避免地产生出收入和财富方面的巨大的不平等。那些在市场制度下其特殊的才能得到最多奖励的人们将会在经济制度内上升到较高层的位置。他们可能作为专门的、将最终控制制度的经济精英出现。他们甚至可能在一些方面寻找消除个人生产资产积累的障碍。

在民主社会主义体制下，民主计划的机制隐藏着第二种潜在形成特权精英的源头。不是每个人都被平等地赋予特别的技能和动机，使其在参与计划和管理的委员会内有成功的表现。一些人非常善于此道并孜孜以求，而另一些人在这方面技能欠缺，动机不足。一个管理者和计划者的阶层的发展可能会控制制度内的管理和计划委员会。如果他们找到方法得到他们在制度内的位置，并用它来积累特权，他们可能逐渐发展到政治精英，这些有点像国家社会主义中的情况。

没有能绝对保证在这样一个相互依赖的社会中防止特权精英发展的制度。在民主社会主义制度中，防止这种情况的主要方法似乎是广泛地去除所有权，控制收入，以及限制参与管理和计划过程的人们的意愿。鼓励人们平等参与是防止新的精英阶层生长并最终建立一个新的大众控制下的精英形式的惟一有效的方法。这方面，民主社会主义不仅比资本主义而且比国家社会主义有更明显的优势，因为后两者的基本制度是由特权精英控制的。

这里还留下许多问题未回答。一个民主社会主义制度在经济上能运行吗？它能有效使用资源吗？它能有效满足消费者的需求吗？它能提供有效的工作激励吗？它能使新产品和生产过程快速发展吗？它能防止自然环境的破坏吗？它的集体决策过程与个人自由符合吗？它能与资本主义竞争制度匹配或在上述这些方面以及其他方面超越资本主义吗？这类问题对社会主义的未来是很必要的。我们相信民主社会主义有潜能克服现在消亡的苏联模式的缺点。

苏联经历显示，基于政府财产和计划经济上的制度能发挥功能，在一定时期内带来不稳定的经济进步。但是，这个经历的主要教训是负面的。我们已经认识到，社会主义制度的什么方面应该避免，因为这些方面除了违背最初的社会主义理想，最终它们还逐渐损坏了这种制度的经济表现以及政治可行性。我们现在已经比在任何建设社会主义制度的努力发生之前的1917年更有经验。

虽然资本主义已经在过去的200年里发生了巨大的变化，但是最初激励探索选择它的主要的条件没有消逝。在最近几十年里，以前在工业化的资本主义国家给上百万人带来无可否认的物质进步的过程似乎走向了反面。在大多数工业化的资本主义国家里，当少数人的财富迅速增加时，大多数人则经历了一系列问题，如，收入减少、工作不安定性增加、正在消失的社会安全网、正在上升的城市贫困和暴力、日益衰退的公共服务、生活圈越来越多地被商业标准控制，以及日益恶化的环境危机。

正是这样的情况，促使人们更加努力情况去探索一个民主社会主义制度。只要这样的情况继续着，即使缺少一些正面的、成功的民主社会主义的历史模式，也不可能阻止未来创造社会主义制度的努力，这如同以前历史上社会主义制度的空缺也没有阻止住1917年社会主义制度的建立一样。

试图把国家社会主义的消亡解释为社会主义挑战资本主义的结束是不成熟的。苏联模式仅仅是建设大范围平等、合作的社会主义选择的第一次努力。在非常不利的条件下,这样的努力在取得一些成就和带来许多或大或小的缺点之后最终消失是不足为奇的。失败的是被歪曲的社会主义模式,不是社会主义的本质。14世纪时,在意大利一些北方城邦,资本主义第一次产生,那时它还不成熟,因此没有能够存活。资本主义制度只是在几个世纪后才在欧洲其他地方牢固地建立起来。苏联建设社会主义努力的经验及消亡的最重要的教训在于,社会主义对资本主义的挑战不仅没有结束,而是刚刚开始。

(肖炳南、陶倩 编译)

俄国学者对共产主义和后共产主义的比较分析[*]

俄罗斯科技学副博士 B.B. 纳夫罗英基在《社会政治思想》杂志1995年第5期发表题为《共产主义和后共产主义：比较分析试作》一文，作者以前苏联为例，运用系统论的方法对共产主义和后共产主义的演进及其基本特征作了探讨。现将其主要观点摘编如下。

一、共产主义系统的基本特征

在对不同类型的社会制度进行比较研究时，可以采用系统论的方法，这种方法不仅可以对固定不变的社会现象而且可以对动态的社会演进进行比较分析。

众所周知，在一个系统下可以理解以某种方式相互联系着并形成某种整体性的要素的总和。就人类社会而言，可以把社会看成为一个系统，这个系统的要素是把人按某种特点联合起来的社会群体。我们把社会分成群体的某种分解称为系统结构，或称为层面。群体之间的关系对

---

[*] 本文选自《国外理论动态》1997年第9期。

应着系统要素之间的关系。维持这些关系的方式具有重大意义,因为这些关系决定着相应系统的稳定性,或者制约着社会的发展前景。我们把这些方式的总和称为稳态调节机制。

任何一个社会系统都可以用五个概括性的变量来描述,这五个变量是:成分,结构,要素之间的关系特点,稳态调节机制,经济类型。在进行比较详细的考察时,其中的每一个变量都可以分解为若干子变量。对共产主义系统来说也是如此。

在共产主义社会中存在着最一般的特征,即在经济方面的生产资料所有制性质,政治方面与政权的关系,社会方面拥有(不拥有)各种特权,这些特征大体上规定着相应系统的成分和结构。就共产主义系统而言,其成分和结构非常简单:居民分为两个部分,其中一小部分人(3%—10%)拥有全部权力、生产资料和某种特权,大部分人只完成纯劳动功能,处于对少数人的完全依附地位。因此,共产主义系统的重要特点是,由最一般的特征中的每一种特征所规定的结构是相互一致的,因为掌握生产资料、权力和特权的是同一部分人。人们常常把这一部分统治阶级称为政治精英或者上级任命的官僚。

在共产主义系统中,要素之间的关系特点也是比较容易证同的。系统的基本要素,即社会的"上层"阶级和"下层"阶级是和统治与服从的关系相互联结着的。在共产主义下的这些关系起着特殊的作用,因为它们深入到了各个社会群体的内部,不仅在宏观上而且也在微观上决定着层面的特点。在宏观上支持这些关系的稳态调节机制(第四个变量)包括三个子变量:一是被奉为政治学说的政治暴力,社会的每一个人,只要不服从所确立的行为规范,就成了行使强制作用的对象,这种强制作用可以通过不同的方式(从对肉体施加暴力到剥夺权益)实现。

还有两个子变量即意识形态和经济，形成并维护某种行为准则和思维准则。当然，经济这一子变量可以作为一个独立的变量来考察，它是通过经济运行的基本原则（严格的中央集权的管理性质和占绝对统治地位的生产资料国家所有制）来确立的。

另外，共产主义社会也是一个动态的系统，它能通过模型变量的变异使之与这个社会在具体历史条件下的某种状况更加相符。那种认为共产主义系统是一成不变的观点是简单肤浅的。

上面所作的描述大体上适合于苏联1930—1965年这一共产主义社会的"成熟"期。在这一阶段之前，苏联的社会关系及经济体制原则中的变异是多种多样的，而在1965—1985年时期，稳态调节机制中的子变量已在发生变化，只不过这些变化具有潜在性和单变性，到80年代中期，稳态调节机制逐渐恶化到了临界点。之后阶段在意识形态、经济、文化、国家间和共和国间的关系急剧崩溃的同时出现了相应阶级的重新组合、改革的逆反过程和稳态调节机制的同时改革，所有这些过程导致了苏联共产主义的崩溃。

二、后共产主义时期也只是一个新的阶段，尚未形成新的系统

苏联解体、许多新国家建立以后，党的机关、享有特权并拥有全权的社会群体以及作为该群体的统治基础的意识形态消失了；作为日常生活要素的政治暴力已成为过去；确定了在市场经济方面的经济发展趋势；发生了社会生活的巨大民主化。但是，共产党机关退出政治舞台并不等于该社会群体的消失。实际上，大部分政治精英变成了经济精英，

以政治权力换取钱财。小部分人以反共产主义者的角色重新出现在政治舞台上。所有这些并未对作为系统基本要素的上级任命的官僚的地位产生影响。上级任命的官僚仍旧占有生产资料,尽管方式不同,以前是集体占有,并且是不明确的(国家占有),现在一部分生产资料转归了个人所有。特权保留着,甚至有所扩大。上级任命的官僚的权力虽然失去了绝对性质,在很大程度上只间接地表现在经济方面并且权力分散,但实际上无权的居民并未减少,也未降低其对比以前拥有更大自由的统治阶级的依附性。

所有这一切表明,尽管出现了一些新的结构形成因素,在系统中出现了某种位移,但系统的基本成分和结构没有发生变化。关系的特性保留了下来,因为统治与服从的关系仍旧占主导地位。发生变化的只是维持这些关系的方式:不再有政治暴力和共产主义意识形态,以国家所有制为基础的指令经济迅速崩溃。这就是说,稳态调节机制的结构在变,但这个结构的基本原则并未发生变化。实际上,共产主义意识形态的消失并不意味着整个意识形态的消失。目前代替它的是市场意识形态和"光明的"资本主义前景的意识形态,实质上它也是同一种粗俗的、集权的意识形态。至于稳态调节机制中的经济成分,那由上级任命的官僚通过市场、银行、股份制及其他商业结构这些垄断性的集中系统所实行的经济强制,一点也不比在国家垄断经济中所实行的强制少。经济形式尽管也发生了一些变化,但也远不是最重要的变化。向市场关系的过渡既没有在财经领域,也没有在生产领域中发生,经济中的变化基本上取决于旧系统的发展逻辑。

因此,现在还没有理由把后共产主义作为一个新的系统,充其量它也只是一个新的阶段。实际上,共产主义和后共产主义的主要变量是相互重合的。

三、权力公理与系统构成特征

在共产主义系统中,规定社会群体垂直结构形成规则的原则具有重要作用。在这个系统中,社会结构的形成过程(特别是吸收精英)首先是与精英们保持其特权地位的能力联系在一起的。这种能力本身也是由共产主义关系的特点、官僚结构发挥作用的一般规律和领袖心理规律等来决定的。在这里,对经济变量的依存性只是表现在这些变量对因此而产生的社会结构的稳定性的影响程度如何。在相当长的时期内,这种影响可能很小,而且,在一定时期内,精英保持并改善其地位的能力可能与经济指标的下降成比例。

因此,在共产主义社会生活的各领域中,垂直结构的形成是一个自我完成的过程,这个过程是由不依赖于具体社会状况的准则的总和来调节的。这种准则的总和是系统的一种基本的常量,因为精英们的基本功能——管理功能和完成这种功能的素质决定着整个系统的演进。这就有理由把这种准则的总和作为共产主义系统起主导作用的公理。按照这个公理,精英的主要素质是留"在上层"的能力。因此可以有条件地把这种准则的总和称为"权力公理"。在共产主义系统中,统治与服从的关系不仅取代了系统的基本要素之间的关系形式,而且取代了系统的所有其他要素包括单个的个体之间的关系形式。因此,共产主义社会的系统构成特征是在系统中起主导作用并具有稳定性的统治—服从关系形式。

从另一方面说(无论是形式上,还是以具体例证),前面所论证的关于共产主义和后共产主义系统主要变量重合的结论和关于起主导作用的公理的不变性和系统构成特征的不变性的论点,其意义是相同的。

四、结　论

对共产主义和后共产主义社会的比较分析后发现，在这些社会中存在基本的共同特征：

（1）在拥有政治权力、社会特权和生产资料所有权的特征方面存在重合的两个水平的层面；

（2）在社会中，"统治—服从"关系占主导地位；

（3）存在调节社会垂直结构形成过程的准则的总和，亦即"权力公理"。

（戴隆斌　编译）

图书在版编目（CIP）数据

科学社会主义研究Ⅰ／吕增奎主编．
—北京：中央编译出版社，2014.12
（马克思主义研究资料／杨金海主编；19）

ISBN 978-7-5117-2447-2

Ⅰ．①科⋯　Ⅱ．①吕⋯　Ⅲ．①科学社会主义理论 - 文集
Ⅳ．①D0-0

中国版本图书馆 CIP 数据核字（2014）第 306062 号

科学社会主义研究Ⅰ

出 版 人：	刘明清
责任编辑：	李媛媛
责任印制：	尹　珺
装帧设计：	田晗工作室
排版制作：	北京宏章文化发展中心
出版发行：	中央编译出版社
地　　址：	北京西城区车公庄大街乙 5 号鸿儒大厦 B 座（100044）
电　　话：	（010）52612345（总编室）　　（010）52612335（编辑室）
	（010）52612316（发行部）　　（010）52612317（网络销售）
	（010）52612346（馆配部）　　（010）55626985（读者服务部）
传　　真：	（010）66515838
经　　销：	全国新华书店
印　　刷：	山东鸿君杰文化发展有限公司
开　　本：	787 毫米 × 1092 毫米　1/16
字　　数：	386 千字
印　　张：	31.25
版　　次：	2014 年 12 月第 1 版第 1 次印刷
定　　价：	187.00 元

网　　址：www.cctphome.com　　邮　　箱：cctp@cctphome.com
新浪微博：@中央编译出版社　　微　　信：中央编译出版社（ID：cctphome）
淘宝店铺：中央编译出版社直销店（http://shop108367160.taobao.com）
　　　　　（010）52612349

凡有印装质量问题，本社负责调换。电话：（010）55626985